Kapitel:

Vorwort

„Lass los, Alter! Das Leben ist bunt – und es ist wunderschön!“ Das ist es, was ich heute meinem abgewrackten Ich zurufen würde, das vor nunmehr fünf Jahren wimmernd und zitternd in einer Gondel in den österreichischen Alpen zusammenbrach. Ob der Jan, der ich damals war, verstanden hätte, was ich damit meine? Vermutlich nicht, denn in seinem Leben schien ja schon alles perfekt zu sein: schnelle Karriere, schicke Freundin, geile Partys. Was also hätte er loslassen sollen, was hätte noch bunter sein können? Live hard, love fast – die young? Fast sah es so aus, damals, als die grellbunte Welt plötzlich dunkel wurde und ich die von mir stets so hochgehaltene Kontrolle über mein Leben verlor. Aber es ist anders gekommen. Heute, fünf Jahre später, lebe ich. Nicht „noch“, sondern wirklich. Und ich liebe es, jeden Augenblick dieses Lebens genießen zu können, ohne ihn bis zur Neige auskosten zu müssen.

"Lass Los“ ist die Geschichte eines Burn-outs, die Geschichte einer großen Reise und die Geschichte eines großen Glücks. Eine Geschichte über das Leben eben – mit Höhen, mit Tiefen und einem waschechten Happy End, das trotzdem nicht frei ist von ätzenden Tagen und öden Meetings. Kurz: Es ist meine Geschichte. Und dass ich sie zwischen zwei Buchdeckeln aufbereitet habe und mit anderen Menschen teilen möchte, hat zwei profane Gründe: Erstens habe ich während meiner Reise von der Gondel in den Bulli so viel erfahren, das ich teilen möchte, und zweitens habe ich während meiner Reise meine Begeisterung für das Schreiben entdeckt. Praktisch, oder? Das finde ich auch :-).

„Lass Los“ ist aus einem Blog entstanden, den ich während meiner Reise führte und der zu meiner großen Freude viele Leser fand, die gern wissen wollten, wie es dazu kam, dass ich in dieser Reise mein Erspartes auf den Kopf haute, meinen sicheren Job riskierte und alles hinter mir ließ. Und so habe ich mich hingesetzt und den Weg vom Anfang bis zum Ende aufgeschrieben – das Schöne wie das Schlechte, die wunderbaren Tage und die schwarzkalten Nächte. Nur um, als ich es meiner Lektorin (der Spielverderberin, der elendigen!) zeigte, zu hören: „Und was, lieber Jan, soll das Buch jetzt sein? Ein Erfahrungsbericht über den Weg aus Burn-out und Depression? Ein Reisetagebuch? Ein Leitfaden für Backpacker? Wo, bitte sehr, ist eigentlich die Zielgruppe?“

Da musste ich erst einmal schlucken, habe nachgedacht und einen Entschluss gefasst: Ja, dieses Buch ist kein klassischer Ratgeber für den Weg aus Burn-out und Depression. Jedes Fallen in ein dunkles, seelisches Loch ist so individuell wie der Weg hinaus, und nicht jeder, der abstürzt, hat auch die Chance, sich eine Reise als Leiter zurück ins Leben zu wählen. Und: Ja, der Tonfall des Buches und sein Schwerpunkt ändern sich mit der Zeit – das müssen sie schließlich auch, denn es geht aus der alles bestimmenden Dunkelheit von Burn-out und Depression hin zu einer Weltreise und einem Leben mit all seinen kleinen und großen Wundern. Anders gesagt: Leser, die gleich in das Reisegeschehen eintauchen wollen, beginnen einfach im Kapitel „“Südostasien und Malaysia: Die Reise hat begonnen!“. Und wer die ganze Geschichte erfahren will, der startet einfach dort, wo die Dinge eben beginnen: Am Anfang.

Ja, es ist ein persönliches Buch, und: Ja, das soll es auch bleiben, denn ursprünglich habe ich es für mich selbst geschrieben. Und so ist das eben mit den Dingen, die in Bewegung sind: Sie verändern sich, wachsen, bekommen eine neue Richtung. Denn Leben bedeutet Wandel. Und Reisen ist eine der komprimiertesten Formen von Leben. Die Anzahl an Eindrücken, Emotionen und Erlebnissen je beliebiger Zeiteinheit ist um ein Vielfaches höher als im Alltag – insbesondere wenn man wirklich reist und nicht nur und ausschließlich am Strand liegt. Wohin so ein Weg uns führt? Man weiß es nicht. Und es ist auch nicht so wichtig. Denn noch etwas habe ich gelernt: Das Ziel ist der Weg.

Das Ziel meiner Reise war, wieder Freude am Leben zu finden und nach meinem Zusammenbruch die Zeit der Zweifel und Depressionen hinter mir zu lassen.

Das Ziel dieses Buches ist, Sie und euch mitzunehmen auf diesem Weg und etwas des Erlebten zurückzugeben und zu teilen. Ich will nicht belehren und auch nicht dozieren, denn neben vielen individuellen Erkenntnissen habe ich auf dieser Reise vor allem eines wiedergefunden: den Spaß am Leben.

Und das ist es auch, was ich Ihnen und euch daher auf den folgenden Seiten wünsche: nachdenkliche und vergnügliche Stunden und vor allem: eine ganze Menge Spaß!

Berlin im Spätherbst 2016

Jan

Zäsur, oder: Hier geht es nicht weiter

Zum Abgrund bitte in die Gondel

Februar im Jahr des Zusammenbruchs, oder Monat 0

„Irgendetwas stimmt hier gerade grundsätzlich nicht", schießt es mir durch den Kopf. Nach einem gekonnten Einkehrschwung direkt aus den Österreichischen Alpen in eine der zahlreichen Pre-Après-Ski-Hütten Wildschönaus und einem halben Alster spüre ich ein dumpfes Pochen in meinem Bauch. Dazu kommen ein unbestimmtes Angstgefühl und leichter Schwindel. Zumindest die Schwindelgefühle sind mir nicht gänzlich neu, aber ich habe sie in den letzten Wochen und Monaten erfolgreich als Lappalie abgetan. Jetzt und hier, während der Skireise unseres Hockeyvereins, funktioniert das Ignorieren aufgrund der anliegenden Intensität nicht mehr. Ähnlich verhielt es sich im letzten halben Jahr mit dem einen oder anderen Tinnitus. Solche Kleinigkeiten hatten mich bislang nicht bremsen können; egal wobei. Aber jetzt scheint meine bisherige Strategie, die Wehwehchen und Zipperlein zu ignorieren und in die „interessiert mich nicht"-Ecke zu stellen, erstmals nicht zu funktionieren. Ich schaffe es nicht einmal, das lächerliche Alster in meiner Hand auszutrinken. Die Beklemmung hat eine neue Dimension erreicht, und ihre Intensität verunsichert mich.

„Magst du mit mir in die Pension fahren?", frage ich meine Freundin – und schaue in zwei schöne und vollkommen erstaunte Augen. „Du?“, fragt sie ungläubig. „Zurück ins Tal? Hier geht es gleich ab! Was ist mit der täglichen Après-Ski-Party?“ Sie kann es nicht fassen und ich eigentlich auch nicht, aber irgendetwas lässt mich ahnen, dass es jetzt wirklich schnell Richtung Tal gehen muss.

„Sexy! Bitte! Ich weiß auch nicht, was los ist.“

Anders, als das wohl meist bei uns Kerlen der Fall ist, begleitet sie mich unmittelbar aus der Bar. Wir schnallen die Bretter unter, und ich steuere die Gondelstation in unmittelbarer Nähe an. Schon diese gut 150 Meter kommen mir wie eine Ewigkeit vor. Der Schwindel und das Pulsieren im Bauch lassen jeden Meter zu einer Qual werden, und als ich sie schließlich erreiche, lasse ich mich zutiefst erleichtert in die „Gondel der Schande“ sinken, statt – wie sonst – mit beschränktem skifahrerischen Talent, aber umso mehr Selbstbewusstsein und Todesverachtung im Wettstreit mit meiner Freundin den Berg hinabzuflitzen.

Später erzählte mir meine Freundin, dass sie genau zu diesem Zeitpunkt verstanden hat, dass wirklich etwas Schlimmes bevorstand, denn aufzugeben, das war für mich undenkbar.

Bis zu diesem Augenblick.

Die folgenden 20 Minuten Gondelfahrt werden zu einem der schlimmsten Ereignisse in meinem Leben: Alles dreht sich – ich weiß nicht, ob ich falle, fliege oder still sitze, der Puls rast, und ich zittere. Zittern ist vielleicht der falsche Begriff, denn das Schütteln, das mich erfasst, ist nah an dem eines epileptischen Anfalls. Schon fünf Minuten nach der Abfahrt bin ich sicher, die Ankunft im Tal nicht mehr zu erleben. Die Angst wird größer; mein Blickfeld verengt sich – wie der sprichwörtliche Vorhang, der sich langsam vor mir schließt.

„Süße, ich will noch nicht sterben!“ – das sind die letzten Worte, an die ich mich erinnere. Der Rest der Fahrt ins Tal liegt im Dunkeln – zumindest für mich, denn meine Freundin durchlebt schreckliche Minuten, bis ich schließlich wieder zu mir komme: von weiteren Krämpfen geschüttelt, von Ärzten und Sanitätern umgeben und mit Infusionsnadeln im Arm. Ich werde in den Rettungswagen verladen, friere und schwitze, der Puls rast, aber das Bewusstsein ist zurück. Immerhin.

Der große Rundumcheck im Krankenhaus zeigt: Einige Blutwerte sind nicht lebensbedrohlich aus dem Ruder, die zahlreichen Abgänge und Stürze beim Skifahren haben keine Schäden hinterlassen, der Schädel ist heile, und medizinisch ist soweit alles senkrecht. Das Fazit der Ärztin: „Sie haben wohl etwas wenig getrunken.“

Wäre ich auf der Höhe, würde ich diese Steilvorlage mit einem „Schwesterchen, so viel wie ich hat in diesem Tal noch keiner getrunken“ parieren. Aber ich bin total erschöpft und nehme die Diagnose „Dehydrierung“ kommentarlos hin. Und so geht es auch für den Rest des Abends weiter: Während die Hockeybande feiert, bis die Schindeln von der Après-Ski-Bude fliegen, der Tresen unter wilden Nackttanzeinlagen einbricht und die Security dem Treiben der Germanen aus dem Norden der Bundesrepublik ein Ende bereitet, bin ich – nicht dabei. Mein Mädel entscheidet, dass für mich nur das Bett infrage kommt. Mehr als ein halbherzig gemurmeltes Veto, dass Flüssigkeitszufuhr gegen Dehydrierung das beste Mittel sei, bringe ich nicht zustande. Unfassbar.

Weil es mir am nächsten Tag keinen Deut besser geht, treten wir mit zwei früher abreisenden Vereinskameraden die Heimreise an. Zwölf Stunden Autofahrt, in denen ich die Angst aus der Gondel, die mir noch immer den Hals zuschnürt, so gut wie möglich in den Griff zu bekommen versuche und die vorangegangenen Stunden und Tage Revue passieren lasse: Habe ich wirklich zu wenig getrunken? War es etwas zu viel Sport und etwas zu viel Feierei in den letzten Tagen? Ich erinnere mich an einen Moment des Innehaltens. Nur zwei Tage liegt er zurück: Während die anderen sich bereits dem geselligen Part des Tages zugewandt haben, mache ich noch einige Abfahrten; allein und ohne meinen selbst gemachten Wettkampfstress. In der Gondel bergan und inmitten der unerwarteten Ruhe um mich herum hatte ich mein Leben Revue passieren lassen. „Was sind deine nächsten Ziele, Jan?", hatte ich mich gefragt, denn alles, was ich mir vorgenommen hatte, ist früher als geplant eingetreten. Privat und beruflich. Abi 99, check. Bundeswehr als Panzergrenadier und MG-Schütze beim Vorzeige-Lehrbataillon in Munster, check. Duales Studium – in zwei Jahren Industriekaufmann 2002, im Folgejahr Betriebswirt 2003, check. Danach Abendstudium; dann im Zuge einer Unternehmensfusion gegen zwei ältere Kollegen durchgesetzt und Consultant im sogenannten Business-to-Business-Bereich geworden, check. Den übernommenen Bereich für meinen Arbeitgeber neu aufgebaut, eigene Zielvereinbarung geschrieben, einen Monat 800 Euro netto verdient, einen Monat knapp fünfstellig, check. Stellvertretender Verkaufsleiter, check. Ohne nachweisbare medizinische Ursache eine halbseitige Gesichtslähmung bekommen, sechs Wochen nur noch mit Strohhalm Suppe essen, weil die rechte Hälfte meines Gesichtes nicht mehr so wollte … check. Damals hatte ich mich gefragt, ob die Gesichtslähmung an den Sechzehn-bis-achtzehn-Stunden-Tagen lag, die Studium und Job nun einmal abverlangten. „Kann sein", hatte die Antwort gelautet und „wenn so etwas noch mal vorkommt, änderst du etwas" der Entschluss. Bis dahin: Weiter im Text. Marketingjob beim gleichen Arbeitgeber, aufgrund guter Praxiserfahrungen deutschlandweit tätig, Aufbau von Service-,

Trainings- und selbstverständlich Vertriebskonzepten – da kenne ich mich schließlich aus, das waren die Schwerpunkte meines Studiums, check. Unter 60 Stunden die Woche geht nichts. Check. Jüngster Verkaufsleiter der Firmengeschichte mit 27, check. Eigene Abteilung, eigene Mitarbeiter, Umsatzverantwortung, tolles Dienstauto und so viel Geld jeden Monat auf der Habenseite, dass ich es nicht ausgeben kann, check. In nur zwei Jahren nach Amtsübernahme „mein" Team zum umsatzstärksten Team der Firma gecoacht und dafür alles gegeben, check. Privat: Bis dato vier echte Beziehungen (die aktuelle eingeschlossen), einmal fünf Jahre, danach ein Jahr, dann drei Jahre – Trennung, weil ich mich ausleben wollte, check. Empirische Studie im Selbstversuch: Wie viel Wahrheit ist an dem Spruch „Kennste eine, kennste alle" dran? Check. Im Hockeyhobby von der zweiten Herrenmannschaft in die erste gekämpft; Inlinehockey-Spieler in der ersten Bundesliga, deutscher Vizemeistertitel und 2007 dritter Platz beim Eurocup in der Schweiz vor Tausenden Zuschauern, check. Die Traumfrau, die jetzt neben mir im Auto sitzt, vor zwei Jahren kennengelernt; Liebe auf den ersten Blick, schicke gemeinsame Wohnung, theoretische Familienplanung, das Ende der Karriereleiter noch immer nicht in Sicht, rosige Zukunft; das alles mit nicht einmal 30. Check, check, check. Und jetzt: Zitternd und vor Angst nicht mehr ein noch aus wissen. Check.

Kurz vor Kassel erinnere ich mich, dass ich mich vor dem Skiurlaub gefragt hatte: „Wenn du dein Leben auf einer Skala von eins bis zehn bewerten müsstest, wobei die Eins für sehr schlecht und die Zehn für sehr gut steht, was würdest du dir und deinem Leben geben?" Über die Antwort war ich mir binnen Sekunden im Klaren gewesen: „Eine glatte Zwölf." Das ist keine sechs Tage her, und jetzt wäre ich schon mit einer Eins mehr als zufrieden. Stattdessen gibt es Dauerschwindel, Pochen im Bauch und nach der Ankunft daheim eine klare

Ansage meiner Liebe-auf-den-ersten-Blick-Freundin: Mein Zustand ist sichtlich katastrophal; sie will mich wieder ins Krankenhaus schleppen. „Nein“, knurre ich. In Österreich als Weichei hingestellt zu werden, das nur vergessen hat, ausreichend Flüssigkeit zu sich zu nehmen, hat mir gereicht. Noch einmal brauche ich das nicht – denke ich.

Keine zwölf Stunden später breche ich erneut zusammen: Medizinische Hochschule Hannover, und noch einmal das gleiche Prozedere wie in Österreich – falls die Alpenkollegen etwas übersehen haben. Haben sie aber nicht. Medizinisch ist auch bei diesem Check unter dem Strich alles in Ordnung; der Arzt empfiehlt mir „erst mal einige ruhige Tage“ und schreibt mich sieben Tage krank. Nach drei Tagen gehe ich wieder zur Arbeit. Schließlich bin ich ja nicht krank, und in den letzten fünf Jahren habe ich zuvor nicht einmal wegen Krankheit gefehlt. Auch jetzt mache ich weiter wie zuvor: Raus aus dem Haus um 7 Uhr 40, rein ins Büro, durchpowern bis 18 Uhr 30 mit 20 Minuten Mittagspause und 15 Tassen Kaffee. Raus aus dem Büro, rein ins Hobbyleben: Kurz umziehen, Warmmachprogramm ab 19 Uhr 30, an drei Tagen in der Woche Hockeytraining bis 22 Uhr. Duschen, heimfahren, Kleinigkeit essen, mit der Freundin schnacken, nach dem Laptop greifen und um Verständnis bitten: „Ich muss nur noch schnell zwei wichtige Mails schreiben.“ Zwischen 0 und 1 ins Bett, kurzes Kuscheln, weiter geht’s.

Oder auch nicht.

Die Woche danach

März im Jahr des Zusammenbruchs, oder Monat 1

Der Schwindel kommt zurück, hinterrücks, immer wieder, und er ist furchtbar. Denn er führt dazu, dass ich immer wieder die Kontrolle verliere – ein absolutes No-Go für mich. Diesmal: Hausarzt. Der dreht mich einmal durch unser Gesundheitssystem: Hals-Nasen-Ohrenarzt, MRT, Labor-Blutbildcheck, Belastungs- und Dauer-EKG beim Kardiologen. Letzterer findet, dass ich mit meinem etwas zu großen Sportlerherzen und meiner Topkondition stante pede zur gerade stattfindenden Winter-Hockeyolympiade fahren sollte. Alles klar.

Ende März folgt der Komplettzusammenbruch. Drei Tage Zwangskrankenhausaufenthalt, Bauchspiegelung, mehr Blutabnahmen als in allen Blutspendegängen meines Lebens zusammen – und das waren einige. Und ein medizinisch verwertbares Ergebnis: kleinere Magengeschwüre, die ab und an bluten und damit den Schwindel und die Bauchschmerzen auslösen. Nichts, das mit einer kleinen Medikamentenkur nicht zu beheben wäre. Vermutlich.

Die Praxis sieht anders aus. Ich schleppe mich mehr schlecht als recht weiter, aber die Zusammenbrüche werden zum Dauerbegleiter. Alle zwei bis drei Wochen haut es mich aus den Socken; ich muss mich an Ort und Stelle hinlegen oder schnell hinsetzen, einige Stunden Schwindel aushalten, kann danach nicht einmal mehr Treppen steigen, fühle mich ausgelaugt und frei jeder Energie und Motivation. Drei Tage lang lethargisches Im-Bett-Liegen bei heruntergelassenen Rollos – nicht einmal Lesen oder Fernsehen geht – dann kann ich meist wieder in der Wohnung herumlaufen und auf irgendein Ende dieses Dramas hoffen. Das nicht kommt.

Die Phasen lethargischer Erschöpfung sind schlimm, aber noch schlimmer ist die Unwissenheit. Ich spüre die Veränderungen in mir, die Reaktionen meines Körpers und diese in mir schwelende, unbestimmte Angst, aber es gibt einfach keine medizinisch saubere und logische Erklärung für das, was mit mir geschieht – und keinen Fahrplan für eine Besserung.

Also mache ich weiter, so gut es eben geht. Mein Leben ist schließlich geprägt von Geschwindigkeit, Anerkennung und Dingen, die mich persönlich nach vorne bringen. Eine glatte Zwölf auf der Wohlfühlskala eben. Und dass ich so viel um die Ohren habe, ist schließlich auch nichts Neues. Das Tempo hat sich über die Jahre immer weiter gesteigert, immer mehr Dinge und Ansprüche sind – von außen und innen – in mein Leben getreten, und unter dem Strich war jeder einzelne Schritt positiv. Ich habe mich verausgabt, das schon, aber letztlich haben alle davon profitiert: mein Umfeld, mein Arbeitgeber, meine Hockeymannschaft, meine Freunde, ein Stück weit die Familie oder die Freundin und natürlich auch ich selbst. Krank bin ich offensichtlich nicht, für warnende Stimmen gibt es also keinen Grund, und alles andere ist bestenfalls geheuchelt. Zumindest rede ich mir das ein.

Leider schaffe ich es in meiner Verfassung aber nicht, die Geschwindigkeit meines alten Lebens wieder aufzunehmen. Was mich direkt zu der schlimmsten Nebenwirkung meiner Erkrankung führt, die ja formal zu diesem Zeitpunkt noch gar keine ist: Angst. Was ist in mir? Wie soll es weitergehen? Ich stemme die Erwartungen an mich nicht mehr! Was denkt wohl mein Umfeld? Werde ich als Schwächling abgestempelt? Alles Dinge und Fragen, die ich nicht akzeptieren kann und deshalb noch mehr die Zähne zusammenbeiße, bis mich der nächste Zusammenbruch aus der Bahn wirft – ein Teufelskreislauf aus immer kürzeren Arbeitszyklen, immer häufigeren Zusammenbrüchen, erzwungenen Auszeiten im Job und unterschiedlichen medizinischen Tests. Mein Hausarzt, der auch nicht akzeptieren kann, dass wir keinen nachweisbaren Grund finden, wird in seinen Tests, Versuchsreihen und Behandlungsansätzen immer kreativer. Mir ist das alles fast egal – solange ich nur endlich erfahre, was mit mir nicht stimmt und wann ich wieder normal funktionieren kann. In den zwei Monaten nach dem Österreichurlaub sammele ich mehr Krankschreibungen als in den zehn Jahren zuvor. Aufwärts geht es nirgends, abwärts aber immer schneller. So kann es nicht weitergehen.

Abwärts

April im Jahr des Zusammenbruchs, oder Monat 2

Im April gibt mein Hausarzt auf und überweist mich an die Leitung einer psychosomatischen Klinik in Hannover. Mit meiner privaten Krankenversicherung, die ich mir schon seit meinem 24. Lebensjahr leisten kann, bekomme ich einen Termin binnen einer Woche und lasse die Kassenpatienten in der Warteschleife zeitlich weit hinter mir. Das beschämt mich, mir ist dieses System zuwider. Aber viel wichtiger: Was soll ich schon bei einer psychosomatischen Klinik? „Kopfkrankheiten" haben andere, „weiche" Charaktere. Ein waschechter Mann setzt sich nicht auf die Couch, und schon gar nicht drei äußerst anstrengende Stunden am Stück.

Die Frau Oberärztin im Henriettenstift Hannover ist da anderer Meinung und teilt mir nach der Marathonsitzung mit, dass ich genau vier Wochen Zeit bekomme, mir eine ambulante Therapie zu suchen. Alternativ wird sie mir eine Medikamentenkur verordnen. In der Anamnese, welche meinem Hausarzt und mir einige Tage später zugeht, steht etwas von somatoformer Störung und Dysthymia. Letzteres ist die Vorstufe einer Depression – also eine depressive Phase. Eine somatoforme Störung hingegen liegt vor, wenn die Körperfunktionen gestört sind, ohne dass eine augenscheinliche oder organische Begründung vorliegt. Aha. Ich bin also ein depressiver Hypochonder. Das bringt mein Selbstbild auch nicht wieder auf Vordermann. Aber die Symptome sind nicht zu leugnen, sie müssen weg, irgendwie, und so mache ich mich zähneknirschend auf die Suche nach einem niedergelassenen Psychotherapeuten. Das Web kennt davon im Großraum Hannover wirklich viele, und die überwiegende Anzahl der Bewertungen in den einschlägigen Foren sind so schlecht wie meine Erfahrungen in den sogenannten probatorischen Sitzungen, in denen Therapeut und Patient „Zugang“ zueinander zu finden versuchen. Das gestaltet sich schwierig, weil zahlreiche Therapeuten den Klischees ihrer Berufsgruppe voll und ganz entsprechen und damit für mich nicht ernst zu nehmen sind: birkenstocksandalenbeschuht, batikschlabberhemdbewandet und langhaarverzottelt präsentieren sie mir Gleichnisse wie diese: Meine Psyche sei wie ein Tisch, an dem ein Bein etwas zu lang oder zu kurz ist. „Ja, sicher“, sage ich und ziehe weiter, zum nächsten Therapeuten, von dessen Sinn ich selbst im Grunde nicht im Geringsten überzeugt bin.

Es endet, wie es enden muss: Mitte Mai, auf dem Weg zu einem Kunden nach München, breche ich auf dem Flughafen vor den Augen einer meiner Mitarbeiterinnen zusammen. Schwindel, Panik, Todesangst – nach 30 Minuten verliere ich den Kampf um die eigene Contenance, stammele, meine Mitarbeiterin möge allein zum Kundentermin fahren, und schleppe mich heulend wie ein Schlosshund aus dem Terminal. Ganz ehrlich: Ich weiß langsam nicht mehr weiter.

Die Heimfahrt mit dem Taxi erlebe ich kaum bei Bewusstsein, die drei Tage in meinem zur Höhle umfunktionierten Schlafzimmer auch nur bedingt. Danach intensiviere ich die Suche nach einem brauchbaren Therapeuten, während mein Hausarzt erneut damit begonnen hat, mich von Testreihe zu Testreihe zu schicken. Noch schlimmer aber ist, dass nun mein Team, meine Abteilung und damit auch fast alle anderen Mitarbeiter am Standort wissen, dass mit mir etwas grundsätzlich nicht stimmt. Aus den Gerüchten wird Gewissheit, und ich bin froh, meinen Chef schon im April über die Ergebnisse meiner Konsultationen in Kenntnis gesetzt zu haben – und zu meiner Überraschung auf sehr viel Verständnis gestoßen zu sein.

Ende Mai finde ich eine halbwegs passende Therapeutin und beginne mit einer Therapie – Unterschiede zwischen Verhaltenstherapie, Psychoanalyse und anderen Therapieansätzen kenne ich zu diesem Zeitpunkt noch nicht und lasse erst einmal alles auf mich zukommen. Frau Doktor ist sich jedenfalls sicher, dass mir mit einem Termin pro Woche nicht mehr zu helfen ist. Und so gerate ich ins Rad des Gesundheitssystems: Frau Doktor möchte eine intensivere Therapie, mein Versicherer ist anderer Meinung, und ich will einfach nur schnell wieder gesund werden. Denn mittlerweile reagiert mein Körper schon auf kleinste Abweichungen vom gewohnten Tagesablauf oder minimalste Belastung mit Bauchschmerz und Schwindel. Selbst Kinobesuche oder Events mit mehr als drei bis vier Personen werden dergestalt quittiert, was konkret bedeutet, dass ich gar nicht mehr feiern gehen kann (zugegebenermaßen steht mir danach ohnehin nicht der Sinn), mich selbst Restaurantbesuche oder Shoppingtouren überfordern, ich mich immer weiter zurückziehen muss und mehr und mehr aus meinem alten Leben verschwinde. Mein neues Leben beschränkt sich zunehmend auf zwei Tagesordnungspunkte: Ruhe und möglichst umfangreiche Isolation.

Tiefpunkt, oder: Akzeptanz ist der erste Schritt zur Veränderung

Nullpunkt

Juni/Juli im Jahr des Zusammenbruchs, oder Monat

Neben den verdammten körperlichen Problemen machen mir steigende Antriebslosigkeit und Gefühlsarmut Sorgen. Ich finde nichts mehr, das mir Freude bereiten kann. Meine Familie ist mir egal, meine Freundin auch und die Freunde sowieso. Rational weiß ich, dass mir mein Umfeld wichtig sein sollte – ist es aber einfach irgendwie nicht mehr. Ob ich eine Einladung zum Grillen bekomme oder im Bett liege und an die Decke starre, ist mir einerlei. Ich weiß, dass ich essen muss, aber ich will nicht. Ich weiß, dass es mindestens einen Grund gegeben haben muss, aus dem ich meine Hobbys über all die Jahre hinweg mit großer Leidenschaft verfolgt habe, aber dieser Grund ist mir nicht mehr offensichtlich. Zur Arbeit gehe ich – wenn ich es schaffe – nur, weil ich es muss und weil etwas in mir sagt, dass es sich so „gehört". Ich gehe ans Telefon, weil „man das so macht", und habe Sex mit meiner Freundin, weil „das so erwartet wird", aber von all dem bin ich weder überzeugt noch berührt. Ich tue es, weil es immer so war und deshalb offenbar getan werden muss. In meiner Gefühlswelt hingegen ist nur noch Platz für zwei: die Bauchschmerzen, den Schwindel und sonst nichts.

Anfang Juli resigniere ich. In dunklen Momenten denke ich oft an Robert Enke, den Fußballtorwart, der sich 2009 an einem Bahnübergang ganz in der Nähe das Leben nahm. Es ist noch gar nicht lange her, dass ich für seine Tat nicht einen Hauch von Verständnis aufbringen konnte, und nun sehe ich mich manchmal nachts neben ihm auf den Gleisen sitzen. Spätestens jetzt, so denke ich mir heute, hätten alle meine Alarmsirenen schrillen sollen, aber damals hörte ich sie nicht. Ob ich auf Zuggleisen endete oder nicht, war mir im Grunde einerlei. Ich brachte noch nicht einmal das Interesse auf, darüber nachzudenken.

Stattdessen mache ich, was ich so gut kann und weil es vermeintlich der leichteste Weg ist: Ich mache weiter, funktioniere, soweit es mein Körper zulässt, fahre zur Arbeit, engagiere mich im Job, kehre spät heim, arbeite hart beim Hockey, treffe mich in der verbliebenen Zeit mit Freunden oder verbringe den kümmerlichen Rest meiner Freizeit mit meiner Freundin. Bei jedem einzelnen dieser Schritte spüre ich – nichts. Mein Leben, meine Seele existieren nicht mehr; jegliches Gefühl ist aus meinem Leben entschwunden – und das binnen so kurzer Zeit. Verstehen kann ich das alles nicht, will es auch nicht begreifen. Wozu auch? In der Therapie beginnen wir gerade mit der Aufarbeitung meiner Erziehung und Kindheit – über meine nicht existenten Gefühle sprechen wir (noch) nicht, und ich finde mich in meinen Träumen immer öfter neben Robert auf den Gleisen wieder.

Brauchbare Unterstützung aus meinem Umfeld gibt es nicht in dieser Zeit – zumindest in meiner Wahrnehmung. Vermutlich lässt die allgemeine Hilf- und Ratlosigkeit, die mich erfasst hat, auch meine Nächsten hilflos zurück. Die Ratschläge meiner engsten Freunde und Verwandten – von „Das wird alles schon wieder – ist ja nur ein Kopf-Ding!“ über „Stell dich mal nicht so an – anderen geht es viel schlechter als dir" bis hin zu „Ich weiß, wie du dich fühlst" – würden mich lediglich erheitern, wenn ich denn noch etwas fühlen könnte. Aber ich fühle nichts mehr und bringe gerade genug Verstand auf, um zu realisieren, dass niemand auch nur im Ansatz begreift, was ich gerade erlebe und fühle beziehungsweise nicht fühle.

Am ersten Donnerstag im Juli passiert es dann: Ich bin nie ein langsamer und bedächtiger Fahrer gewesen, aber seit einigen Wochen riskiere ich im Auto mehr als gut ist. An diesem Donnerstag rase ich mit meinem Dienstwagen und über 220 Stundenkilometern über die nebelige Autobahn, und die Abwesenheit jeden Gefühls in Kombination mit den Schmerzen lässt aus Fantasien erstmals konkrete Handlungsideen werden. Wozu diese ganze Quälerei? Was bringen mir Geld, Job, Anerkennung, Freundin, Familie? Mir ist doch ohnedies alles egal, und wenn ich handele, dann nur, um niemanden zu enttäuschen und weil es sich eben so gehört. Aber ich muss nicht mehr hier sein. Ob wohl der nächste Brückenpfeiler noch zum Einsatzgebiet meiner Ortsfeuerwehr gehört?, frage ich mich und nehme das erste Mal konkret Maß. Ich bin bereit den letzten, entscheidenden Schritt zu gehen.

Wie ich heimgekommen bin, weiß ich nicht mehr – nur dass ich Stunden später schweißgebadet und schluchzend durch die Haustür stolpere. Ich weine. Ich fühle! In diesem lichten Moment wird mir erstmals richtig klar, dass es so nicht mehr weitergehen kann, und ich fälle einen Entschluss. Am nächsten Tag suche ich mit meinem Hausarzt nach einer Klinik, in die ich mich einweisen lassen kann. Privatpatientenbonus sei Dank ist es keine Woche später so weit: Ich ziehe in die Klinik für Psychosomatische Erkrankungen in Bad Bramstedt. Aus der Dysthymia ist eine fette Depression geworden.

Der Sommer in der Ballerburg

Juli im Jahr des Zusammenbruchs, oder Monat 5

Wer hätte je gedacht, dass der Jan in der Klapse landet? Ich jedenfalls nicht, und mir ist ganz anders, als ich das riesige Krankenhaus in Bad Bramstedt betrete. Zu meiner Überraschung herrscht im Inneren eine entspannte Atmosphäre, die eher an einen Hotelbetrieb erinnert, und während ich die Anmeldeprozedur über mich ergehen lasse, spüre ich so etwas wie Freude, hier zu sein. Ab jetzt wird alles wieder gut. Denke ich.

In meinem Zimmer studiere ich den Wochenplan und stelle fest, dass ein Termin den nächsten jagt: Einzelgespräche mit dem Psychotherapeuten, diverseste Gruppengespräche, Schwerpunktgruppen zu Themen wie Burn-out oder somatoforme Störung, täglich Sport und weitere medizinische Checks. Und ich hatte gedacht, dass man hier zur Ruhe kommt! Egal – ich bin hier und muss da durch. Der mir zugeordnete Therapeut rechnet mit einem Aufenthalt von sechs bis acht Wochen, was ich innerlich mit „Quatsch! Ich schaffe das schneller“ quittiere. Ich werde das mir zugedachte Programm einfach straffen, stringenter planen und strukturiert zum Erfolg führen. Mit der mir eigenen Verve stürze ich mich in die Therapiearbeit, nur um festzustellen, dass das Ganze doch gar nicht so einfach und vor allem anstrengender ist als gedacht. Maximale Öffnung in jedem Gespräch ist nicht mein Ding, denn ich habe nach wie vor ein gewisses Problem mit der ganzen Veranstaltung. Im Kurs für künstlerische Selbstgestaltung wird aus der latenten Skepsis konkrete Antipathie. Eine Kunstpädagogin im Batikshirt verkündet mir freudestrahlend, ich solle meine Gefühle künstlerisch artikulieren. Soll ich hier etwa meinen Namen tanzen oder den Depressionswalzer aufs Parkett legen? Die will mich doch verarschen! Aber weit gefehlt: „Seien Sie mal nicht so! Sie sollen Ihre Emotionen auf Leinwand malen, können aber auch tuschen oder mit Speckstein arbeiten." Ich murmele saftige Flüche in meinen Dreitagebart und greife nach dem Speckstein – der größten verfügbaren Annäherung an Handwerkerei. Also gut, dann baue ich eben einen schönen Bilderrahmen aus Stein für meine Freundin daheim. Auch hier haue ich ran wie kein Zweiter, schwitze mein T-Shirt in zwei Stunden Kunsttherapie komplett nass, arbeite durch die Zehn-Minuten-Pause und berichte nach der dritten Doppelstunde stolz meinem Therapeuten von meinem Werk. Dessen Reaktion fällt anders aus als erwartet: „Merken Sie was?", fragt er und sieht mich aufmerksam an. Ich starre ratlos zurück. Was will der Mann von mir?

„Wie wäre es, wenn Sie das Ding in Serie produzieren oder gleich draußen auf der Straße einen kleinen Verkaufsstand aufbauen?", will er wissen.

„Keine ganz schlechte Idee, aber ...", setze ich an – und halte inne. Der Schwindel kehrt zurück, und eine erste Ahnung einer Erkenntnis durchzuckt mich, die ich erst viele Monate später in Worte fassen kann. In all den Jahren des „diese Kleinigkeit schaffe ich auch noch", „ab nächster Woche mache ich weniger" und „nur noch dieses kleine Projekt extra" ging mit jedem Mehr an Einsatz immer ein Mehr an Anerkennung einher – in Form von Lob oder monetären Anreizen. Darüber hinaus sage ich generell nicht gerne „nein", wurde zum Helfen erzogen und engagiere mich gern – andere machen zu lassen und mich zurückzunehmen kann ich einfach nicht gut. Und so breche ich erneut zusammen, diesmal im Büro meines Therapeuten. Die Depression hat mich wieder, sie umfängt mich mit aller Macht. Erst später wird man mir sagen, dass man mich genau an diesen Punkt bringen wollte und dass die richtige Arbeit an meiner Persönlichkeit, meinem Charakter, meinen Werten und Idealen erst jetzt beginnt.

An diesem Tag fällt auch meine Abwehrhaltung gegen eine flankierende medikamentöse Behandlung mit Antidepressiva. Nach dem Motto „Es ist doch nur in meinem Kopf" hatte ich – ohnehin kein Freund von Medikamenten – den Einsatz dieser Pillen auch aufgrund zahlreicher Nebenwirkungen für mich ausgeschlossen. Jetzt nicht mehr. Aufmerksam höre ich zu, als man mir die Fehlfunktionen des Gehirnes beziehungsweise die Stoffwechselstörungen in selbigem erklärt, und beginne zu akzeptieren, dass ich wirklich krank bin – auch wenn diese Krankheit nicht organisch greifbar ist. Streng genommen ist es mit den Antidepressiva wie mit dem Gips bei einem Beinbruch: Das Bein heilt – Schonung vorausgesetzt – auch ohne Gips, aber mit geht es einfach besser und meist auch schneller. Also schlucke ich und hoffe auf das Beste.

Das tritt zunächst nicht ein, denn die möglichen Nebenwirkungen sind recht erheblich. Bei mir erhöht die Einstiegsdosis zunächst den Schwindel und senkt dann die Libido. Selbst eine nackte Angelina Jolie in meinem kleinen, feinen Patientenzimmer hätte mich nicht die Bohne interessiert. Nach einem Wechsel des Antidepressivums wird es besser, wenn auch nicht so, wie landläufig erwartet. Dass Antidepressiva für gute Laune sorgen, bildet eher Stammtischwissen ab als die Realität. Stattdessen verschwindet die Wirklichkeit hinter einem alles umhüllenden Schleier – das Leben wirkt etwas gedämpfter und „egaler" und frei von Spitzen – negativen, aber auch positiven. Trotzdem: Die schlimmen Tiefpunkte gibt es fortan nicht mehr, ich kann mich mehr auf die Therapie einlassen und verspüre etwas mehr Antrieb und Motivation. Das ist ein Anfang; ich will nicht klagen.

Die Therapie selbst ist harte Arbeit. In den Gruppentherapien geht es um Schwerpunktthemen wie Burn-out und Fragestellungen wie: „Wie stellen sich meine Leitsätze und Motive dar, und was bedeuten sie für mein Leben?“ oder: „Was hat mich in den letzten Jahren motiviert und angetrieben?“ Sich mit den eigenen Leitmotiven auseinanderzusetzen und mit diesen und ihren Auswirkungen konfrontiert zu werden, ist oft anstrengend und zermürbend. Mir führt es vor Augen, dass ich in meinem Leben falsche Prioritäten gesetzt und schädliche Sichtweisen zementiert habe. Logisch, sonst wäre ich schließlich nicht hier. Aus den alten Leitsätzen versuchen wir neue zu entwickeln. Neue Leitsätze, neue Ziele für unser Leben – für mich eine der schwersten Aufgaben, die auch nur die wenigsten meiner Mitpatienten vor Ort lösen können. Der Grund ist nicht der mangelnde Wille zur Veränderung. Ein Klinikaufenthalt ist, gepaart mit dessen Auslöser, eine schwerwiegende Zäsur im Leben, und alle der hier Anwesenden wissen, dass sich etwas grundlegend ändern muss in ihrem Leben. Der Änderungszwang ist enorm. Trotzdem gestaltet sich gerade das Finden neuer Lebensziele für viele schwierig – trotz intensiven Austausches in den Gruppen, teilweise bis tief in die Nacht hinein. Nach vier Wochen sind wir bei Moralvorstellungen und Glücksdefinitionen angekommen, aber zu einem persönlichen, individuellen Ergebnis kommen nur die wenigsten. Dafür ist das Thema zu mächtig, der Eindruck unserer jeweiligen Situation zu eindringlich, sind die Umstände für uns vermutlich zu neu.

In der Gruppe der somatoform gestörten Patienten, zu der ich mit meinen Bauchschmerzen und Schwindel auch gehöre, geht es im Wesentlichen um das Verstehen der und den Umgang mit den Warnsignalen unseres Körpers. Jeder in unserer Gruppe hat verlernt, auf diese Signale zu hören, und ich bilde da keine Ausnahme: Schwächeanfälle, sporadisch wiederkehrender Tinnitus und sogar die ersten Schwindelsymptome sind bei genauerem Darübernachdenken gar nicht so neu wie gedacht. Nur dass ich sie vor meinem Zusammenbruch immer auf zu wenig Schlaf, zu viel Kaffee und Ähnliches geschoben habe. Derartige Zipperlein, so dachte ich, können mich nicht bremsen – mich, den passionierten Hockeyspieler in physisch blendender Verfassung. Hier in der Klinik erkenne ich meinen Irrtum und verstehe, dass ich einen neuen Zugang zu meinem eigenen Körper finden muss – ein verdammt langwieriger und recht anstrengender Prozess, den die Klinik mit einem sogenannten Biofeedback unterstützt. Bei diesem werden unterschiedliche Kopfareale an diverse Analyseinstrumente angeschlossen, was Aufschluss darüber geben kann, wie angespannt (und damit gestresst) man in einzelnen Simulationen reagiert. Weil der Weg zu Burn-out oder Depression bei den meisten Menschen schleichend vonstattengeht, verlieren sie oft das Gefühl für Stress- und Überlastungssituationen. Im Rahmen des Biofeedbacks sucht man auch nach individuellen Entspannungstechniken, die kurzfristig zu einer maximalen Muskelentkrampfung und damit einhergehend zu Stressvermeidung beitragen können. Für einige Patienten sind dies Atemübungen, für andere Traumbilder oder Fantasiegebilde, wieder anderen hilft Meditation oder das Gebet.

Außerdem steht jeden Tag Sport – oder richtiger: Bewegung – auf dem Programm. Da Burn-out, Depressionen und andere seelische Erkrankungen in allen Bevölkerungsschichten auftreten, trifft in den Kursen eine entsprechende Bandbreite an körperlicher Fitness aufeinander. Auf „meiner" Station gibt es – mich selbst vermessenerweise eingeschlossen – drei „Supersportler", die im Sport vielleicht nicht ihre größte, aber zumindest eine wesentliche Entfaltungsmöglichkeit sehen. Ihnen gegenüber stehen etwa 20 gesetzte Mittfünfziger mit katastrophalen BMI-Werten, die ihre Turnschuhe zuletzt beim

Schulsport geschnürt haben. Wenn sich die frisch ausgebildete Sportpädagogin bei einer solchen Konstellation von den adretten Sportlern breitschlagen lässt, Fuß- oder Brennball zu spielen, und der Wettbewerbsgeist mit den Spitzensportlern durchgeht, haben die morschen Knochen der Vorruheständler schlechte Karten.

Am anstrengendsten aber sind die Einzeltherapien. Hier geht es neben der Fortschrittskontrolle in allen anderen Therapiegruppen ans Eingemachte; außerdem kommen alle Klischees der Psychotherapie auf den Tisch: Entwicklung und Erziehungsgeschichte, Kindheit, Elternhaus, erlernte Verhaltensmuster. Und natürlich alles Persönliche: Freunde, Partner, Familie, Job und das Leben im Allgemeinen. Bei vielen Mitpatienten – insbesondere den männlichen – steht das Thema „Scham" ganz weit oben auf der Agenda. Wir Männer – und ich schließe mich zu diesem Zeitpunkt definitiv mit ein – können mit vielen Dingen umgehen, aber nicht mit Scham. Im Vergleich zu vielen Frauen können wir gut über Trauer und Sentimentalität sprechen, aber darüber weinen, das fällt uns schwer, dafür schämen wir uns. Big boys don't cry. Ein weiterer Schamfaktor ist das Thema „Schwäche zeigen". Das führt gern dazu, dass Männer nicht „nein" sagen können, wenn Chefs, Freunde oder Bekannte bittend anklopfen. Meist sind es nicht die großen (An)Fragen, die uns hierbei in die Knie zwingen, sondern die Summe der kleinen: Kannst du nicht noch dieses kleine Projekt übernehmen? Hier noch einmal schnell unterstützen? Mit zur Zusatztrainingseinheit kommen? Morgen noch mal schön einen trinken und feiern gehen? Jede einzelne dieser Unternehmungen schadet nicht, macht oft sogar Spaß, aber in Summe mutet man sich einfach zu viel zu. Das Fatale dabei ist, dass mit jeder Zusage auch die Erwartungen des Umfeldes steigen. Bei wem man Unterstützung findet, wo einem (gern) geholfen wird und wo immer eine Tür offen ist, spricht sich schnell herum, und so trifft ein Burn-out meist die Menschen, die ihr Umfeld als hilfsbereit, engagiert, nett – und stark erlebt. Für uns in Bad Bramstedt gilt ab jetzt: „Everybody's darling is everybody's Depp".

Entlastung

August im Jahr des Zusammenbruchs, oder Monat 6

Auch Freizeit gibt es im Klinikprogramm; nur Besuche in der Heimat sind spontan nicht erlaubt und wollen stattdessen therapieseitig vorbereitet sein. Also verbringe ich die Wochenenden mit Spaziergängen oder Kirchbesuchen. Ein vorbildlicher Christ oder Kirchgänger war ich nie, aber der Glaube bedeutet mir etwas, und in der Kirche fühle ich mich selbst in meinen dunkelsten Tagen auf unbestimmte Art geborgen. Der Volksmund lügt nicht: Die Not treibt die Menschen in die Kirche. Diese Ruheorte, viele wunderbare Bekanntschaften in und um Bad Bramstedt und insbesondere der Austausch mit anderen psychisch Kranken helfen mir ungemein, mein momentanes Schicksal leichter zu ertragen – vielen anderen geht es augenscheinlich noch schlechter als mir.

Der Lieblingssatz meines Therapeuten in Bad Bramstedt war: „Therapie in der Klinik ist Blut, Schweiß und Tränen." Das mit dem Blut war übertrieben, das mit dem Schweiß nicht. In den Einzel- und Gruppensitzungen mit bislang wildfremden Menschen über eigene Gefühle, Sorgen, Nöte und Ängste zu sprechen und den eigenen Lebensweg öffentlich zur Diskussion zu stellen, bringt mich an meine Grenzen. Selbstverständlich werden die Gruppensitzungen professionell überwacht und geleitet, aber trotzdem lerne ich dort so viel über Schmerz und Emotionen wie selten in meinem Leben zuvor. Viele von uns nutzen die besondere Atmosphäre dieses Ortes, um erstmals über schwerwiegendste Probleme zu sprechen, und teilen mit bislang Fremden Dinge, die nicht einmal die eigenen Lebenspartner wissen. Das geht extrem tief, denn jeder Kerl kennt zwar seine Schwächen, Fehler und

Unzulänglichkeiten, kann sie aber vor allem gut ignorieren oder in sich vergraben. (Das gilt übrigens auch für romantische oder andere „weiche“ Charakterzüge.) En détail in großer Runde einzugestehen, was man(n) alles nicht kann, ist schwer, und noch schwerer ist es, sich und anderen Dinge und Fehlverhalten einzugestehen, die einem im Grunde seit Jahren bewusst sind und die man trotzdem nie geändert hat. Der Blick auf mich selbst offenbart mir zum Beispiel auf den ersten Blick ein Muster- und Paradebeispiel für den klassischen norddeutschen Charakter: etwas Kühle, garniert mit sogenannten „deutschen Tugenden“ wie Fleiß, Pünktlichkeit und Zuverlässigkeit. Das Ergebnis: eine gewisse Unnahbarkeit und Distanz zu anderen, die bösere Zungen gern als Emotionslosigkeit deuten. Hinzu kommen: umfassende Loyalität, Ehrlichkeit und ein ruhiges, wenig fahriges Wesen. Aber eigentlich … bin ich gar nicht so. Auch ich bin manchmal impulsiv und habe im Grunde meines Herzens keine Lust, immer perfekt und verlässlich zu sein. Aber ich habe diese Emotionen und Bedürfnisse nie gelebt, habe selten bis nie mit Freunden oder Familie intensiv über das gesprochen, was mich belastet oder bedrückt. Selbst mit meiner langjährigen Freundin war ich dazu nur bedingt in der Lage – und die Anzahl der „Ich liebe dich“s der letzten vier Jahre lassen sich an einer, maximal zwei Händen abzählen. Dabei liebe ich meine Freundin, liebte sie bis zum Ausbruch der Krankheit noch viel intensiver und hätte meinen Freunden und meiner Familie gern gesagt, wie wichtig sie mir sind und wie viel sie mir bedeuten. Aber ich habe es nie getan – weil ich es als ein Zeichen von Schwäche empfunden hätte. Öffentlich einzugestehen, dass ich über Jahre nicht sagen und leben konnte, was in mir war, tut verdammt weh – erst recht, weil ich diese Gefühle so lange unterdrückt habe, bis die Depression sie mir genommen hat. Ein Taschentuch reicht an diesem Tag nicht, um meine Tränen zu trocken. Es muss ein Handtuch sein –

und ein Tag Auszeit von allen Sitzungen. Diese anderthalb Stunden meiner „Offenbarung“ haben mich körperlich und psychisch erledigt.

Dennoch fühle ich mich befreit. Ich habe mir und allen anderen Gruppenmitgliedern eingestanden, dass auch Menschen wie ich nicht immer funktionieren, dass sie manchmal schwach, fehlbar und emotional sein können, und fortan geht es für mich langsam bergauf. Die permanente Konfrontation mit mir selbst beginnt zu greifen, der straff organisierte Klinikalltag gibt Halt, und die Medikation tut ihr Übriges, mich langsam zu stabilisieren. Von meinem bei der „Einlieferung“ geplanten Zeitplan von maximal sechs Wochen Aufenthalt muss ich mich dennoch verabschieden. Die Krankheit sitzt zu tief und erfordert mehr Aufmerksamkeit, als von mir erwartet. Auch dieses Eingeständnis ist ein kleiner Therapieerfolg. Das Wichtigste für mich ist allerdings: Ich sehe wieder eine Perspektive. Deutlich mehr als 80 Prozent aller Depressionen sind heilbar und verschwinden mit eigenem Zutun wieder. Ich darf nur nicht erwarten, dass ich in den nächsten Wochen gleich wieder der Alte bin. Stattdessen lerne ich, dankbar zu sein: Ich möchte wieder fühlen können und eine neue Perspektive finden, die das Leben wieder lebenswert macht. Die Hoffnung darauf habe ich am Ende der Klinikzeit wiedergefunden.

Lichtblick, oder: Ein Lächeln macht noch keinen Sommer

Zurück

August im Jahr des Zusammenbruchs, oder Monat 6

Ende August erinnere ich mich wieder daran, wie sehr ich Wassersport stets geliebt habe, setze mich über die Regeln der Klinik hinweg und fahre bei herrlichstem Sommerwetter zum Kitesurf-Worldcup in Sankt Peter-Ording. Das Ignorieren der Klinikregeln ist für mich als Spießer ein echter Therapieerfolg, und ich finde, ich habe mir diesen Kurztrip redlich verdient. Den Tag am Meer und die neuen Eindrücke nehme ich als angenehm wahr (allein diese Wahrnehmung ist schon ein Erfolg!), aber auf dem Rückweg erlebe ich das erste Mal seit Monaten wieder so etwas wie ein richtiges Gefühl. Ich höre laut Musik, sehe einen traumhaften Sonnenuntergang, parke mein Auto in einem einsamen Feldweg, setze mich auf die Motorhaube und –jetzt kommt es! – erfreue mich am Sonnenuntergang. Ich spüre Freude. Nicht lange, nicht so wie früher, aber sie ist da, und das tut nach den langen Monaten der inneren Taubheit unfassbar gut. Dieses Gefühl setzt den Startschuss: In den letzten drei Wochen der insgesamt zweieinhalb Monate in der Klinik geht es vor allem um die Vorbereitung der Rückkehr in mein altes Leben und um die Konkretisierung von dort aufzuarbeitenden Themengebieten. Aus meinen neuen Leitsätzen und Ideen für die Zukunft (mehr ist es noch nicht) leiten wir Handlungsschritte ab. Im Job etwa soll ich nicht mehr als 50 Stunden die Woche und nur noch wochentags arbeiten sowie den Arbeitsrechner am Wochenende ausgeschaltet lassen – für mich eine gewaltige Reduktion und Änderung. Beim Hockey werde ich die Saison zu Ende spielen, meine Trainingszeiten aber einkürzen; mit meinen Eltern werde ich frei von Anklagen über Fehler der Vergangenheit sprechen („Erziehung ist nie perfekt") und mich auch von einigen der norddeutschen Verhaltensmuster verabschieden – etwa indem ich meine Mutter zur Begrüßung umarme, statt ihr nur die Hand zu geben. Für meine mittlerweile fast vierjährige Beziehung werde ich mich ebenfalls öffnen und mehr über das sprechen, was mich bewegt, belastet und berührt. Zugleich werde ich mir auch dort Freiräume schaffen, meine Freizeit selbst gestalten und auch einmal etwas allein tun. Zu den großen Baustellen gesellen sich viele weitere, aber allem voran benötige ich eines: Zeit.

Ich verlasse die Klinik Mitte September mit einem tiefen Gefühl der Dankbarkeit und einem lachenden und einem weinenden Auge. Der Abwärtstrend ist gestoppt; diesen Ort relativer Sicherheit und lieb gewonnene Menschen hier werde ich vermissen. Ich bin wieder stabiler, weiß aber, dass Depressionen, körperliche Probleme und Tiefs trotz der Medikation zurückkehren werden – und dass ihre Macht nur gebrochen werden kann, wenn ich weiterhin lerne, mit ihnen zu leben und umzugehen.

Nach den zehn Wochen in der Klinik geht es zunächst in die Wiedereingliederungsphase – zwei Wochen Pause und Erholung. Die nutze ich, um mich im privaten Umfeld wieder einzugliedern und vor allem, um ein wenig zur Ruhe zu kommen. Nach nur drei Tagen in den eigenen vier Wänden merke ich, wie anstrengend das Klinikleben wirklich war. Außerdem suche ich mir einen Therapeuten für die ambulante Nachbehandlung der nächsten Monate und Jahre – ein erneut nicht ganz einfaches Unterfangen. Und dann geht es das erste Mal zurück in die Firma, zunächst nur zwei Stunden täglich, wobei es diese ziemlich in sich haben. Ich bin jedes Mal wieder froh, heimgehen zu können, und jeden Morgen beim Verlassen der Wohnung sträuben sich mir erneut die Nackenhaare, wenn ich wieder hingehen soll. Was mir im Nacken sitzt, ist kalte Angst. Dass ich dieses Gefühl durch den allgegenwärtigen Schleier der Medikation spüre, macht mir Sorgen, aber Alternativen gibt es leider keine. Selbstverständlich haben wir in der Klinik über einen potenziellen Jobwechsel oder eine stärkere räumliche Trennung von Wohn- und Arbeitsort gesprochen, aber hier gebe ich den Therapeuten recht: Bei einem Ortswechsel nimmt man sich (und damit seine Sorgen, Probleme und Nöte) in die neue Umgebung mit. Also kämpfe ich zunächst einmal um eine praktikable Abgrenzung der Freizeit zum Arbeitsleben, damit mich der Stress im Job nicht mehr so sehr tangiert. Viele Jobthemen versuche ich nicht mehr so dicht an mich heranzulassen, und ich bemühe mich, mich von der Vorstellung zu trennen, immer alles perfekt machen zu müssen – für mich die schwierigste Aufgabe. Freunde und Verwandte verstehen oft nicht, was an dieser Art von Veränderungen denn so schwierig sein soll, aber letztlich geht es um eine Veränderung der eigenen Persönlichkeit – und das ist unfassbar schwierig, denn man „ist halt, wie man ist". Das gilt auch für mich: Ständig falle ich in alte Verhaltensmuster zurück oder sage im Job meine Unterstützung zu, obwohl ich diese – zumal mit reduziertem Stundenpensum – nicht leisten kann. Bei den privaten Baustellen läuft es auch nicht viel besser, und so brauche und nutze ich die täglichen Pausen, die mein geringeres Arbeitspensum mir bietet, zur Regeneration.

Obschon die Therapeuten einhellig sagten, dass meine physische Konstitution – und somit vor allem mein intensives Hockeytraining – meinen Zusammenbruch deutlich hinausgezögert hatte, muss ich auch in diesem Bereich lernen, kürzerzutreten. Vier bis fünf Trainingseinheiten in der Woche, dazu die Spiele und mein Ehrgeiz, sich in der ersten Mannschaft immer wieder gegen jüngere Sportskameraden durchzusetzen, um nicht aussortiert zu werden, haben mein Job-Stressabbau-Ventil zu einer weiteren mit Druck belasteten Baustelle werden lassen. Zu meinem selbst gemachten Druck kommt der der Mannschaft – diverse deutsche Vizemeistertitel, ein Vize-Pokaltitel und ein dritter Platz beim Eurocup reichen uns nicht; es soll endlich einmal ein erster Platz sein, den wir belegen. Ich aber muss meine Ziele niedriger stecken – und mit meinen Jungs in großer Runde Tacheles reden. Nach einem Training bitte ich Trainer und Mitspieler, noch auf der Fläche zu bleiben, und fühle mich wie vor meinem großen Auftritt in der Stationsgruppe: furchtbar und nervös. Was sollen meine Mannschaftskameraden, die größtenteils auch meine Freunde sind, denn denken, wenn ich auf einmal von Schwäche und weniger Einsatz spreche? Ich, der ich doch immer ein Muster an Ehrgeiz, Engagement und Einsatzwillen war? Und so bekomme ich die Zähne zunächst kaum auseinander, als ich stockend von meinem Klinikaufenthalt erzähle. Davon, dass mir lange nicht klar war, ob und inwieweit ich mit dem Sport weitermachen kann, und dass ich nicht mehr die Leistung und den Einsatz bringen kann, an den sich hier alle gewöhnt haben. Dass ich diese Saison noch bestmöglich zu Ende bringen, aber nur noch zweimal in der Woche zum Training kommen werde, weil ich zu mehr körperlich und seelisch nicht in der Lage bin. Dass ich hoffe, dass das okay für sie ist. Die Resonanz auf meine Ehrlichkeit und Offenheit ist positiv: Statt Einsprüchen höre ich Ermunterung und Dank für die offenen Worte – es sind eben nicht nur Mannschaftskameraden, sondern auch Freunde. Mein Therapeut aus der Klinik hat augenscheinlich recht behalten: Offenheit bringt Nähe und Entlastung.

Aber es läuft nicht überall rund an meinen Privatbaustellen: War ich beim Verlassen der Klinik noch felsenfest davon überzeugt, dass meine größten Baustellen Job, Familie und vielleicht noch der Sport sein würden, zeigt sich jetzt, dass ich mich hierin grundlegend getäuscht habe. Auch meine bessere Hälfte, die mich in der Klinik stets unterstützt und die ich daher als Problem gar nicht so sehr im Fokus hatte, hat sich in der Zeit meiner Krankheit verändert. Oder ist vielleicht schlicht geblieben, wie auch ich einst gewesen bin.

Beziehungsthemen

September im Jahr des Zusammenbruchs, oder Monat 7

Wie geht man mit Familienmitgliedern oder Freunden um, die an Depressionen leiden? Diese Frage habe ich mir oft gestellt und kann sie erst viel später für mich abschließend beantworten: Nicht nur die Betroffenen, auch die Angehörigen – und insbesondere der Partner – brauchen professionelle Hilfe. Die Reaktionen meines Umfeldes auf meine Depression und Niedergeschlagenheit reichen von komplettem Rückzug über vorsichtiges, zaghaftes Anfragen nach dem seelischen Befinden bis zu einem lapidaren „Nicht so schlimm, das wird schon wieder" – ein Satz, der noch vor Kurzem aus meinem eigenen Mund hätte stammen können. Vor allem aber zeigen sie eines: dass das Umfeld meiner Situation ähnlich ratlos und verzweifelt gegenübersteht wie ich selbst. In die Rolle eines Angehörigen kann ich mich mangels Erfahrung nicht hineinversetzen, aber als Betroffener habe ich gelernt, was mir schadet und was mir hilft. Mitgefühl jedenfalls hilft mir nicht und macht mich im besten Fall aggressiv. Wer nie selbst eine Depression hatte, kann fehlende Emotionen, Antriebslosigkeit und Einsamkeit nicht nachvollziehen und sich Sätze wie: „Ich verstehe, wie du dich fühlst" am besten sparen. Ich erwarte auch von niemandem, dass er für meine Situation Verständnis aufbringt. Das schaffe ich ja selbst schon nicht. Was mir hingegen sehr wohl hilft, ist das Gefühl von Sicherheit. Wenn mir jemand sagt, dass er für mich da ist, ich nicht verzagen soll und trotz meiner momentanen Schwäche geliebt und geachtet werde. In der Depression nicht allein zu sein, ist viel wert; ein Schutzkokon oder jemand, der rund um die Uhr an meiner Seite steht, ist es nicht – zumindest bei mir. Anderen hilft der Kokon, was einmal mehr zeigt: Menschen mit Depressionen sind so verschieden wie das Leben selbst. Den einen, ultimativ richtigen Weg zum Umgang mit ihnen gibt es nicht. Und mit Sicherheit ist auch kein Weg, den ein Mensch mit Depressionen zurück ins Leben seiner Liebsten geht, wie der andere.

Mit meiner Familie mache ich seit der Rückkehr aus der Klinik langsame Fortschritte. Versuche, mehr mit ihnen zu sprechen, näher an meinen Nächsten – und wo nötig weiter von ihnen entfernt zu sein. Momente mit meiner Familie gestalte ich intensiver, emotional offener und versuche zugleich, meinen persönlichen Freiraum zu etablieren und zu schützen. Es ist ein langwieriger, mühsamer Prozess; Fortschritte und Rückschläge geben einander immer wieder die Klinke in die Hand, und oft falle ich in die reservierte, kühle und emotionslose Haltung der Vergangenheit zurück. Aber weil ich von der Notwendigkeit der Veränderungen überzeugt bin, bleibe ich dran und gebe nicht auf.

Ungleich schwieriger allerdings gestaltet sich das weitere Zusammenleben mit meiner Freundin. Für ihre Unterstützung und ihre Gegenwart in meinen dunkelsten Tagen bin ich ihr nach wie vor zutiefst dankbar, aber ich spüre auch, dass sie die wohl höchsten Erwartungen an mich hat. Jetzt, da ich aus der Klinik zurück bin, wird sich doch sicher alles in ihrem Sinne zum Guten wenden? Und das stimmt ja auch, denn vieles, was meine Freundin in den vergangenen Jahren vermisst hat, steht ja auf meiner To-do-Liste: weniger Zeit für Job und Hobby; mehr Offenheit und Kommunikation, das Sprechen über Gefühle, mehr Zeit für die Beziehung. Auch für diese Veränderungen brauche ich Zeit – und dass unserer beider Vorstellungen von „Zeit“ und deren Nutzung unterschiedlich sind, zeigt sich schon wenige Tage nach meiner Rückkehr. Madame denkt (oder hofft?) nämlich, dass das Mehr an

Zeit, das ich aus Job und Hobby freischaufele, fortan exklusiv ihr zur Verfügung steht. Ich aber denke gar nicht daran. Ich möchte mehr Zeit für mich. Ja, das klingt egoistisch, aber genau das muss ich werden; das haben mir die Therapeuten in der Klinik eingebläut: „Achte auf dich und deine Gesundheit – schaffe dir Freiräume der Muße oder für andere Dinge, nach denen dein Herz verlangt." Ich weiß, dass meine Betreuer recht haben, und ich weiß, dass ich genau diesen Weg gehen werde, ja, gehen muss. Nach allem, was ich erlebt habe, ordne ich alles dem Ziel unter, nie wieder in Depressionen zu rutschen. Und das bedeutet automatisch, dass zunächst einmal nicht meine Freundin für mich im Fokus steht, sondern ich selbst. Unter dem Strich kommt das ja auch ihr zugute: Nur wenn ich gesund bin, kann ich mich wieder um andere und damit auch um meine bessere Hälfte kümmern. Krank nütze ich schließlich niemanden etwas. Das wird sie doch einsehen – dachte ich.

Aber es kommt anders. Acht Monate hat meine Freundin sich gekümmert, hat gewartet, gehofft und in all der Zeit meines Klinikaufenthaltes nicht gewusst, wie es weitergeht. Auch jetzt, nach meiner Rückkehr, unterstützt sie mich im Alltag und begleitet mich zu meinen kleinen Wochenaufgaben. Die sind im Grunde sehr profan, aber ich halte sie aufgrund von Schwindel- und Bauchschmerzattacken trotzdem nicht immer durch: Beim Kinobesuch in Woche vier nach der Entlassung geht sie mit mir gemeinsam vor Filmende aus dem Saal; in Woche fünf verlässt sie an meiner Seite die Bar, als unsere Freunde gerade erst den Auftakt eines feucht-fröhlichen Abends einzuläuten beginnen. Ich habe nichts davon von ihr erwartet, aber sie tut es dennoch und zwar ohne Murren. Dann aber beginne ich, Dinge auf eigene Faust erkunden und erfahren zu wollen – Radeln, Spazierengehen, Relaxen im Schwimmbad und einfach nur etwas Zeit für mich selbst stehen auf dem Programm und stoßen bei meiner besseren Hälfte auf wenig Verständnis. Da ich aber auf mich achten muss, ziehe ich meine Pläne dennoch weitestmöglich durch, erkläre Situation und Ziele umfassend – zumindest aus meiner Sicht – und bitte um Verständnis. Als ab der achten Woche nach der Klinik Streifzüge mit meinen Freunden auf dem Programm stehen, beginnt unsere Situation zu eskalieren. Ich übe mich im Senden und Empfangen von Reizen, nenne es therapeutisches Flirten und hoffe, dass sich bei diesem wieder etwas in meinem Herzen oder Bauch zu rühren beginnt – ob Schmetterlinge, Scham oder Furcht ist mir einerlei. Ich versuche, mich neu zu erfahren; an faktische Untreue denke ich noch nicht einmal. Warum sollte ich die Sicherheit, die meine Freundin mir bietet, gegen ein Abenteuer tauschen, das mich unter meinem Medikationsschleier ohnedies nicht erreicht? Aber meine Freundin erfährt von Dritten von meiner Flirterei, deutet sie anders, als ich sie empfinde, und diese vermeintliche Erkenntnis nagt zusehends an ihr. Ich verstehe ihre Enttäuschung gut, denn ich weiß, dass ich ihre Erwartungen mit Füßen trete, nur um mich kreise und lieber mit einem Buch ins Bett als mit ihr ins Kino gehe. All das schafft Distanz – aber das größte Problem ist nach wie vor die Medikation und ihre Nebenwirkungen. Antidepressiva helfen, die Orientierungslosigkeit zu bekämpfen, wirken motivierend und anregend und helfen, schlimme Depressionen abzumildern. Allerdings arbeiten sie auch genau in der anderen Richtung: Die eigenen Gefühle sind wie eingefroren oder vielleicht besser: verschleiert. Dieser Schleier ist Schutz und Fluch zugleich, aber in einer frühen Phase der Depression hat ein Betroffener kaum eine Wahl: Der Schutz ist wichtiger; die Einnahme notwendig. Außerdem weiß und spüre ich sogar immer noch, dass es einen Grund gibt, aus dem ich mit dieser Frau zusammen bin. Aber ist das wirklich Liebe, die sich da hinter dem Medikamentenschleier verbirgt?

Plötzlich bin ich mir dessen nicht mehr sicher. Hätte man mich vor der bewussten Gondelfahrt gefragt, hätte ich jederzeit ohne Zögern geantwortet, sie sei die Frau meines Lebens: von unserer ersten Begegnung an, damals, im Kiez von Hannover, und bis zum heutigen Tag. Ja, meine Freundin ist eine sehr raumeinnehmende und energiegeladene Person und damit sicher – frei jeder Schuldzuweisung, denn ich habe mir mein Leben schließlich selbst so gewählt – ein weiterer Stein, der meine Krankheit ins Rollen brachte. Trotzdem war ich felsenfest davon überzeugt, wir könnten gemeinsam alt werden, wenn wir dies wollten. Und das wollte ich auch – vor der Klinik. Aber was will man nach der Klinik? Auf jeden Fall nicht genau das gleiche Leben wie vor der Krankheit. Aber auch keinen radikalen Wandel, sondern Zeit für nachhaltige Veränderungen. Diese Zeit – oder richtiger: der Mangel daran – wird uns jetzt zum Stolperstein. Eine alte Volksweisheit sagt, dass man Menschen nicht verändern kann. Auch wenn man es bei sich selbst versucht, dauert es lange, bis Veränderungen wirklich greifen. Der Partner aber bleibt der Gleiche, der er vor dem Klinikaufenthalt war, und so bemerke ich bereits nach wenigen Wochen daheim, dass meine Beziehung meine größte Baustelle zu werden droht. Schon in der Klinik habe ich gelernt, dass die Mehrzahl der Beziehungen an den Belastungen dieser Zeit zerbricht. Manche Betroffenen stellen ihr Leben komplett um, nutzen den Klinikaufenthalt für eine längst überfällige Zäsur, verlieren im Nebel der Antidepressiva die notwendige Nähe zu ihrem Partner oder finden in der Klinik einen neuen Partner, mit dem man auch über Depressionen und ihre Begleiterscheinungen sprechen kann – was ungemein hilfreich sein kann. Aber auch, wenn ich mich selbst der Gruppe der Vernebelten zuordne, bin ich zunächst nicht bereit, meine Beziehung aufzugeben: Mit der Zeit allerdings rauben mir die Kämpfe um Freiräume und daraus resultierende permanente Streitgespräche mit meiner Madame derart viel Energie, dass der Kampf um Rückzugsmöglichkeiten in meinem Post-Klinik-Leben immer mehr zur Farce wird. Schließlich gibt selbst meine Therapeutin ihre Zurückhaltung auf und legt mir nahe, mich zu trennen. Meine Freundin, so ihr Fazit, koste mich zu viel Energie, und aus der ganzen Sache könne nichts Zielführendes mehr erwachsen. Im Stillen gebe ich ihr zunehmend recht; ich brauche meine letzten Energiereserven für Wichtigeres als stundenlange Diskussionen. Dennoch bringe ich es nicht übers Herz, mich zu trennen. Tief in mir erahne ich, dass dort noch Gefühle für meine Partnerin sind – und das lässt mich hoffen. Was mich einmal mehr zu einer weiteren alten Volksweisheit führt, in diesem Fall von Leonard Cohen: „Hoffnung ist viel zu passiv. Wir brauchen Willen." Recht hat er. Wenn wir uns selbst nicht bewegen, bewegen sich die anderen. Manchmal, weil sie es wollen; manchmal, weil sie nicht mehr anders können. Und wer könnte die Situation eines Angehörigen besser beschreiben als ein Angehöriger, in diesem Falle meine Freundin selbst:

...Du möchtest wissen, wie ich das Ganze erlebt habe? Dann fangen wir mal an: Es war einmal irgendwann Anfang Februar. Wir hatten einen ziemlich coolen und spaßigen Skitag, sind zusammen mit den anderen eine Piste nach der anderen hinuntergepeitscht, haben uns gut verstanden. Ich bin gegen 15 Uhr auf die Après-Ski-Hütte gegangen, wo die meisten der anderen sich bereits warm tranken. Nur du konntest mal wieder nicht genug bekommen und bist eine weitere Stunde wie ein Irrer die Pisten hoch und runter geheizt. Als du gegen 16 Uhr auf die Hütte kamst, war ich schon etwas beduselt. Du hast mit deinem Trainer und den anderen ein bis zwei Kurze getrunken und dir irgendwann den Bauch gehalten. Der Coach kam zu mir und sagte, mit meinem Freund stimme irgendwas nicht. Du habest furchtbare Bauchschmerzen. Ich habe das zunächst belächelt und es für die Spätfolgen der exzessiven Trinkabende mit deinen Freunden in den Nächten zuvor gehalten. Aber der Coach meinte, es sei ernst.

Als ich zu dir ging, hast du gleich gesagt, dass du ins Tal willst, weil dir unglaublich schwindelig sei. Erst wolltest du die Skier nehmen, aber weil du kaum noch laufen konntest, habe ich die Gondel vorgeschlagen. Das hast du zunächst vehement abgelehnt: „Nur Loser fahren mit der Gondel runter!" Aber ich habe darauf bestanden, und so sind wir „heimlich" zur Gondelstation gegangen.

In der Gondel bist du immer bleicher geworden und hast immer wieder gesagt: „Ich kratz ab, ich kratz ab, es geht zu Ende." Ich habe mich in diesem Moment so unglaublich hilflos gefühlt. Mir wurde aus panischer Angst um dich ebenfalls schon ganz schwindelig und schwarz vor Augen, und ich wusste einfach nicht, was ich tun sollte – außer gut auf dich einzureden. Ich hatte solche Angst, dass du einen Herzinfarkt oder Schlaganfall bekommst, und ich betete in diesem Moment, dass alles gut werden würde.

Unten im Tal angekommen konntest du nicht einmal mehr deine Skier tragen, und so habe ich unsere komplette Ausrüstung zum Hotel geschleppt. Du bist ganz langsam hinter mir her geschlurft und dann sofort ins Bett gefallen. Dort fingst du schließlich an zu zittern und warst schweißnass am ganzen Körper. „Ich kratz ab, ich kratz ab", hast du gesagt, immer wieder. Ich war innerlich völlig panisch und rechnete schon damit, meinen über alles geliebten Freund hier an Ort und Stelle sterben zu sehen. Eine gefühlte Ewigkeit bin ich durch das Hotel gerannt und habe um Hilfe gerufen, bis ich endlich jemanden fand und einen Krankenwagen alarmieren konnte.

Dich auf der Trage in dem Krankenwagen zu sehen, war wohl einer der schlimmsten Momente in meinem bisherigen Leben. Diese Ungewissheit hat mich völlig fertiggemacht, und ich musste mich stark zusammenreißen, um nicht unkontrolliert in Tränen auszubrechen.

Als die Ärztin im österreichischen Krankenhaus von einer Dehydration sprach, wurde ich etwas ruhiger, obwohl wir beide wohl schon zu diesem Zeitpunkt wussten, dass das eigentlich nicht der Grund sein konnte.

In den Wochen danach littest du durchgängig unter Schwindel und chronischen Magenschmerzen. Aus lauter Sorge um dich machte ich kaum noch ein Auge zu und weinte fast jeden Tag. Ich hatte solche Angst, dich zu verlieren!

Ich habe dich von einem Spezialisten zum anderen gescheucht. Vom HNO-Arzt über den Kardiologen bis hin zum Neurologen und dann zum Durchchecken in die Medizinische Hochschule Hannover. Jedes Mal, wenn wir die Ergebnisse bekamen, die besagten, dass du gesund seist, ist mir ein Stein vom Herzen gefallen. Dann die letzte Instanz: Psychosomatische Abteilung vom Henriettenstift. Diagnose: Burn-out und mittelschwere Depression (und was da sonst noch auf dem Zettel stand, weiß ich nicht mehr).

Zunächst überwog die Erleichterung. Endlich hatten wir eine Diagnose! Doch dann kam das große Fragezeichen: Depression? Was heißt das eigentlich genau?

Die Diagnose Burn-out hingegen überraschte mich wenig. Dass du zu viel arbeitest, dir immer viel zu viel vornimmst und alles, was du machst, irgendwie exzessiv betreibst (sei es Sport, Arbeit oder Trinken), hatte ich dir schon seit dreieinhalb Jahren immer wieder gesagt und dich vor den Auswirkungen gewarnt. Selbst meine Eltern nannten dich nach eurem ersten Kennenlernen eine „tickende Zeitbombe" und waren überzeugt, du werdest irgendwann die Quittung für all die Überanstrengung bekommen.

Ich begann Bücher über Depressionen zu lesen und das Internet zu durchforsten. Ich war mir sicher, dass wir es schaffen würden und dass der gemeinsame Kampf gegen diese Krankheit uns zusammenschweißen würde. Leider war das schwieriger als gedacht, denn die Krankheit war hartnäckiger als erwartet. In den folgenden Monaten voller Angst, Sorge und Tränen stand sie im Fokus unseres gemeinsamen Lebens. Kampf und Ohnmachtsgefühl bestimmten unseren Alltag. Als du das erste Mal sagtest, du könntest das alles nicht mehr lange durchhalten und würdest all dem Leiden manchmal gerne einfach ein Ende setzen, haben bei mir die Alarmglocken geläutet, und ich begann, während meiner Arbeitszeit nach Kliniken für dich zu suchen. Ich konnte und wollte das alles nicht mehr verantworten. Die Vorstellung, du könntest dir etwas antun und ich hätte versäumt, es zu verhindern, war mir unerträglich. Ich fühlte mich so schrecklich machtlos und alleingelassen. Auch ich wusste zu diesem Zeitpunkt nicht, wie ich mit der Krankheit umgehen sollte; hätte in dieser Zeit psychologische Betreuung gebraucht und weinte unablässig.

Deshalb „schickte" ich dich in diese Klinik. Deine Zeit dort war für mich besonders schwer zu ertragen. Das Einzige, was schlimmer war, als dich mit der Krankheit um mich zu haben, war, dich NICHT um mich zu haben.

Zu Anfang telefonierten wir viel; einmal sogar zwei Stunden. Das überraschte mich sehr; eigentlich bist du ja nicht der Redetyp. Ich hatte das Gefühl, du würdest dich mir gegenüber endlich ein bisschen mehr öffnen und war so froh darüber. Noch immer war ich mir so sicher, dass wir die Krankheit gemeinsam besiegen würden, sie uns nur noch mehr zusammenschweißen und bald alles gut werden würde.

Aber es dauerte nicht lang, und du begannst dich in deiner Klinikzeit stark zu verändern. Du wolltest kaum noch mit mir sprechen, hast „dichtgemacht" und nur noch mit den anderen Kranken in deiner Klinik gesprochen. Um dich aufzumuntern, habe ich dir in dieser Zeit viele Briefe, Karten und liebe SMS zukommen lassen. Was zurückkam, war nichts als Schweigen. Eiskaltes Schweigen und tie-

fe Verschlossenheit. Über Ereignisse in der Klinik hast du fast gar nichts mehr erzählt, und als ich mit meinen Freundinnen drei Tage in Barcelona war, hast du mich nicht einmal gefragt, wie mein Urlaub war. Durch jeden Anruf fühltest du dich eingeengt, und ich war nicht mehr interessant für dich. In dieser Zeit versank ich in einem tiefen Meer aus Tränen – jeden Morgen und jede Nacht. Die Ohnmacht und Hilflosigkeit machten mir schwer zu schaffen. Ich liebte dich so sehr, doch ich konnte dir einfach nicht helfen. Ich versuchte dich mit Liebe zu überschütten und dich zu unterstützen, wo ich konnte, doch dies engte dich nur noch mehr ein.

Als du dann nach zehn Wochen endlich wieder nach Hause kamst, warst du für mich ein anderer Mensch. Wollte ich mich beim Fernsehen an dich kuscheln, hattest du das Gefühl zu ersticken. Deine Probleme hast du für dich behalten und warst in deiner eigenen Welt. In dieser Zeit begannst du auch, mit anderen Frauen zu schreiben und mich zu belügen. Unsere Beziehung begann zu bröckeln und hing nur noch an einem seidenen Faden.

Ich selbst war nach dem Dreivierteljahr ein psychisches Wrack. Nicht nur meine Freunde sagten, ich hätte mich verändert, wäre gar nicht mehr so lebensfroh und witzig wie sonst, sondern immer nur noch traurig. Meine Liebe zu dir war schier endlos, und ich hätte die Belastungen durch die Krankheit wahrscheinlich noch Jahre ausgehalten. Doch all das, was in den letzten drei Monaten geschah, hat mich dazu getrieben, mein restliches Selbstwertgefühl und das kleine bisschen verbliebenen Stolzes zu nehmen und zu gehen – obwohl ich dich noch über alles liebte. Aber ich konnte nicht mehr. Meine Energie schwand mehr und mehr, und ich hatte irgendwann selbst das Gefühl, kurz vor einer Depression zu stehen.

Dies ist das Ende der Geschichte ... und unserer großen Liebe. :-(

Deine Ex

Schlussstrich

Januar in Jahr 1, oder Monat 11 nach dem Zusammenbruch

Ja, es ist wahr: Nach Wochen des Streitens, Kämpfens und Irgendwann-nicht-mehr-Könnens trennt sich meine Freundin von mir am Neujahrstag. Selten hat ein Jahr beschissener angefangen. Vor diesem Schlag habe ich mir gewünscht, meine Medikation bis zum nächsten Jahreswechsel halbieren zu können und zwischendrin wieder etwas Gefühle erleben zu dürfen. Nach der Trennung bleibt mir nur mehr die „Freude" über den medikamentösen Antidepressionsschleier, der nicht einmal die Trauer über das Ende dieser langen, einmaligen Beziehung wirklich durchkommen lässt. Erst jetzt wird mir wirklich bewusst, wie intensiv die Medikation ist, und ich empfinde es als gut, aber auch sehr bedenklich, dass sie nicht einmal in einer solchen Situation intensive Trauer zu-, sondern mich den Verlust recht gefasst ertragen lässt. Und in meiner eingeschränkten Wahrnehmung ändert sich tatsächlich nicht viel in meinem Leben ohne meine einstmals große Liebe. Ja, ich liege jetzt allein in meinem Bett und muss alle Hausarbeit allein erledigen. Auf der anderen Seite haben die steten Kämpfe ein Ende, ich genieße meine Abgeschiedenheit, und langsam stellt sich die innere Ruhe wieder ein. Ich komme gern in ein Zuhause, in dem ich nicht reden oder die hässlichen neuen Schuhe der Arbeitskollegin oder die neuesten Eskapaden im Freundeskreis meiner nun Ex-Freundin bewerten muss. Den Januar und den Februar verbringe ich, ohne auch nur einmal Stereoanlage oder Fernseher einzuschalten – und genieße es. Beim therapeutischen Flirten kann ich nun ohne angezogene Handbremse weitermachen und bin positiv überrascht: Selbst psychotherapeutische Pflegefälle wie ich finden hin und wieder mal ein Korn. Außerdem kann ich mich jetzt voll und ganz auf die Therapie und die notwendigen Veränderungen im mickrigen Rest meines Alltages konzentrieren. Ich einige mich mit meinem Arbeitgeber, der mich nach wie vor sensationell unterstützt, darauf, zukünftig nicht mehr als 50 Stunden die Woche zu arbeiten und das Unternehmen jeden Tag spätestens um 18 Uhr zu verlassen. Nun bleibt mir mehr Zeit für Freunde und Familie – und für mich. Ich entdecke meine Liebe zu Romanen und ersonnenen Geschichten wieder, verbringe den Großteil meiner Freizeit beim Sport oder mit einem Buch auf der Couch und taste mich am Wochenende immer länger und intensiver an meine Grenzen heran: Immer größer dürfen die Menschenmassen werden, immer lauter die Umgebung. Mitte Februar lebe ich schon fast wieder das normale Gesellschaftsleben eines Anfang-Dreißigers und halte überdies zumindest einen Ausgehabend in der Woche halbwegs durch – ohne allzu intensive Schwindel- und Panikanfälle. Alkohol oder sonstige Drogen sind natürlich nach wie vor Tabu, und auch Kaffee geht leider nicht mehr – das Koffein scheint sich mit meinen Medikamenten nicht vertragen zu wollen, und nach nur einer Tasse bin ich stundenlang aufgedreht und unruhig. Vor der Depression habe ich mindestens 20 Tassen am Tag getrunken, jetzt zahle ich diesen Preis mit Freuden – solange es nur besser wird. Aber wird es das überhaupt?

Ich muss mir nichts vormachen: Zwischen meinen Empfindungen vom jetzigen Status quo im Vergleich zu der Zeit vor der Gondelfahrt liegen Welten. Mein Leben auf einer Bewertungsskala zwischen null (schlecht) und zehn (gut) läge heute bei einer glatten 0,5; in der Zeit vor dem Klinikaufenthalt allerdings im zweistelligen Negativbereich. Aber auch wenn es mit professioneller Unterstützung merklich aufwärtsgeht, können mich kleinste Überforderungen und scheinbar unbedeutende Vorkommnisse noch immer in ein Depressionsloch katapultieren. Diese Rückfälle fühlen sich mitunter sogar schlimmer an als die Zusammenbrüche in den Zeiten vor der Klinik. Meine Therapeutin erklärt mir diesen subjektiven Eindruck: Ich befinde mich mittlerweile wieder in einem deutlich besseren seelischen Gesundheitszustand. Deshalb fühlt sich der Fall in eine Depression tiefer an und ich erlebe ihn als dramatischer. Wenn ich ein bis zwei Tage nach einem Absturz wieder aus einer Depression hervorkrieche (auch das ein bedeutender Fortschritt), kann ich ihr recht geben. Davor leider nicht. Trotzdem ist es im Dunkel der Depression furchtbar, aber nicht mehr so suizidal und fatalistisch schlimm wie noch vor rund neun Monaten. Ob es die Medikation ist, die ein tieferes Abdriften verhindert, oder die Therapie, kann ich nicht realistisch einschätzen, aber ehrlich gesagt sind mir die Gründe auch fast egal – es soll nur weiter bergauf gehen.

Zwei Lichtblicke, oder: Hier ist das Ziel, wo ist der Weg?

Ein Jahr danach

Februar in Jahr 1, oder Monat 12 nach dem Zusammenbruch

Sie sind da, die kleinen, bleibenden Fortschritte. Eine Mischung aus Kliniknachwirkung, Medikation, ambulanter, regelmäßiger therapeutischer Arbeit und permanentem Trial-and-Error im Alltag bringen mich ganz langsam und in Kleinstschritten nach vorn. Nach einem Jahr habe ich erstmals wieder Hoffnung, dass mein Leben wieder lebenswert werden kann, weil ich es wieder spüre.

Mindestens einmal wöchentlich gehe ich zu Frau Doktor, und wir besprechen die abgelaufene als auch die kommende Woche, Aufgabenstellungen und Dinge, die noch nachhaltig geändert werden müssen. Nicht alles, was ich dort lerne, kann und will ich für mich umsetzen, aber vieles hilft einfach ungemein, den Alltag anders zu bestreiten und an meiner Persönlichkeit zu arbeiten. Den Grundstein legte die Klinik, die mich sensibilisierte und meinen Horizont für die Baustellen in meinem zukünftigen Leben öffnete. Die der Klinik nachgelagerte ambulante Therapie hingegen ist das schmutzige und anstrengende Nacharbeiten der Klinikerkenntnisse und – viel schwerer noch – das Umsetzen derselben im Alltag. Aber es lohnt sich: Mit der Zeit gesellt sich zu all der Anstrengung ein wachsendes Gefühl von Sicherheit: Über die Monate lerne ich, dass die Tipps und Vorgaben der Therapeuten wirken und mein Leben wieder lebenswert machen können. Ein weiteres Plus: Auch bei erneuten Zusammenbrüchen steht mir meine Therapeutin stets mit Rat und Tat zur Seite – notfalls auch mit sogenannter Stand-by-Medikation.

Neben meiner täglichen Dröhnung in Höhe von 100 Milligramm Antidepressivum verfüge ich im Standard noch über Beruhigungsmedikation und über ziemlich happige Schlafmittel. Wenn mich der Schwindel und die Panik packen, sind die Beruhigungstabletten Gold wert – sie helfen Abstand zu gewinnen und vernebeln mich und meine Umgebung noch ein wenig mehr. Ihr nettester Effekt ist wohl, dass sie den Nebel zusätzlich auch noch bonbonrosa färben. In der Anfangszeit der Medikation nahm ich von diesen Tabletten an ganz schlimmen Tagen fünf Stück. Jetzt, gut ein Jahr nach meinem ersten Zusammenbruch, nehme ich jeden zweiten oder dritten Tag eine.

Mit den Schlafmedikamenten verhält es sich ähnlich. Musste ich noch während der Klinik das Präparat wechseln, um eine Abhängigkeit zu vermeiden, nutze ich diese Hilfestellung jetzt nur noch bei und nach den (zum Glück immer selteneren) Zusammenbrüchen. Kurz: Ich komme nicht umhin, all das als Fortschritt zu deuten.

Dennoch liegen Welten zwischen meinem Leben von vor über einem Jahr und dem jetzigen. Die Medikation vernebelt meine Wahrnehmung, und ich akzeptiere das nur deshalb, weil der Zustand vor der Medikation noch schlimmer war. Viele meiner ehemaligen Mitpatienten richten sich auf eine sehr lange Zeit mit dem Antidepressivum in ihrem Leben ein, aber ich will für mich etwas anderes: Ich möchte mehr und viel erleben, um etwas zu spüren. Um diesen Wunsch trotz Medikation in die Tat umzusetzen, überschreite ich Grenzen, die ich vorher nicht angetastet habe. Ich ziehe um die Häuser, um Herzen zu brechen und meines in dem Zusammenhang zu entdecken. Ich riskiere Kopf und Kragen beim Hockey oder beim Surfen, um Adrenalin zu spüren, oder mache beim nächtlichen Autofahren auf einsamen Feldwegen das Licht aus. Es geht mir bei all diesen Dingen nicht um Lebensmüdigkeit, sondern um das Sich-selbst-Erleben. Bei all diesen verrückten Aktionen spüre ich so etwas wie eine Regung in mir, und dieser tiefe Wunsch übertönt die Stimme der Vernunft in meinem Kopf. All mein Denken kreist um die Hoffnung, eines Tages wieder ein normales Leben führen zu können, und eines Tages begreife ich, dass allein die Rückkehr dieser Hoffnung einen riesigen Erfolg der Therapie darstellt. Die Worte der Therapeuten in der Klinik fallen mir wieder ein und geben mir zusätzliche Kraft: Der Weg zurück in ein normales Leben wird einige Jahre dauern, aber er ist möglich. Erstmals glaube ich ihnen.

Ein weiterer Ansporn sind die Gespräche mit meiner Therapeutin über unterschiedliche Ausstiegsszenarien aus Job und Alltag. Wir gehen Möglichkeiten und Perspektiven durch, überlegen, ob ich gegebenenfalls noch einmal studieren sollte, vielleicht umschule, in eine andere Stadt ziehe oder einfach für eine gewisse Zeit aussteige. Jedes Szenario betrachten wir ganz konkret – ich schaue mir Studienfächer an, überprüfe meine Ambitionen, etwas völlig anderes zu tun, oder ein mögliches Reaktivieren meiner Jugendträume, in denen ich Lehrer oder Polizist werden wollte. Ich rufe mir die Gründe für diese Träume ins Gedächtnis – Lehrer, weil ich denke, dass es mir liegt, und weil ich so etwas Positives bewirken und mit Kindern und Jugendlichen arbeiten kann; Polizist, weil ich mir vorstellte, etwas gesellschaftlich Wertvolles leisten und zugleich meine körperliche Fitness einbringen zu können – und erinnere mich an die Beerdigung beider Träume im zarten Alter von 17 Jahren. Das Lehramtsstudium erschien mir zu wenig strukturiert (rund 20 Bruttostunden die Woche im Hörsaal zwischen – überspitzt gesagt – Hippies und Kiffern hätten mich zur Weißglut gebracht). Bei der Polizei hingegen bestand ich zwar alle Einstellungstests, fiel aber durch die medizinische Untersuchung. Angeblich sei mein rechtes Knie aufgrund einer Arthroskopie während meines 15. Lebensjahres zu instabil, ich damit vorgeschädigt und somit perspektivisch eine Belastung für den Steuerzahler. Tatsächlich hat das Knie mir noch kein einziges Mal Probleme bereitet, aber weil die Polizei – zumindest in Niedersachsen und anderen nördlichen Bundesländern – nur Jungspunde unter 30 Lebensjahren als Uniformträger einstellen möchte, ist auch der Traum von der Polizei nicht reaktivierbar.

Trotzdem inspirieren mich diese Gespräche mit meiner Therapeutin, immer wieder neue Szenarien für meine Zukunft zu entwickeln – und mit ihnen lebenswerte Perspektiven. Erst später verstehe ich, dass diese Perspektiven die Basis für den weiteren Therapieprozess bilden: Sie helfen dabei, über Rückschläge hinwegzukommen und das Ziel der Genesung nicht aus den Augen zu verlieren.

Kreisläufe

April in Jahr 1, oder Monat 14 nach dem Zusammenbruch

Eines der größten Probleme von Burn-out-Opfern ist jene der Krankheit eigene Abwärtsspirale, die sich immer wieder in Gang setzt und das Leben unerträglich machen kann. Am Anfang steht bei mir stets ein plötzlich auftretendes Symptom – beispielsweise einfach so und ohne offensichtlich erkennbaren Grund auftretender Schwindel oder stechender Bauchschmerz. Aufgrund der Vergangenheit nehme ich diese Situationen als mittlere Katastrophe wahr, was neben den Schmerzen sofort zu negativen Gedanken führt: „Oh nein, ich werde wieder krank!", „Wie soll ich den Tag bloß überstehen?" oder einfach „Was stimmt denn mit mir nicht?" Und schwups kehren Nervosität und Angespanntheit zurück, meist flankiert von gemeiner Angst oder Einsamkeit. Und aus diesem Gefühlscocktail resultiert wiederum etwas – und das muss man einfach so sagen – ganz Natürliches: eine körperliche Reaktion. Diese ist in Form von Bauchschmerz ja ohnehin schon vorhanden, verstärkt sich aber, was wiederum zu einer Wahrnehmung wird, aus der Gedanken werden, die dann zu Gefühlen werden, aus denen dann wieder eine körperliche Reaktion resultiert. Und so weiter und so fort. Natürlich gehen die einzelnen Schritte fließend ineinander über, und wahrnehmen tut man den Kreislauf als solches auch nicht – wer ist schon so rational?

Immerhin: Meine Therapeuten sind es, und so übe ich mit ihnen wieder und wieder, diesem Kreislauf selbst- und eigenständig zu entkommen. Ich lerne zu verstehen und zu akzeptieren, dass Körperreaktionen – ohne bewusste Ursache – das natürlichste der Welt sind und es in meiner Situation normal ist, jedem kleinen Ziepen, Stechen und Kratzen sehr hohe Aufmerksamkeit zu schenken. Anders gesagt: Was ich meinem Körper und seinen Reaktionen vor meinem Zusammenbruch an Aufmerksamkeit verweigert habe, mache ich derzeit mit Hypersensibilität wieder wett.

Dass beide Extreme nicht zielführend sind, liegt auf der Hand, aber wie bei so vielen Dingen im Leben gilt auch hier: Eine nachhaltige Änderung des eigenen Verhaltens kostet unfassbar viel Zeit und Mühe. In einer britischen Studie zu Verhaltensänderungen lese ich, dass ein normaler erwachsener Mensch über 60 Tage braucht, um sich anzuerziehen, aus eigener Überzeugung heraus täglich etwas Obst zu essen – und dabei geht es nur um leidiges Obst und ein in meinen Augen logisches und vermeintlich einfaches Ziel.

Auf der anderen Seite: So langwierig das Ändern der eigenen Einstellung und Wahrnehmung auch sein mag, so einfach und profan sind die Schritte hin zu einer Reduzierung des Katastrophisierens der eigenen Körpersymptome. Tunlichst unterlassen muss ich beispielsweise das sogenannte Scanning – das permanente Überprüfen des eigenen Wohlbefindens nach möglichen neuen Zipperlein und Wehwehchen. Genauso wenig darf ich den Zipperlein zu viel Aufmerksamkeit schenken oder mich ununterbrochen mit meiner oder anderen Krankheiten beschäftigen. Auch immer erneute Arztbesuche helfen mir nicht weiter; schließlich sind die Ursachen für meine Situation zu 99 Prozent bekannt. Ich leide an Depression und Burn-out, so einfach ist das. Nun gilt es, sich diese Diagnose nicht wieder und wieder bestätigen zu lassen, sondern sie zu ändern.

Auch Stress und das Festhalten an einem ungünstigen Lebenswandel sind wenig förderlich. Stattdessen versuche ich, meinen Fokus auf etwas Positives hin auszurichten oder mich abzulenken – mit Bewegung und Sport in Maßen, sozialen Kontakten und natürlich der Therapie. Was am besten hilft, ist so individuell, wie die Erkrankten selbst es sind: Mit der Zeit finde ich heraus, dass entspanntes Laufen in der Feldmark mit ordentlich lauter Musik über Kopfhörer mich am besten wieder auf die Spur bringt. Anderen helfen intensive Gespräche oder ein gutes Essen. Auch wenn die Wege verschieden sind, bleibt das Ziel dasselbe: sich von den schlimmen Gedanken und Wahrnehmungen zu distanzieren.

Everybody's Darling

April in Jahr 1, oder Monat 14 nach dem Zusammenbruch

... is everybody's Depp! Dieser Satz, den ich von meinem Klinikaufenthalt mitgenommen habe, wirkt auch noch Monate später nach. Ich verstehe und akzeptiere immer mehr, dass ich mich in Job und Privatleben all die Jahre hindurch zu sehr engagiert und verausgabt habe. Und ich lerne, meine eigenen Muster, die mich wieder und wieder in diese Verausgabung getrieben haben, differenzierter zu betrachten. Dazu gehören ganz zentral meine intrinsische Motivation, die mich immer wieder zu Höchstleistungen treibt, und meine tief sitzende Abneigung gegen eines der mächtigsten Worte unserer Sprache: Nein! Stattdessen sage ich stets: „Ja, ich helfe gern aus. Natürlich mache ich das. Ich kümmere mich darum; kein Problem!"

Zunächst suche und finde ich die Gründe für diesen Reflex in meiner Erziehung und meinen christlich geprägten Moralvorstellungen. Auch wenn ich gerade die letztere Vorstellung mittlerweile als Schwachsinn empfinde, war ich lange Zeit der festen Ansicht, wer mich um Unterstützung bittet, dem müsse ich auch helfen. Im Job kommt hinzu, dass ich vieles meiner Ansicht nach einfach besser erledigen kann als der zuständige Mitarbeiter. Mein Mantra: Wenn man(n) will, dass etwas ordentlich gemacht wird, dann macht man es eben selbst. Das Ergebnis liegt auf der Hand: ein hoher Workload im Job und permanente Zeitnot in dem, was eigentlich Freizeit sein sollte.

Diese Erkenntnis ist interessant, hilft mir aber nicht gleich weiter. Ich verstehe, dass ich mich mehr abgrenzen, mehr Zeit für mich haben und Ruheinseln finden muss. Aber ich kenne mich auch gut genug, um zu wissen, dass ich die Anerkennung meiner Mitmenschen, Kollegen und Vorgesetzten für mein Ego dringend benötige. Wieder einmal hilft mir die Therapie bei der Suche nach einer anderen Sichtweise: Ich tue auch meinen Mitmenschen mit dem ständigen „Ja"-Gesage keinen Gefallen. Dass ich zu fast allem „Ja und Amen" sage, verwässert meine eigenen Standpunkte, oder um es in den Worten meiner Therapeuten zu sagen: Ich bin komplett weichgespült. Also mache ich mich ans Werk; versuche, meine Entscheidungen weniger impulsiv und dafür ehrlicher zu gestalten, und erkenne mit der Zeit, dass ein ehrliches „Nein" meist mehr hilft als ein stetes „Ja" ohne tiefe innere Überzeugung. Soviel zur Theorie.

In der Praxis stellt genau dieses Themenfeld mich vor die wohl größten Herausforderungen. Meine Verhaltensmuster haben mich geprägt, sie machen mich aus, sind Teil meiner Identität. Wie bitte soll ich denn von jetzt auf gleich ein neuer, besserer oder zumindest anderer Mensch werden? Die Krankheit hat all meine Wertvorstellungen, Lebensziele und mittelfristigen Planungen auf einen Schlag vaporisiert, und jetzt stehe ich hier mit vielen Aufgaben und ohne konkrete Ziele, stelle alles auf den Prüfstand und ordne es letztlich doch dem einzigen, noch existenten Ziel unter: der eigenen Genesung. Und weil dieses Ziel nur durch Abgrenzung zu erreichen ist, mache ich eben weiter mit dem Trial-and-Error in allen Teilbereichen meines Lebens. In minimalsten, anstrengenden Trippelschritten gehe ich vorwärts, erleide Rückschläge, rappele mich wieder auf, und mit der Zeit kehrt in Slow Motion tatsächlich das Leben in meinen Körper zurück.

Natürlich haben alle meine kleinen, großen Veränderungen auch Auswirkungen auf mein Umfeld, und obschon mir die Meinung der anderen nicht mehr so wichtig wie früher ist, frage ich mich oft, wie mein neues Ich wohl bei meinen Mitmenschen ankommt. Weil meine Therapie vor Ort mir ermöglicht, das Erlernte immer gleich und direkt ins „echte" Leben zu integrieren und es zu vertiefen, kann ich die Reaktionen meines Umfeldes gut beobachten und komme zu dem Schluss, dass ich auch eine gewisse Belastung oder zumindest eine neue „Unbekannte" für meine Umwelt darstelle. Früher liefen meine Entscheidungen immer in eine für alle Beteiligten klare Richtung; nun relativiert sich alles in kleinen Schritten. Immer öfter gelingt mir das „Nein" im Alltag, aber viel zu oft erwische ich mich noch dabei, wider besseren Wissens im Sinne meiner Umwelt, nicht aber im Sinne meines Genesungsprozesses zu handeln. Manchmal vergleiche ich diesen zweiten Frühling nach dem Zusammenbruch mit meinem Weg zur Arbeit: Der Weg ist beschwerlich, ich bin oft müde, aber durch den Frühnebel blinzelt ab und an ein warmer Hauch von Sonne, der die taubedeckten Blumen am Wegesrand funkeln lässt. Noch haben sie ihre Blütenkelche nicht geöffnet, noch habe ich mein Ziel nicht erreicht – aber es ist erst früher Morgen in meiner Welt, der Tag ist noch lang, und vieles hat noch Zeit, sich zu entwickeln und zu entfalten.

Mitte Mai bitte ich meine Therapeutin um eine langsame Reduktion der Antidepressiva. Die Tabletten haben Depotwirkung, und die richtige Dosis im Gehirn zu verankern ist ebenso langwierig, wie sie wieder auszuschleichen. Beim Einschleichen des Medikamentes haben wir die Dosis schrittweise von 25 Milligramm (zwei Wochen) auf 50 Milligramm, 75 (eine Woche) und schließlich auf 100 Milligramm erhöht und diese Dosis fortan über den gesamten Behandlungszeitraum hinweg aufrechterhalten. Im Gegensatz zu vielen meiner Mitpatienten möchte ich vor Therapieende mit dem Abbau beginnen – nicht nur wegen der Nebenwirkungen, dem strikten Alkoholverbot oder dem Immer-daran-denken-Müssen, sondern primär, weil ich hoffe, dem allgegenwärtigen rosafarbenen Nebel zu entkommen.

Schnell lerne ich, dass die Senkung des Wirkspiegels noch langwieriger als sein Aufbau ist. Schon die Reduktion von 100 auf 75 Milligramm beschert mir nach nur zwei Tagen Schwindel der schlimmsten Sorte. An Autofahren ist nicht mehr zu denken, aber immerhin bleibe ich diesmal von den Bauchschmerzen verschont. Doch schon wenige Tage später werde ich belohnt: Ich nehme die Umwelt und mich irgendwie schärfer wahr, erlebe Rückschläge und Schwindel intensiver und – beginne, mein Herz wieder zu spüren. Schon die ersten Ideen von Emotionen, die an mir vorüberziehen, fühlen sich genial an. Dafür nehme ich Schwindel und Mühen gern in Kauf.

Planungen und Alltagsthemen

Mai in Jahr 1, oder Monat 15 nach dem Zusammenbruch

Mit den ersten Erfolgserlebnissen und dem Ringen um weitere gelange ich immer öfter zu der Frage: Was mache ich eigentlich, wenn ich alle in der Therapie erarbeiteten Aspekte zur Veränderung in meinem Leben und Verhalten umgesetzt habe und es mir trotzdem nicht viel besser geht? Meine Therapeutin beauftragt mich, für diesen Fall Pläne zu schmieden, und so beschäftige ich mich in diesem Frühjahr unter anderem damit, nach neuen beruflichen Perspektiven Ausschau zu halten. Polizist und Lehrer kommt – Kindheitsträume hin oder her – nicht mehr infrage, also betrachten und diskutieren wir andere Branchen oder Studiengänge.

Tatsächlich aber nimmt eine andere Idee seit geraumer Zeit in meinem Kopf immer mehr Gestalt an: Meine Ex-Freundin liebt es, zu reisen, und hat mich in den viereinhalb Jahren unserer Beziehung ein wenig mit dem Reisevirus infiziert. Insbesondere das Backpacking reizt mich, und da meine Ex ohnehin gerade eine umfangreiche Weltreise plant, kommt mir die Idee, so etwas auch zu machen.

Auch diese Idee mit allem Für und Wider besprechen wir in der Therapie – und mit ihr die Möglichkeit einer längeren Auszeit in meiner Firma. Also besorge ich mir Fachliteratur über Sabbaticals und spreche das Thema bei meinem Chef an. Dieser ist gar nicht so irritiert wie befürchtet und verweist mich an die Personalabteilung, wo sich schnell herausstellt, dass ich mit meiner Idee einer beruflichen Auszeit doch ein ziemlicher Einzelfall in der Firma bin. Aber wie heißt es so schön: Wo ein Wille, da auch ein Gebüsch, und so treibe ich das Thema konsequent weiter voran.

Die Beschäftigung mit hochtrabenden Zukunftsplänen klingt, als befände ich mich schon am Ende der Therapie, doch leider täuscht dieser Eindruck. Die meiste Therapiezeit investieren wir noch immer in die Bewältigung leidiger Tagesprobleme. Die Antidepressiva-Reduktion um 25 Prozent beschert mir immer wiederkehrende und durchschlagendere Anflüge von Depressionen, die bewältigt werden wollen. Seit Bad Bramstedt führe ich auf Anraten der Therapeuten ein Tagebuch zu meinen Therapien, halte dort detailliert fest, wann ich mit welchen Körpersymptomen und Depressionen zu kämpfen habe, und erkenne so Muster in meiner Erkrankung: Meine Depressionen treten zumeist als Folge von Körpersymptomatiken auf und richten sich auch in ihrer Stärke nach diesen körperlichen Symptomen. Die Auslöser sind unterschiedlich, betreffen in den letzten Monaten allerdings meist neue Situationen, die das Potenzial besitzen, meinen geregelten Alltag verändern zu können. Das kann eine Dienstreise in eine andere Stadt, aber auch der geplante Fußballabend mit Freunden in einer Kneipe sein – Änderungen in Abläufen oder Umfeldwechsel scheinen mich potenziell zu belasten. In einer Art Konfrontationstherapie lerne ich nun damit umzugehen: Mein Körper (oder besser: meine Seele) hat offenbar eine gewaltige Angst vor erneuter Überlastung und blockt damit alles Fremde und Ungewohnte ab. Allerdings – und auch das lerne ich in der Therapie – führt ein Einknicken vor den Symptomen in keiner Weise zu einer Verbesserung meiner Situation. Stattdessen muss ich (wieder) lernen, dass Dienstreisen oder Fußballabende keine Bedrohung für mich darstellen.

Das klingt für Außenstehende unbenommen amüsant, ist es aber leider nicht. Als ich beispielsweise zu einem Verkaufsleitermeeting nach Berlin reise, rebelliert im Besprechungsraum alles in mir. Während mein Chef die ersten Worte an die Runde richtet und die Agenda für die kommenden Tage präsentiert, läuft es mir eiskalt den Rücken hinunter, dann bricht mir unvermittelt der Schweiß aus, alles dreht sich, und ich klammere mich möglichst unauffällig am Tisch fest. Unter Aufbietung all meiner Kräfte versuche ich mich abzulenken, kann aber vor lauter Schwindel und Angst vor einem Zusammenbruch kaum einen klaren Gedanken fassen. Als der Spuk rund 15 Minuten später vorbei ist, muss ich mich zusammenreißen, nicht haltlos loszuheulen, weil mich diese verdammte Krankheit noch immer nicht loslassen will.

Immerhin: Den Rest des Meetings überstehe ich halbwegs passabel, gehe früh schlafen und greife ordentlich in die Medikamentenkiste, um mich des Nachts erholen zu können. Nach dem Aufwachen und der Erkenntnis, dass ich trotz Meeting noch lebe, verläuft der zweite Meeting-Tag normal und ohne wesentliche, gesundheitliche Zwischenfälle.

Ein weiterer Garant für Körpersymptome und Depressionen sind die Sonntage. An diesen habe ich einfach zu viel Zeit, um über meine Situation nachzudenken und mich außerdem amtlich einsam zu fühlen. Früher habe ich diese Tage mit meiner Ex verbracht; jetzt liege ich abends auf dem Sofa, und in mir wächst die zunehmende Ahnung, dass ich sie sehr vermisse und mich ohne sie an meiner Seite überdies grausam alleine fühle. Natürlich weiß ich aus der Therapie, dass das Schlimmste in meiner Situation das Grübeln ist, aber weil das Wissen darum allein mir auch nicht weiterhilft, verordne ich mir strikte Regeln gegen das Grübeln. So habe ich beispielsweise einen Grübelstuhl: Nur auf dieser (unbequemen) Sitzgelegenheit ist Grübeln erlaubt, an allen anderen Orten in der Wohnung verboten. Außerdem „gönne" ich der Grübelei ganz bestimmte Zeitkorridore – alle anderen Zeitpunkte sind damit für Grübeleien gesperrt. Dies alles bedarf natürlich viel Selbstdisziplin und eben einer therapeutischen Begleitung, die mich regelmäßig mit Nachdruck an das Einhalten dieser Maßnahmen erinnert.

Des Weiteren treten meine Beschwerden auf, wenn ich zu viel arbeite, mich nicht konsequent abgrenze, mich – wo auch immer – über Gebühr engagiere oder kurz gesagt: wenn ich nicht auf die Ratschläge der Klinik oder der Therapeutin höre. Setzt in solchen Momenten der Schwindel ein, wird mir meist sofort klar, was ich falsch gemacht habe – aber abstellen kann ich ihn deshalb noch lange nicht. Verhaltensweisen und Charaktereigenschaften zu ändern ist einfach unfassbar schwierig – insbesondere, wenn es die eigenen sind –, und so ist jeder kleine Fortschritt ein Geschenk. Eines Tages wirft mir etwa meine Assistenz vor, mein Monatsbericht sei etwas fehlerhaft. Ich habe doch in der Tat mal schlampig gearbeitet – und freue mich diebisch darüber. Gut so, Jan!

Drei Lichtblicke, oder: Der lange Weg vom Entschluss zur Tat

Entscheidungen

Juni in Jahr 1, oder Monat 16 nach dem Zusammenbruch

Wenn ich Menschen treffe, die mich seit längerer Zeit nicht mehr gesehen haben, höre ich oft denselben Satz: Ich habe mein Strahlen, meine Lockerheit, mein Lächeln verloren. Natürlich verstehe ich diese Aussagen inhaltlich, selbstverständlich antworte ich, dass es anderen in meiner Situation ebenso erginge – und trotzdem treffen sie mich. Zum Glück nehme ich sie, wie das Bild anderer von mir generell, nicht mehr so ernst wie noch vor einem Jahr.

Dennoch sind diese Rückmeldungen von außen wichtig; sie fließen in meine eigene Bewertung meiner derzeitigen Situation ein, und so sind es letztlich auch eben diese Worte von Freunden und Bekannten, die mich – neben dem Blick auf meine Fortschritte in der Therapie – eine Entscheidung fällen lassen: Ich möchte eine längere Auszeit von meinem jetzigen Leben nehmen und eine Weltreise machen.

Ehrlich gesagt erhoffe ich mir sehr viel von diesem Schritt. Zum einen spekuliere ich darauf, dass ich mich in dieser Auszeit noch intensiver mit mir selbst auseinandersetzen kann. Ein Freund gab mir in Deutschland zum Abschied einen Gedanken mit auf den Weg, der mir im Kopf geblieben ist: Wenn man in sich selbst reist, kann man die Welt entdecken, und wenn man in die Welt reist, entdeckt man sich selbst. Vielleicht oder sogar hoffentlich ist da etwas dran. Außerdem sind viele meiner notwendigen Charakter- und Verhaltensänderungen für meine Umwelt nur schwer nachvollziehbar. Diese Irritation anderer bemerke ich natürlich selbst im täglichen Miteinander, was wiederum meine Abneigung gegenüber im Grunde sinnvollen Veränderungen steigert. Meine Mitarbeiter wundern sich zum Beispiel, dass ich von jetzt auf gleich eine Aufgabe, die ich sonst immer selbst erledigt habe, nun an andere delegiere. Ich kann noch so viel erklären, am Ende bin ich durch meine Verhaltensänderungen nur bedingt für andere einschätzbar, und meiner Meinung nach muss ein guter Vorgesetzter eine klare, strukturierte Linie fahren, die es den Mitarbeitern erlaubt, ihren Aufgaben mit einer gewissen Planungssicherheit nachzukommen. Gleiches gilt für den privaten Bereich: Habe ich beim Hockey beispielsweise immer irgendwelche freiwilligen Aufgaben im Verein übernommen, versuche ich mich jetzt zurückzunehmen. Manche meiner Freunde und Bekannten verstehen das, andere nicht, und erklären oder gar rechtfertigen mag ich mich auch nicht mehr in jeder Situation. Kurz: Ich hoffe, dass die Akzeptanz für einen veränderten Jan nach meiner Auszeit etwas höher ist. Reisen verändert eben, und wenn das für die Außenstehenden eine ausreichende Erklärung für charakterliche Veränderungen ist, umso besser!

Allerdings: Ganz so leicht fällt mir dieser Schritt nicht, und so habe ich mir selbst eine Deadline, einen „Point of no Return" für eine finale Entscheidung gesetzt. In den Tagen vor diesem Termin geht es mit den Körpersymptomen ab wie auf einer Achterbahn. Kein Wunder – schließlich beschert mir schon eine kleine Dienstreise Bauchschmerzen und Schwindel, und eine Weltreise ist wahrlich ein anderes Kaliber. Dennoch entschließe ich mich am Ende der Deadline für diesen Schritt – und danach geht es mir schon bedeutend besser.

Ein heißer Sommer

Juli in Jahr 1, oder Monat 17 nach dem Zusammenbruch

Eines steht für mich fest: Wenn es in die weite Welt hinausgeht, dann möchte ich das möglichst nicht in Abhängigkeit von irgendwelchen Tabletten erleben. Meine Therapeutin geht mit diesem Plan komplett konform, und so reduziere ich im Juli meine Medikation auf 50 Milligramm je Tag. Einmal mehr folgen die Nebenwirkungen auf dem Fuße: Der Schwindel ist in der ersten Zeit allgegenwärtig, und ich befinde mich im Zustand permanenter Unruhe. Zum Glück helfen in dieser Situation meine anderen Pillen, von denen ich – und darüber bin ich mächtig froh – in letzter Zeit immer weniger nehmen muss.

Abseits dieser Nebenwirkungen beschäftige ich mich in dieser Zeit vor allem mit meiner Arbeit, meiner mangelhaften Abgrenzungsfähigkeit und den daraus resultierenden Beschwerden. Unterdessen ist meine Frau Doktor zu der Erkenntnis gelangt, dass meine Maßlosigkeit (in Arbeit, Beziehung und Sport) von Gefühlen der Gier gespeist wird, deren Wurzeln wiederum in Überregulierung und Mangel in der Kindheit liegen. Theoretisch klingt diese Kausalkette für mich in sich logisch; praktisch habe ich erhebliche Bedenken, dass das irgendetwas mit mir zu tun haben könnte. Ehrlich gesagt geht es mir in der Therapie oft so: Ich werde mit Theorien und Ansätzen konfrontiert, die als Erklärungsmuster für mein Verhalten herhalten sollen, aber auf mich nicht nachvollziehbar oder an den Haaren herbeigezogen wirken. Vielleicht ist es Teil des therapeutischen Jobs, Patienten mit Thesen und Ideen zu konfrontieren, damit die Patienten diese intensiv reflektieren. Aber manche dieser Dinge belasten mich dann doch – in diesem Fall, weil sie mir wichtigen Menschen ein Fehlverhalten unterstellen. Mit derartigen Thesen umzugehen, fällt mir manchmal schwer – bis meine Therapeutin mir sagt, dass Fehler, die aus meiner Kindheit und Erziehung resultieren, nicht per se Fehler meiner Eltern sind, denn diese wollten schließlich nur das Beste für ihren Erstgeborenen. Damit hat sie natürlich recht: Eine zu 100 Prozent gelungene Erziehung gibt es nicht. Ehrlich gesagt ist das wohl auch gut so. Also mache ich mir auch über das Thema Gier und Maßlosigkeit Gedanken und komme zu dem Schluss, dass ich Herleitung und Begründung nicht ganz zustimmen kann, in der These aber dennoch ein wahrer Kern schlummert. Gemeinsam mit meiner Therapeutin versuche ich, aus dieser Erkenntnis eine Verbesserung meiner Situation zu extrapolieren, und führe mir die aktuelle Situation aus einem anderen Blickwinkel vor Augen: Mir geht es ja „nur" körperlich und seelisch schlecht, aber alle anderen Parameter sind „dunkelgrün". Nach wie vor habe ich einen guten Job, ein mehr als ausreichendes Einkommen sowie ein sehr gutes soziales Umfeld mit einer tollen Familie und einem intakten Freundeskreis. Sich diesen Status zu vergegenwärtigen, soll mir zeigen, dass für mich gar kein Anlass zu Maßlosigkeit besteht. Die Dinge, die ich maßlos konsumiere oder betreibe, kann ich auch in kleineren Dosen genießen, da sie ohnedies jederzeit verfügbar sind. Warum also sollte ich heute bis zur Vergasung Sport treiben, arbeiten oder mit meinen Freunden trinken, wenn ich all das auch am Folgetag tun und damit Druck aus der aktuellen Situation nehmen kann?

Apropos trinken: Während der Einnahme von Antidepressiva ist Alkohol natürlich strikt verboten, und daran halte ich mich recht konsequent. Seltene, kleine Ausnahmen werte ich selbst als therapeutischen Volltreffer. Denn sie zeigen mir, dass meine Akribie und Konsequenz auch in diesem Bereich langsam einer therapeutisch erwünschten Laissez-faire-Haltung weicht.

Es wird ernst

August in Jahr 1, oder Monat 18 nach dem Zusammenbruch

Weil ich unbedingt dem monatelangen Grau des deutschen Winters aus dem Weg gehen will, fassen wir den ersten Dezember als Startdatum für meine Reise ins Auge. Dass das nicht viel Planungszeit ist, ist mir bewusst. Auf der anderen Seite habe ich bereits den Sabbatical-Vertrag für die Auszeit in Händen – nur unterschrieben ist er noch nicht. Und weil meine Angst vor dem Reiseantritt – und somit auch vor der Unterschrift des Vertrages – noch immer verdammt groß ist, verbringe ich den Tag der Unterzeichnung tatsächlich auf Droge. Immerhin, ich unterschreibe, und somit ist es amtlich: In vier Monaten geht es los.

Über die Länge der Auszeit haben wir in der Therapie im Vorfeld ausführlich gesprochen. Zunächst plante ich ein Jahr ein, dann sechs Monate, dann 18 und landete schließlich bei acht, weil irgendein wissenschaftlicher Artikel uns erläuterte, dass viele Sabbaticaler ab einer Komplett-Auszeit von über neun Monaten erhebliche Probleme mit der Reintegration in den Alltag bekommen. Da ich wirklich keine Lust darauf habe, von dem Regen in die Traufe zu geraten, fällt mir die Entscheidung für acht Monate nach Lektüre des Artikels leicht.

Obschon die Themen Reise und Auszeit dieser Tage viel Raum in den Therapiesitzungen einnehmen, geht es daneben immer mehr um meine Ziele, Wünsche und Bedürfnisse, die mir noch immer nicht wirklich klar sind oder werden wollen. In meinem tiefsten Inneren glaube ich, dass diese Reise und die damit einhergehende Freiheit mir Möglichkeiten für mein weiteres Leben aufzeigen. Bei längeren Urlauben (von bislang immer nur zwei oder drei Wochen Länge) hatte ich durchaus ab und an das Gefühl, dass sich Träume und Wünsche in konkreten Zielen manifestieren können. Oft waren es Wünsche aus Jugend oder Kindheit, die aus dem Unterbewusstsein hervorkrochen und mir ein Lächeln auf das Gesicht zauberten, wenn ich nur daran dachte, wie es wäre, sie auch in die Tat umzusetzen. So wollte ich etwa in meiner frühen Jugendzeit Kapitän auf einem Seenotkreuzer werden. Und auch wenn ich bis heute ein waschechtes Landei geblieben bin, hat das Thema Wasser mich mein ganzes Leben lang fasziniert. Nie habe ich eine Schwimmgelegenheit ausgelassen, habe die – seltenen – Urlaube mit meiner Familie am meisten an der Nordsee genossen und mir in Urlaubssituationen oft gedacht, wie schön es doch wäre, irgendwo am Meer zu leben. Auch in meinem Freundes- und Bekanntenkreis höre ich oft von ähnlichen Plänen. Allzu oft entspringen sie einer Trinklaune oder einfach einem perfekten Moment, der uns von einer bestimmten Zukunft träumen lässt. Wenn aber dieser Moment vorüberzieht oder der Urlaub dem Alltag weicht, verschwindet das große Ziel des eigenen Lebensglücks unter der operativen Hektik und den kleinen Besonderheiten des Alltags. Der nette Kinoabend mit vorherigem Restaurantbesuch, das Wellnesswochenende mit der Freundin, das neue Auto oder der Umzug in die trendige Wohnung verschleiern bestenfalls, was wir wirklich wollen. Wir kaufen uns damit von den echten, wahren Zielen unseres Lebens frei und sagen uns, dass wir all diese tollen Alltagsdinge nicht mehr haben könnten, wenn wir einen gänzlich neuen Weg einschlügen. Was wir am Ende dieses neuen Weges gewinnen könnten, blenden wir meist konsequent aus.

Ich habe solche „Sorgen" zum Glück nicht, denn gefühlsmäßig herrscht in mir weiterhin Ebbe, um bei der Meeresassoziation zu bleiben. Weder haut mich eines dieser Konsumdinger aus den Latschen, noch habe ich sonst irgendwelche konkreten Wünsche. Diese zu ermitteln ist und bleibt ein mühseliges Geschäft. Aber die geplante Reise wird, da bin ich mir sicher, ein erster Schritt auf dem Weg zu diesen Wünschen sein, und zurück kann ich nun auch nicht mehr. Erstens, weil die Verträge unterschrieben sind, und zweitens, weil Frau Doktor mir im Nacken sitzt und – so mein Eindruck – auch selbst immer mehr ein Fan der Auszeit wird, mich motiviert und antreibt und mir auch praktisch mit Rat und Tat zur Seite steht: von Impfterminen bei einer Tropenmedizinerin in Hannover bis zu Ratschlägen für den idealen Reisebulli. Die Sache mit dem Bulli habe ich mir überlegt, weil ich nicht nur durch die weite Welt gondeln, sondern auch mit einem Bulli und viel Surfgepäck durch Europa reisen möchte. Bei dessen Erwerb kommt mir überraschend Meister Zufall zu Hilfe: Der zweite Bulli, den ich im Internet entdecke, ist ein fünf Jahre alter VW T5 in Metallic-Offroad-Grey mit langem Radstand, bereits installiertem Bett und zweiter Batterie. Und kurz darauf meiner.

Ein Wiedersehen und der leidige Alltag

September in Jahr 1, oder Monat 19 nach dem Zusammenbruch

Wer jetzt meint, ich würde mich nur noch mit den Vorbereitungen der Reise beschäftigen, der irrt gewaltig. Zum einen habe ich noch einen Job, der mir trotz aller Unbill nach wie vor eine gewisse Zufriedenheit beschert, und zum anderen lässt meine Therapeutin nicht in ihren Bemühungen nach, positiv auf den Genesungsprozess und somit auf mein Leben einzuwirken. Hierbei sorgt der in wenigen Monaten anstehende Abschied von der Therapie für erhebliche – in meinen Augen rundum positive – Veränderungen. Wollte meine Therapeutin mich vor wenigen Wochen noch im Coaching-Verfahren zu Einsicht und Vernunft führen, verlegt sie sich mittlerweile auf direkte und ungefilterte Ansagen wie: „Sie sind spießig! Gönnen Sie sich doch mal was!" oder „Seien Sie doch endlich mal ein richtiger Chef und nicht nur Dienstleister für Ihre Mitarbeiter!" Ob gepflegte Übertreibung generell ein zielführendes, psychotherapeutisches Mittel zur Verhaltensänderung darstellt, weiß ich nicht, aber bei mir wirkt es, und so lerne ich in diesen Tagen viel über mich selbst und die Zusammenhänge in meinem Tun und Handeln. Auf der anderen Seite bringen mich die Intensivierung der Therapie – sei sie nun ungeplant oder strategisch gewählt – in Kombination mit der erneuten Reduktion der Antidepressiva und dem steigenden Zeitaufwand für die Reiseplanung bei gleichbleibender Arbeitsbelastung im Job langsam an meine Belastungsgrenzen. Erneut bin ich froh, derzeit keine Partnerin zu haben, der ich in meiner jetzigen Situation sicherlich einmal mehr zur Belastung werden würde.

Zum Monatsende steht noch ein echtes Highlight für mich auf dem Programm: ein Besuch bei meinen alten Therapeuten aus der Klinik in Bad Bramstedt. In den vergangenen Monaten hatte ich aus eigenem Antrieb sporadischen Kontakt mit ihnen gehalten, weil ich ihre Kompetenz als sehr hoch einschätze und von ihnen ab und an eine hilfreiche Zweitmeinung zu meiner Situation erhielt. Jetzt nehme ich mir einen Tag frei, um die Klinik und meine dortigen Therapeuten noch einmal zu besuchen. An der Klinik angekommen, erfasst mich zunächst ein beklemmendes Gefühl. (Über Gefühle freue ich mich immer, und seit der erneuten Reduktion der Tabletten stellen sie sich auch immer öfter ein.) Viel, sehr viel ist seit meiner Zeit in diesen Mauern passiert, und der Rückblick zeigt, dass sehr vieles in meinem Leben seit dem Aufenthalt besser geworden ist. Aber ich durchlebe auch ein zweites Mal die Verzweiflung, die mich damals an diesen Ort brachte.

Bei meinen Therapeuten angekommen, weicht die Beklemmung aufrichtiger Freude und tiefer Dankbarkeit für diese Menschen, die mir so sehr weitergeholfen haben und mir auch nach dem Verlassen der Klinik mit Rat und vor allem Tat zur Seite standen – was bestimmt nicht vorgesehen oder selbstverständlich ist. Auch jetzt diskutieren wir gute zwei Stunden Vergangenes und Zukünftiges, und das Ergebnis ist rundum motivierend: Meine Pläne erscheinen den Bad Bramstedter Experten als sehr zielführend, meine Therapeutin in der Heimat erscheint ihnen kompetent, und sie geben mir konkrete Hilfestellungen und andere Sichtweisen mit auf den Weg. Eine davon ist, dass ich noch immer zu rezeptiv bin – also zu viel von anderen aufnehme, aber selbst zu wenig einbringe. Das ist für mein Krankheitsbild zwar normal, aber es mangelt mir noch an entsprechender Lockerheit, dies auch anzuerkennen. Ein erneuter Schwindelanfall etwa kann sehr wohl als Warnsignal verstanden werden, ist aber letztlich trotzdem nur ein Symptom und kein Weltuntergang. Das Auftreten von Symptomen wie diesem kann ich mir erklären, aber das bedeutet nicht, dass ich nicht gleichzeitig über die Ursachen und mein erneutes Versagen schmunzeln oder gar lachen darf. Mit einem gerüttelten Maß an Lockerheit könnte ich auch meinen „Zwängen" wie Perfektion und Ehrgeiz besser zu Leibe rücken und mich augenzwinkernd damit abfinden, dass ich sie vermutlich nie ganz ablegen, sehr wohl aber reduzieren und Fortschritte auf diesem Weg mit erhobenem Kopf feiern kann. Zumindest feiern konnte ich früher ganz gut und bin mit einem Mal optimistisch: Wenn ich irgendwo meine Feierlaune wiederfinde, dann auf meiner Reise. Der letzte Rat der Therapeuten: Ich möge auf Tour zu einem echten Mann reifen, der das Wörtchen „nein" in Perfektion beherrscht. Mit einem kleinen Lächeln, einem glühenden Schädel und ziemlich erledigt trete ich schließlich die Heimreise an und bin diesen Menschen einmal mehr rundum dankbar. Was sie für mich getan haben, werde ich ihnen nie vergessen.

Wie so oft brauche ich nach anstrengenden Sitzungen einige Zeit, um die gegebenen Informationen zu verarbeiten. Von Mitpatienten weiß ich zum Glück mittlerweile, dass es ihnen genauso ergeht, und so zweifele ich nicht unnötig an meiner Auffassungsgabe oder meinem Intellekt, sondern statte „meinem" See in Bad Bramstedt einen Besuch ab und lasse die letzten zwölf Monate Revue passieren. Ein Satz meines Therapeuten kurz nach der Aufnahme auf der Station kommt mir in den Sinn: „Jan, was ich Ihnen nun sage, werden Sie jetzt vermutlich nicht verstehen. Aber glauben Sie mir eines: Wenn Sie vielleicht in drei oder auch fünf Jahren wieder vollständig genesen sind, werden Sie eventuell sogar sagen, dass diese Krankheit – trotz all ihrer furchtbaren Passagen, der für Sie schrecklichen Momente und trotz aller Verluste und Einschränkungen – zu guter Letzt Ihr Leben so nachhaltig in eine lebenswertere Richtung geändert hat, dass Sie die Krankheit vielleicht sogar nicht missen möchten!" An meine Reaktion auf diesen Satz (Unverständnis) und mein Gefühl dem Mann gegenüber, der ihn aussprach (spontane Antipathie) erinnere ich mich noch gut, aber heute sehe ich die Sache anders: Erstmals beschleicht mich eine Ahnung, dass mein Therapeut aus Bad Bramstedt mit seiner Behauptung vielleicht eines Tages recht behalten könnte.

Auf geht's!

Oktober in Jahr 1, oder Monat 20 nach dem Zusammenbruch

Ich stecke mitten in den Vorbereitungen für meine erste Weltreise, und langsam wird es anstrengend. Mit meiner letzten langen Reise – vier Monate in einer wunderbaren Gastfamilie im zentralkanadischen Winnipeg – lässt sich der Aufwand im Vorfeld jedenfalls nicht vergleichen. Damals war ich ungleich aufgeregter; heute habe ich mehr Angst – oder richtiger: Respekt – vor dem Verlassen meiner Heimat. Vor allem ängstigt mich meine körperliche und mentale Verfassung. Werde ich es schaffen, mich in irgendwelchen mir unbekannten Entwicklungsländern zurechtzufinden, wenn es mir wieder einmal schlecht geht? Was passiert, wenn die Depressionen überhandnehmen und ich Medikamente benötige? Hier habe ich mein soziales Umfeld, Therapeuten und das wohl weltbeste Gesundheitssystem – in Indonesien oder Sri Lanka sieht das vermutlich ganz anders aus. Heidenrespekt mischt sich mit riesiger Vorfreude: Ich bin auf mich allein gestellt, werde stundenlang über das Leben im Allgemeinen und meine Rolle darin im Besonderen nachdenken können und mich dabei vielleicht unter einem tropischen Sternenhimmel vom Geräusch der Brandung in den Schlaf spülen lassen. Die Vorfreude auf Augenblicke wie diesen lassen mich durchhalten und geben mir immer wieder neue Kraft.

Neben all den Belangen im Job, den versicherungstechnischen Fragen, den Impfungen, Besorgungen, Ticketkäufen und vielen weiteren Dingen entsteht auch mein Reiseblog. Lange habe ich überlegt, wie ich mit wichtigen Menschen in der Heimat in Kontakt bleibe, mit meiner Therapeutin intensiv das Für und Wider technischer Gimmicks auf Reisen diskutiert und mich in einschlägige Foren eingelesen. Ich spiele ebenfalls mit dem Gedanken, eine eher puristische Weltreise zur Selbstfindung zu machen und auf so gut wie alle technischen Hilfsmittel – bis auf ein Handy für absolute Notfälle – zu verzichten. So könnte ich mich mit allen Sinnen auf die Tour einlassen und Heimat und Vergangenheit zumindest für die Zeit der Reise komplett ausblenden. Ich erwäge sogar, den Fotoapparat daheim zu lassen und finde zunehmend Gefallen an dieser Extremvariante des Reisens. Dann aber stellt mir Frau Doktor zu Recht die Frage, ob ich es mit dem Purismus nicht schon wieder ein wenig übertreibe, und an sich hat sie damit recht. Außerdem mag ich meine Familie und Freunde viel zu sehr, um mit ihnen nur postalisch in Kontakt zu bleiben – was zudem zwangsläufig in einer Einbahnstraßenkommunikation enden würde, da ich selbst ja über keine feste Adresse verfügen werde. Also entschließe ich mich für das Schreiben eines Reiseblogs. Das erspart mir zum einen stete Wiederholungen in diversen Mails und erlaubt meinen Freunden und Familienangehörigen stattdessen, so oft an meinem Leben auf Reisen teilzunehmen, wie sie möchten. Zum Zweiten dient mir das Blog als eine Art Tagebuch, das Bilder und Geschichten im World Wide Web sichert, die ich andernfalls durch Diebstahl oder andere Unwägbarkeiten verlieren könnte. Schon zwei Monate vor dem eigentlichen Abflug schreibe ich hier meine ersten Einträge und bin sehr zufrieden mit diesem Medium.

Mitunter frage ich mich in diesen Tagen in immer seltener werdenden ruhigen Minuten, wie es dazu gekommen ist, dass ich nun bald auf diese Reise gehe. Freunden und Kollegen gegenüber erzähle ich, dass der erste flüchtige Gedanke an eine solche Tour im Februar entstanden sein muss – deutlich bevor ich mit meiner Therapeutin darüber sprach. Ehrlich betrachtet aber pflanzte meine reisewütige Ex diese Saat schon vor rund vier Jahren, und meine Krankheit, vor allem aber der zweimonatige Klinikaufenthalt im Sommer des vergangenen Jahres, brachten die Saat zur Blüte. Einer meiner legendären Therapeuten in der Bad Bramstedter Klinik hat diese Reise sogar vorausgesehen, als er sagte: „Jan, eine solche Tour wird Ihnen helfen, eine andere Sicht auf die wichtigen Dinge im Leben zu bekommen als die, die Sie derzeit in Ihrem Wertekorsett für sich annehmen. Nachvollziehbar?" „Nööö", war meine ehrliche Antwort, aber heute muss ich lächeln, wenn ich an diese Worte denke: Es ist alles entschieden, die Verträge sind unterschrieben, und der Bauchschmerz ob der Tragweite dieser Entscheidung verschwindet immer mehr. Ich freue (!) mich – bald geht es los.

Gier, Feinschliff, Reisesabotage und ein One-Way-Ticket nach Asien

Oktober in Jahr 1, oder Monat 20 nach dem Zusammenbruch

„So eine Reise organisiert sich doch ganz nebenbei" – so oder ähnlich habe ich vor einigen Monaten gedacht und meiner Ex gegenüber argumentiert. Mittlerweile sehe ich ein, dass es eine gute Idee wäre, nur noch halbtags zu arbeiten, um den Rest der Tageszeit für die Reiseplanung zu verwenden. Da ich meinem Arbeitgeber aber dankbar für die Möglichkeit des Sabbaticals bin, verschone ich die Nerven meines Chefs und die der Personalabteilung und erspare ihnen immer wieder neue, kreative und innovative Vorschläge zur Arbeitszeitflexibilisierung zwecks Freizeitoptimierung. Stattdessen versuche ich, die zahlreichen zu organisierenden Dinge auf den Feierabend, die Nacht oder das Wochenende zu verschieben. Sowohl meine Therapeutin als auch ich selbst sehen diese Entwicklung mit sehr gemischten Gefühlen – eigentlich ist das alles zu viel für mich und meinen Zustand. Eine Alternative fällt uns allerdings auch nicht ein. Also rede ich mir die Belastung mit dem hehren Ziel der Reise schön und widme mich gottergeben spannenden Basisthemen, die immer wieder neue, innovative und unerwartete Überraschungen und Umwege für mich bereit- und mich somit unermüdlich auf Trab halten. Und manchmal beschleicht mich das Gefühl, dass es irgendjemanden gibt, der mit debilem Grinsen in irgendeiner Ecke sitzt und sich die absurdesten Dinge ausdenkt, um meine Reise zu sabotieren.

Da wären zum Beispiel die Arzttermine: ein bis zwei für Impfungen und Checks pro Woche, zuzüglich zu meinen

Therapiesitzungen, versteht sich. Meinem Optimierungsvorschlag – „Wie wäre es mit allen Impfungen binnen nur einer Woche?“ – begegnet Frau Dr. Tropenmedizin zunächst mit Harthörigkeit und dann mit einem „Janeeistklar“. Zeitoptimierungsmaßnahmen sind hier offenbar nicht gern gesehen. Trotzdem: Generell sind klare Ansagen und To-dos genau meine Kragenweite, und so bestaune ich meinen detailliert durchgestylten Impfplan mit den minutiös geplanten Abläufen – Abweichungen ausgeschlossen – mit wohlgesonnenem Befremden. Letztlich muss ich schließlich nur die Impfdosen besorgen, meinen Kalender lesen und artig zu Frau Doktor und ihrer Nadel laufen. Ein Klacks also für Männer wie mich mit einem Faible für klare Strukturen. Wäre da nicht die Impfstoffmafia! Die Apothekerin meines Vertrauens berichtet mir bei der Abholung meiner umfangreichen Bestellung im Gegenwert eines gebrauchten Kleinwagens, dass unter anderem die Tollwutimpfung gerade aus ist. Angeblich gibt es im gesamten Bundesgebiet keinen Impfstoff mehr, und ich bekomme erste Zweifel: Meine Joggerbrötchen beim Bäcker oder die Currywurst in unserer Kantine ist ab und an „gerade mal aus“, aber doch nicht Tollwutimpfstoff! Es kostet mich Tage und bedarf der Hilfe meiner Apothekerin, bis ich schließlich erfahre, dass beim örtlichen Gesundheitsamt doch noch ein Fitzelchen Tollwutimpfstoff zu ergattern sein könnte. „Prima!“, denke ich mir, mache mich auf die Suche nach Öffnungszeiten im Internet und werde fündig: Das Gesundheitsamt der Region Hannover bietet einmal die Woche für eine Stunde Impfungen jeder Art an. Jeweils Donnerstag, in der Zeit von 16:00 bis 17:00 Uhr. Wäre ich ein überdurchschnittlich intelligenter Mann, hätte ich nach dieser Information innegehalten und alle vorgenannten Erkenntnisse zu diesem Sachverhalt summiert und mit einigen Formeln aus der Vorlesungsreihe „Grundlagen Statistik und Wirtschaftsmathematik“ kombiniert. Bin ich aber nicht. Und so bedenke ich, als ich an einem Donnerstag um 16:30 Uhr gut gelaunt in das besagte Amt schlendere – das Hemd zum Empfang der feinen Nadel schon locker aufgeknöpft –, nicht, dass in der Region Hannover knapp 1,2 Millionen Menschen wohnen, für die ein Gesundheitsamt, das derzeit ein Monopol auf Tollwutimpfstoff besitzt, einmal die Woche für eine Stunde die Pforten zur Impfung öffnet. So dauert es Stunden, bis ich an der Reihe bin und die erste Impfung erhalte. Zum nächsten Termin nehme ich Kissen und Schlafsack mit. Am Ende zahle ich lockere 72,15 Euro für diese erste von drei Tollwutinjektionen an die staatliche Impfstoffmafia und denke erneut an meine Studienzeit, die Vorlesung über Monopolstrukturen und die Parallelen zu organisierter Kriminalität. Eines ist sicher: Die ganze Impferei wird ein teurer Spaß.

Eine weitere Großbaustelle sind die Besorgungen. Meine Einkaufsliste (Männer hassen solche Listen!) hat derzeit noch 38 Positionen: Neben Cargohosen und Daypack – dem Rucksack für die Kleinigkeiten – finden sich dort auch so spannende Dinge wie Reisewaschsachen und entspreche Etuis. Gefühlt muss ich dazu mindestens 15 Geschäfte aufsuchen und unendliche Stunden in Anprobekabinen verbringen – ein Albtraum für mich, aber aus Therapiesicht ein optimales Konfrontationsprogramm. Den Großteil der Positionen auf meiner Einkaufsliste verdanke ich dem Webportal Weltreiseinfo.de, das auf etwa 30 Seiten aufgelistet hat, was man(n) auf so einer Reise braucht und was eben nicht. Selbst über die Häufigkeit des Wäschewaschens in den Tropen lassen sich die Autoren aus – wobei ich eher die Ansicht vertrete, dass auch die Menschen in Südostasien und andere Touristen ruhig wissen können, wie ein deutscher Backpacker nach drei Tagen Wandern im Monsun nun einmal riecht. Allerdings finde ich bei Weltreiseinfo.de auch Dinge, die man(n) gar nicht entdecken möchte. Sogenannte Mooncups etwa, die eindeutig für das andere Geschlecht und besondere Tage bestimmt sind (Männer hassen solche Tage). Jetzt habe ich die ganze Zeit schreckliche Bilder im Kopf. Um mich abzulenken, wende ich mich etwas Handfesterem zu: der Passwortvereinheitlichung diversester Internetplattformen und Konten zur Schonung meines überlasteten Hirnes. Im Rahmen dessen stoße ich im Lufthansa-Worldshop meiner Miles-and-More-Karte auf erstaunlich hippe und erstaunlich teure Tourenrucksäcke. Klar, eigentlich wollte ich nur ein Passwort ändern, aber wo ich schon einmal hier bin, kann ich natürlich auch schauen, ob ich nicht den siebten Trolley, die zwölfte Sporttasche oder eines dieser herrlichen elektronischen Helferlein wie zum Beispiel das sensationelle Beurer-Blutdruckmessgerät BM 70 für „lau" – beziehungsweise für die mühsam erarbeiteten Meilen – erwerben möchte. Nein, möchte ich nicht. Aber die Trekkingrucksäcke haben es mir trotzdem angetan und einer unter ihnen ganz besonders. „Nein", sage ich zu mir, „du hast bereits einen tollen 70-Liter-Trekkingrucksack". (Diesen hatte mir nämlich einst meine bessere Hälfte geschenkt, und ich bin bis heute sicher, dass ein gerütteltes Maß Eigennutz bei der Wahl dieses Weihnachtspräsentes Pate stand. Schließlich wusste sie, dass ich für meine zwei Unterhosen, drei T-Shirts und Handtücher auf unseren damaligen Backpackertouren maximal 30 Liter benötige und der Rest mit ihren Kleidungsstücken aufgefüllt werden konnte. Wie sieht es denn schließlich aus, wenn man(n) mit so einem schlaffen, fast leeren Rucksack durch den Dschungel rennt? Dann lieber doch bitte prall gefüllt, groß – und sauschwer.) Aber, so sage ich mir standhaft, ich brauche diesen begierdeauslösenden neuen Worldshop-Hightech-Rucksack nicht. Entschlossen stapfe ich stattdessen über diverse Trolleys und Sporttaschen hinweg zum Dachboden und stelle mit Begeisterung fest, dass ich vielleicht doch ein überdurchschnittlich schlauer Kerl bin: Der alte Rucksack ist nicht nur da, er ist auch sicher in mehrere Müllsäcke verpackt und so vor äußeren Einflüssen auf dem Dachboden geschützt. Großartig, Jan! Doch all meine Ordnung und Voraussicht helfen mir trotzdem nicht weiter: Ein Marder hat sich auf dem Dachboden eingenistet, Löcher in meine Tüten gefressen, seinen Kot großzügig verteilt und auch ein stattliches Loch in den Rucksack selbst genagt – Verstärkungsriemen inklusive; Reparatur so gut wie ausgeschlossen.

Dass das Thema Flugtickets zur Großbaustelle wird, hatte ich ebenfalls nicht erwartet. Ursprünglich dachte ich, ich müsse lediglich Abflughafen (warum heißt es eigentlich nicht Abflugflughafen?), Zielflughafen und Datum in eine dieser zahlreichen Buchungsplattformen eingeben und das günstigste Ticket buchen. Aber weit gefehlt: Aufgrund der Komplexität der Flugrouten eröffnen sich zahlreiche Optionen (auch das hassen Männer): Reise ich ab Frankfurt mit einem Flug über eine andere asiatische Stadt nach Kuala Lumpur oder – und jetzt wird es spannend – mit Stopover in einem weiteren Land? Dieses weitere Land ist natürlich zunächst keines meiner Wahl, denn welche Airline fliegt schon über Ibiza, Dahab und Fuerte nach Kuala Lumpur? Die günstigsten Flüge bringen mich eher in die aufstrebenden Metropolen dieser Welt: Bahrain, Dubai oder Colombo. Letzteres reizt besonders, denn hier könnte ich ja schauen, wie und ob der Friedensvertrag zwischen der Regierung Sri Lankas und den Tamilischen Tigern so eingehalten wird. Vielleicht werden diese Flüge mit den fragwürdigen Zwischenstopps ja von den ortsansässigen Shoppingcentern oder irgendwelchen Tourismusministerien aufstrebender Entwicklungsländer quersubventioniert? Ich werde mir darüber noch konkrete Gedanken machen müssen.

Was gibt es noch zu tun? Genau: Reiseführer lesen. Eine unfassbare Mammutaufgabe! Eigentlich zähle ich Lesen neuerdings zu einem meiner Antistress-Hobbys, aber Reiseführer liest man nicht, man studiert sie. Und mit Studieren assoziiere ich neben ausschweifenden Partys, zu wenig Schlaf und meinem Freund Dirk vor allem viel Lernstress. Letzteres trifft zu, denn Reiseführer wollen einem ja etwas beibringen, und das Gelernte sollte man überdies während des Reisezeitraumes im Kopf behalten. Vorsorglich habe ich mir Reiseführer für Thailand, Indonesien, Neuseeland und den südlichen Pazifik besorgt. Der erste ist noch in Deutsch verfasst – die drei anderen in Plattdeutsch oder Englisch – genau weiß ich es nicht, denn reingeschaut habe ich noch nicht. Jedes dieser Exemplare bietet rund 900 Seiten geballte Informationen über wirklich alles Wissenswertes im Zielland – und alles meint auch alles. Auf Seite 74 im Thailandführer steht über Bangkok und seine nächtlichen „Überraschungen" beispielsweise, dass sich des Nachts in Bangkok eine attraktive, asiatische Schönheit auch schnell einmal in einen Kerl mit unlauteren Absichten verwandelt und das eigentlich geplante „Abenteuer" zu einem Abenteuer ganz anderer und unerwünschter Art wird. Schon wieder entstehen Bilder in meinem Kopf, die ich nicht haben will. Ich glaube, ich streiche Bangkok schlicht von meiner Reiseroute.

Immer, wenn ich so mittendrin stecke in meinem Organisationswahn, bringt mich meine Therapeutin zurück auf den Boden der Tatsachen: Ich bin mal wieder zu perfektionistisch unterwegs. Und so lerne ich unter der Führung meiner Therapeutin zu begreifen, dass ich die Wahl habe. Entweder lasse ich mich von meinem Perfektionismus zu einer komplett durchgestylten Reise verführen und manövriere mich damit nebenbei in den nächsten rund zweieinhalb Monaten bis zum Reisebeginn todsicher in eine körperliche Sackgasse – oder ich muss lernen, alles einfach ein wenig mehr aus der Hand zu geben. Die Reise beginnt also zu wirken, auch wenn sie noch nicht begonnen hat.

Unabhängig von Reisen, Genesung und Selbstfindung treibt mich dieser Tage ein anderes Thema um, das mich erstmals wieder derart beschäftigt, dass ich es mir von der Seele schreiben muss: Die Aktienmärkte spielen verrückt, schicken unter anderem einen Teil meiner Reiserücklagen in den Keller, und ich frage mich: Wie kann es eigentlich sein, dass die gesamte Wirtschaft seit Monaten Achterbahn fährt? Als ehemaliger BWL-Student habe ich ja noch so ein, zwei Kennzahlen – insbesondere aus der Volkswirtschaftslehre – im Kopf, und da komme ich nicht umhin festzustellen, dass es der Wirtschaft und damit all unseren Arbeitgebern gut bis sehr gut geht. Lediglich die Aktienmärkte, die ursprünglich mal ein Abbild der Realwirtschaft waren, spielen völlig verrückt. Amplituden in den großen Indizes von zehn Prozent innerhalb einer Woche sind keine Seltenheit mehr, und das gehandelte Volumen in Aktien, Derivaten, Optionen und so weiter übersteigt den realen Wert des weltweiten Bruttoinlandsproduktes derzeit um ein Vielfaches. Das heißt, dort wird mit Werten „gespielt“, die keinen beziehungsweise nur einen marginalen Gegenwert, aber doch eine deutliche Auswirkung in die Realwirtschaft haben. Da sitzen also nun Leute in meinem Alter und verzocken „mal eben“ wie bei der Schweizer UBS 2 Milliarden Euro (= 2.000.000.000!). Und warum? Weil sie gierig sind und auch von ihren Unternehmen und damit in letzter Instanz von der Gesellschaft in diese Gier getrieben werden. Ja, grundsätzlich bin ich auch ein Freund von Aktien (naja: im Moment nicht ;-)), aber es kann nicht sein, dass durch Zockerei mit Papieren, die keinen wirklichen Gegenwert haben, die Realwirtschaft leidet und damit Arbeitsplätze von echten (wert-)schaffenden Menschen mit echten Familien in echten Gesellschaften gefährdet und leider auch zerstört werden. Das ist nichts anderes als asozial. Gier und das Streben nach immer mehr hat die Menschheit weit gebracht und gehört zu uns wie all die anderen guten und schlechten menschlichen Eigenschaften auch – aber sie wird spätestens an der Stelle abscheulich, wo sie andere einschränkt – oder, wie bei diesem Thema, Arbeitsplätze vernichtet. Ich bin mir sehr wohl bewusst, dass meine Meinung zu diesem Thema so unerheblich ist wie der sprichwörtliche in China umfallende Sack Reis, aber das Thema bewegt mich – und es zeigt, dass Mäßigung auch ein sehr schöner, menschlicher Wert ist.

Daran will ich mir ein Beispiel nehmen, mäßige mich auch selbst in meiner Planungswut und Gier nach Perfektion, und irgendwann ist es tatsächlich vollbracht: Ich habe mein One-Way-Ticket nach Asien. Am 7. Dezember geht es nun definitiv los: von Frankfurt über Sri Lankas Hauptstadt Colombo – inklusive eines fragwürdigen Stopovers – nach Malaysia in Südostasien.

Das Schönste ist: Die Anspannung weicht immer mehr der Vorfreude. Wenn ich beim Shoppingmarathon wenigstens alles Nötige erstanden hätte, wäre ich zwar noch entspannter, und um Visa, Wohnungsuntervermietung oder Vollmachten muss ich mich auch noch kümmern, aber auch das wird noch werden. Eine Baustelle allerdings habe ich noch vor mir: Ich möchte mir in den derzeit laufenden Play-offs um die deutsche Meisterschaft im Inlinehockey den lang gehegten Traum vom Meistertitel verwirklichen. Meine Therapeutin schüttelt hierzu fassungslos den Kopf: Da ist er wieder, der alte, nimmersatte Jan. „Manchmal“, füge ich leise und nicht ohne Stolz hinzu. „Nicht mehr immer, nur noch manchmal.“

Julius ordentlich fertig gemacht!

November in Jahr 1, oder Monat 21 nach dem Zusammenbruch

Nun ist es noch fast genau ein Monat bis zur Abreise, auch der rucksackfressende Marder lebt noch (noch!), und eine liebenswürdige Spende eines nahen Verwandten beschert mir einen nagelneuen 1-a-Rucksack. Ein Problem mehr gelöst; Zeit für einen weiteren Shoppingmarathon, um weitere Besorgungen zu tätigen. In weiser Voraussicht nehme ich mir gleich zwei Tage dafür frei: Donnerstag Klamotten für die Asienreise, Freitag Ausrüstung für die Europatour.

In drei Stunden Globetrotter-Aufenthalt in der Freien und Hansestadt Hamburg widme ich mich zunächst einmal der Schuhfrage für Asien und leide dabei aufrichtig. In meinen Augen gibt es auf diesem Planeten nur wenige Dinge, die schlimmer sind als Rosenkohl und Kochfisch, und Schuhekaufen gehört glasklar dazu. Um vor Ort maximal effektive Funktionsschuhe mit minimalem Zeit- und Geldaufwand erwerben zu können, habe ich schon im Vorfeld den mindestens tausend Seiten starken Globetrotter-Gesamtkatalog durchwälzt und die eierlegende Wollmilchsau gefunden: Wassersportschuhe für Trekking- und Discoeinsatz. In Erwartung eines schnellen Erfolgserlebnisses verkünde ich der orangebeshirteten und wenig motivierten Marie vom Globetrotter-Monstershop die gewünschte Marke und Größe zum Anprobieren und staune Bauklötze: Mit Größe 44,5 will mir auch der 47er-Schuh nicht passen. „Warum macht die Schuhindustrie das? Jede andere Branche bekommt doch auch Normen hin?“, frage ich die Marie, die nur schmunzelt und mir auch nicht weiterhilft. Aber ich habe schon längst selbst eine Theorie entwickelt: Das ist die Antwort der Schuhhändler auf die Konkurrenz aus dem Internet. Kaum hält man sich nicht mehr an die Normen, zwingt man die Käufer vom Bildschirm zurück in die Läden. Kein Mensch (oder Mann?) lässt sich schließlich zehn Paar Schuhe in unterschiedlichen Größen aus dem Web nach Hause liefern! Stolz frage ich die Marie, ob diese Taktik wohl auch auf das Design meiner Wunschschuhe zutrifft. Statt (wie im Katalogbild) sportlich-elegant zu brillieren, wirken meine Füße in den Wollmilchsauschuhen wie breite, aber flachere Schuhkartons. Marie schüttelt den Kopf und findet einen in ihren Augen treffenderen Vergleich: „Sieht aus wie Entenflossen." Na, dann passen sie ja gut zu Marie und ihrem Hintern, denke ich mir stumm, denn ich brauche die Marie ja noch, etwa zum Herankarren von anderen Wassersporttrekkingmodellen aus dem Lager. Hier passt mir erstaunlicherweise wieder Größe 45, und farblich habe ich die Wahl zwischen Sportlich-Grau-Orange oder dezentem Beerdigungsblau. Ratlos sehe ich Marie an, die einmal mehr die Schultern zuckt: „Einen Schönheitspreis gewinnt man mit den Schuhen aus unserem Laden eh nicht", ist ihre prompte und anscheinend ehrliche Meinung. Ich bin konsterniert, rufe mir dann aber ins Gedächtnis, dass ich ja Funktionsschuhe suche und gar keinen Schönheitspreis gewinnen will, und entscheide mich schließlich zwischen Pest und Cholera für Beerdigungsblau. Marie nickt. „Gut", sagt sie und denkt sich dabei wahrscheinlich nur: „Männer!"

Also auf zu weiteren Herausforderungen. Einer Taschenlampe mit exakt 119 Meter Lichtreichweite zum Beispiel – so sagt es zumindest die Angabe auf einem Schild an der Lampe. Interessiert frage ich die zuständige Verkäuferin, wer denn die 119 Meter ausgemessen hat und unter welchen klimatischen Begebenheiten diese evaluiert worden sind, doch die Frau wendet sich schnell dem nächsten Kunden zu, und so wandere ich zu den Inlett-Seidenschlafsäcken mit Moskitoschutzimprägnierung, wo ein rüder Holländer in Globetrotter-Outfit mir die Vorzüge ägyptischer Baumwolle anpreist. Das sei hochwertiger und besser für uns Männer, weil wir ja immer so schwitzen in den Tropen. In Letzterem gebe ich dem Müllmann-farben gekleideten Holländer natürlich recht.

Am Freitag, dem Tag der Europatour-Vorbereitung, geht es um die Ausstattung von Julius, meinem Bulli, dem ich auf Anraten einer Freundin einen Namen gegeben habe. Wenn ich immer sagen könne, ich sei mit „Julius“ unterwegs, würde ich meinen – in ihren Augen erwartbarerweise „zahlreichen“ – Reisebekanntschaften nicht irgendwelche Illusionen nehmen. Ich staune nicht schlecht, tue ihr den Gefallen und erfahre nur kurze Zeit später, dass der Rat mit der Bulli-Benamsung tatsächlich fachkundiger ist, als zunächst von mir angenommen. Die Bus-Schmiede meines Vertrauens ist bereits ausgewählt, und die Frage der Stunde lautet: Lasse ich mein sehr schönes, positiv erprobtes und selbst gebautes Bett drin oder rüste ich im Zuge des Gesamtumbaus auf eine Dreier-Schlafsitzbank um, die sich auch designtechnisch gut integrieren würde und mir auf Reisen – vielleicht – ja auch Platz für mein umfangreiches Surfgeraffel bieten kann. Das müsste ich nämlich sonst in einem Dachaufbau unterbringen, und wer will das schon? Ich jedenfalls will einen stolzen Surferbulli und kein Wohnmobil.

Der Materialstautest geht jedenfalls gründlich in die Hose, aber mein Berater Max rät mir dennoch zu der Dreierbank und Dachaufbau. Seine Begründung zieht mir fast die neuen und heute probegetragenen Funktionsschuhe aus. Eine Liegefläche dürfe nicht so hoch unter dem Dach sein wie bei mir derzeit der Fall (gut 50 vollkommen ausreichende Zentimeter bis zur Decke, wie ich finde), weil man ja bei solchen Touren sehr häufig nicht allein im Julius liege und deshalb ausreichend Platz nach oben hin benötige. Meinen verstörten Blick kontert Max mit einer bildhaften Schilderung diverser Sexstellungen und -praktiken und dem daraus resultierenden Platzbedarf in vertikaler und horizontaler Richtung. Der Mann ist offenbar vom Fach. Meine Einwände, dass ich weder ein Kamasutra-Anhänger bin noch vorhabe, mich mit ständig wechselnden Menschen in meinem Bus zu paaren, lässt Max nicht gelten. Bei dem Satz „Und außerdem bin ich deutlich über 30" hingegen horcht er auf, und wir einigen uns schließlich darauf, dass im Zuge des Bodenausbaus schon die Ankerpunkte für die neue Dreier-Schlaf-Sexbank eingebaut werden, ich aber zunächst bei meinem Ü-30-Bett bleibe. Als ich Max schließlich verlasse, bin ich ein ganz klein wenig sprachlos.

T Minus 1

November in Jahr 1, oder Monat 21 nach dem Zusammenbruch

Genau ein Monat bleibt mir noch im langsam wettertechnisch ekligen Deutschland, und so langsam wünschen mir die ersten netten Menschen eine gute Reise. Bis es aber so richtig in die Ferne geht, ist – wer hätte das gedacht – noch einiges zu erledigen. Die Impfthematik lässt mich nicht los: Heute, am Tag der letzten Tollwutimpfung, ist der Tollwutimpfstoff endgültig überall aus, der Impfdoktor vom Gesundheitsamt lächelt freundlich und verkündet mir, dass wir im Zweifel in drei Wochen ein Mittel ohne deutsche Zulassung aus dem Ausland importieren können. Jaaneeisklar!

Apropos Medizin: Derzeit nehme ich nur noch jeden zweiten Tag eine fast verschwindend geringe Menge Antidepressiva, und die letzten Reduktionen hatten keine so erheblichen Auswirkungen auf mein Empfinden, wie das bei den ersten der Fall war. In der Therapie versuchen wir, die Rückfallszenarien, die ich mir schon in der Klinik erarbeiten musste, für die Reise zu adaptieren, und halten fest, was zu tun ist, wenn mich die Depressionen wieder vollumfänglich erwischen sollten. Auch bläut Frau Doktor mir wieder und wieder ein, ich solle bei meiner Ankunft im Ausland zuerst einmal ein wenig Urlaub machen. Danach würde ich nämlich schnell feststellen, dass Reisen etwas vollkommen anderes als Urlaub ist. Und wo sie gerade schon dabei ist, untersagt sie mir zudem das weitere Studieren jedweder Reiseführer. Ich habe ihr nämlich gestehen müssen, dass ich zwar den gesamten Thailand-Reiseführer gelesen, die anderen Führer mangels zeitlicher Ressourcen aber noch nicht einmal angefangen habe – und dass mein Perfektionismus-Gen das gar nicht gut wechseln kann und mich der unsauberen Reiseplanung wegen zunehmend unruhig werden lässt. Ich möge mir im Zielland einen Kopf machen, ist ihr gut gemeinter Hinweis, dem ich nicht wirklich Folge leisten kann. So ganz ohne echte Vorbereitung in fremde Länder zu starten, traue ich mir einfach nicht zu und stehe mir somit wieder einmal selbst im Weg. Zumindest das beherrsche ich in Perfektion.

Letzte Meter: anstrengend, lehrreich und voller Fragen

November oder Monat 21

Die meisten Fragen, die mir dieser Tage gestellt werden, beginnen mit „Ja, haben Sie denn …?“ Und wenn sie mir kein anderer stellt, stelle ich sie mir selbst, denn auf den letzten Metern gibt es natürlich genauso viele Probleme und Stolpersteine wie auf den letzten paar Hundert Metern. Nur dass die Zeit, diese Probleme zu lösen, immer kürzer wird und der Druck somit steigt. Viel dieses Drucks ist bei Licht betrachtet selbst gemachtes Elend, aber auch davon hatten wir es schon des Öfteren: Wir Menschen sind, wie wir sind. Und können nie ganz aus unserer Haut. So kommt es, dass auch ich wieder in klassische Verhaltensmuster zurückverfalle. Zum Beispiel beim Sport. Da wollte ich nämlich bis kurz vor dem Abflug noch ordentlich mitmischen, um mal einen Deutschen Meistertitel in die Heimat zu holen, aber jetzt findet plötzlich in Augsburg die Party statt. Im entscheidenden Spiel stand es am vergangenen Wochenende 5:5 nach 60 Minuten. In der 68. Minute der Verlängerung entscheiden die Herren Schiedsrichter, dass gleich zwei von uns auf einmal auf die Strafbank müssen. Zwei Norddeutsche gegen vier Bayern in der Verlängerung: So etwas kommt sonst nie vor! Und da ist Sie dann wieder, diese Frage: „Ja haben Sie denn den A… offen und nicht richtig hingeschaut, Herr Schiedsrichter?!“ Zum Glück dachte ich sie nur und sprach sie nicht laut aus, denn Letzteres hätte mir mit Sicherheit eine längere Auszeit beschert, und das hätte uns auch nicht weitergeholfen. Das Spiel hat aber auch mein Schweigen nicht retten können; wir verloren die Partie, und die Enttäuschung war entsprechend groß. Trotzdem bin ich in der Rückschau mächtig stolz auf die Jungs und unser Team. Das x-te Mal bei ständig steigendem Niveau ins Halbfinale um die deutsche Meisterschaft zu kommen, ist auch nicht so schlecht – und das in unserem Alter um die 30!

Im Anschluss fahre ich zu meiner Schwester ins schöne Franken, das sie während ihres Studiums ihre Heimat nennt, und lege so in gewisser Weise den ersten Stopp auf meiner Weltreise ein. Franken ist definitiv nicht Deutschland, wie ich es bis dato kannte – zum Beispiel, weil man dort nachts „keppseln" spielt. Kepp... was? Ich lerne und staune: Ein Keppsel ist ein stinknormaler Kronkorken, und wenn einem langweilig ist, legt man einen von ihnen umgekehrt auf seine soeben geöffnete Bierflasche, platziert weitere bierflaschenlose Kronkorken als Munition daneben und einen Gleichgesinnten (Franken) in etwa zwei Meter Abstand gegenüber und wirft abwechselnd mit Keppseln auf den umgedreht auf dem Flaschenhals liegenden Keppsel des jeweiligen „Gegners". Wenn man trifft und den Keppsel von der gegnerischen Flasche wirft, trinkt der Besitzer die vom Keppsel-Ballast befreite Biereinheit aus. Dagegen ist das norddeutsche Meierspiel eine wahrhaft intellektuelle Meisterleistung. „Ja, haben sie sie denn noch alle hier unten?", frage ich mich, spiele aber trotzdem mit und kann in der Nacht danach zumindest eines: gut schlafen.

Wieder zurück in der Heimat finde ich eine Mail vom Gesundheitsamt Hannover: Das mit dem Wirkstoff für die letzte Tollwutimpfung klappt definitiv nicht, ich möge mir das nicht zugelassene Mittel aus dem Ausland bestellen. Aha. Das Amt empfiehlt mir ernsthaft, und jetzt sogar schriftlich, ich möge mir nicht nach deutschem Recht geprüfte Medizin injizieren. Das kann und will ich nicht akzeptieren. Und apropos Medizin: Laut Anweisung von Frau Dr. Tropenmedizin habe ich mir Paracetamol, Tanacomp und Stand-by-Malaria-Medikation für die Fahrt besorgt, erfahre aber nun, dass das für eine Weltreise bei Weitem nicht reicht, und habe – schwups – ein neues To-do auf meiner noch immer stetig wachsenden Liste: Reiseapotheke erstellen.

Auch mein Ego erhält so kurz vor der Abfahrt noch einen ordentlichen Dämpfer: Eines Morgens beschließe ich, mich seit Langem wieder einmal auf die Waage zu stellen. Die lange Waagen-Abstinenz ist gut, denn vor Jahresfrist war das Überprüfen des eigenen Gewichtes fast ein Ritual. Heute bin ich diesbezüglich deutlich entspannter und außerdem guter Dinge: Schließlich habe ich die letzten Wochen über gut trainiert. Dachte ich. Für all die komplizierten Detailmessungen rund um Muskelgewebe- und Körperfettanteile bin ich noch zu müde, also steige ich einfach so hinauf, sehe eine 9 und eine 8, reibe mir ungläubig die Augen, starre kurz darauf in mein erschrecktes und unrasiertes Gesicht im Badezimmerspiegel und verkünde mir selbst voller Empörung: „Die Zahlen sind vertauscht!" „Nein", meldet der rationale Teil meines Gehirns zurück. „Doch", sagt mein Ego, doch die Ratio lässt nicht locker: „Burger-King-App, jeden Abend Leberkäse mit Käse und Ei, Sauce hollandaise auf Pizza, Kantinenessen für zwei und –" „Reicht!", knurrt das Ego und zieht Bilanz: Vor zwei Jahren waren es noch knappe 90, dann wurden es langsam mehr, und jetzt muss ich mich im Grunde gar nicht wundern. Aber ändern muss ich etwas. Und noch ein Punkt auf der To-do-Liste.

Weiter geht's, diesmal im Job: Für meinen Lebensunterhalt und zur persönlichen Vernichtung der eigenen Gesundheit motiviere ich in einem leicht vertriebslastigen Job für ein japanisches Unternehmen ein Team von professionellen Vertriebsexperten (die Betroffenen verwenden stattdessen öfter den Terminus „Quälen" dafür). Die Entlohnung ist variabel, und aufgrund meines seit Jahren existenten und krankheitsinduzierenden Ehrgeizes habe ich mir stets ein maximal niedriges Grundgehalt ausverhandelt, um im Erfolgsfalle – von dem ich natürlich immer überzeugt war – locker das Zieleinkommen überspringen zu können. Aufgrund dieser Entlohnungsform hat mein Erfolg oder Misserfolg also auch direkte Auswirkungen auf meine Reisekasse. Zudem hinterlasse ich „mein Team" während der anstehenden Reise auch meinem Stellvertreter – und das wollte ich trotz therapeutischer Antiperfektionsübungen so tun, dass dieser nicht von Anfang an den Jahresvorgaben hinterherlaufen muss. Also muss ein umsatz- und margenträchtiger letzter Monat her, und alles, was ich dafür tun muss, ist, gemeinsam mit dem Team einige fette Aufträge zu akquirieren. Ganz einfach eigentlich – wäre da nicht der Wettbewerb oder schlicht das pralle Leben, das auf unterschiedliche Arten Einfluss auf die Wirtschaftswelt nimmt. Jedenfalls ist an besagtem Novembertag ein großer Siegeltag angesetzt, was bedeutet: Es stehen einige umsatzstarke Geschäftsabschlüsse und wichtige Projektfortschrittsgespräche an, die samt und sonders besonders umsatzträchtig und damit ergebniswirksam für das Team und meine Reisekasse sind. Der erste Termin läuft in Kürze wie folgt: Kunde: „Sie haben Ihre Sache sehr gut gemacht, topprofessionell gearbeitet und uns mit Ihrem Konzept und Ihrer Beratungskompetenz sehr beeindruckt. Mit Ihrem Auftreten heben Sie sich auf das Positivste von Ihren Wettbewerbern ab. Wir haben den Termin heute angesetzt, um uns bei Ihnen für die gute Arbeit zu bedanken. Das Projekt allerdings setzen wir nicht um …" Wie die Frau, die dich nach wochenlangem Sich-umwerben-und-ausführen-Lassen mit den Worten „Ach ne, ich hab schon nen Freund" von der Bettkante schupst. Oder der Schiri, der, wenn der Ball in der 90. Minute beim 0 zu 0 im Spiel Deutschland gegen England vor Torero Gomez auf dem Elfmeterpunkt liegt, eiskalt abpfeift. Nervig also.

Schließlich kann man doch auch von Anfang an sagen, dass man nicht will. Der letzte Termin des Tages wird auch nicht besser: Nach stundenlanger intensiver Beratung und Präsentation mit dem sogenannten „Buying Center“ (sprich: dem Einkaufsgremium) des Kunden präsentiere ich auf den letzten Metern zum Vertragsabschluss die Summe, die das Ganze unter dem Strich kosten soll. Und zwar mit stolzgeschwellter Brust, denn ich habe einen echt guten Preis gemacht. Mit einem siegessicheren Lächeln auf den Lippen ob der bombigen Vorbereitung, der professionellen Präsentation und der knirschen Kalkulation erwarte ich vom Kunden Freudentränen. Mindestens. Bekommen tue ich ein sparsames Lächeln, ein verbales „Da sind Sie aber deutlich zu teuer“ und ein nonverbales „Ja, haben Sie denn den A… auf – so teuer?“ Inhaltlich, lieber Nun-doch-nicht-Kunde: Nein, habe ich nicht. Aber ich erwäge trotzdem, mit „ja“ zu antworten, denn während der Präsentation habe ich – ganz Gentleman – für den Kunden einen vom Tisch gefallenen Kugelschreiber aufgehoben, mir dabei die komplette Anzughose aufgerissen und übe mich seitdem im „immer artig hinter allen gehen“, „viel sitzen“ und „das Jackett flach halten“. Die Bilanz dieses ach-so-erfolgreichen Tages: kein Umsatz, keine Hose. Langsam bin ich wirklich reif für die Insel.

Doch vor die Insel hat der Herrgott nicht nur weitere Vorbereitungen, Arbeitstage und Therapiesitzungen gesetzt, sondern auch zahlreiche „Tschüss-Gespräche“ und Festivitäten, die in dieser Jahreszeit ohnehin inflationär zunehmen und mir nicht nur aufgrund ihrer Quantität derzeit alles abverlangen. Ein Rückblick auf auch nur eine halbe Woche dieser Abschiedstage reicht, um das Gefühl „anstrengend“ in all seinen Facetten zu beleuchten: Mega-anstrengend waren erwartungsgemäß die letzten Tage im Job: Aufgaben abarbeiten, übergeben, wichtige Kunden und Interessenten über die anstehende Auszeit informieren (und dabei viel Anerkennung und neidische Kommentare sammeln), Strukturen und Ablaufpläne für die eigenen Mitarbeiter erstellen und besprechen, alle weiter entfernten Kollegen über die Reise informieren und vieles Weitere mehr – alles mega-anstrengend. Mit den Kollegen einen Abschlussabend genießen: noch anstrengender. Kiloweise Burger und viel Gerstensaft zum Nachspülen: toll, aber anstrengend. Danach mit den Kollegen in die größte Disco in Hannovers Innenstadt – natürlich zur Ü-30-Party an einem Mittwoch und dort das Tanzbein schwingen: schön, aber anstrengend. Noch anstrengender allerdings die „Wilden Hilden" – das obligatorische Getränk vor Ort, das in seiner Tiefenwirkung in der Rangliste hinterhältiger Getränke gleich hinter dem „Bretterknaller" des heimischen Weihnachtsmarktes rangiert. Lecker, aber anstrengend. Die überflüssige Diskussion mit dem Barkeeper: „Nein, ich werde nichts mit meinen drei bezaubernden Begleiterinnen anstellen; das sind meine Kolleginnen!" Alles anstrengend. Um 5 Uhr in der Frühe die S-Bahn nach Hause nehmen und dabei nicht einschlafen – mega-anstrengend. Um 8 Uhr wieder auf der Arbeit sitzen und ein weiteres Mal erfolglos dem Tollwutimpfstoff hinterhertelefonieren – ärgerlich und anstrengend; erst recht mit veritablem Kater. Am Freitag mit Magen-Darm im Bett liegen: anstrengend und ätzend. Abschlussabend für die Jungs am Samstag vorbereiten und alles einkaufen: anstrengend und teuer. Mit dem Bruder mittags gepflegt den Sauren für den abends anstehenden Herrenabend ansetzen, ihn ausführlich abschmecken und dabei zum 36. Mal „Werner – Gekotzt wird später" gucken: mega-anstrengend und nicht zielführend, wenn der Abschiedsabend am selben Abend gefeiert wird. Spieleabend mit den Jungs: meeeeega-anstrengend und in den Nachwirkungen noch brutaler als der Ü-30-Discoabend. Sich bei dem Versuch, am Sonntag die Wohnung wieder auf Vordermann zu bringen, noch immer über die fiesen

Niederlagen beim Skat und Meiern zu ärgern: unschön und anstrengend. Zu guter Letzt all das mit Kater im Nacken niederzuschreiben: ultra-anstrengend.

Zusammengefasst: Ich wäre dann so weit. Es kann losgehen.

Südostasien und Malaysia, oder: Die Reise hat begonnen!

Asia Approach

Dezember in Jahr 1, oder Monat 22 nach dem Zusammenbruch

Der Beginn der Reise prägt ihr Motto: Es kommt immer anders als geplant. Der Plan jedenfalls lautet: Ich besuche meine Schwester in Malaysia, die seit gut zwei Jahren mit ihrem Mann und zwei wunderbaren Kindern in Kuala Lumpur wohnt. Eines der beiden Mädchen ist mein Patenkind, das seinen Onkel so auch mal wieder live und in Farbe zu Gesicht bekommt. Und nicht zuletzt ist dieser erste, „sichere" Hafen meiner Reise auch aus therapeutischer Sicht ideal: Ich treffe bekannte Gesichter, kann mich in ihrer Umgebung langsam auf Land und Leute einlassen, mich an die Temperaturen gewöhnen und dabei ein erstes Lebensmodell kennenlernen, das von meinem ein wenig abweicht. Und vor allem kann ich zunächst etwas ausspannen und den Stress der Vorbereitung hinter mir lassen.

Die Praxis sieht anders aus und beschert mir am Vorabend der Abreise die ersten Sorgenfalten für meine Anreise zum Abflughafen Frankfurt: Für den Umstieg von Regionalbahn auf ICE habe ich in Hannover zwölf Minuten; vom ICE zur Regionalbahn in Frankfurt bleiben mir elf Minuten und für den Transfer Flughafenbahnhof bis Abflug 2,5 Stunden. Was habe ich mir bei diesem Zeitplan bei der Buchung vor Monatsfrist eigentlich gedacht? Wie es mit der Pünktlichkeit der Deutschen Bahn bestellt ist, habe ich bei der Buchung offenbar verdrängt, und so kommt es, wie es kommen muss: Der Weg von Hannover nach Frankfurt dauert vier statt drei Stunden, und ich kann am Airport Frankfurt testen, wie schnell man mit rund 32 Kilogramm Gepäck in zwei Rücksäcken und einer Sporttasche laufen kann. Erstmals habe ich das Gefühl, bei der Bundeswehr doch etwas gelernt zu haben: das erfolgreiche Schleppen von ziemlich viel Gepäck mit maximaler Geschwindigkeit. Zwei Kilometer Wegstrecke später habe ich diverse Terminals durchquert, bremse quietschend vor dem Check-in von Sri Lankan Airways und reiße mir das Fleece gegen die arktische Kälte des deutschen Winters vom Leib. „Ihnen ist wohl warm!?“, fragt die Counter-Mitarbeiterin „E. Müller“, deren silbernes Namensschild auf ihrer ausladenden linken Brust im Takt ihrer Atmung wackelt. So viel Intellekt macht mich sprachlos. Als Else mir dann noch mitteilt, dass keine Fensterplätze oder Sitze mit besonderer Beinfreiheit mehr vorhanden sind, und mit süffisantem Lächeln rät, ich solle das nächste Mal einfach etwas früher kommen, ist es mit meiner guten Reiselaune fast schon wieder vorbei, und so gönne ich mir nach dem Check-in ein letztes, gutes deutsches Bier aus dem Zapfhahn. Seit gut drei Wochen ob des Absetzens der Medikamente wieder Alkohol trinken zu können, ist noch immer ein besonderer Genuss. Der Flug von Frankfurt ins sri-lankische Colombo verläuft sitztechnisch besser als erwartet, denn Else hat mir nicht nur einen, sondern gleich vier Sitzplätze verschafft (oder ist ihr aufgefallen, dass die Vorweihnachtszeit nicht spurlos an mir vorbeigegangen ist?). Leider hat sie direkt hinter mir eine schwäbische Sumpfhexe platziert, die sich elf Stunden lang durchgängig und lauthals über jede kleinste Kleinigkeit beschwert: die Temperatur im Flugzeug, die kratzigen Tücher auf den Toiletten, das lauwarme Essen, das schlechte Entertainmentprogramm. Meinen höflichen Hinweis, es gäbe eine durchaus nachvollziehbare Relation zwischen Preis und Leistung und sie möge das nächste Mal mit einem Premiumanbieter fliegen, nimmt der flokatibehangene Unruheherd natürlich nur zum Anlass, sich über den „jungen Mann" in der Reihe vor sich zu beschweren. Lauthals brüllt sie dem Steward durch das ganze Flugzeug zu, ich würde sie verbal belästigen. Dieser lauscht geduldig und zwinkert mir beim Weggehen zu – der arme Tropf muss schließlich noch mehr unter der Wetterhexe leiden als ich.

Der Airport Colombo hat außer dem Original-F1-Wagen von Lewis Hamilton aus dem Jahr 2008 – der den gelangweilten Durchreisenden in einer schäbigen Durchgangshalle präsentiert wird – nicht viel zu bieten. Immerhin lehrt mich eine beistehende Schautafel, dass der Hamilton-Wagen der erste F1 in Sri Lanka war. Da sieht man es wieder: Reisen bildet. In Kuala Lumpur empfangen mich statt der deutschen 2 °C im Regen knappe 30 °C und 90 Prozent Luftfeuchtigkeit, und das Schweißfleckenmuster auf meinem T-Shirt wächst. Dann ist es endlich so weit: Nach 30-minütiger Bahnfahrt mit dem „Expresen" vom Airport zum Kuala-Lumpur-Sentral erwartet mich ein freundliches und gut gelauntes Empfangskommando, bestehend aus Patenkind, Nichte, Schwester und Schwager und bringt mich zum Zen Condominium in Kuala Lumpur – meiner Bleibe für die nächsten 18 Tage. Die Wohnung meiner Schwester besteht aus 185 m² mit angeschlossenem Pool (inklusive 50-Meter-Bahn), Fitnessanlage und Squash Court, die Entspannung pur versprechen, und so falle ich nach einer anständigen, asiatischen Verkostung und 38 Stunden auf Achse endlich ins herrlich weiche Bett: Schlafen!

Der nächste Morgen stimmt mich auf meinen Job der nächsten Tage ein: Babysitten zur „Unterkunftsfinanzierung"! Ein Job, der einem „echten" Kerl wie mir einiges abverlangt. Mein erster Einsatz als Nanny (sprich: Kindermädchen) führt mich in den „Music Garden": 60 Minuten möglichst kindgerechtes Singen und Tanzen, bei dem Mutter (Nanny geht auch) und Kind einer malaysischen Vorsängerin nachsingen und währenddessen zusammen mit dem Nachwuchs intellektuell oder physisch anspruchsvolle Aufgaben lösen. Neun Mütter mit ihren Kids, die malaysische Einpeitscherin und Jan mit dem schlechtesten Sangesorgan der Welt und dem geborgten Kind – hätte meine Kleine sich mit ihrem einen Lebensjahr schon fremdschämen können, hätte sie in diesen 60 Minuten ausreichend Anlass dazu gefunden. Singen und dabei mit einem Tuch Buchstaben in die Luft malen, rhythmisch mit zwei Stöcken komplexeste Takte klopfen und dabei englische Kinderlieder zu trällern, überfordert mich in Kombination mit einem saftigen Jetlag deutlich. Als mein Leihkind von einem zweijährigen holländischen Lausbub geknutscht wird, kommentiert die Käsefrau meinen grimmigen Blick mit einem „Oh, the daddy of that cute girl looks angry", und ich erwäge, sie dezent auf das letzte Spiel und das entsprechende Resultat ihrer Nationalmannschaft in Hamburg hinzuweisen. Aber dann lasse ich es doch, weil sie wahrscheinlich ohnehin nicht auf der Höhe des derzeitigen sportlichen Geschehens ist und mir überdies einfällt, dass eine solche Bemerkung nur wieder das Klischee von uns Deutschen – die Fußballrivalität zu unseren holländischen Nachbarn nämlich – festigen würde, und das zu zementieren will ich auf meiner Reise tunlichst vermeiden.

Zum Tagesabschluss hole ich mir am Pool einen feinen Sonnenbrand ab – die gibt es in Malaysia nämlich umsonst und sogar bei geschlossener Wolkendecke. Meine Schwester verrät mir ein wohlgehütetes Geheimnis: Durch intensives Eincremen kann man kundtun, dass man keinen geschenkt haben möchte. Ich werde das die Tage wohl mal berücksichtigen. Am Abend, bei meinen Jetlag-gehemmten Einschlafversuchen, höre ich erstmals seit rund zwei Wochen wieder tief in mich hinein. Die letzten Tage und Wochen sind eigentlich nur so an mir vorbeigerast, und jetzt frage ich mich: Wie verkrafte ich eigentlich die Abstinenz der Medikation? Die letzte Minidosis habe ich nämlich drei Tage vor Abflug genommen. Und: Wie steht es mit den Körpersymptomen? Erstaunt und erfreut zugleich stelle ich fest, dass mich der Stress der letzten Tage trotz der mangelnden Zeit zur Regeneration weniger belastet hat, als das vor einigen Wochen noch der Fall gewesen wäre. Liegt das daran, dass ich keine Medikamente mehr nehme? Oder daran, dass ich etwas tue, auf das ich mich, je näher der Abflugtag rückte, immer mehr gefreut habe?

Cameron Highlands

Dezember in Jahr 1, oder Monat 22 nach dem Zusammenbruch

„Awas!" Das sagt man in der Region Hannover, um sein Erstaunen über ein unvorhergesehenes Ereignis auszudrücken. Malaysias Verkehrsbehörde hat diesen Ausruf erstaunlicherweise für die örtlichen Straßenschilder übernommen. Im vorstehenden Beispiel also frei übersetzt: „Ach was: eine Fahrbahnverengung!" Ähnliche Schilder gibt es für alle möglichen Formen von unterschiedlichen Ereignissen im Straßenverkehr: „Ach was: ein Steinschlag", „Ach was: Schulkinder!" oder „Ach was: eine Straßenunterspülung, und an der Beifahrerseite geht es 300 Meter in die Tiefe!" Als Niedersachse findet man sich also schnell im örtlichen Straßenverkehr zurecht, der ansonsten vom Recht des Stärkeren dominiert wird. Die relative Stärke bezieht sich dabei allerdings auf die Abmessungen und das Gewicht des Fahrzeuges und nicht auf die des Halters. Leider, denn andernfalls hätte ich angesichts einer malaysischen Durchschnittsgröße von 1,60 Metern einen echten Verkehrsvorteil.

Mein erster umfangreicher Ausflug führt mich in die Wildnis Malaysias – genauer gesagt in die weltbekannten Cameron Highlands auf gut 1.500 Höhenmetern, die vor über 200 Jahren von einem gewissen James Cameron aus England entdeckt wurden. Ich ziehe an dieser Stelle den Hut vor Herrn Cameron: So ein gewaltiges Bergmassiv entdeckt zu haben, das ist schon eine veritable Leistung!

Im Erdkunde-Leistungskurs habe ich vor einer gefühlten Ewigkeit gelernt, dass die Temperatur pro angefangenen 100 Höhenmeter um rund 1°C sinkt, aber da ich nicht weiß, wie hoch Kuala Lumpur liegt, kann ich nicht abschätzen, welche Kleidung für diesen Trip optimal ist. Trotzig entschließe ich mich für Flip-Flops, T-Shirt und kurze Hose und bin schon bald zufrieden mit meiner Wahl: Auf unglaublich „frostige“ 21 °C fällt das Thermometer unseres allradgetriebenen Sportvehikels auf den Gipfeln dieser Berge, was die Malaysier, Chinesen und was hier noch so alles touristisch kreucht und fleucht, zwingt, sich in Schal, Mütze und Handschuhe (!) zu mummeln. Zugegeben: Der Sprung von 34 °C auf 21 °C ist bedeutsam – was mich zu der Vermutung bringt, dass Kuala Lumpur auf 200 Metern liegen dürfte –, aber noch bedeutsamer finde ich, dass die Familie meiner Schwester und ich ob unserer sommerlichen Kleidung von den kleinwüchsigen Eingeborenen und Touristen begutachtet werden, als wären wir unangemessen gekleidet. Obligatorisch somit mein Eintrag im Gästebuch der ansonsten sehr netten Boh-Teeplantage: „Über 12 °C trägt der Germane Flip-Flops, ihr Lappen!“ Ich vertraue darauf, dass vor Ort niemand unsere Sprache spricht.

Aber kommen wir noch einmal zu der vierstündigen Anreise bis zur Teeplantage, denn bekanntlich lernt man auf dem Weg am meisten über Land und Leute.

Lektion 1: Malaysia hat ein Schläfer-Problem. In Deutschland würde diese Erkenntnis (Schläfer? malaysische Muslime!) unmittelbar den Verfassungsschutz auf den Plan rufen. In diesem wunderschönen Land ist es allerdings Usus, sich, wenn die Siesta ruft, am Straßenrand direkt von seinem Moped zu einem kleinen Nickerchen ins Gras fallen zu lassen. Und so liegen allenthalben kleine Malaysier hinter Büschen und Hecken, um sich von ihrem Tagwerk zu erholen, während Jan an ihnen vorbeifährt und sich kopfschüttelnd denkt, dass es mit der Arbeitsmoral hier nicht so weit her sein kann – oder machen diese Menschen gar alles richtig und wir in Deutschland einiges falsch?

Lektion 2: Malaysia leidet nicht unter Nahrungsmittelknappheit. Geschätzt alle 800 Meter findet sich an den Landstraßen ein Stand, an dem unterschiedlichste Dschungelfrüchte angeboten werden. Meine Schwester, ihres Zeichens Frucht- und Nahrungsmittelguide, kennt sie fast alle, und die Vielfalt der feilgebotenen Früchte erscheint mir nahezu grenzenlos. Es gibt derart viele Formen, Farben und Geschmäcker zu bestaunen, dass ich mir unmöglich sämtliche Namen merken kann und mir stattdessen mit Spitznamen und Eselsbrücken zu helfen versuche. Meine drei Favoriten sind die von mir nach Form, Geruch, Geschmack oder Aussehen benannte Kack-, die Ei- und die Klitorisfrucht. Neben diesen exotischen Früchten gibt es am Straßenrand unterschiedliche Säfte, Benzinsorten und geflochtene Behältnisse, und so kann ich jetzt mit Fug und Recht behaupten, mir in den Cameron Highlands einen Korb geholt zu haben – mithin eine meiner Leidenschaften.

Lektion 3: Malaysia hat mir meine Idee geklaut, denn inmitten der Stände finde ich ein weiteres echtes Highlight: endlich vernünftige Lutscher! Leberwurst-Eis oder Mett-Lolli gefällig? In Malaysia gibt es sie schon. Gern genommen: der Chickenlolli,

Marke Feuersturm, der hier „Satay" heißt. Nach Weglutschen des Hühner-Lollis fühlt sich mein Mund an, als hätte jemand darin eine Handgranate gezündet. Egal. Trotzdem geil!

Lektion 4: Malaysische Ampeln sind anders. Zunächst einmal: Das heiße und feuchte tropische Klima in Kombination mit der hügeligen Geografie haben zur Folge, dass Straßen häufig unterspült, durch Steinschläge zerstört oder durch Erdrutsche blockiert sind. Deshalb wird in Malaysia ständig überall gebaut, und da die Reparatur zwangsläufig mit vorübergehenden Sperrungen von Straßen(teilen) einhergeht, übernehmen das Regeln der Verkehrsführung von Zeit zu Zeit mobile Ampeln. Mangels Finanzen oder geeigneter Technologie setzt man hier in Malaysia auf speziell dafür ausgebildete Menschen, die den Verkehr mit einer roten und einer grünen Flagge in der Hand regeln.

Malaysische Ampel im Stress

Zu meinem persönlichen Bedauern fehlt ihnen die orangene Flagge, die man der Ampel an sich an einen Fuß binden könnte (sie muss ja nicht so lange gehoben werden), denn ehrlich gesagt ist die orangene Farbe erst die, die den Spaß auf jede Kreuzung bringt. Verständigen tun sich die Ampeln durch lautes Zurufen oder – bei der neuesten Ampelgeneration – via Fernquäke. Letztere lässt sich durch permanentes Hupen (auch die Hupen werden in Malaysia gern und oft genutzt) in ihrer Funktion stören und führt somit bei entsprechender Fehlfunktion zu putzigen Szenen auf den einspurigen Straßen.

Außerdem entdecke ich in einem verschlafenen Bergdorf der Highlands eine erstaunliche Wandmalerei – ein Hakenkreuz. Meine Frage, ob die deutschen Geschichtsbücher falsch sind, die Wehrmacht 1943 doch weiter als bis kurz vor Moskau gekommen ist und die Einheimischen einfach vergessen haben, die entsprechenden Zeichen zu beseitigen, wurde von meiner Reiseleitung verneint. Angeblich handelt es sich bei den malaysischen Hakenkreuzen um ein hinduistisches Zeichen für Glück, das an unterschiedlichen Orten bereits für diverse Bedeutungen verwendet wurde: Auf der einen Seite ein Zeichen für Glück – auf der anderen das Symbol für Deutschlands dunkelstes Kapitel.

Essen für die Longnose

Dezember in Jahr 1, oder Monat 22 nach dem Zusammenbruch

Meine euphorische Vermutung hinsichtlich der neu gewonnenen Stressresistenz war ein Trugschluss. Kaum kehrt wieder etwas Ruhe ein, melden Körper und Seele sich vehement zurück, und ich zahle den Preis für die Überlastung der Vorwochen: Panik- und Angstattacken gepaart mit Unruhezuständen, Durchfall und massiven Einschlafproblemen. Ich könnte auch sagen: das Übliche halt. Was mir hilft? Meine verständnisvolle Schwester, viel Zuspruch via Mail und Skype, Beruhigungs- und Einschlaftabletten aus der Reiseapotheke, das warme Klima und das eiserne Umsetzen der mit meiner Therapeutin entwickelten Maßnahmen zur Rückfallprophylaxe: moderater Sport, konkret: Fitnessstudio, und 1.200 Meter Schwimmen pro Tag. Auch das Niederschreiben meiner Erlebnisse und das positive Feedback darauf in meinem Reiseblog machen mir – und das ist eine neue Erfahrung – sehr viel Freude. Ich empfinde so etwas wie Glück darüber, dass anderen das Lesen meiner Reiseartikel ebenso viel Freude bereitet, wie mir das Schreiben derselben.

Was mir nicht immer Freude bereitet, ist die malaysische Küche. Malaysia ist ein Schmelztiegel unglaublich vieler Völker und Religionen. Die 28.334.135 Einwohner teilen sich auf in 14.280.404 Malaysier, 6.715.190 Chinesen, 3.116.755 sogenannte indigene Völker, 2.011.724 Inder und 2.210.063 sonstige Einwohner (ob hierzu auch die menschlichen Ampeln zählen, konnte ich nicht in Erfahrung bringen). Unter diese „sonstigen Einwohner" fallen auf jeden Fall auch die sogenannten „Long Noses" – die weiße, im Wesentlichen europäisch-, amerikanisch- oder australischstämmige Minderheit. Unfreiwillig zähle ich nun auch zu diesen Langnasen, versuche jedoch trotzdem, in das Leben der Mehrheit einzutauchen oder zumindest daran teilzuhaben – dafür reist man ja schließlich. Und so starte ich meine Reise durch die malaysische Esskul-Tour an einem ganz besonderen Montag – einem Stadtteil-Feiertag. Was bedeutet: Mein Schwager hat frei (und kann mich begleiten), weil sein Stadtteil heute von der offiziellen Arbeit von Staats wegen befreit ist; der Rest von Kuala Lumpur darf arbeiten. Und ich hatte bislang gedacht, die deutsche Unsitte der nach Bundesland differierenden Ferien könne nicht getoppt werden. Was für ein Irrtum. Kurz stelle ich mir vor, dass die Einwohner von Hannover Linden doppelt so viele Feiertage und vor allem andere hätten als die Bürger von Vahrenwald, und frage mich, wer diese festlegen würde und unter welchen Kriterien. Wäre ich dafür verantwortlich, lägen meine Stadtteil-Feiertage jedenfalls immer auf einem Montag!

Jedenfalls beginnen wir mit einem späten Frühstück und dem obligatorischen malaysischen „Rupi" – einem geschmacksneutralen Fladen, der wie eine dickere Mischung aus Crêpes und Blätterteig daherkommt. Zum Kampf gegen die Geschmacksneutralität gibt es Sauce und Dip satt sowie frei wählbare Zutaten wie Huhn oder andere leckere Fleischköstlichkeiten. Fleisch zum Frühstück, das ist genau nach meinem Geschmack, und meine Stimmung steigt, schlägt jedoch schnell in nacktes Entsetzen um, als sich das erste Stück in Sauce getränktes „Rupi" langsam auf den Weg Richtung Magen macht. Gleißendes Feuer breitet sich in meinem Rachen aus, und erst als der erste Bissen den geschmacksnervenfreien Raum erreicht, entspannt sich mein Körper ein wenig. Fazit: Fleisch am Morgen: Super! Geschmack: Keine Ahnung – es brennt fast bis zum Abendessen durch.

Das „leichte" Frühstück ist allerdings nichts im Vergleich zu dem, was mich am Abend erwartet. In einem schicken Restaurant, gleich neben einer weihnachtskitschschmuckglitzernden Shopping-Mall, wird zunächst etwas Reis auf einem Bananenblatt serviert. Natürlich – wie es sich in Malaysia gehört – zuerst den Männern, danach den Frauen und dann den Kids. Der Kellner mit Namen Kami hält mir den Topf mit der roten Sauce unter meine Longnose, und ich erinnere mich an den eindringlichen Rat meiner Schwester: für europäische Gaumen nur weiße Sauce. Da ich vor Kami nicht als Schwächling dastehen und außerdem die Kultur meines Gastlandes in mich aufnehmen möchte, bin ich zumindest mittelkonsequent und entscheide mich für die hellrote Sauce. Laut Aussage von Kami und meiner Schwester ist das die „mittelscharfe" Variante und somit ein guter Kompromiss zwischen Ehrgeiz und Vernunft. Später erst verstehe ich, dass es in der malaysischen Küche nur die Unterscheidung zwischen „longnose scharf" (dem Äquivalent zu Tabasco oder einem feurigen Chili-Cheese-Burger), „brutal scharf" und „menschenverachtend scharf" gibt. Mit Hellrot habe ich „brutal scharf" gewählt und lerne schnell, was das bedeutet. Zu dem in „brutal scharf"-Sauce getränkten Reis kommen noch drei Sorten Hecke – Beiwerk wie Gurken und Tomaten, welches ich schon in Deutschland verachte und gerne links liegen lasse – sowie dreierlei Sorten Fleisch: Calamari, Huhn im roten Frittiermantel und Sojasauce-Chicken. Frei nach dem Motto „Das Beste (= Fleisch) zum Schluss" beginne ich mit dem Reis, und schon der erste Mund voll verlangt mir nervlich fast alles ab, und nach dem dritten Löffel schlage ich in meinem Dictionary nach, was Asbestpappe im Englischen heißt. Diese brauche ich nämlich jetzt für das, was mal die Speiseröhre war. In meiner Verzweiflung wende ich mich dem Fisch zu. Ja, es sieht aus wie Calamari, auch die Konsistenz stimmt, aber der Geschmack ist unbeschreiblich – es schmeckt eher, wie wenn Igel am Gaumen vorbei direkt in den Magen kriechen, rückwärts versteht sich! Durch einen Schleier aus Tränen und Schweiß versuche ich mein Getränk zu finden. Zum Glück ist Kami zur Stelle und reicht mir grinsend den „Plain Lassi" – ein Getränk ähnlich der deutschen Buttermilch, nur mit etwas Fruchtgeschmack und in meiner Situation eine echte Wohltat für den Rachen oder das, was davon übrig ist. Nur leider viel zu wenig. Mein Versuch, bei Kami mehr Lassi zu ordern, endet in dem abgehackten Krächzen einer angeschossenen Krähe. Meine Schwester übernimmt mit einem wissenden Schmunzeln, und während Kami eilfertig von dannen zieht, suche ich Linderung beim nächsten Gericht: dem Soja-Huhn! Vorsichtig geworden nehme ich nur ein kleines Stück vom Rand, und das zarte Huhn schlängelt sauber eingeölt an der Kraterlandschaft in meinem Rachen vorbei. Essen, das nicht den Tatbestand der Körperverletzung erfüllt – eine Wohltat! Und weil viel bekanntlich viel hilft, schlinge ich beherzt weiter. Blöd nur, dass das erste Stück anscheinend ein Filetstück war, denn im zweiten Brocken verbergen sich genug Knochen für ein komplexes Mobile. Sie reißen schlimme Wunden in das, was der räudige Fisch und die Feuersauce noch heil gelassen haben. Unter Tränen und lauten (deutschen) Flüchen greife ich zum Chicken im roten Mantel – und lerne schmerzlich, dass alles Bisherige lächerlich mild im Vergleich zu diesem Phosphor-Huhn ist. Schlagartig erklärt sich mir, warum die Malaysier ihr Essen auf Bananenblättern servieren: Neben dem Deko-Effekt kann man es kauen (zumindest die Ecken, die noch nicht von Sauce kontaminiert sind) und auf lindernde Wirkung hoffen; außerdem dämpft es den Aufschlag des Kopfes auf der Tischplatte, wenn der Kreislauf den Dienst quittiert, und bei ganz perversen Schärfefanatikern (also 14.280.404 Malaysiern) trägt das imprägnierte Blatt das Feuer auch an andere, außenwändige Stellen des geschundenen Körpers. Ich jedenfalls atme freiwillig die gesamte Hecke weg – egal ob Gurke oder Tomate,

Hauptsache, es kühlt. Jetzt verstehe ich auch, warum man im asiatischen Raum Handduschen statt Klopapier verwendet – und was meine Schwester meinte, als sie berichtete, dass aus öffentlichen Toilettenkabinen (wie in Kaufhäusern) manchmal Kühlungswasserdampf aufsteigt.

Der Tag des Manny

Dezember in Jahr 1, oder Monat 22 nach dem Zusammenbruch

Der Aufenthalt im Haushalt meiner Schwester bietet mir neben einem weichen Einstieg in das Reiseleben erstaunlich viele Erkenntnisse und reichlich Kurzweil. Aber auch für meine Schwester und ihre Familie bietet der neue Mitbewohner etliche Vorteile: Ich lasse mich im Squash besiegen, sorge für Unterhaltung oder widme mich meiner Kernaufgabe – der Betreuung der Kids. Die Kleine ist noch kein Jahr alt, mein Patenkind wird bald drei, und was für Eltern ein Klacks ist, verlangt mir einiges ab. Meinem Stolz tut das keinen Abbruch: Seit gestern bin ich offizieller Manny!

In jedem Longnose-Haushalt, der mit Kindern gesegnet ist, halten sich die Familienoberhäupter sogenannte „Maids" oder „Nannys". Zu 99,9 Prozent sind diese weiblich – jetzt bin ich da und zerstöre das Geschlechtsmonopol. Naja, ein Stück weit greife ich auch in das Herkunftsmonopol ein, denn alle anderen Nannys stammen von den Philippinen. Jedenfalls macht man (in diesem Falle frau) aus der „Maid", der „Nanny" und dem „Male" ein „Manny". Toll! Der erste Auftritt des Mannys im Music Garden hat meinem Berufsstand jedenfalls noch nicht zum Ruhm gereicht. Meine Multitasking-Fähigkeiten sind zumindest in der Kombination „Kinderlieder singen" und „Hula-Hoop" noch stark ausbaufähig. Aber meine Schwester hat sich davon nicht ins Bockshorn jagen lassen, und nun steht der erste Außeneinsatz in Eigenverantwortung an. Der Manny ganz allein mit dem Patenkind für sechs Stunden! Auf der Agenda: Pool mit Planschen zuzüglich Schwimmunterricht, Mittagessen und anschließend die Paradedisziplin: Mittagsschlaf.

Das Poolprojekt läuft noch halbwegs gesittet ab: Kleid aus (damit habe ich bei den größeren Exemplaren zumindest ein bisschen Erfahrung gesammelt), Badehose an (damit kenne ich mich sehr gut aus), reichhaltig eincremen (vergesse ich bei mir selbst gerne), Mütze auf den Kinderkopf und rein ins Babybecken. Dann entspannt lesen und immer mal wieder einen Blick Richtung Pool werfen, während die Kids sich austoben. Soweit zumindest mein Plan. Die Wirklichkeit sieht anders aus: Die ältere Madame nutzt gern Spielzeug anderer Kinder und hat zudem (wie fast alle erwachsenen Frauen auch) einen ausgeprägten Hang zu Schuhen. Wo auch immer Flip-Flops herumstehen – die kleine Rakete findet sie, zieht sie an und trägt sie stolz und mit wackelnden Hüften auf dem imaginären Catwalk um den Pool. Also muss der Manny – in Personalunion auch ihr persönlicher Lakai – hinterher, um mit freundlichen Engelszungen um die Herausgabe des Schuhwerkes zu bitten. Weil diese in der Regel nicht wirken, drohe ich bald darauf mit Abbau des Catwalks und Verlegung des Bespaßungsortes in die Wohnung. Letzteres wirkt, und so darf Manny den jeweiligen Besitzern die Treter unter zahlreichen augenklimpernden Beteuerungen der Zaubernichte – „Das mach ich auch nieeeeee wieder! Versprochen! Echt wahr!" – zurückbringen.

Nachdem Madame ausgebadet, ausgecatwalked und zu Ende geplanscht hat, geht es gut gelaunt auf den Kinderspielplatz. Neben den halsbrecherisch aussehenden Klettergerüsten gibt es dort Rutschen, Wippen, Schaukeln und Stangen, und sie alle darf man als Aufsichtsperson im Auge behalten. An Lesen und Relaxen ist nun überhaupt nicht mehr zu denken, und wenn es nach der Patentochter geht, hat auch der Manny jede einzelne Rutsche selbst auszuprobieren. Die erste schwankt bedenklich, die nächste besteht aus einer Röhre: Prinzesschen vorweg, Manny hinterher, und kurz darauf fühle ich mich wie mein Namenspatron aus Ice Age: Manny, das Mammut, bleibt nämlich auf halber Strecke in der Rutsche stecken und starrt verzweifelt an die Decke der roten Röhre. Abartige Verrenkungen meines Kopfes zeigen mir, dass es bis zum oberen Ende der Rutsche nur etwa ein Meter ist und meine Füße daher vermutlich schon unten herausgucken. Aber das hilft mir auch nicht weiter, und so winkele ich die Knie weitestmöglich an (also gut 30 cm) und versuche, mich wie ein gut genährter Aal nach oben zu schieben. Währenddessen hoffe ich inständig, dass mich kein Erwachsener beobachtet, denn zum einen sind maximale Beschaffenheit und Größe der Nutzer in den „rules and regulations" des Spielplatzes klar geregelt und zum anderen will ich keiner Nanny die Möglichkeit geben, über männliche Berufskollegen zu lästern. Begleitet von hellem Kindergelächter schaffte ich es endlich aus der Röhre, da präsentiert mir die Nichte schon die nächste Aufgabe: Wippen. Ha, denke ich – das wird ein Kinderspiel. Die Wippen hier haben außerdem Federn, da wippt es sich doch sicherlich fast wie von selbst. Voller Enthusiasmus schwinge ich mich in den Sitz – und halte inne. Dieser Schalensitz ist für Kinder oder bestenfalls deren Nannys entwickelt, nicht aber für Mannys mit nach außen gerichteten primären Geschlechtsmerkmalen, denen nur die Wahl zwischen Auf-den-Rand-Legen oder Einklemmen bleibt. Ich entscheide mich für Ersteres und sitze kurz darauf unmöglich verrenkt, mit maximal weit gespreizten Beinen und nach hinten gelehntem Oberkörper mehr auf als in dem Minisitz. Während ich über Geburtsstellungen nachdenke, fragt mich tatsächlich eine helle Stimme aus dem Off: „Bekommen Sie gerade ein Kind?" Eigentlich will ich der netten und adretten Kollegin erklären, dass man das als Mann nicht kann und die (vermutlichen männlichen) Ingenieure dieser Wippen mal an ihresgleichen hätten denken sollen, aber dann denke ich an mein (noch) miserables Englisch, nuschele meinem Patenkind stattdessen ein „Mäuschen, wir gehen jetzt essen" zu und schleiche mich beschämt von diesem Schandplatz.

Das Mittagessen hält eine sehr angenehme Überraschung für mich parat: Ich kann guten Gewissens für das Patenkind und mich das bestellen, was ich (neben Fleisch) ohnehin am liebsten mag: Pommes, Spaghetti oder hier „Fried Mee" – gebratene Nudeln. Und weil der Kindermagen schnell an seine Kapazitätsgrenzen stößt, wird Manny auch rundum satt. Nur als die Nichte nach beendeter Nahrungsmittelschlacht „Onkel Nanni, bist du schwanger?" fragt (sie hat noch gewisse Probleme mit dem „J" und bekommt ein „Janni" nicht heraus), wird mir etwas blümerant zumute. Schließlich sagen Betrunkene und Kinder immer die Wahrheit, und außerdem höre ich etwas in der Art nun binnen einer Stunde schon zum zweiten Mal.

Bleibt noch die Paradedisziplin: Mittagsschlaf! Ein schwieriges Unterfangen, wenn das Kind eine Grundsatzaversion gegen selbigen hat, ohnedies nicht müde und der anwesende Onkel keine primäre Bezugsperson ist. Die eigentliche Bezugsperson weilt ja schließlich derweil beim Shoppen und lässt sich den Espresso schmecken. „Kinderlieder singen", war der Ratschlag meiner Schwester – zu dumm, dass meine Aufmerksamkeit im Musikgarden eher den Kolleginnen als den gesungenen (englischen) Liedern gegolten hat. Und so liege ich liederlos neben dem aufgedrehten Kind und improvisiere Altbekanntes in drei Oktaven höher: „Jaggijaggijaggijaggijoooo, BVB, Hurensööööhne!", säusele ich, und das Nichtchen hört aufmerksam zu: „Duhuuu, Nanni: Was ist Hurensöööööhne?" Okay, der Versuch ist gescheitert. Alternativ versuche ich es mit dem Donaulied, und dann kommt mir noch eine zweideutige Weise aus Süddeutschland in den Sinn. Das funktioniert schon deutlich besser. Nach der vierten Strophe fange ich wieder von vorne an, um der Zaubernichte die pornografische Offenheit ohne Jugendschutzfreigabe ab Strophe fünf zu ersparen. Stattdessen säusele ich die Kleene schließlich mit einem Medley aus deutscher Nationalhymne und Niedersachsenlied ins Land der Träume und schlafe vor lauter Erschöpfung gleich selbst mit ein.

Pure Singapore

Dezember in Jahr 1, oder Monat 22 nach dem Zusammenbruch

Auf geht's, nach Singapur. Nach einem unchristlich frühen Weckerklingeln um 6:36 fahre ich mit dem Siemens-Werkstaxi, das mir mein Schwager als sehr zuverlässig beschrieben hat, zum Flughafen Subang. Für die Fahrt zahle ich 25 Euro, was für die eher kurze Strecke in Malaysia eine ganze Stange Geld ist, aber was will man machen: Wie vielerorts auf der Welt passt sich auch der dienstleistende Malaysier dem Gehaltsniveau seiner Auftraggeber an. Nur eben meinem nicht, denn das ist ja seit Monatsfrist gleich null. Vom Stadtflughafen Kuala Lumpur geht es mit der malaysischen Billig-Airline Firefly nach Singapur, hin und zurück für knappe 100 Euro. Ein guter Deal, wie ich finde – bis ich nach einem umständlichen Check-in und dem anschließenden Boarding meinen Sitz in der Propellermaschine entdecke. Firefly wirbt mit „Your Community Airline" – was das bedeutet, verrät mir der Sitzabstand. Die community ist nämlich die Gemeinschaft der kleinwüchsigen Asiaten und Beinamputierten. Ich versuche alle möglichen Beinstellungen, um irgendwie in den Sitz zu kommen. Variante 1: der Schenkelspreizer, der mich sehr an die Geburtsstellung auf der Wippe erinnert. Dabei klemme ich das linke Bein zwischen Sitz und ranzige Bordwand, das rechte ragt bis zur Mitte des Nachbarsitzes. 2: die unmögliche Tuntenposition: Beine eng parallel Richtung Boardwand und Zähne zusammenbeißen, um den Druckschmerz im rechten Knie auszuhalten. Variante 3: der unmögliche Erhabene. Beine leicht gespreizt, aber im eigenen Sitzeinflussbereich. Da diese Position nur möglich ist, wenn das Gesäß die Sitzfläche um mindestens zehn Zentimeter verlässt, überblickt man den ganzen Innenraum und fängt aufgrund der notwendigen

Muskelspannung in den Oberschenkeln spätestens nach fünf Minuten furchtbar an zu schwitzen. Leider erscheint kurz vor Abflug mein Sitznachbar, und mir bleiben nur Varianten 2 oder 3. Man glaubt gar nicht, wie lang 70 Minuten werden können.

In Singapur angekommen, erkenne ich sehr schnell, dass meine geplante Ankunftszeit an der Unterkunft ob der Entfernung dorthin nicht zu halten ist. Ich bin aber nach der Preiserfahrung in Kuala Lumpur zu geizig für ein Taxi. Mit etwas Fragerei und Trial-and-Error sitze ich daher nach rund 45 Minuten in der topmodernen U-Bahn Richtung Singapur City und lerne: In Singapur haben 100 Prozent der Bevölkerung ein Smartphone, und 100 Prozent nutzen dieses auch in der Bahn. Die meisten dieser Elektronikjunkies verwenden die ursprünglich als Telefone konzipierten Geräte für lustige Spiele, wobei der Ton natürlich auf maximales Volumen geschaltet ist. Ich komme mir vor wie in einer fahrenden Spielhalle – überall klingelt, piept und blinkt es, und allenthalben tönen unterdrückte Jubelschreie durch die Bahn, wenn wieder irgendein Level in einem asiatischen Videospiel geschafft ist. Ein Vorteil hat das Ganze allerdings: Die Leute sind beschäftigt, und ich kann mir in Ruhe die Menschen anschauen, ohne als allzu neugierig zu gelten. Dabei fällt mir erneut auf: Flirten will (oder darf) in Asien niemand. Auf der anderen Seite rettet mich das auch prophylaktisch vor peinlichen Situationen, denn es ist mir schlichtweg unmöglich, das Alter von Asiatinnen zu erahnen. Ob diese 15, 25 oder 35 sind – ich weiß es einfach nicht. Im Grunde ist es also egal, dass sie nicht mit mir reden, sondern lieber Mario Kart oder Solitär spielen wollen. Und wer weiß, ob Asiaten überhaupt in Kontakt mit so einer Longnose wie mir treten wollen? Ich möchte in Deutschland ja auch nicht unbedingt auf dem Weg zur Arbeit von wem-auch-immer vollgeblubbert werden. Zudem ist mein Rede- und Knutschbedürfnis nach einer knappen Woche Asien auch noch wenig ausgeprägt, und so hält sich die Trauer über mein Außenseitertum vorerst in engen Grenzen. Den Gedanken daran, wie ich wohl in ein paar Monaten zu dieser Sache stehen werde, verfolge ich am besten nicht weiter, tue es aber doch und verpasse so fast meinen Ausstieg. Da meine Gastgeberin erst gegen 18 Uhr nach Hause kommt, widme ich mich zunächst der Stadterkundung, was sich als ein famoser Plan erweist, denn Singapur ist in der Tat eine gewaltige, pulsierende Stadt mit einem irren Mix aus nahezu allen Kulturkreisen. Nach einem Erkundungsgang um Raffles Place schlenderte ich entlang des Singapore Rivers, folge der Promenade den Fluss entlang und halte Ausschau nach einem schicken Restaurant – und plötzlich trifft mich der Schlag. Es gibt ein Hooters in Singapur! Hooters, das steht weltweit für durchschnittliche amerikanische Küche und äußerst attraktive Bedienungen in knapper, figurbetonter Arbeitskleidung. Das Schonen des Budgets ist vergessen. Kurz darauf bestelle ich einen Salat und ein kühles Bier bei der heißesten Asiatin, die mir je unter die Augen getreten ist. Sie bestätigt meine Bestellung und fragt danach: „A mug, a hug, or a jug?" Vermutlich geht es um die Größe des Kaltgetränkes. Auf der andren Seite … ist „a hug" nicht eine Umarmung? Ja, die hätte ich gern, und zwar genau von ihr, denn mein Redebedürfnis ist in den letzten Minuten ungemein gestiegen. Mit einem Seufzen schicke ich meine Interpretationskünste ins Land der Legenden und bestelle schlicht „the larger one", das Größere. Kurz darauf stehen amtliche 1,8 Liter feinsten Pilses vor mir auf dem Tisch, und ich weiß nicht, ob ich mich jetzt freuen soll oder doch die Skepsis überwiegt, denn schließlich ist es ja erst Mittag. Egal – wir Deutschen haben bekanntlich einen Ruf zu verlieren, und bis zu dem geplanten Treffen mit meiner ehemaligen Kommilitonin um 18 Uhr ist es ja noch ein bisschen hin.

Nachdem der Eimer halb geleert ist, werfe ich einen Blick in die Karte – es gibt da gar keine Hugs! War die Frage der heißen Bedienung am Ende wirklich ernst gemeint? Nach kurzem Überlegen beschließe ich, die Klärung dieses Verdachtes noch 0,8 Liter Bier zurückzustellen – und als die Zeit reif ist, stelle ich fest, dass die Angebetete nicht mehr vor Ort ist. Jetzt schon Schichtwechsel? Ärgerlich, aber zwangsläufig egal. Ich bezahle und besteige das nächste Boot, um an einer Fluss- und Hafenkreuzfahrt teilzunehmen. Meine Herren, wie das hier schaukelt! Bis ich merke, dass das Schaukeln eher mir als dem Boot zu verdanken ist, vergehen 20 Minuten. Egal – es gibt ja eine Menge zu sehen.

Danach: Clarke Quay, Marina, City Hall – und Chinatown. Das soll meine letzte Station für heute sein, danach will ich zu meiner Unterkunft fahren. Gegen 16:30 Uhr tauche ich in das Gewimmel der unzähligen Gassen dieses pulsierenden Stadtteils ein. Je tiefer ich mich hineinwage, desto mehr fühle ich mich als Bestandteil desselben, und die Anzahl offensichtlicher Touristen nimmt immer weiter ab. Nach gut 20 Minuten Spaziergang habe ich mich auf jeden Fall rettungslos verlaufen und weiß noch nicht einmal, ob ich mich nun im Herzen von Chinatown oder an dessen Rand befinde. Irgendwann stehe ich auf einmal zwischen einem großen buddhistischen Tempel und der mächtigen Chinahall. Auf dem kleinen Platz dazwischen tobt das pralle Leben: Kinder spielen zwischen älteren Chinesen, die sich wiederum mit Brett- oder anderen Spielen verlustieren und sich vermutlich auf das kommende Wochenende freuen. In der Chinahall selbst gibt es eine komplette Etage nur mit Restaurants – hier bin ich als Europäer wirklich völlig allein unter Tausenden von Chinesen, und ich suche mir eine Sitzgelegenheit mit Blick auf den Vorplatz. Mein Hinterteil hat seinen Sitz noch nicht erreicht, da fragt mich die erste Kellnerin, ob ich nicht ein Bier möchte. „Dich schickt der Himmel, mein Kind", antworte ich auf Deutsch und merke erst jetzt, wie durstig ich schon wieder bin. Also noch mal von vorne: „Yes, please." Dose oder Flasche, will sie wissen, und ich bin empört: Wer trinkt denn freiwillig die Gerstenkaltschale aus dem Blech?

Keine Minute später steht eine 0,75-Liter-Flasche vor mir, und ich habe ein Déjà-vu vom Mittag dieses Tages. Nur dass die jetzige Kellnerin nicht so schön ist wie die letzte, aber das kann bei der Flaschengröße ja noch werden.

Während der Inhalt der ersten Gläser meiner staubigen Kehle schmeichelt, inspiziere ich meine Umgebung erstmals genauer: Um mich herum sitzen, stehen und wuseln Hunderte von Chinesen, die sich intensiv dem Bierkonsum zuwenden. Ich erspähe sogar Biereimer, erstaunlicherweise macht deutsches Becks die Runde, und das alles mitten in Chinatown! Ich bin begeistert. Nachdem die zweite Flasche bestellt ist, kommt auch mein Tischpartner, dessen abgestellte Biergarnitur ich bei meiner Platzwahl einfach ignoriert habe. Mr. Richard Xiang ist geborener Singapurer und darauf auch mächtig stolz. Des Weiteren ist er 76 Jahre alt, hat keine Zähne mehr und ist ziemlich gut gelaunt. Ich auch. Wir stellen fest, dass wir beide Junggesellen sind, und bestellen auf diese Erkenntnis, die uns beiden in diesem Moment sehr recht ist, jeweils eine weitere Bottle. Das Gespräch wogt in gebrochenem Englisch und mit Hand-und-Fuß-Gestik zwischen Frauen, Bier und Singapur hin und her, und wir amüsieren uns köstlich, wobei wir in unserem wilden Dialog immer wieder von der Bedienung unterbrochen werden. Man braucht nämlich nur zwei Schlücke aus seinem Glas getrunken zu haben, und schon kommen die dienstbeflissenen Kellnerinnen und schenken nach oder füllen Eiswürfel in die Gläser. Ich erfahre von Mr. Xiang, dass die Kellnerinnen alle selbstständig sind und dass die daraus resultierende Wettbewerbsdichte in Kombination mit variablen Gehältern der Betroffenen zu einer erheblichen Dienstleistungsquote führt – die Bestellungen flutschen einfach nur so. Eine gute Idee für die Heimat. Zudem trinken lieb gewonnene Kellnerinnen fleißig mit: Dazu wird zu jedem Glas, welches man zu seiner Flasche als Besteller bekommt und das in etwa 0,25 Liter Biersuppe fasst, ein 0,1-Liter-Glas gestellt. Immer wenn man ein neues Fläschchen ordert, trinkt die Thekeneule ihr frisch gefülltes Gläschen aus. Ein anspruchsvoller Job bei einer Acht-Stunden-Schicht! Nach der dritten Flasche gegen 18 Uhr 30 mache ich mir langsam Sorgen. Sarah (so heißt meine zukünftige Gastgeberin und ehemalige Kommilitonin) hat mich via SMS informiert, dass heute Abend noch ein sogenanntes „InterNations" stattfindet, zu dem ich sie begleiten möge – eine Networking-Veranstaltung in einer exquisiten Lokation direkt an der Marina Singapurs also. Ich unterrichte sie ebenfalls per SMS, dass ich ihr mit meinem Rucksack auf dem Rücken, der Trekkinghose und den Wassersportschuhen aus dem Globetrotter-Shop an meinen Füßen bestimmt nicht zum Vorteil gereiche, aber ihr ist das egal. Mir mittlerweile auch. Nach dem vierten Bierchen frage ich nach, ob ich vor dem InterNations zu ihr komme oder sie mich gleich abholt. Sie entscheidet sich für Letzteres, und so entschließe ich mich, das Biertempo zu reduzieren und einfach mein Leben mit Richard Xiang und Peach – das ist nämlich meine tolle Kellnerin – zu genießen. Allerdings klappt das mit der Reduktion schon wegen Peach und ihrer ständigen Nachschenkerei nicht. Nach dem fünften Riesenbier stelle ich fest, dass auch die Chinesen den polnischen Abgang beherrschen, und so wird unverhofft aus dem ehrwürdigen asiatisch-europäischen Junggesellentisch ein Singletisch. „Gut", denke ich – ich kann dann wenigstens einfach abhauen, ohne als europäischer Am-Glas-Nipper bezeichnet zu werden, und habe meinen ersten Chinesen konfirmiert (sprich: nach Hause ins Bett geschickt). Aber schon wieder weit gefehlt. Peach setzt sich nämlich einfach zu mir und berichtet nach etwas Small Talk, dass sie nach dem Modedesign-Studium in einer chinesischen Stadt, deren Name mir aus unerfindlichen Gründen entfallen ist, vor einer Woche mit der Hoffnung auf ein besseres Leben nach Singapur gekommen ist. Derzeit lebt sie mit vier weiteren Mädels in einem Zehn-Quadratmeter-Zimmer, und dies hier ist ihr erster Job. Nun sitzt sie mit mir auf einem Plastikstuhl an einem Plastiktisch mitten in Chinatown, schildert mir ihr bisheriges Leben und schwärmt von einer hoffnungsvollen Zukunft in echter Freiheit. Sie hat – wohl aufgrund ihrer vielen Erzählerei und der ihrer Meinung nach unbefriedigenden aktuellen Gesamtsituation – Durst. Also bestelle ich bei ihr und für uns noch Chang-Bier. Nach dem sechsten Fläschchen – ich nähere mich bedenklich der Fünf-Liter-Marke – mache ich mir echte Sorgen wegen der InterNations-Veranstaltung.

Meine Bedenken werden via SMS ignoriert: „Du wolltest doch das Leben hier kennenlernen – ich bin in 20 Minuten da“, schreibt Sarah.

Ich sage dazu nichts, beschließe, meine Erlebnisse und die Getränke erst mal für mich zu behalten, bestelle ein Abschlussbier für Peach und mich und überlege sie zu fragen, ob sich nicht Lust auf Knutschen hat. Da die Zeit drängt, verwerfe ich den Plan und laufe (wenn man das noch so nennen kann) nach einem warmen Abschied gut gelaunt zum vereinbarten Treffpunkt.

Ich bin Sarah dankbar, dass sie ist, wie Frauen nun mal sind – nämlich gern mal unpünktlich –, und so kann ich mich noch ein wenig bewegen und mir im wahrsten Sinne des Wortes etwas Bier aus den Rippen schwitzen. Das Wiedersehen mit Sarah nach rund fünf Jahren fällt toll und herzlich aus, und sie eröffnet mir sogleich, dass ihre Bekannten, die ebenfalls zur InterNations kommen, leider etwas verspätet sind. Außerdem wisse man Zeit in Singapur in jeder Lebenslage effektiv zu nutzen, weshalb wir beide erst einmal ordentlich für die Veranstaltung „vorglühen" sollen. Ich muss schlucken, aber Sarah fährt munter fort: Die Veranstaltung sei ohnehin ziemlich spießig – wie eigentlich vieles in Singapur. Währenddessen bestellt sie zwei Tigerbeer. Mir entfährt ein leichtes, aber offensichtlich gut hörbares „Oh verdammt, das wird hart!", was ich sofort mit vorgeschobener Müdigkeit rechtfertige.

Nach weiteren drei Flaschen Tigerbeer (zum Glück nur 0,33er) geht es ins Privé, ein nobles Restaurant bzw. Club direkt am Jachthafen. Zwischen Cocktailkleidern und Typen mit hochgestellten Kragen fühle ich mich mit meinen hässlichen Globetrotter-Boots und dem vollgeschwitzten Shirt leicht fehl am Platz – auf der anderen Seite ist es mir auch schon fast wieder egal. Nicht dass mir derlei Veranstaltungen aufgrund meines jetzt ruhenden Jobs fremd wären, aber ich gehöre hier in dem Moment einfach nicht hin – zur falschen Zeit am falschen Ort.

Leider oder auch zum Glück sieht man mir nicht an, dass ich alkoholtechnisch auf 120 bin, und so werde ich im Privé permanent von fremden Menschen angesprochen – alles viel zu anstrengend, und die Frage mit dem Knutschen traue ich mich unter all den adretten Yuppies nicht zu stellen. Wohl aufgrund meines „auffälligen" Outfits und weil ich augenscheinlich ein „Neuer" in der Gesellschaft bin, stehen immer irgendwelche Menschen um mich herum und stellen Fragen zu mir, meiner Reise und natürlich meinem Job. Anstrengend. Deshalb versuche ich, möglichst wenig zu reden, durch kurze, offene Fragen zu glänzen und auch diese Hürde des ersten Tages zu überstehen, was mir augenscheinlich ganz gut gelingt. Gegen halb 2 falle ich ins Bett und bin diesmal wirklich todmüde – und noch immer ziemlich betrunken. Und ziemlich guter Dinge. Wenn die nächsten Tage nicht ganz so anstrengend werden, wird das hier eine großartige Zeit.

Von Yuppies, Burkinis und Rochen

Dezember in Jahr 1, oder Monat 22 nach dem Zusammenbruch

Das Leben in Singapur pulsiert, wie ich es bislang in kaum einer anderen Stadt erlebt habe, und so begrabe ich meine Idee von umfangreicher Ruhe und Entspannung mit einem weinenden, vor allem aber einem lachenden Auge. Dieser Trip fühlt sich bereits jetzt an wie eine echte Bereicherung und absolut zielführend bei der Verwirklichung meiner Reiseziele, denn die Stadt ist durch ihre beeindruckende Vielfalt an Einwohnern, Nationalitäten und Lebensphilosophien zum einen unglaublich „farbenfroh", dabei aber dennoch sehr strukturiert und organisiert. Ein rundum spannender Eindruck in ein Panoptikum gänzlich andersgearteter Lebensentwürfe.

Nachdem ich bereits am ersten Tag den Sprung ins pralle Leben von SIN-City überlebt habe, beschäftige ich mich am darauffolgenden umfangreich mit Pool und den Sonnenliegen vor Sarahs Herberge, Einkaufen und – Glühweinpartyvorbereitung. Ja, tatsächlich, denn Sarah findet, dass ein Glühweinweihnachtsfest ihr persönlicher, kultureller Beitrag zur Multikultigesellschaft dieser Stadt sein sollte. Ich bin bei diesem Projekt der Völkerverständigung für den Posten des Tütenschleppers eingeteilt und darf im Anschluss das Glühweinzeremoniell begleiten. Ich bin rundum mittelmäßig gerührt.

Gegen 8 Uhr am Abend erscheinen die ersten Gäste (natürlich die deutschen), und gegen 9 ist Sarahs Apartment mit rund 20 Menschen unterschiedlichster Nationalitäten gerammelt voll. In Singapur scheint es bei Hauspartys gang und gäbe zu sein, dass der Gastgeber die Getränke stellt, die Gäste hingegen Essen (oder weitere Getränke) mitbringen, und zwar am besten solche aus ihrem Heimatland. Und so besteht die Speisefolge an diesem Abend aus (natürlich) sauscharfem indischen Tandoori-Chicken und Lebkuchen mit Sachertorte. Während ich also in der unklimatisierten Küche meinen Glühweintopf inklusive liebevoll gewürztem Inhalt hüte, verzehre ich bei einer Außentemperatur von tropischen 28 °C plus Gasherd- und Glühweinhitze indisches Feuerhuhn; hinuntergespült mit köchelndem Glühwein mit ordentlich Schuss. Nun begreife ich, wie sich meine Füße im Hockeyschuh nach dem Training fühlen müssen – bei mindestens 37 °C bei fast 100 Prozent Luftfeuchtigkeit und übelster olfaktorischer Belastung. Ein echter Albtraum, T-Shirt-Wechsel im Halbstundentakt und generell nichts, das ich kardiologisch angeschlagenen Menschen je empfehlen würde.

Gegen halb 10 besucht Gastgeberin Sarah mich in meinem Küchensud und gibt Anweisungen: Ich möge die Damen und Herren ein wenig „beschleunigen", die Stimmung müsse besser werden. Also installiere ich den Schuss für den Glühwein gleich im Hauptglühweintopf „vor", mische etwas mehr Zimt und Zucker unter, und kurz darauf werden die Unterhaltungen in Wohnzimmer, Bad und Küche (unfassbar: ab und an halten es Menschen trotz der Hitze in meiner Nähe aus!) entspannter und nicht nur mein Englisch flüssiger. Trotzdem geht es auch hier – von wohltuenden Ausnahmen abgesehen – wie schon beim InterNations-Meeting immer nur um Themen wie Job, Karriere und in welcher Stadt man demnächst leben wird. Da mich auf meiner Tour bestenfalls das letzte Thema interessiert, bin ich es in meiner Küche eigentlich ganz zufrieden – und dieser Umstand beschert mir den nächsten Wissenszugewinn im Bereich Kulturunterschiede. In Singapur ist es offenbar etwas vollkommen Neues und Bewegendes, einen Mann in der Küche zu sehen, weshalb auch immer wieder Besucher an meinen Herd kommen. Da diese schnell verstehen, dass man mit Job- und Karrierediskussionen bei mir gerade nicht landen kann, darf ich stattdessen Küchenfragen beantworten: Ob ich zu Hause auch am Herd stehe? Oder auch dort eine Schürze anziehe? Neben diesbezüglich interessierten Frauen finden auch Männer ihren Weg zu mir, sind allerdings eher an dem vorzüglichen Glühweinrezept interessiert. Ein gewisser Tim will zudem wissen, wie „real Germans" ihren Glühwein mit Schuss trinken. Als ich ihm – nicht ganz ernst gemeint – antworte, echte Deutsche tränken nicht Glühwein mit Schuss, sondern Schuss mit Glühwein, nimmt Tim meine Worte für bare Münze und will gleich probieren, wie sich das „Real German"-Sein in der Praxis anfühlt. Da man Gästen bekanntlich keinen Wunsch abschlägt, wird Tim etwas später von seiner sichtlich begeisterten Freundin zum Partyvollsten gewählt.

Ansonsten lerne ich an diesem Abend, dass Glühwein für eine Temperatur von > 30 °C nicht geeignet ist und dass der Name „Glühwein" aus dem Englischen stammt und schlicht schlecht übersetzt wurde: Das Original – Gluewine (glue = Kleber) – bildet die Realität deutlich besser ab.

Am Sonntag begleitet Sarah mich nach Sentosa Island, zu meinem ersten Strand- und Badetag in Singapur. Den Weg zu dieser überkommerzialisierten Halbinsel hätte ich ohne meine Gastgeberin sicher nicht gefunden, aber so schleust sie mich zielsicher dem Strand entgegen, und ich habe Zeit, mich umzusehen. So müssen wir etwa am Endhaltepunkt der U-Bahn durch eine Shopping-Mall, um zum nächsten Transportmittel (dem Sentosa Express) zu kommen, und ich staune: Obschon es Sonntag ist, strömen hier unglaubliche Massen meist schwarzhaariger Menschen aus und in Geschäfte. Nur selten ragen ein europäischer Kopf oder eine rote Zipfelmütze aus dem asiatischen Haarmeer, und überall stehen Asiaten vor den Geschäften an, um etwas zu kaufen. Für mich mit meiner Shopping-Aversion ist das unbegreiflich. Am Sentosa Express selbst überwachen Türsteher das gesittete Ein- und Aussteigen, oder sie wetten jedes Mal, wie viele Leute in diese Bimmelbahn passen – denn etwas anderes ist der Sentosa Express nicht. Auch hier staune ich über den Langmut der Menschen. Wäre auch ich rund 1,60 Meter groß, verfiele ich in dem Gedränge in Panik. Zum Glück bin ich es nicht und fühle mich stattdessen wie ein schwitzender Leuchtturm in einem wogenden, lärmenden, schwarzen Meer.

Sentosa selbst ist eine kleine Halbinsel, die irgendwelche Konzerne mit einer größtmöglichen Anzahl von Attraktionen bestückt haben. Am Rande der Insel finden wir dennoch etwas Strand und sogar einen Abschnitt, an dem nicht Weihnachtsmusik aus überdimensionierten Monolautsprechern plärrt, sondern entspannte Chillbeats. Begeistert stürze ich mich in Badehose und Wasser und ignoriere dabei nicht nur den Regen und die Tatsache, dass ich als Badender recht allein im Meer bin, sondern auch die unmittelbare Nähe zu einer wahren Tankerflottille, die vor dem Hafen von Singapur wartet und dabei wer-weiß-was ins Wasser leitet. Einzig ein Rudel Inder trübt meine Hochstimmung mit glucksenden Kommentaren über den Europäer, der dort glückselig vor sich hin planscht und sein Können im Wasserhandstand vertieft. Selbst unter dem Schleier eines Burkinis (die nicht wirklich wassertauglichen muslimischen Burkas) kichert es. Statt mich zu ärgern, erstehe ich kalte Erfrischungsgetränke im angrenzenden Beach-Club. Die neidischen Inder können mir gestohlen bleiben.

Zur Krönung dieses gelungenen Tages lade ich Sarah in ein echtes, einheimisches Restaurant ihrer Wahl ein, und sie entführt mich in den singapurischen Nahrungstempel überhaupt: Stand 53 im Newton Circus im Herzen der Stadt. Hier gibt es neben diversen Köstlichkeiten aus Neptuns Reich angeblich auch echte Rochen und das in einer Atmosphäre, die Longnoses wie ich nur selten zu sehen bekommen. Allein unter „Eingeborenen" quasi. Toll. Da ich zu mitunter menschenverachtenden Experimenten beim Essen neige, lasse ich Sarah die fünf Gänge bestellen, und sie entschließt sich zunächst für Satay-Spieße vom Schwein und Huhn – richtig lecker mit europäisch scharfer Erdnusssoße gewürzt. Eine kulinarische Offenbarung, wie ich finde. Es folgen Muscheln mit einer leckeren (!) Chilisauce, gebratener Reis und natürlich leckeres Tigerbeer, dann gehen wir über zu schmackhaften Calamares. Ich bin begeistert und gestehe Sarah, dass ich das erste Mal auf meiner Tour beim Essen mit Einheimischen noch Kontakt zu meinen Geschmacksnerven habe. Dabei lange ich guter Dinge nach dem fünften Gang – Rochen in Barbecue-Sauce – und erstarre. Selten habe ich solche Schmerzen verspürt. Binnen Millisekunden rinnt mir der Schweiß in Strömen am Körper herab, fast blind vor Schmerz taste ich mit den Fingern nach der offenen Wunde, die einmal mein Mund gewesen sein muss, und versuche Sarah mit Grunzlauten und hektischen Gesten zu verstehen zu geben, die Dame vom Getränkestand möge bitte jetzt gleich ihre gesamte Eistruhe an unseren Tisch bringen. Statt Eis bekomme ich weitere Tigerbiere, die auf dem Weg in den Magen einfach verdampfen. Während ich kurz darauf erschöpft in den Seilen hänge, ist Sarah sichtlich irritiert, und vermutlich habe ich die anderen anwesenden Einheimischen bestens unterhalten. Schön eingefädelt haben sie das: vier Gänge lecker und dann so eine Granate.

Nach etwas weiterem Sightseeing in Singapur geht es zurück ins Schwesterheim nach Kuala Lumpur. Diesmal ergattere ich einen Platz im Heck des Billigfliegers und kann sogar halbwegs sitzen, dafür schüttelt uns eine Gewitterfront ordentlich durch und zwar in einem mir bislang gänzlich unbekanntem Ausmaß. Wie viel in so einen kleinen asiatischen Magen passt, zeigt mir der Mann in der Reihe vor mir mit vollem Körpereinsatz. Ganz so genau hätte ich es vielleicht doch nicht wissen müssen.

Die Abenteuer des Manny

Dezember in Jahr 1, oder Monat 22 nach dem Zusammenbruch

Die Tage eines Manny beginnen früh – und zwar ungeachtet der Tatsache, dass mir die tolle Zeit in Singapur noch kräftig in den Gliedern steckt. Spätestens gegen 8 Uhr hüpft das Patenkind heran, kreischt mir ein zärtliches „Onkel Nanni, aufstääään!" ins Ohr und überreicht mir zur Aufstehmotivation gleich noch ein Geschenk: eine leere Wasserflasche zum Beispiel, eine Uhr (vorzugsweise meine) oder ein benutztes Taschentuch. Die Funktion „dem Onkel Frühstück ans Bett bringen" ist noch nicht implementiert. Da muss zwingend Abhilfe geschaffen werden.

Nach dem Frühstück geht es an den Pool, wo mich heute zwei Nanny-Kolleginnen und eine Mutter – alle selbstverständlich samt kurzbeinigem Anhang – erwarten. Stolz stelle ich fest, dass ich diesen Profis unter den Kinderbespaßern jetzt schon etwas voraushabe: Während die Durchschnittsnanny ihre „Kunden" bewacht, habe ich es mittlerweile zum Karussell-, Pferdchen-, Klettergerüst-, Walross- und sogar Krokodil-Ersatz gebracht. Besonders stolz bin ich auf die Walrossqualifikation, da diese mit Abstand am meisten Vorarbeit und langjähriges Training erforderte. Die skeptischen Blicke der altehrwürdigen Vertreter dieser Berufsgruppe machen mir schnell bewusst, dass Kinderbetreuer Neuem gegenüber wenig aufgeschlossen sind. Anders kann ich mir die Blicke, die ich bei der Ausübung meiner Zusatzqualifikation (beispielsweise im seichten Wasser auf allen vieren als Pferdchen) ernte, nicht erklären. Wir werden sehen, ob ich nicht doch für etwas frischen Wind in der Branche sorgen kann.

Unabhängig davon ist die Arbeit mit gleich zwei Kunden extrem fordernd. Im Wasser gilt immer höchste Alarmstufe, und so habe ich allein am gestrigen Vormittag dem eigenen Tod durch Herzinfarkt gleich zweimal in sein hässliches Gesicht geschaut. Während ich mit dem Patenkind fleißig im tiefen Teil des Nichtschwimmerbeckens Karussell spiele, erhebt sich die elfmonatige Wassernixennichte ohne Vorwarnung von ihren Bauklötzen im zwei Zentimeter tiefen Wasser, wankt in irrer Geschwindigkeit Richtung großes Becken und versinkt Kopf voraus. Für die Überbrückung der zwei Meter vom Karussellstandort zur blubbernden Nichte brauche ich gefühlte Ewigkeiten und fühle mich wie in jenen schlimmsten Albträumen, in denen man laufen will und nicht von der Stelle kommt. Doch kaum habe ich die Kleine sicher im Arm und sonne mich unter den anerkennenden Worten der Kolleginnen für meine Reaktionsgeschwindigkeit, registriere ich aus den Augenwinkeln ein Blubbern an der Stelle, an der ehemals das Karussell stand. Erneut läuft alles wie im Film ab: den kleinen Braten raketengleich nach vorne auf eine sichere Stelle schieben, Hechtsprung ins Nachbarbecken und das Patenkind aus dem Wasser ziehen. Acht bis zehn Sekunden Gesamthorrorzeit – und garantiert das solide Fundament für einige graue Haare. Kreidebleich und mit einem gefühlten Puls von 200 Schlägen pro Minute sitze ich kurz darauf mit zwei quietschvergnügten Kindern auf dem Schoß am Beckenrand und sehe mich zu jedem klaren Gedanken außerstande. Doch statt dem erwarteten Rüffel ernte ich von den Kolleginnen nur ein mildes Lächeln: So etwas kommt wohl öfter vor; die Kleinen können erstaunlich lange unter Wasser bleiben. Nun gut, in der Erfahrung liegt offenbar die Kraft. Trotzdem steht mein Entschluss fest: Zumindest die Dreijährige bekommt ab morgen bei mir Schwimmunterricht.

Am Nachmittag folgt der nächste und wohl härteste Meilenstein der Manny-Ausbildung: Shoppen mit zwei Kids und Schwester. Konkreter: Schwester shoppt, und Manny bespaßt die Kinder. Vorteil für Manny: Mit modernster Doppelstock-Kinderwagentechnik sind alle Geschäfte leicht anzusteuern. Nachteil: Es gibt in Asien keine Geschäfte nach meinem Geschmack, denn für Sport (ich meine nicht Golfen) hat man hier nicht viel übrig. Schließlich lande ich samt Kids in einem malaysischen Zeitschriftenladen, habe die Wahl zwischen Managementliteratur (für mich derzeit tabu) und Zeitschriften für das weibliche Geschlecht und bilde mich eifrig fort: Was interessiert die asiatische Frau von heute? Nach einem umfangreichen Studium zahlreicher Fachmagazine komme ich zu dem Schluss, dass die kulturellen Unterschiede zwischen europäischen und asiatischen Damen gar nicht soooo groß sind. Ganz weit vorn in Seitenumfang und Platzierung finden sich Klamotten und Schminktipps, gefolgt von wirklich wichtigen Neuigkeiten (welcher Promi ist von wem schwanger oder betrogen worden). Auf nur 4 von 200 Seiten geht es um Deutung und Missverstehen des männlichen Geschlechts – das sind mithin zwei Prozent des weiblichen Interesses, das uns Männern gilt.

Nach einer guten Stunde ist die Geduld meiner kleinen Damen im Doppelstockkinderwagen endgültig erschöpft, und damit geht der Stress richtig los. In Spielwarenläden und Bekleidungsgeschäften muss alles, aber auch wirklich alles anprobiert werden. Vor allem Schuhe stehen im absoluten Fokus der dreijährigen Prinzessin Patenkind. Und so verbringe ich meine Zeit damit, Dinge wieder einzupacken, an ihren vermeintlichen Ursprungsort zurückzubringen und/oder den krabbelnden Kleinnichten-Derwisch unter Regalen, in Umkleideräumen oder im Kassenbereich zu suchen. Kurz bevor meine ohnehin ausgeprägte Shopping-Aversion nach drei Stunden in Richtung Aggression kippt, erscheint mein entspanntes Schwesterherz und tiriliert, jetzt gehe man erst mal auf eine entspannende Tasse Tee ins Jungle Gym. Dass es sich bei der Entspannung gleichfalls um Horror pur handelt, erfahre ich kurz darauf. In besagtem Jungle Gym verbergen sich zahlreiche Kinder-Attraktionen hinter einem Seilzaun: Bällebad mit Ballwurfmaschine (die Bälle werden aus gut 80 cm Höhe abgefeuert – perfekte Manny-Treffhöhe), diverse Rutschen (nie wieder!) und ein Klettergarten. Klar, dass die Deckenhöhe in diesem „Sportpalast" bei 1,60 Metern liegt. Und so wandelt der durchschnittliche Asiat seinem Nachwuchs in entspannter, aufrechter Haltung hinterher, während mir nach 20 Minuten extremer Schiefhaltung wieder einmal der Schweiß in Strömen den Körper herunterrinnt. Auf der angeschlossenen Inlineskatingbahn für Groß und Klein (das es in Asien bei Licht betrachtet gar nicht gibt), gibt es hingegen Bemerkenswertes zu bewundern. Den mit Top-Belag ausgestatteten Skate-Bereich rahmt eine gut 1,80 Meter hohe transparente Plexiglas-Bande, die von den Rollschuhfahrern vorrangig zum Stoppen genutzt und sogar von einem Schneidezahnabdruck geschmückt wird. Auf dem Court versuchen sich zahlreiche Asiaten unterschiedlichen Alters auf verschiedenste Art und Weise das Steißbein zu brechen, und es kostet mich einige Mühe, den Tee im Mund zu behalten und nicht an die Außenseite der Bande zu versprühen: Der Asiate als solcher besitzt ein bislang noch nicht ausreichend gewürdigtes Talent, mich bestens zu unterhalten.

Während ich Steißlandungen beobachte, lasse ich meine bisherige Manny-Zeit Revue passieren. Was mir an den Kids am meisten gefällt, ist das unmittelbare und klare Feedback: im Positiven wie im Negativen immer ehrlich und damit eine echte Wohltat. Die kindeigene Neugier bringt dabei selbst den besten Manny ins Schwitzen: „Onkel Nanni, warum ist der Mann so dick?" „Wieso guckst du der Frau da hinterher?" „Nanni, ich muss Pipi, kommst du mit aufs Frauenklo? Bei den Männern stinkt das immer so!" Ja, meine Schwester hat recht, so denke ich: Kinder sind beides, Herausforderung und Inspiration.

Es muss in den Genen liegen

Glück pur

Als der Schwager uns schließlich in der Mall abholt, taumele ich im Geiste bereits meinem wohlverdienten Feierabend entgegen. Doch weit gefehlt, stattdessen geht es zu einem Geschäftsessen mit Schwager, Schwagerchef, zwei Schwagerkollegen, Schwester, Nichte und Patenkind. Hier lerne ich, was komplett erschöpfte Kinder (auch) inmitten eines feinen Restaurants tun, wenn sie müde sind: nicht schlafen, nein – plärren. Ich lerne: Nach müde kommt blöd! Man(n) handelt: Während die Schwester mit dem Patenkind den asiatisch-kitschigen Weihnachtsbaum des Restaurants plündert, drückt sie ihrem Manny die Nichte in den Arm und eine klare Ansage hinterher: „Nimm dir das kleine schreiende Kind und beschäftige es."

„'kay", murmele ich, was Patenkind-Sprech ist und in etwa „passt schon" bedeutet, stopfe mir Servietten in die Ohren und fasse den Plan, den kleinen Braten müde zu schaukeln und zu singen und ihn dabei mit Reizen des Restaurants zu fluten. Gedacht, getan: Die kleine Maus im sogenannten Fliegergriff, also Bauch und Kopf auf meinem Arm, schaukele ich vorbei an der offenen Küche, der Bar und zahlreichen besetzten Tischen. Nach 15 Minuten und bestimmt hundert Strophen wird es tatsächlich still im Fliegergriff, und ich kann fortan mit Stolz von mir behaupten, das erste weibliche Wesen meines Lebens in den Schlaf gesungen zu haben. Toll, toll, toll!

Derart gerüstet freue ich mich auf das morgige Weihnachtsfest und den Kindergeburtstag bei 30 °C und denke an meine Lieben daheim. Zuhause gehe ich Weihnachten vor der Bescherung immer mit meiner Familie in die Kirche und stapfe auf dem Weg im Idealfall durch Schnee. Hier hingegen gehe ich halt noch eine Runde in den Pool, freue mich über ein ordentliches Hitzegewitter und finde das ganze Drumherum der kitschig-bunt behängten Plastikweihnachtsbäume vor allem grausam. Zum Glück feiere ich das Fest im Kreise der Familie meiner Schwester, Heimweh stellt sich daher nicht ein. Hoffentlich finden auch meine Lieben daheim ein wenig Zeit, um das Gute im Leben zu sehen und zu genießen.

Indonesien

Bali barfuß

Dezember in Jahr 1, oder Monat 22 nach dem Zusammenbruch

Am ersten Weihnachtsfeiertag geht es gut gelaunt Richtung Bali in Indonesien, das mir im wahrsten Sinne des Wortes die Schuhe auszieht, so wunderbar sind dort Insel, Einwohner und Unterkunft. Schon die Anreise ist genial, denn der Taxifahrer, der mich zum Flughafen in Kuala Lumpur bringt, ist eine hundertprozentige Kopie des durchgedrehten Asiaten Mr. Chow aus den Hangover-Filmen („Tüdellüüüü, ihr Wichser"!). Es kostet mich einige Überwindung, nicht laut loszulachen, und in meinem Kopf stellen sich Bilder ein, die wirklich kein Mensch braucht.

Am KL LCCT – dem Low-Cost-Carrier-Terminal des KLIA (Kuala Lumpur International Airport) – gibt es weder eine Klimaanlage noch profane Ventilatoren, und da hier gefühlte 10.000 Asiaten zeitgleich verreisen wollen, ist es voll und heiß. Ich schwitze wie ein in der Vorweihnachtszeit über Gebühr gemästeter und nicht für diese Temperaturen gemachter Nordgermane. Außerdem begegne ich der in Optik und Haptik zehn Jahre älteren Zwillingsschwester meiner Ex, die zufällig das gleiche Reiseziel hat wie ich, was meine Laune wiederum etwas hebt.

In Bali angekommen fahre ich nach dem obligatorischen asiatischen Gefeilsche um die Beförderungspauschale mit dem Taxi nach Ubud, in das kulturelle Herz dieser traumhaften Insel. Hier haben sich, so sagt es der Reiseführer, schon im 17.

Jahrhundert Künstler aus ganz Europa niedergelassen – so alt ist sie also schon, die Hippie- und Aussteigerkultur.

Als ich meine Unterkunft in Ubud betrete, kann ich mir ein „Alter Schwede!" nicht verkneifen. Meine komplett von der Außenwelt abgeschirmte (und meine Reisekasse spürbar dezimierende) Hütte inmitten malerischer Reisfelder hat eine Dusche mit Panoramaglasscheibe im Innen- und eine Dusche (ohne Panoramascheibe) im Außenbereich, eine in Stein gemeißelte Badewanne mit Dach und einen Private Pool und zwei Betten mit Baldachin, eines außen und eines innen. Ehre, wem Ehre gebührt.

Zum Standardprogramm in Ubud gehört der Besuch einer traditionellen balinesischen Tanzdarbietung. Bei diesen sogenannten Legong-Veranstaltungen tanzen die grazilsten und anmutigsten Balinesinnen, die das Eiland hervorgebracht hat, ihren altertümlichen Tanz. Wie sie das machen, ist mir auch nach einer zweiten Vorführung schleierhaft. Die Damen bewegen ihren gesamten, kunstvoll verpackten Körper und rollen dabei bedenklich mit den Augen, ohne den Kopf zu bewegen. Dieser wirkt wie mit einem überdimensionierten Fischerdübel unsichtbar in der Luft festgespaxt, während sich der Rest des grazilen Tanzkörpers wie ein anmutiger Vogel bei der Brunft bewegt. Eine Handlung bei den Tanzdarbietungen gibt es natürlich auch: Es geht um Liebe, Macht und Leidenschaft – das Übliche aus Theater, Soap und Film also und daher für mich inhaltlich nicht weiter von Belang. Auch Männer sind Teil der faszinierenden Tanzdarbietung, sehen allerdings aus und handeln auch so, als wären sie ihrer Männlichkeit schon vor geraumer Zeit in einem barbarischen Akt beraubt worden. Auf der anderen Seite bin ich kein Experte der balinesischen Kultur. Falls es zur Erhöhung der Chancen bei den weiblichen Kolleginnen beiträgt, sich wie diese männlichen Tänzer zu geben und zu kleiden, habe ich für deren Aufzug und Gebaren selbstredend vollstes Verständnis.

Gusti hat die Kokosnuss geklaut

Dezember in Jahr 1, oder Monat 22 nach dem Zusammenbruch

Es gibt einige Dinge, die muss man in Ubud einfach gesehen und erlebt haben. Eines davon ist das Marktgebäude, das sich über zwei Etagen erstreckt und zur Marktzeit gerammelt voll mit Menschen und Waren ist. Dabei nutzen die Verkäufer jeden Quadratzentimeter des Areals aus, um ihre Waren bestmöglich zu platzieren. Es gibt hier wirklich alles: vom Huhn, über die Rolex zum Küchentisch und zurück – im Original, versteht sich. Den Vorzug der einzelnen Produkte preisen die Standbesitzer laut an und weisen dabei durchaus eine gewisse Ähnlichkeit zu den Legong-Tänzern auf. Natürlich bewegen sie sich nicht annähernd so grazil, geben dafür aber erstaunliche Vogellaute von sich, die für meine Ohren bei den Männlein wie „Waaaaarung, waaaaarung!“ und bei den Weiblein wie „Tsiiip, tsiiiiip“ klingen. Bald schon finde ich heraus, dass „Waaaaaaarung“ die ortsüblichen Imbissstände und „tsiiiiiip“ (cheap!) günstige Waren benennt. Aha!

Auch ein Ausflug in die Reisfelder ist ein Muss in Ubud. Ordentlich Wasser in einen Rucksack gepackt, Mütze und Regenschirm dazu, würzen mit einer Prise Forscherdrang, und ab geht's. Dies ist nicht mein erster Aufenthalt in Ubud, und vor einigen Jahren habe ich hier auf einem ähnlichen Spaziergang Wayan kennengelernt – einen Reisbauern, mit dem ich dann den ganzen Tag in seinem Haus und auf seinem Moped verbracht habe. Ich erinnere mich noch gut daran und habe diesen wundervollen Tag bis heute in allerbester Erinnerung, und so mache ich mich auf die Suche nach meinem alten Moped-Kumpel. Aber das ist gar nicht so leicht: Ein Reisfeld gleicht dem anderen, er muss sich gerade vor Ort befinden, und nach einem „Wayan" zu fragen, ist ohnedies sinnlos: „Wayan" heißt schlicht „der Erstgeborene" – was bedeutet, dass mehr als 50 Prozent der Männer auf Bali so heißen. Ja, tatsächlich. Leider kann ich Wayan nicht finden, aber wenn ich einen Spielkameraden brauche, dann finde ich einen, und daher verbringe ich den Nachmittag mit Gustiyan, kurz Gusti. Finden tue ich Gusti dabei nicht, weil ich wahllos in den Reisfeldern Bauern anspreche. Es ist vielmehr so: Der Reisbauer als solcher hegt und pflegt meist nur eine kleine Parzelle, erntet sie dreimal im Jahr und macht ansonsten außer dem Ernten und Säen im Wesentlichen Folgendes: Er schaut dem Reis beim Wachsen zu oder – und jetzt komme ich ins Spiel – spricht Spaziergänger an. So komme ich mit Gusti ins Gespräch, und nach einem kurzen Plausch über die Bundesliga beschließen wir, dass es Zeit ist, mal eine frische Kokosnuss zu essen. Auf dem Weg in sein bescheidenes Heim kläre ich ihn darüber auf, dass Oliver Kahn nicht mehr im Nationalteam ist und El Capitano auch nicht mehr das ist, was er mal war. Unsere angeregte Unterhaltung in Englisch und mit Händen und Füßen bringt Gusti – im besten Sinne des Wortes – auf die Palme, wo er uns eine riesige Trinkkokosnuss besorgt und mir gleich eine Einführung in Klettertechnik und Nussbeschaffenheitszustände gibt. Dann bittet er mich an den Stamm. Ich schaue skeptisch in die schwindelnde Höhe und lehne schließlich dankend ab, auch wenn ich fortan vermutlich als ausgewiesene deutsche Bratwurst gelte. Der Tag vergeht wie im Flug, und erst am Abend mache ich mich voller guter Laune auf den Heimweg. Schön!

Ebenfalls ein echter Hingucker sind Beerdigungen von hochrangigen, balinesischen Persönlichkeiten, vorzugsweise eines Familienmitgliedes des Königs von Ubud. Meine anfänglichen moralischen Bedenken zum Besuch einer solchen Veranstaltung wischt der Tipp-gebende Hotelmitarbeiter mit einem

Lächeln fort. Beerdigungen scheinen hier – zumindest, was den bewusst öffentlichen Teil angeht – einen anderen, fröhlicheren Hintergrund zu haben, und so folge ich dem Eingeborenen-Rat und mache mich auf den Weg. Am Startpunkt empfangen mich ein sieben bis acht Meter hoher Turm mit davor angebrachter Treppe sowie eine riesige, bunt bemalte und auf einem Podest thronende Wasserbüffel-Statue. Bevor die Prozession mit all dem Zubehör starten kann, muss alles von balinesischen Geistlichen geweiht und mit Opfergaben versehen werden. Zeitfaktor: etwa eine Stunde.

Der Ochse beginnt mit der Blutergussverteilung

Ich habe mir derweil einen sonnen- und regensicheren Platz direkt an einem Beauty-Salon gesichert und ausreichend Zeit, meine Umgebung zu inspizieren. In dem Beauty-Salon jedenfalls herrscht ordentlich Betrieb, und das berühmte „Fish-Spa" gibt es hier auch. Zur Pediküre werden die Füße in ein Aquarium gesteckt, in dem sich Fische mit einer ziemlich perversen Nahrungsvorliebe befinden: Sie fressen Hautschuppen und auch sonst alles Störende von den Füßen der zumeist weiblichen Kundschaft ab. Ich jedenfalls habe große Freude beim Beobachten der kitzeligen Damen, die sich bei der Putzerfischprozedur ein Lachen nicht verkneifen können. Als der Einweiser des Ladens mich bemerkt, kommt er auf mich zu und lädt mich ein, meine Füße auch mal in das Becken zu halten – zum Sonderpreis! Mein Hinweis darauf, dass Pediküre nicht mein Ding und eher Frauensache ist und ich zudem schrecklich kitzelig bin, lässt der Mann nicht gelten und versucht mich stattdessen damit zu locken, dass die Fische „an Stellen kommen, an denen noch nie ein Lappen war". „Wie? Die springen da raus aus dem Becken?", frage ich grinsend, und weil der Einweiser mich ratlos anschaut, füge ich hinzu: „Na, wenn die dahin gehen, wo ich mit einem Lappen noch nicht war, brauchen sie bei den Füßen nicht anfangen." Der Einweiser wendet sich abrupt ab. Ist aber auch in Ordnung so.

Mittlerweile ist der Weiheakt abgeschlossen, und der Verstorbene wird in seinem Sarg über die Treppe in den Turm verbracht. Währenddessen haben sich 30 bis 40 Träger des Bullen bemächtigt und erwecken diesen zum Entsetzten der umstehenden Schaulustigen zum Leben, indem sie mit ihm einen wilden Pogo-Tanz aufführen. Zum Glück rieche ich den Braten instinktiv und ziehe mich früh und weit genug von der tobenden Trägermasse und ihrem schrecklichen Stier zurück, was mir – im Gegensatz zu anderen Touristen – Blutergüsse, Schrammen und Schürfwunden erspart. Rhythmisches Schlagen auf allerlei traditionelle Schlaginstrumente befördert mich und wahrscheinlich alle anderen nach einer weiteren halben Stunde langsam in eine Art Trance, auf die ich mich gern einließe, wenn die Ochsen-Pogo-Bande nicht weiterhin Schrecken und Hämatome unter den bedröhnten Touristen verteilen würde. Der tote Mann in der Kiste hätte sicherlich seine helle Freude an diesem Spektakel gehabt.

Zu einem mir unerklärlichen Zeitpunkt treffen festlich geschmückte Angehörige und Freunde des Toten ein. Einige von ihnen – vermutlich die engsten Familienmitglieder – nehmen auf dem Turm in der Nähe des Sarges Platz, während den jüngeren Männern der Familie die zweifelhafte Ehre zuteilwird, auf dem wilden Holz-Pogo-Wasserochsen Platz zu nehmen. Rund 50 Herren schultern nun den gewaltigen, bemannten Turm, der mitsamt Kapelle, Ochsen und Trauergemeinde in Richtung ewiger Ruhestätte zieht. Welch ein Abgang für den Verstorbenen! Tod, wo ist dein Schrecken hier in Bali?

Partytime @ Gili

Dezember/Januar in Jahr 2, oder Monat 23 nach dem Zusammenbruch

Nun geht es also so richtig los in das oft besungene und in buntesten Farben beschriebene Backpackerleben. Nach rund vierstündiger Anreise treffe ich am 29. Dezember auf Gili Trawangan ein und habe auf dem Weg dorthin schon zwei Malheure überlebt. Während ich strammen Schrittes und bepackt wie ein Esel auf das Speedboat für die zweistündige Überfahrt zusteuere, übersehe ich doch allen Ernstes eine der tausendfach auf Bali täglich neu aufgestellten Opfergaben. Diese bestehen zumeist aus einigen Blüten, manchmal etwas Gebäck und immer mindestens einem kokelnden, aber wohlriechenden Räucherstäbchen. Genau Letzteres operiere ich mir mit einem ungezielten Fußtritt akkurat in den Fuß, was dieser mit tagelang anhaltenden Schmerzen quittiert. Das zweite Missgeschick ist kaum weniger schmerzhaft, erheitert aber immerhin die auf ihre Abreise wartenden Touristen im Hafen von Gili Trawangan. Wo Häfen in unseren Breitengraden zumeist über Kaianlagen oder Gangways verfügen, stehen hier lediglich einige Bänke und ein Tickethäuschen am Strand, und das entsprechende Boot – ob nun modernes Speedboat oder ranziger Seelenverkäufer – fährt mit wohldosiertem Schwung auf den Strand. Dort angekommen klettert man – je nach Boothöhe – direkt vom Kahn und watet durch das knietiefe Wasser an Land, oder man nutzt – wie in unserem Fall – Hilfsmittel. Uns Schnellbootfahrern bietet man eine von einheimischen Schreinern gefertigte Art Trittleiter zur Überwindung von rund 1,50 Höhenmetern an, und so wage ich – ob der wackeligen Konstruktion und des handwerklichen Improvisationstalentes der Einheimischen mit einem leichten Schmunzeln auf den Lippen – mit meinen rund 124 Kilogramm Körpergewicht und Reisegebäck einen Ausfallschritt auf das balinesische Handwerksstück. Leider besteht die Konstruktion den europäischen Belastungstest nicht, gibt unter lautem Krachen nach, und kurz darauf hänge ich mit nur einer Hand am Geländer des Bootes und verdrehtem Torso an der Bordwand. Eine Hand sichert 124 Kilogramm, die andere versucht, mich in eine halbwegs aufrechte Position zu schieben, und der Fuß klemmt in den Resten des ehemaligen Trittes – in Summe ein ziemlich hilfloses und unwürdiges Unterfangen. Dass mir mein Sonnenschutz vor die Augen gerutscht ist, macht es jedenfalls auch nicht besser. Und so lasse ich mich schließlich unter tosendem Gelächter und Beifall (!) ins knietiefe Wasser gleiten, humpele hernach zur Unterkunft, gönne mir auf den Schreck erst einmal ein kühles Inselbierchen und stelle wieder einmal fest: Die Gili Islands sind traumhaft schön – ganz so, wie man sich tropische Inseln im blauen Meer in seinen Träumen ausmalt. Da sie recht klein sind und die Einwohner Weitsicht bewiesen haben, gibt es dort nirgends motorgetriebene Fahrzeuge, was Luft und Geräuschkulisse sehr zuträglich ist, der Verkehrssicherheit aber leider nicht. Der allgemeine Transport von Waren, Gütern und Personen wird über einspännige Lastentaxis mit genau diesem einen PS geregelt. Diese Fahrzeuge verfügen aufgrund ihrer hervorragenden Traktion über eine gepäckabwerfende Beschleunigung und haben zudem ein Dach, das in der Höhe für einen durchschnittlich großen Asiaten ausgelegt ist. So kommt es, dass man sich als Passagier auf den nicht befestigten Wegen in diesen Karren wie in einem Flipperautomaten fühlt. Zur Grundausstattung der Ein-PS-Geschosse gehören zudem eine ordentliche Hupe (darf in Asien nie fehlen), etwas Licht (muss in Asien nicht immer sein) und ab und an eine brutale Soundanlage mit grausamer Tonqualität und ordentlich Wumms (Letzteres wird in Asien gern gesehen).

„Meine“ Insel, Gili Trawangan, ist die flächenmäßig größte der drei Gili-Inseln und hat einen legendären Ruf. Hier gibt es traumhafte Strände, luxuriöse Hotels, Resorts und Spas, aber auch günstigste Backpackerunterkünfte und ein veritabel ausschweifendes Nachtleben. Letzteres bietet mir einen perfekten Anschluss an die vergangenen Tage, ist aber auf der anderen Seite auch ein wenig beklemmend. Ich kenne mich ja selbst: Wenn man in der Heimat mit Freunden unterwegs ist und da steht jemand einsam und allein am Tresen, tauchen schnell Fragen auf: Hat der keine Freunde, keine Freundin? Ist das ein Alki, der nur schnell den Tank auffüllt, während seine Kumpels noch den Kater der letzten Nacht ausschlafen? Will der unsere Frauen anbaggern? Uns das Bier wegtrinken? Tja, genauso einer bin ich nun an diesem Abend und vermutlich auch in den nächsten sieben Monaten. Wenn ich denn durchhalte.

Erstmals beschleichen mich Zweifel, ob das mit dem Alleinreisen eine gute Idee ist. Aber weil sich die Situation nur durch proaktive Kommunikation ändern lässt, beschließe ich, erst mal die Lage zu peilen und zu prüfen, wie das mit dem Kennenlernen in diesem fremden Kulturkreis so vor sich geht. Doch während ich mich an aussichtsreicher Stelle am zweiten oder dritten Bintang-Bier festhalte, stelle ich mit Entsetzen fest, dass ich der einzige Depp bin, der allein vor Ort erscheint – alle anderen haben vorgearbeitet. Man lernt sich also vor der Feierei beim Tauchen, Schnorcheln, Wandern oder Relaxen kennen und geht dann zusammen weg – oder reist schlicht nicht allein. Schlecht für mich, gut für alle anderen. Aber ich werfe die Flinte nicht ins Korn. Spätestens wenn die verrückten Backpacker mit dem Schnaps der Eingeborenen anfangen, wird man auch Outsidern wie mir Gehör schenken.

Ich bekomme sogar deutlich früher eine Chance: Kurz nach dem vierten Bier verläuft sich eine weitere einsame Backpackerseele in den Pub, und nachdem ich der holden Maid eine geschlagene Viertelstunde beim Studieren der Getränkekarte zugeschaut habe, fasse ich mir ein Herz und empfehle ihr den Mojito. Ob die Empfehlung gerechtfertigt ist, weiß ich nicht, aber schließlich brauche ich einen Gesprächsaufhänger. Schon kurz darauf bereue ich meinen Mut. Madame schwadroniert nach meinem Steilpass in erbärmlichem Sächsisch-Englisch über die Qual der Wahl und die Unmöglichkeit der Entscheidung. Statt ins Deutsche zu wechseln, flüchte ich mich in ein Englisch mit möglichst breitem Ami-Slang und ziehe mich dezent, aber nachhaltig zurück. Kurz darauf stößt ihre Sippe zu der Sachsen-Dame – Eltern und Schwester! –, und kurz darauf befinde ich mich akustisch nicht mehr auf den Gilis, sondern mitten in Cottbus. Nichts gegen Cottbus, aber ich sehe mich dennoch lieber nach einer Alternative um. Obschon alle Englisch miteinander sprechen, stelle ich mit fortschreitendem Abend fest, dass der Amerikaner lieber mit dem Australier und die Europäer unter sich trinken (es gibt sie also, die europäische Einheit). Und so finde ich mich schließlich in einem witzigen Knäuel aus Skandinaviern und Holländern wieder, schreibe meine Käsköppe-Vorurteile in den Wind und stelle fest, dass meine neuen Reisefreunde Erik und Sunny in Bezug auf nett feiern einiges auf dem Kasten haben.

Das Feiern selbst macht Spaß und unterscheidet sich nur in wenigen Punkten von vergleichbaren Abenden am – beispielsweise – Hannoveraner Steintor: Auf Trawangan feiert man unter atemberaubenden Sternenhimmel vornehmlich barfuß oder in Flip-Flops, ab und an fällt der Strom aus, und nach Partyende geht es gegen 4 Uhr noch mal ins Meer zum Schwimmen. Während der Australoamerikaner allerdings zuvor Badehose – oder sein weibliches Pendant den Bikini holt, handelt der Europäer konsequent und entschlossen und marschiert – laut Australoamerikaner – im „Nude Style“ ins Wasser. Oder, wie es ein freundlicher Wikinger (übersetzt) formulierte: „Zeigen wir den Imperialisten, wer die größeren Gewehre hat!“ Gut so, Europa!

No Woman, no Cry

Januar in Jahr 2, oder Monat 23 nach dem Zusammenbruch

Eigentlich sollte der kleine, verschlafene Küstenort Senggigi nur ein kurzer Stopp auf meiner Reise gen Südindonesien sein. Eine Übernachtung, dann weiter auf die Fünf-Tages-Hunting-Komodo-by-Camera-Tour. Doch nach der recht ausschweifenden Zeit auf Gili Trawangan steht mir der Sinn nach ein wenig Relaxen und Alleinsein, nach richtig billigem Wohnen und einem inneren Einstellen auf die spartanischen Unterkünfte der nächsten Monate. Tatsächlich kostet mich der gesamte Transfer von Gili nach Senggigi – inklusive 45 Minuten Bootsfahrt und gut einer Stunde Bus – nur knapp fünf Euro. Noch nicht einmal den Pferdekarren-Transfer vom Hafen zum „Busbahnhof" habe ich mir gegönnt, bin stattdessen in tropischer Hitze ordentlich marschiert und habe dabei beeindruckende 80 Cent gespart. Begeistert von meiner eigenen Spardisziplin mache ich mich in Senggigi auf die Suche nach einer günstigen Unterkunft. Da es hier keine Dorms (also: Schlafsäle) gibt, schleppe ich all mein Geraffel bei deutlich über 30 °C am Mittag durch acht Hotels und Homestays, vergleiche Räume und Preise und komme schließlich für zehn Euro unter (ich weiß, es geht noch billiger). Für meinen Luxuspreis gibt es Klimaanlage und fließend Wasser inklusive – Letzteres nur kalt, aber das ist bei den vorherrschenden Außentemperaturen herzlich egal. Schließlich bleibe ich nur für eine Nacht.

Nach Bezug meiner spartanischen Unterkunft schließe ich Senggigi auf meinem ersten Erkundungsrundgang schnell ins Herz: Hotel und Surfen, Baden oder Schnorcheln in mittlerer Brandung liegen nur wenige Schritte auseinander, und das ganze Städtchen wirkt superrelaxed. Der Reiseführer verrät überdies, dass es hier einen bedeutenden Hindutempel gibt, der über einem Felsenloch in der Brandung angelegt ist. Angeblich ist dieser nur zwei bis drei Kilometer von meiner Unterkunft entfernt, und als frisch geborener Sparfuchs gehe ich natürlich zu Fuß. Irgendwann allerdings fordert der stinkende, laute, dreckige und gefährliche asiatische Verkehr seinen Tribut. Nach einer gefühlten Ewigkeit der Latscherei durch Hitze und Smog an einer viel befahrenen Straße entlang fragt mich der x-te Mann: „Transport?!" Dior heißt er, ist 21 Jahre alt und hat ein Fahrrad, auf dessen Gepäckträger ich ganz sicherlich nicht mitfahren will. Also organisiert Dior das Moped seines Bruders, und nachdem ich ihn von fünf auf zwei Euro runtergehandelt habe – die Berufsehre und so weiter – geht es gut gelaunt auf sein klappriges, rostiges Moped, Sicherheitsvorkehrung für den asiatischen Chaosverkehr inklusive: Boardshorts und Basecap als Prallschutz und Flip-Flops für den Halt auf den Rasten. Während der Fahrt fragt mich mein Fahrer umfangreich über meine private Situation aus. In Indonesien ist das völlig normal und gehört sogar zum guten Ton – sagt zumindest der Reiseführer. Dior will also wissen, ob ich eine Frau habe, Kinder, Geschwister, wie alt ich bin, was ich so mache, wo ich die nächsten Tage verbringe und so weiter. Am Tempel lässt er mich absteigen, gibt mir Verhaltenstipps zur Erkundung der Anlage an die Hand und wartet auf meine Rückkehr. Bis zu dieser dauert es auch nicht allzu lang – so ein Tempel ist schließlich auch nur ein Bauwerk. Während wir zum Hotel zurückfahren, will Dior wissen, warum ich – trotz meines „biblischen" Alters – weder Frau noch Kinder habe. Meine pragmatische Kurzerklärung – ich hätte in Deutschland bislang einfach kein Glück gehabt, und dort sei es auch nicht soooo schlimm, in meinem Alter Single zu sein – überzeugt ihn offensichtlich nicht, denn er lässt einfach nicht locker, während er mit irrer Geschwindigkeit über die schlaglochübersäten Straßen donnert: „Mögen die deutschen Frauen dich nicht?“ „Fahr doch hin und frag selber nach!“, gebe ich grinsend zurück, und er lacht. „Das hat auch was für sich – so ohne Frauen! Sieh es positiv: Da hast du keinen Stress.“ Schon schallt es von vorne über den Verkehrslärm hinweg: „Come on, sing along: Nooo woman, no cry …“, und kurz darauf fahren wir tatsächlich beide (!) auf dem Zweitakthirsch mit Bob Marley auf den Lippen durch den Feierabendverkehr von Senggigi. Was so eine Reise alles mit einem anstellen kann.

Am Abend werde ich am Strand von Senggigi Zeuge einer köstlichen Vorstellung, die das Bob-Marley-Lied ganz und gar plastisch unterstreicht. Am Tisch neben mir sitzen drei attraktive Schwedinnen und ein Engländer auf der Balz. Auf die Frage der Schwedinnen, was der Engländer denn wohl von dem „fucked up English political system“ denkt, stellt sich heraus, dass dieser nicht einmal die beiden großen englischen Parteien kennt. Prompt erläutern ihm die schwedischen Hobbypolitikwissenschaftlerinnen die Nachteile des englischen Staats- und Parteiensystems im paneuropäischen Vergleich, und ich pruste möglichst lautlos in meinen frisch gepressten Mangosaft. Tja, mein Freund, das wird wohl nix mehr heute mit dir und den Ladys. Besser im Politikunterricht aufpassen und BBC News gucken, dann klappt es auch mit den Nachbarinnen!

Der „alte Sack" hat einen Bruder im Geiste gefunden

Hunting-Komodo-by-Camera, Day 1

Januar in Jahr 2, oder Monat 23 nach dem Zusammenbruch

Bevor ich endgültig aus Senggigi aufbreche, bringe ich noch die sogenannte „Asiatische Krankheit" hinter mich: zwei Tage absolutes Leiden, viel Zeit auf dem Klo und am dritten Tag Halsschmerzen wie in meinem ganzen Leben noch nicht. So ist es nun einmal in Asien – ich habe mich wacker geschlagen, aber irgendwann erwischt es einen. Das Gute an dieser kurzen Zwangspause ist, dass ich erstmals realisiere, wie viel ich bereits habe erleben können. Nicht einmal einen Monat ist es her, dass ich den europäischen Winter verließ, und unfassbar viel ist seitdem geschehen. Als ich also am 4. Januar und nach überstandenem Infekt in den Bus steige, der mich mit einigen Zwischenstopps an das östliche Ende Lomboks bringen soll, frage ich mich, ob die anschließende fünftägige Schiffsreise wirklich eine gute Idee ist. Egal, ich stratze mutig drauflos zum Check-in. Als nunmehr alter Reisefuchs springe ich als einer der Ersten in den Bus, ergattere so einen der vorderen Plätze mit guter Sicht und – ganz wichtig in Asien – Beinfreiheit und inspiziere dann meine Mitreisenden. Wir sind rund 30 Leute, und viele von ihnen sind erstaunlich alt. Zu meiner absoluten Enttäuschung sind auch einige Deutsche anwesend. Wilma und ihr Lakai – um gleich mal die Hackordnung festzuhalten – sind Mitte/Ende 40, kommen offensichtlich aus Süddeutschland und treiben mich binnen fünf Minuten mit ihren enervierend sinnlosen Fragen in den Wahnsinn: „Sind wir denn im richtigen Bus?" (Dafür macht man den Check-in, erhält ein Ticket und schaut zu, wie das Gepäck eingeladen wird!) „Sind wohl noch mehr Deutsche hier?" (Euch verrate ich auf jeden Fall nicht, dass ich einer bin.) „Wann sind wir da, wann geht es weiter, wann ...?" Ich konzentriere mich lieber auf die jungen Leute vor mir – ein sehr sympathisches australisches Pärchen und ein allein reisender Engländer namens William. Mit Letzterem komme ich schnell ins Gespräch, und wir vergeben Spitznamen an Mitreisende. Den Guide nennen wir „21“; Wilma heißt so, weil sie immer etwas will, und der Lakai, weil er es ist und nichts zu melden hat. Wir amüsieren uns köstlich, und Jeff, der männliche Part des australischen Pärchens, beginnt mit der Arbeit an einer Rangliste: Wie viele Bürger aus welchen Ländern sind anwesend, und welche Nationen-typischen Regeln lassen sich daraus ableiten? Umgehend macht er sich ans Werk und schlägt 21 überdies vor, Nationalitätenschilder an die Shirts der Reisenden zu kleben. Meine Anmerkung, dass solch eine Kennzeichnung zumindest bei dem ein oder anderen Deutschen zu Unwohlsein führen könnte, wird grinsend ignoriert.

Während der Anreise zum Hafen besichtigen wir das Töpferdorf Masbagik und begutachten eine Eingeborene beim Produzieren eines Topfes. Die gute Frau braucht keine 30 Minuten vom Tonerdenklops zur formschönen Schüssel. Frauen gelten hier als heiratsfähig, sobald sie einen anständigen Topf fertigen können. Töpfern und Kinder machen – mehr Jobs haben die Frauen des Ortes nicht; den Rest erledigen die Herren. Ich bin beeindruckt.

In Kampung Padak lerne ich, dass die Unterschiede zwischen hiesigen und westlichen Werften nicht in Jahren, sondern in Jahrhunderten zu messen sind. Ich kann nur erahnen, warum uns das Reiseunternehmen zu dieser, ihrer Werft bringt und uns dann auf das Boot schickt. Vertrauen aufbauen geht jedenfalls anders, und einige der Mitreisenden werden sichtlich blasser um die verschwitzten Nasen, als wir kurz darauf unser Boot betreten – unsere Heimat für die nächsten Tage. Meine Kabine, die samt Schiff deutlich besser als erwartet aussieht, teile ich mir mit Australier Tom, der mir das obere Bett überlässt. Prima, denn so habe ich nicht nur den perfekten Ausblick, sondern auch ein Fenster für frische Luft. Wenn es mal etwas mehr schaukeln sollte, landen meine hundert Kilogramm deutschen Fleischs außerdem weich auf dem unter mir liegenden Australier – weshalb ich ihm vorausschauend empfehle, möglichst weit Richtung Wand zu schlafen. Erst später realisiere ich, dass das Dieselaggregat des Schiffes genau unter uns lärmt, Toms Bett auf gefühlte 50 °C aufheizt und einen gesunden Schlaf ohne Ohrenstöpsel nahezu unmöglich macht. Tatsächlich wäre an Toms Stelle der deutlich günstigere Schlafplatz auf dem Oberdeck vermutlich die bessere Option gewesen. Das sogenannte Upper Deck – oder auch: der Rudelschlafplatz – wird nur durch eine Plane vom Himmel getrennt. Auf kleinstmöglicher Fläche schlafen dort 17 Mitreisende, was aufgrund des Platzmangels nur in eiserner Rudel-Löffelchenposition funktioniert. Wird der Löffel von einem Teilnehmer des Nachts aufgrund eines Bedürfnisses kurzfristig aufgelöst, rollen alle ob des Seegangs wild durcheinander, was meinen Reisekumpel Shawn am dritten Morgen in das behaarte Maurerdekolleté eines Holländers blicken lässt. Appetitlich geht anders.

Noch am Tag unseres Auslaufens legen wir an einer kleinen Insel mit türkisblauem Wasser, besten Schnorchelbedingungen und einem netten BBQ-Platz an. Die gesamte Insel lässt sich in fünf Minuten umrunden, Jeff arbeitet weiter an seinem Nationcount, ich widme mich Schnorcheln und (mit erhebendem Erfolg) Beachvolleyball, dann folgt das BBQ und im Anschluss eine erste böse Überraschung: 21 verkündet, dass wir alle einen traditionellen Lombok-Tanz lernen müssen. Wer nicht mitmacht, bekommt morgen kein Frühstück. Mit einem Stoßseufzer denke ich, dass Alkohol bitter nötig zum Durchstehen dieser albernen Veranstaltung wäre – aber leider habe ich mir nach den Tagen der asiatischen Krankheit Abstinenz verordnet. Allerdings gucken auch meine neuen und biertrinkenden Freunde Jeff, William, Shawn und Lynn – der weibliche Part des australischen Pärchens – trotz des Konsums nach den ersten Schrittfolgen des Vortänzers skeptisch drein. Nach gut einer Stunde (!) hat unsere Tanztruppe endlich Gnade vor 21 und seinen grinsenden Schergen gefunden, und ich frage mich, ob diese Typen sich mit dem Getanze ihr persönliches Reisehighlight gönnen. Vermutlich amüsieren sie sich schon Tage im Voraus darüber, bekloppte Touristen wie Strandhühner durch den Sand zu scheuchen. Man weiß es nicht.

HKC, Day 2: Satonda Island

Januar in Jahr 2, oder Monat 23 nach dem Zusammenbruch

Trotz der unmenschlichen Wärme in meiner Kabine ist die Aussicht beim Aufwachen mit keinem Geld der Welt zu bezahlen. Direkt vor meinen Augen liegt gegen 6 Uhr Satonda Island – eine bezaubernde, unbewohnte Vulkaninsel. Wir ankern rund 200 Meter vom Strand entfernt und springen noch vor dem Frühstück ins Meer. Was kann es Besseres geben? Auch beim Schwimmen vertiefe ich meine Mitreisendenstudie. Die Backpackerdame von Welt lässt sich aus gut einem Meter Höhe vom Beibootanleger ins Meer fallen, der mutige Amerikaner zelebriert aus vier Metern Höhe vom Oberdeck den Abgang Richtung Wasser, und alle, die an diesem Morgen etwas auf sich halten, springen vom Kapitänsdach rund sechs Meter in die Tiefe – und zwar „head first", wie es im Fachjargon heißt. Danach bin ich auf jeden Fall wach.

Auf Satonda Island marschieren wir zu einem Vulkansee. Über Stock und Stein, durch Büsche und unter größten Mühen erreichen wir den spiegelglatten, salzhaltigen See, der komplett von einem bewaldeten Kraterrand umgeben ist. Die quäkende Wilma, der ich bestmöglich ausweiche, gerät in Ekstase, denn hier gibt es die hornhautfressenden Spa-Fische, die ich schon in Bali kennenlernen durfte. Gleich beginnt sie mit einem umfangreichen Vortrag darüber, wie schön es doch sei, dass die Fische die tote Haut bekommen und nicht irgendeine Mülltonne. Weil ich mir mit Shawn und Jeff einig bin, dass die Viecher heute noch viel tote Haut bekommen, wenn die Alte so weiter redet, ziehen wir uns an den Strand zurück. Dort sammeln wir kleine Einsiedlerkrebse, malen ihnen mit Kreide eine rund ein Meter lange Rennbahn, sammeln Wettgelder ein, setzen die Krebse auf den Startpunkt – und ab dafür. Der Steg ist anbei eine indonesische Ingenieursmeisterleistung und weist mitunter Steigungen von mehr als 15 Prozent auf.

Zurück auf Schiffchen und offenem Meer nutzt ein introvertierter, französischer Mitreisender die Gunst der Stunde, wirft eine Angelschnur aus, und 20 Minuten später gibt es tatsächlich frischen, rohen Tuna – ohne Schleppnetz und Beifang gefischt, rundum ökologisch wertvoll und nicht zuletzt außerordentlich deliziös. Darauf gönne ich mir ein kühles Bier aus dem Gemeinschaftskühlschrank, mache einen Strich auf der Getränkeliste und zolle Reiseleiter 21 einmal mehr Respekt für seine „You trust us and we trust you!"-Politik. Sehr mutig, Meister.

Die hohe Stegbaukunst

HKC, Day 3: Her mit den Drachen!

Januar in Jahr 2, oder Monat 23 nach dem Zusammenbruch

Das frühe Ins-Bett-Gehen zahlt sich aus und beschert mir um kurz nach 6 meinen ersten Sonnenaufgang im Komodo-Nationalpark. Die Landschaft ist atemberaubend schön: Steile, tropisch grüne Berge ragen direkt aus dem kristallklaren blauen Meer und erinnern an eine Mischung aus „Pirates of the Caribbean“ und „Herr der Ringe“. Am liebsten würde ich gleich, jetzt und hier ins Wasser springen. Nach dem kurzen und asiatisch-spärlichen Frühstück erreichen wir Insel und Nationalpark gegen halb 9, und meine Vorfreude wächst. Hier werde ich die letzten und wohl einzigen Drachen unseres Planeten erleben können – bis zu mehreren Metern lang, optisch einem Krokodil nicht unähnlich, ihr Biss aufgrund irgendwelcher Sekrete tödlich und gemeinhin die letzten Saurier auf Erden. Wir teilen uns in zwei Gruppen: Wilma, ihr Lakai und die öden Ü-40-Langweiler in der einen, ich in der Gruppe „Lässig“. Einzig unser Guide hat es weniger mit der Lässigkeit und ermahnt uns permanent zu Ruhe, Anstand und Vorsicht. Sein bewaffneter Kollege am Ende des Lässig-Wanderzuges, der uns vor Übergriffen der Komodo-Drachen bewahren soll, ist hingegen deutlich entspannter und sieht mit einem generösen Kopfschütteln über unsere „Vergehen“ (laute Ausrufe, ungefragtes Urinieren am Wegesrand, lautstarke Diskussionen über die öde Gruppe 40+) hinweg.

Der erste Komodowaran-Drache, auf den wir treffen, ist gleich ein besonders stattliches Exemplar: annährend drei Meter lang, amtlich schwer und laut unserem Guide in der

Lage, bis zu 50 Kilogramm Fleisch auf einmal zu essen. Den Sauriern gebührt mein höchster Respekt! Und mein größtes Verständnis dafür, dass sie sich am Ende eines solchen Fresswahns eine Woche gar nicht mehr bewegen.

Obschon sehr beeindruckt, hat unsere Gruppe mit ausführlicher Sichtung des Komodowarans genug von der Naturspektakelei und schlägt dem Guide, der inzwischen den Spitznamen „Not Funny“ führt, den gepflegten Rückzug zur Verpflegungsstelle vor. Der Guide lehnt vehement ab, und so geht es weiter: bergauf, bergab, über Stock und über Stein. Als glücklicher Trekkingschuhträger beobachte ich im Laufe des Marsches die schmerzhafte Metamorphose der Füße meines neuen Freundes Shawn, dem das Unterholz die Haut in zerkratzte Matschberge verwandelt. Ein weiterer Grund, „Not Funny“ zum Antreten des Rückwegs zu motivieren, und auch dieser Versuch ist nicht von Erfolg gekrönt. Dienstleistungsgedanken prallen von ihm ab wie Stöckchen am Waranpanzer. Weil „Not Funny“ immer mürrischer wird, versucht Jeff, dem Guide mit gezielten Fragen in seiner Kompetenz zu schmeicheln. Leider scheitert der Versuch krachend und vernichtend, birgt aber zumindest für uns einiges an Erheiterung. Wir erfahren nicht nur, dass es auf dieser Insel circa (!) 1.288 (und auf der Nachbarinsel 752) Komodowarane gibt, die immer wieder gezählt werden (eine rundum absurde Vorstellung, hierbei auf verlässliche Zahlen kommen zu wollen!) und es unter diesen deutlich mehr Männchen als Weibchen gibt, sondern auch, dass diese Tiere drei Augen haben – und (O-Ton Nicht-Lustig) „zwei Penisse – zumindest bei den Männern!“ Betretenes Schweigen in der Gruppe. Nur Jeff und Kumpel Shawn wollen es jetzt genauer wissen: „Wozu brauchen die denn zwei – damit die pissen und gleichzeitig Liebe machen können? Oder hat der König der Drachen mehrere Weibchen, die er gleichzeitig …? Haben die Weibchen denn auch zwei Vaginen?“

Chillender Drache

Die Skurrilität der Situation geht komplett an Nicht-Lustig vorbei: „Dreimal nein. Das ist ein komplexes Thema."

Aha.

Auch die Frage, ob es hier ob des Missverhältnisses primärer Geschlechtsmerkmale eine „Gay Komodo Community" gibt, wird uns nicht beantwortet, und so stratzen wir weiter und bewundern noch vier weitere Drachen – selbstverständlich dort, wo man sie auch am ehesten vermutet hätte: in der Nähe der Touristen-Cafeteria. Die liegt nur 100 Meter von unserem Bootsanleger entfernt, was uns zu der Frage führt, warum wir zuvor stundenlang bei Temperaturen von weit über 40 °C durch den Busch gewandert sind. Not Funny zuckt nervös und tätschelt seine Waffe. Wir nicken freundlich und beschließen, ihm fortan besser seine Ruhe zu lassen.

Gegen Mittag geht es mit dem Boot zum Red Beach: weit und breit nichts außer uns, unserem Boot, unglaublich tollem Strand, unfassbar kristallklarem Wasser und Riffen, deren Schönheit und Artenreichtum mir schier die Tränen in die Augen treibt. Selten habe ich etwas so Wundervolles gesehen, genieße den Ort in vollen Zügen und kröne das Ganze mit einem Head-First-Duell vom Kapitänsdach.

Unser Boot

Gegen 16 Uhr machen wir in Labuan Bajo, Flores, fest. Der Ort liegt mit seinen Fischerbooten malerisch in einer kleinen Bucht. Diejenigen, die in Flores von Bord gehen, haben drei Stunden Zeit, sich eine Unterkunft zu suchen, alle anderen vertreiben sich die Zeit bis zur ersten offiziellen Bordparty, die um 19 Uhr für alle im Hafen steigt. Shawn hat gleich eine Idee zum Thema Zeitvertreib bei der Hand: In der Nähe von Labuan Bajo soll es eine spannende Höhle geben. Neun Mitreisende brechen gleich freudig auf, und ich schließe mich trotz meiner Angst vor Enge mit mulmigen Gefühlen an. Das Gute an dem Kurztrip ist, dass Shawn, Jeff und Lynn mit von der Partie sind. Negativ zu Buche schlägt, dass Wilma mit ihrem Schatten auch zugegen ist. Nach harten Verhandlungen mit dem Fahrer eines Sammel-Bemos (dem Äquivalent zu einem angeranzten, schlotterigen Sammeltaxi) gelangen wir zum Eintrittskontrollsystem der Höhle, das aus einer Handvoll schläfriger Indonesier besteht. Wilma stellt allen Ernstes zur Diskussion, ob wir uns den einen Euro je Nase an Guidegebühr sparen sollten, und ich hoffe insgeheim, dass sie tatsächlich ohne Guide in diese unbekannte Höhle kriecht. Und zwar allein. Leider schließt sie sich stattdessen der Mehrheit an, zahlt murrend den Führereuro und geht nicht verloren.

Die Höhle selbst ist weder umfangreich noch komplex, dafür aber eine Herausforderung in anderer Hinsicht: Ohne Guide hätten wir uns definitiv verlaufen. Zudem gibt es in diesem Loch Passagen und Ecken, die wirklich nur genau so viel Platz bieten, dass man(n!) sich gerade so eben mit Kontakt zu allen Seiten hindurchzwängen kann. Die allgemein um sich greifende Klaustrophobie ist für mich nur schwer zu ertragen.

Erschwerend kommt hinzu, dass das Ganze in teils absoluter Dunkelheit stattfindet. Da wir nicht im Voraus ahnen konnten, dass es in einer Höhle absolut stockdunkel ist, haben wir unsere Taschenlampen auf dem Boot gelassen und verleihen uns dafür ein veritables Intelligenzkrönchen. Nur die Lampen des Guides und zwei weitere kleinere Funzeln, die er an Gruppenteilnehmer verteilt hat, sorgen dafür, dass uns die zahlreichen Bewohner der Höhle nicht entgehen. Ob es sich bei diesen um Höhlen- oder Höllengetier handelt, dessen bin ich mir ob des Aussehens und der beachtlichen Größe dieser Wesen nicht ganz sicher.

Während ich mich durch Gänge und Passagen quetsche – vor mir das Hinterteil des Guides und hinter mir das Gequake von Wilma – frage ich mich, wie ein so wundervoller Tag ausgerechnet hier enden konnte. Auch dass Shawn mit seiner Spinnenphobie mindestens genauso leidet wie ich, hebt meine Laune nur partiell. Gegen Ende der Tour ist jedenfalls keine Taschenlampe mehr notwendig: Shawn und ich sind beide so bleich, dass wir glatt als Energiesparlampen arbeiten können.

Zurück am Boot erwarten uns Essen, Kaltgetränke und indonesische … „Musik“ – fies und kreischend laut. Dazu bewegen sich auf einem alten Röhrenfernseher extrem dicke Menschen in Bikinis – ich sehe die Höhle gleich in einem deutlich besseren Licht. Diese furchtbare, aber angeblich typisch indonesische Abendgestaltung und das Kapern des Partyraumes durch die Ü-40-Fraktion treibt Jeff, Shawn und mich in die Arme eines beliebten australokanadischen Kartenspieles mit dem vielsagenden Namen „Asshole“. Wem zuerst das Kunststück gelingt, seine Karten loszuwerden, der wird „President“, der Nachfolgende „Vice President“, der Dritte „Neutral“ (also: die Schweiz) – und dann gibt es nur noch das armselige „Asshole“. Das darf immer geben und muss seine beiden besten Karten zur Strafe dem President überlassen. Die Aufstiegschancen der niederen Kaste sind und bleiben bescheiden, denn der „President“ erfindet immer wieder allerlei Piesakaufgaben, die die anderen Teilnehmer – meist aber das Asshole – erledigen müssen: Bier holen, einen Schluck trinken oder einfach das Maul halten zum Beispiel. Auf derart hohem Niveau verbringen wir sehr amüsante Stunden auf dem Löffeldeck und beschließen dann, die „Party“ auf dem Hauptdeck zu sprengen. Mit musikalischem Gegenfeuer aus meinen transportablen Logitechboxen machen wir dem grauseligen Indonesien-Speck-Pop den Garaus, keine 20 Minuten später ist der Fernseher aus und die ersten Leute tanzen bis zum Ankerlichten um 1 Uhr. Dann müssen wir uns von einigen lieb gewonnenen Leuten verabschieden, die nur die halbe Tour gebucht haben.

Lynn, Shawn und ich trinken danach weiter Bier und hören Adele – zwischen 2 und 4 Uhr ausschließlich „Set Fire to the Rain“ und „Someone Like You“ in Dauerschleife, ab 3:30 Uhr inklusive Karaoke und Pantomimebewegungen – Amüsement vom Feinsten! Einziger Wermutstropfen dieser großartigen Nacht: Der Kapitän findet unsere Idee eines „Anbadens“ gegen 4:30 Uhr erstens irritierend und zweitens genehmigt er sie nicht. Bei genauerem Darübernachdenken fügen wir uns – im „Nude Style“ ins kühle Nass zu springen, ist bei voller Fahrt bei Licht betrachtet nur eine semigute Idee. Trotzdem grinse ich an diesem Tag noch bis in den Schlaf hinein. Ich kann mich nicht erinnern, je zuvor so viel Spannendes, Neues, Witziges und Anstrengendes in so kurzer Zeit erlebt zu haben.

HKC 4 und 5: Männer …

Januar in Jahr 2, oder Monat 23 nach dem Zusammenbruch

Der vierte Tag ist trüb, und auf Rinca Island erwarten uns ein wackeliger Steg und ein Zwei-Stunden-Marsch in zwei Gruppen. Der allerdings geht verspätet los, weil zwei verkaterte Helden den Weg aus ihren Betten nicht gefunden haben – und einer von ihnen auch gar nicht im Kabinenbereich (mit seinen seit gestern teils unbelegten Betten) schlafen durfte. Ohne Frühstück, nur mit Flip-Flops an den Füßen, Shorts und T-Shirt und einer schnell gegriffenen Wasserflache in der Hand stolpern die beiden los. Einer von ihnen bin ich; der andere ist Shawn. Wer hätte es gedacht.

Bereits nach rund 100 Metern durch steiniges Gelände und bei beginnendem Regen stellt sich allerdings heraus, dass Kater am Morgen auch ihre Vorteile haben. Während die Wanderprofis gut vorbereitet auf Hiking- und Wanderschuhen unterwegs und mit Pullovern, Jacken und neben der Wasserflasche noch mit allerlei Schnickschnack, Proviant und Kameras bepackt sind, zockeln die zwei verkaterten und total übermüdeten Recken, die freiwillig die Nachhut bilden, deutlich leichtfüßiger durch die indonesische Wildnis, um weitere Komodo-Drachen bei was auch immer zu stören. Der Marsch in die Berge ist für alle Beteiligten eine echte Herausforderung, und schnell werden Klagen laut: die Schwergängigkeit des tiefen und immer aufgeweichteren Geländes, das ständige Auf und Ab, der immer stärkere Regen. Die beiden verkaterten Recken haben derweil mit ganz anderen Problemen zu kämpfen: stechendem Durst, fehlendem Moskitospray und einem Mangel an stillen Örtchen. Nichtsdestotrotz ist die Nachhut bestens gelaunt, unterrichtet selbst die Spitze der Gruppe

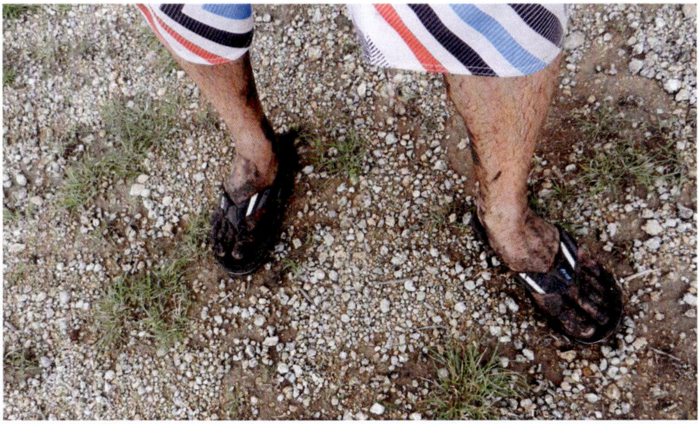

Die neuen Wanderschuhe

in blumigsten Worten über die diversen Zecherheldentaten der letzten Nacht und schmettert zur Hebung der Wandermoral einige Strophen von „Someone Like You“ durch den Wald. Das Sichten eines Drachen schafft sogar Zeit für eine Pinkelpause, die natürlich verboten ist. Aber mit geballter Zechersuperkraft gelingt es dennoch: Einer lenkt Guide und Gruppe mit lauten und irrwitzigen Fragen über das Paarungsgebaren der Drachen ab, der andere – nun ja … pinkelt. Und schon geht es weiter.

An einer Badestelle für Büffel angekommen, zeigt sich einmal mehr das mangelnde Humorverständnis der Guides, die sich vehement weigern, uns eine Schnorchelausrüstung für die Gruppe zur Verfügung zu stellen. Trotzdem können wir an diesem Tag noch einen Erfolg für die Zecherfraktion verbuchen: Wir ersparen der Gruppe einen Umweg von mehr als 200 Metern, indem wir leibhaft demonstrieren, dass eine generell als unpassierbar geltende Stromschnelle an einem rauschenden Fluss sehr wohl passierbar ist – sogar barfuß!

Nach zweieinhalb anstrengenden Stunden erreichen wir schließlich schmutzig, aber halbwegs wohlbehalten das Boot, beide mittlerweile jeweils mit einer ausgewachsenen männlichen Katze im Handgepäck, die mittels vielen kalten Getränken vertrieben werden will. Die jüngeren Passagiere wissen unseren heldenhaften Einsatz durchaus anerkennend zu würdigen; die Älteren schütteln verständnislos den grauhaarigen Kopf.

Wieder auf hoher See verschlechtert das Wetter sich zusehends, und so fehlen bereits zum Lunch einige Passagiere bei der Nahrungsaufnahme im Gemeinschaftsraum. Poseidon ist anscheinend mächtig erzürnt. Warum das so ist, darauf haben wir auch bis zur Ankunft in Gili Laba noch keine Antwort gefunden. Stattdessen bestaunen wir die Bucht, die sich – wie die meisten Eilande in dieser Weltengegend – durch unglaublich schöne Riffe und steil aufragende Berge auszeichnet. Shawn und ich – noch immer im Asshole-President-Modus – nutzen die Gunst der Zeit vor Anker zu einem allgemeinen „Wettköppern" vom Kapitänsdach, wobei der President selbstredend als Letzter springt und vorab tosenden Applaus für seinen Flug vom ehrfürchtig staunenden Publikum einfordert.

Angespornt von Sprüngen, Beifall und männlichen Höchstleistungen suchen die Zecherhelden gleich eine neue Herausforderung und finden sie in Form einer Kletter-Challenge. Gesagt, getan – Shawn und ich schwimmen die 300 Meter zum Strand und machen uns dort an den Aufstieg eines rund 200 Meter hohen und extrem steilen Berges. Selbstverständlich wie immer mit Sicherheitsvorkehrung und entsprechender Ausrüstung – also den obligatorischen Boardshorts und sonst nichts. Nach rund 50 Minuten Barfußkletterei sowie zahlreichen Rissen und Cuts an den Füßen kommen wir stolz oben an, bestaunen das Panorama – und wundern uns. Die Besatzung unseres Bootes ist von hier oben aus gesehen nicht nur erstaunlich klein; sie schaut auch zu uns hoch und winkt aufgeregt. Vermutlich ein indonesischer Akt der Ehrfurchtsbekundung.

Barfußgipfelstürmer

Gottergeben machen wir uns an den fußzerstörenden Abstieg und sind kaum an Bord angekommen, da geht es auch schon los auf die letzte Etappe: den Heimweg. Dieser hat es dermaßen in sich, dass 80 Prozent der Passagiere vor den Toiletten Schlange stehen oder sich gleich in das tosende Meer erbrechen. Shawn und ich lassen uns derweil im Galion – also dem spannenden Bereich vor dem Bug des Schiffes – nieder und fordern Poseidon heraus, indem wir Regen und Sturm die Lieder der allgegenwärtigen Adele entgegenschleudern. Ab und an erhalten wir dabei Besuch von jüngeren Mitpassagieren, die noch nicht völlig entleert und entkräftet dahinsiechen, sondern uns unter Aufbietung ihrer letzten Energiereserven mit Nahrung und vor allem Flüssigkeit versorgen. Leider kann es niemand von ihnen recht lange auf Deck aushalten. Als bei Einsetzen der Nacht selbst dem Kapitän das Treiben der See zu bunt wird und er um sein Schiff, die Touristen, die Besatzung und die Irren im Galion zu fürchten beginnt, lässt er im Windschatten einer kleinen Insel ankern. Und während sich die Passagiere in den Kojen wälzen, kommen Shawn und ich endlich dazu, der Besatzung im „Nude Style“ zu zeigen, was beim Springen vom Boot so alles möglich ist. Und da eben diese Besatzung sich von Wind und Wellen auch nicht hat ins Bockshorn jagen lassen, spielen wir noch gemeinsam bis tief in die Nacht Karten, lachen und feiern, bis der Obersmutje uns voller Anerkennung zwei letzte Biere mit den Worten „you dried the ship“ überreicht. Nachdem wir uns persönlich davon überzeugt haben, dass all unsere Vorräte wirklich ausgetrunken sind, ziehen wir uns zu später Stunde in einen langen und verdienten Schlaf zurück und träumen von Drachen, Bergen und vom Fliegen.

Dry-The-Ship - Shawn und Jan plus Crew

Senggigi to Kuta: Anekdoten aus dem Reisealltag

Januar in Jahr 2, oder Monat 23 nach dem Zusammenbruch

In einem meiner Lieblingssurffilme gibt es ein tolles Zitat: „The boat makes you get rid of all the extra stuff" – inhaltlich übersetzt gesagt: Ein längerer Aufenthalt auf einem kleinen Boot bringt Menschen näher zu sich selbst. An Bord kann man sich nicht mit Smartphones, Internet oder anderen „Segen" der Moderne beschäftigen und ist auf sich selbst und seine Mitpassagiere zurückgeworfen – ob diese einem nun gefallen oder nicht. Und so war ich am Ende dieser Reise am Zielhafen zwar glücklich, diese prägende und bewegende Erfahrung gemacht zu haben, gleichzeitig aber heilfroh, wieder mit der Welt und damit mit Familie, Freunden und Bekannten kommunizieren zu können. Auf der anderen Seite wiederum sind es genau diese Kontakte zu den Menschen in der Heimat, die mir zeigen, wie sehr mein Leben sich von dem meiner Leute daheim unterscheidet. Wann immer ich höre, was sich Weltbewegendes in der Heimat getan hat (Nachbars Hund ist gestorben, der Freund ist bei der Beschaffung eines neuen Autos einen Schritt weiter gekommen, irgendwer hat beim Hockey eine Formkrise), realisiere ich den signifikanten Unterschied dieses Lebens und seiner Themen zu denen meiner Reise. Denn hier, fernab der gewohnten Pfade, drehen sich nicht nur die eigenen Gedanken, sondern auch die langen Gespräche mit jenen, denen man auf seinem Weg begegnet, stets um wirklich Bewegendes, Grundlegendes und meist auch Emotionales. Und so kommt es, dass die Kontakte mit der Heimat mich immer mehr von ihr entfernen – und das ist wohl auch gut so.

Der Ausgangspunkt der Hunting-Komodo-by-Camera-Tour jedenfalls ist gleichzeitig ihr Endpunkt: Senggigi auf Lombok. Spontan buche ich mein Transferticket nach Kuta mehrfach um, um ein paar Tage in diesem sehr relaxten Ort zu verbringen. Am ersten Tag nach der Rückkehr von der Bootstour mache ich einfach mal nichts, außer mich über den tropischen Regen zu freuen, einige Mails zu schreiben und mit der Blogaktualisierung zu beginnen. Am zweiten Tag breche ich mit Tom, einem netten Holländer und ehemaligen HKC-Schiffskumpanen, zu einer Tagestour über die Insel auf. Das absolute Highlight dieser Tour ist der Guide selbst: Orgi ist im Nebenberuf Entertainer, Philosoph und Sprachkundler und kann im Englischen so gut wie jeden Dialekt nachmachen. Bereits gegen Mittag habe ich wegen dieses schrägen Vogels schon Eimer an Lachtränen vergossen und leichte Bauchkrämpfe von seinen zahlreichen Scherzen, Anekdoten und Geschichten.

Auf unserer Tour fährt uns unser Entertainer zunächst in das „Zentrum“ der Sarong-Produktion – einen Ort also, der sich auf die Produktion von traditionellen Tüchern spezialisiert hat, die gewickelt als Kleidungsstücke verwendet werden. Wie bei den Töpferinnen von Masbagik arbeiten auch hier die Frauen an den Sarongs, und die Herren kümmern sich um alles Weitere. Für das Weben eines Sarongs benötigen die Damen ein bis zwei Monate und verkaufen ihn dann – nach ordentlich asiatischer Feilscherei, versteht sich – für rund zehn Euro. Das Leben in den Dörfern Indonesiens ist sicher nicht immer einfach. Dennoch strahlen die Menschen so viel Lebensfreude und Zufriedenheit aus, dass es mich staunen macht und mir zeigt: Es braucht nicht wirklich viel im Leben, um aufrichtig glücklich zu sein. Der schottische Pädagoge Alexander Sutherland Neill hat nicht nur mit Summerhill Anfang des 20. Jahrhunderts eine der ersten demokratischen Schulen der Welt gegründet, sondern auch gesagt: „Es ist eine einfache Wahrheit, dass wir mit unseren Fernsehgeräten und Düsenflugzeugen weiter vom Leben entfernt sind als Eingeborene im afrikanischen Busch". Nicht, dass ich gerade in Afrika wäre, aber die Analogie ist klar vorhanden.

König Jan mit seinem ersten Minister Tom von Holland

In einem weiteren Dorf, das wir mit unserem Guide besichtigen, lernen wir ein weiteres herzerfrischendes und zugleich putziges Ritual kennen. Hier sind nämlich alle Häuser so angelegt, dass man durch den Schlaf- und Aufenthaltsraum der männlichen Haushaltsmitglieder gehen muss, ehe man in Küche oder Damenbereich gelangt. Der Grund: Es darf (sowohl hier als auch in den Nachbardörfern) nur innerhalb des jeweiligen Dorfes geheiratet werden. Und da das Dorf nicht mehr als 700 bis 900 Einwohner hat, werden Braut und Familie nicht immer nach ihrem Willen gefragt. Stattdessen gilt: Wer es schafft, seine Herzensdame erfolgreich zu entführen und sie eine gewisse Zeit vor ihrer Familie zu verstecken, der darf sie hernach ehelichen und den Entführerbund in einen

Lebensbund umwandeln. Die Sitten sind hier also etwas rauer, und von der Emanzipation sind die Frauen dieser Gegend wohl so weit entfernt wie ich von der Heimat. Man stelle sich so etwas einmal in Deutschland vor!

In Kuta Beach, der letzten Station der Tagestour, säumen nur wenige Hütten den entspannten Strand und das türkisfarbene Wasser. Hier relaxen auch einige gut gebaute Surfer, denn der Ort beziehungsweise seine Fischerdörfer in der Umgebung sind der Geheimtipp für alle, die Wassersport ohne Segel lieben. Leider hat eine große arabische Airline 600 Millionen Euro in die Erschließung und den Ausbau einer entsprechenden Hotelinfrastruktur in Kuta investiert, und so ist es mit der Idylle vermutlich bald vorbei. Leider. Tom und ich hingegen können dieses Fleckchen Erde noch ohne Touristenströme genießen und lassen hernach den letzten Abend in Senggigi in einem der zahlreichen Restaurants mit Livemusik ausklingen. Eine alte Reiseweisheit sagt schließlich nicht umsonst: „Mach ruhig und entspanne dich vor langen Reisestrapazen“ – und diese stehen mir schließlich am Folgetag mit einem rund Zehn-Stunden-Transfer nach Kuta, Bali ins Haus. Die Band, die in diesem Laden aufspielt, ist der absolute Oberkracher: Die Jungs haben unglaublichen Spaß am Musikmachen, was sich bekanntlich deutlich besser auf das Publikum überträgt als eine Top-X-Band, die Musik nur für Kohle macht. Und weil ich tatsächlich begeistert und mitgerissen bin, geht Tom nach dem Essen anständig nach Hause, und Jan bleibt noch ein „ganz klein wenig“. „Lass dich treiben“, verkünde ich mir stolz eine andere Reiseweisheit, als Tom zum Aufbruch bläst. Und so lasse ich ihn ziehen, höre der Band bis 1 Uhr zu (dann packen sie ihre Sachen zusammen), wechsele, weil ich gerade ohnedies in Stimmung bin, noch einmal den Klub und finde dort – welch Wunder – eine noch geilere Liveband, die erst so richtig die Fetzen fliegen lässt. Von Adele (das musste einfach mal wieder sein) über die Beastie Boys bis zu Lady Gaga wird hier alles durch die gewaltigen Boxen gedrückt, was laut ist und Spaß macht. Anwesend neben Personal und Band: 40 Locals und zwei „Westler". Ich kann solche Feste wirklich nur empfehlen. Gegen 5 Uhr lässt man mich endlich gehen – natürlich erst, nachdem Adressen ausgetauscht, zig Scheidebecher getrunken und zahlreiche internationale Verbrüderungsriten durchgezogen sind.

Der Abend war jedenfalls großartig, aber der folgende Reisetag wird – wer hätte es gedacht – zu einer echten Strapaze. Die Überfahrt nach Bali hat es besonders in sich, denn alle Touren von Speedbooten werden zwischen Bali und Lombok aufgrund des anhaltend schlechten Wetters seitens der Hafenbehörden untersagt. Die übliche Fähre wird durch eine größere ersetzt, um Wellen und See standhalten zu können. Also werfe ich mich in meine Regen- und Windschutzjacke – etwas, das ich unbedingt vermeiden wollte –, betrete das Schiff mit seinen gut 600 Passagieren und entdecke unter all den Gesichtern doch allen Ernstes meinen Freund Shawn von der Bootstour wieder – die Welt ist halt doch klein. Seine gebuchte Fähre am Vortag ist ob des Wetters ausgefallen, und da der gute Shawn einen Arbeitsvertrag als Lehrer besitzt, der bei einem Tag unentschuldigten Fehlens das Streichen eines kompletten Monatslohnes vorsieht, wird der drahtige Kanadier kurz vor dem letztmöglichen Abflugtermin etwas hektisch. Gut, dass ich Zeit habe – und überdies Glück. Denn auf dem Schiff bekomme ich mein erstes Geschenk auf meiner Solotour: Zwei liebenswürdige Schweizerinnen schenken mir einen Bleistift und eine Visitenkarte!

Nach 14 Stunden in Kuta, Bali, angekommen, stelle ich zunächst einmal fest: Kuta ist Tourismus pur und entsprechend überfüllt. Die einzigen Vorteile Kutas sind sein pulsierendes

Nachtleben und seine einzigartige Infrastruktur an Surfshops und Surfschulen. Letzteres ist auch der Grund, aus dem ich nun fünf Tage hierbleiben werde. Und so stolpere ich nach stundenlanger und schweißtreibender Suche nach einer preiswerten Unterkunft endlich in mein Zimmer, checke meine Mails und finde allen Ernstes eine Mail von Sunny, der Holländerin, die ich auf den Gilis kennenlernen durfte. Wo ich denn gerade stecke? In Touri-Kuta! Nur fünf Minuten später habe ich eine Einladung von Sunny, sie zu einer japanisch-stämmigen Balinesin zu begleiten, die zu einem indonesischen Essen einlädt. Kurz überkommen mich Zweifel: Ich kenne Sunny kaum, habe überhaupt gar keine Klamotten für solche Anlässe dabei, und wie ich zu diesem Haus kommen soll, weiß ich auch nicht. Aber da eine alte Reiseweisheit sagt: „Nimm mit, was kommt", mache ich mich schließlich doch auf den Weg – und prompt schlägt dieser Abend alles, was ich bislang auf dieser Reise erleben konnte. Ich bin Gast in einem der schönsten Häuser in Seminyak, einem Nachbarort von Kuta, mit einem noch traumhafteren Garten. Und ich darf ein Essen genießen, wie ich es bislang in meinem Leben noch nicht kosten durfte – alles vom Allerfeinsten und in Summe der beste Beweis dafür, wie gut es ist, sich ab und an einfach mal ins Leben fallen zu lassen, vermeintliche Hindernisse zu ignorieren und an das Gute im Menschen zu glauben. Während ich also mit Sunny in diesem Paradies sitze, erfahre ich, wie es ihr in der vergangenen Zeit ergangen ist – und staune gleich noch mehr. Kurz nach mir ist sie von den Gilis Richtung Bali aufgebrochen, hat sich dort ein Motorrad gemietet, wurde damit von einem Auto geschnitten und hat sich beim anschließenden Sturz das Bein gebrochen. Da sie sonst niemanden kannte, war sie in dieser Situation sehr aufgeschmissen und auf sich gestellt. Über eine Krankenschwester kam der Kontakt zu Uma, unserer heutigen Gastgeberin, zustande, die Sunny – obwohl sie sich nicht kannten – kurzerhand für zwei Wochen kostenlos bei sich einquartierte. Das Leben schreibt erstaunliche und wunderbare Geschichten. Und so schlürfe ich hier mit Sunny Cocktails in einem Palmenhain, den Geschmack der hervorragenden Speisen noch immer im Sinn, schaue in den tropischen Himmel und komme nicht umhin, das Schicksal, den lieben Gott oder den allgemeinen Zufall zu bewundern.

Surfin' Kuta 1

Januar in Jahr 2, oder Monat 23 nach dem Zusammenbruch

„Also mögen die Spiele beginnen!" Mit diesen Worten eröffnet unser Surflehrer Anthony die erste Stunde. Ich habe in der Pro Surf School in Kuta einen Fünf-Tage-Kurs gebucht, genauer: jeden Tag mindestens zweieinhalb Stunden Theorie und Praxis in den Wellen direkt vor der Schule in Kuta Beach. Die Lerngruppen bestehen aus maximal drei Schülern und dem indonesischen Lehrer – ich habe richtig Glück, und so besteht unsere Gruppe nur aus dem Trainer und einem putzigen Skandinavier. Am ersten Tag heißt es Antreten um 13:30 Uhr. Ich hege den stillen Verdacht, dass die Organisation der Schule den Termin bewusst so spät gelegt hat, damit die anderen Gruppen, die deutlich früher am Tag trainieren, sich köstlich über die „Neuen" und ihre Versuche auf dem Wasser amüsieren können. Egal, ich bin mutig und guter Dinge. Laut Orgatante am Buchungstresen gibt es jeden Tag 30 bis 45 Minuten Theorie für uns Beginner, dann soll es ab aufs Wasser gehen. Unser Surflehrer Anthony ist heute aber anderer Meinung: Einmal trocken das Aufstehen auf dem Brett üben, dann Boards auswählen – und nichts wie ab mit dem Zeug in Richtung Wasser, verkündet er uns. Kurz darauf steht er mit gerunzelter Stirn vor dem Boardlager, mustert seine beiden Schüler, und mir schwant nichts Gutes. In meinem Kopf nämlich stürze ich mich lässig und mit einem kleinen Brett unter dem Arm in die mörderisch hohen Wellen, die ich dann – nach etwas Training – elegant abreite. Aber nun bekommt schon mein skandinavischer Trainingspartner Tim mit seiner eher asiatischen Größe von 1,70 Metern auf Zehenspitzen ein Riesenboard angedreht, bei dem ich mir ernsthaft Sorgen mache, ob und wie er das Ding bis zur Wasserkante schleppen soll.

Erster Versenkungsversuch gegen den Wikingerzwerg

Mit dem Scheunentor den Coach ins Wasser treiben

Und so kommt es, wie es kommen muss: Obschon ich Anthony darauf hinweise, dass ich einen Surf- und keinen Tischtenniskurs gebucht habe, hängt er mir die Leach (das Verbindungsband zwischen Fuß und Board) um den Hals. Dann fordert er uns auf, schnell noch ein Lycra (Surfshirt) anzuziehen (wir bekommen die Anfängershirts in Signalrot, damit auch jeder Depp auf dem Wasser sehen kann, was Tim und ich können oder besser nicht können) und drückt mir eine als Surfboard getarnte Tischtennisplatte in die Hände. Auf dem Weg zur Wasserkante grüßen einige Balinesen ehrfurchtsvoll. Sie halten mich wohl für einen deutschen Pionier, der eine erste Brückenbohle für einen Panzertrack über das Balinesische Meer nach Java verlegen will. Vielleicht sind sie aber einfach nur erstaunt, dass man auf solchen Planken surfen können soll.

Die Surfschule wirbt damit, dass man die nächste Unterrichtsstunde umsonst bekommt, wenn man es am ersten Tag nicht schafft, mindestens eine Welle zu reiten. Ich überlege ernsthaft, mich besonders blöd anzustellen, aber dann fällt mir ein, dass ich in diesem Fall morgen wieder mit Idiotenshirt und Tür ins Wasser müsste. Das kann keiner wollen. Also mühen Tim und ich uns redlich, und es gelingt uns in der Tat, die ersten Wellen zu stehen. „Wellen" ist dabei vielleicht der falsche Begriff, denn wir reiten bestenfalls die Abfälle der Wellen ab, die sich ungefähr 30 Meter vor uns bei den „großen Jungs" brechen. Aber der kleine Tim und ich sind trotzdem zufrieden, haben eine erste Ahnung davon bekommen, wie geil der Sport sein kann, und Anthony bestätigt uns die notwendigen Fortschritte, um am nächsten Tag im Kurs „Beginner 2" anzugreifen. Freudig erregt überlegen wir uns, wo wir unsere Feuertaufe gebührend feiern können, als uns die Orgatante mitteilt, dass der B2-Kurs am Folgetag um 8 Uhr anfängt. Was bedeutet: um 8 Uhr mit Board unter dem Arm am Wasser. Das Weggehen können wir vergessen, stellen stattdessen den Wecker auf 6:30 Uhr.

Am nächsten Tag trete ich also den zwanzigminütigen Fußmarsch an, gönne mir unterwegs in einem Supermarkt einen Happen Frühstück und eine Coke und stelle schon bei meiner Ankunft fest, dass unsere Trainingsgruppe Zuwachs bekommt. Daniela aus Bayern ist jetzt mit von der Partie, sie ist erst knapp 20 Jahre alt und bringt schon ordentlich Vorkenntnisse mit. Tim und ich werden nervös, denn der Leistungsdruck nimmt natürlich überdimensional zu. Klar bekommen wir wieder die rotten Deppenshirts ausgehändigt, aber immerhin sind die Boards nicht mehr so groß, dass man sie mit Scheunentoren verwechseln könnte, und außerdem gibt es heute tatsächlich fast 45 Minuten Theorie. Wir lauschen Anthonys Ausführungen über die RIP-Strömung (RIP = Rest in Peace = besser nicht reingeraten) und erfahren, was man alles tun kann, wenn man von einer fetten Monsterwelle verarbeitet wird – nämlich nix. Das hebt nicht gerade die Moral. Erst recht nicht, wenn der Anschlusssatz lautet: „Und heute gehen wir mal etwas weiter raus."

Erfreulicherweise sind die Wellen an diesem zweiten Tag unseres Kurses nicht so brutal hoch, sagt Anthony – also nur circa 1,20 Meter. Da wir uns aber nicht bei den ganz „großen" Wellen aufhalten, sondern lediglich in der Brandungszone derselben, müssen wir ordentlich paddeln, und nach nicht einmal 30 Minuten brennt in meinen Armen das Feuer von Mordor. Nach weiteren 30 Minuten fühlt es sich an, als könne ich mit meinen Greifern vom Board aus den Grund in drei Metern Tiefe abtasten. Kurz denke ich an diesem zweiten Tag darüber nach, aufzugeben, wenn – ja, wenn da nicht ab und an diese wahnsinnigen Glücksgefühle wären, wenn man mal wieder eine Welle bekommen hat. Und so beiße ich die Zähne zusammen und paddele weiter. Am Abend starten wir, mittlerweile zu dritt, einen zweiten Versuch, auf die balinesische Partysahne zu hauen – und scheitern erneut, da der B3-Kurs am Folgetag wiederum um 8 Uhr starten soll. Also beschließen Daniela und ich, angefixt wie ich bin, stattdessen, am Nachmittag noch mal allein aufs Wasser zu gehen. Die Energie des Mittagessens haben wir am Nachmittag bitter nötig: Die Wellenberge haben deutlich an Höhe gewonnen. Und ohne Coach Anthony, der uns aufgrund seiner Erfahrung immer angesagt hat, welche Wellen für uns brauchbar sind, müssen wir nach „trial and error" vorgehen: zwischen Arme-Abpaddeln, um dann nur auf einer Schaumkrone zu hocken bis zu von einer Welle abgerieben werden ist alles dabei. Zum Glück schaffen wir es nach gut einer Stunde endlich, die eine oder andere brauchbare Welle zu erwischen, und schon weicht der Frust auf dem Wasser spontanen Jubelschreien.

Zweiter Versuch

Spätestens am dritten Tag verfluche ich mich dafür, dass meine Bleibe 20 Minuten Fußmarsch von der Surfschule entfernt ist. Natürlich könnte ich mir auch einfach einen Roller mieten, aber dazu bin ich zu geizig, will die Zeit lieber zum Wachwerden nutzen, quäle mich daher erneut zu Fuß zur Schule und inspiziere dabei im Halbschlaf meine Oberarme. Als frischgebackener Surfer rechne ich mit Bizepspaketen im Schwarzenegger-Style, finde aber nur übliche unspektakuläre Normalarme. Das ist es dann wohl, das ausbleibende Muskelwachstum ab Mitte 20. Frustriert schluffe ich in meinen 7-Eleven-Laden und hole mir die maximale Frühstücksenergie: zwei Dosen Coke, eine Tüte Chips und ein Paket Erdnüsse. Danach fühle ich mich deutlich besser. Zum Glück beginnt der dritte Trainingstag mit 45 Minuten Theorie und albernen Übungen im Pool – mit kleinem Board, immerhin. Dieses bekommt man allerdings nur, wenn man es schafft, auf dem alten Board mindestens zehn Sekunden zu stehen. Schwung holen im circa zehn mal fünf Meter großen Pool ist für den Vortrieb erlaubt; flapsige Kommentare, Beifall und Anfeuerungsrufe der anderen Surflehrer und Schüler am Poolrand gibt es gratis dazu. Leider sind meine Mitschüler vor mir dran und schaffen die zehn Sekunden im ersten Anlauf. Ich schaffe nur drei. Mein Selbstvertrauen in überlegene sportliche Fähigkeiten sinkt mit mir auf den Poolgrund. Nächster Versuch: sechs Sekunden. Bitter. Der kleine Wikinger unterdrückt ein schelmisches Grinsen (schon klar; der wiegt schließlich knapp die Hälfte!), und Anthony lässt sich auch nicht durch mein Fluchen und Betteln beeindrucken – Regel ist Regel. Dritter Versuch: 9,5 Sekunden! „Das reicht allemal!“, erkläre ich Anthony, und er nickt gnädig. Also: Her mit dem kleinen Brett!

Euphorisiert erreichen wir kurz darauf das Meer mit Wellen von bis zu zwei Metern Höhe. Heute soll es sogar ins Line-up gehen – also in die Zone, hinter der (vom offenen Meer aus gesehen) die Wellen brechen. Allein die „Anreise“ durch die Brecher ist der Wahnsinn – gut, dass wir bereits die Eskimorolle und andere Tricks auf Lager haben, die uns durch die tosende Brandung bringen. Als ich kurz darauf mit Anthony im Line-up auf dem Board sitze, läuft mir der Schweiß von der Stirn, die Arme brennen wie Feuer, und ich bin rechtschaffen erschöpft. Darum also sehen die Surfer alle so durchtrainiert aus!

Nach weiteren zehn Minuten erreicht Daniela die Gruppe; weitere fünf Minuten später der keuchende Wikingerzwerg. Mein Mitleid für den skandinavischen Surfwicht hält sich aufgrund der Poolereignisse in engen Grenzen. Kurz darauf weist uns Anthony die ersten Wellen zu – und von da an gibt es für mich kein Halten mehr, denn zum ersten Mal erlebe ich die ganze, schiere Kraft des Meeres am eigenen Leib. Nach einem wagemutigen Versuch, die Füße bei abartiger Geschwindigkeit auf das Board zu bekommen, hebe ich den Blick und sehe tief unter mir das Wellental. Für die Länge eines Augenblicks genieße ich diese Aussicht und das damit einhergehende unfassbare Gefühl, dann trete ich in Wettstreit mit meinem Board, um das Wellental schnellstmöglich und in wildem Sturzflug zu erreichen. Die anschließende Keilerei zwischen mir und dem Board in x Metern Tiefe unter der Welle verliere ich eindeutig und reiße mir mal wieder einen Zehennagel ab. Als ich nach Luft japsend wieder an die Wasseroberfläche komme, wird mir klar, dass es trotz des amtlichen Waschganges weitergehen muss – der eine Augenblick reicht, um mich total mit dem Surfvirus zu infizieren. Ähnliche Glücksgefühle im Sport kenne ich bislang nur vom Angleiten beim Windsurfen. Und auch dieser Sportart bin ich seither verfallen.

Bei Daniela und dem Zwerg sieht das allerdings anders aus. Dort sehe ich schreckgeweitete Augen, und es fehlt sogar ein Board. Ha! Jetzt wird endlich selektiert! Schnell paddele ich aus der Brandungszone wieder ins Line-up und mache mich mit Anthony auf zur nächsten Welle – wieder brutaler Waschgang. Während unzähliger Sekunden vollkommener Orientierungslosigkeit unter Wasser kommen mir Anthonys Worte aus der Theorie wieder in den Sinn: Man kann einfach nix machen, außer die Arme um den Kopf zu legen, um vom Board nicht allzu übel verprügelt zu werden. Ein Nagel reicht schließlich; meine Zähne möchte ich gern behalten. Wieder an der Wasseroberfläche binde ich die Hose neu, rücke das Lycra gerade, sammele Luft für den Weg durch die Brandung, kämpfe mich erneut ins Line-up und chaotisch zurück – und beim fünften Versuch gelingt uns tatsächlich der erste Ritt!

Ich drehe vor Adrenalin und Glücksgefühlen fast durch und schreie nach mehr Meer und endlich mal richtigen Wellen. Auch den beiden anderen gelingen ähnliche Wellenritte. Leider beendet Anthony die Stunde inmitten des höchsten Euphorietaumels, weil er der Meinung ist, dass wir unbedingt eine Pause brauchen. Das hindert uns selbstverständlich nicht daran, uns am Nachmittag zu einer weiteren Session zu treffen und im Anschluss endlich mal richtig auf die Piste zu gehen. Barsurfen nennt man das dann. Schließlich beginnt der Unterricht am nächsten Tag erst um 10!

Um Mitternacht besteht unser Barsurfteam aus uns drei Surfschülern, dem indonesischen Surfschulfotografen, zwei Australierinnen und einer Südkoreanerin. Der Wikingerzwerg performt im Nachtleben genauso wie auf dem Board – nämlich gar nicht. Und so „müssen" sich Collin, der Fotograf, und ich allein um die Partymäuse kümmern, die uns im Skygarden zu Kuta mal so richtig zeigen, wie das mit dem Feiern funktioniert – ein hartes Los, wie ich finde.

Nach etlichen Drinks und zu hammerharten Beats rocken wir uns fast einen Wolf. Die Stimme in meinem Hinterkopf, die mich ab 3 Uhr halbstündlich daran erinnert, dass es morgen wieder in die Meereswaschmaschine geht, ignoriere ich geflissentlich, falle erst gegen 6 Uhr in den wohlverdienten Schlaf und frage mich kurz vor 9 Uhr und nach dem dritten Weckerklingeln, ob ich in meinem Leben eigentlich immer noch nichts gelernt habe. Warum eigentlich bleibe ich nicht einfach mal im Hotel, um mich zu schonen? Die Antwort sehe ich im Spiegel: Auf meinem geschundenen Körper thront ein total euphorisches Gesicht mit breitestem Grinsen. Also ab ins 7-Eleven, Energie auftanken, und danach zur Surfschule – wo ich der Einzige bin. Meine Mitschüler verspäten sich gehörig, sind aber dennoch ebenfalls bester Laune. Zu Recht, denn an diesem, dem vierten Tag, bleiben uns die roten Deppenshirts erspart. Wir gehören nun offiziell nicht mehr zu den Beginnern. Dafür haben die Wellen noch ein wenig an Höhe und Dampf zugelegt, und ich stelle nach dem ersten beängstigenden Waschgang fest, dass eine durchzechte Nacht bestenfalls mutiger, aber keineswegs gelenkiger macht, geschweige denn für mehr Balancegefühl sorgt. An diesem Morgen gibt es daher nur wenige Wellenritte, dafür aber umso mehr Feuer in den Armen. Also verabreden wir uns erneut am Nachmittag zu einer selbst durchgeführten Session. Die anderen schaffen es allerdings nicht aus den Mittagsschlafkojen, und so düse ich schließlich allein durch das Wasser und kann den Rückweg zum Hotel schließlich endgültig nicht mehr allein zurücklegen. Mein ganzer Körper schmerzt, und so gönne ich mir ein Taxi. Ich werde wohl alt. „Daheim" angekommen geht nichts mehr außer duschen, Nahrungsaufnahme im Restaurant (alles, was die Küche an Frittiertem hergibt) – und ab ins Bett. Zwölf Stunden schlafen? Kann ich!

Am nächsten Morgen und nach einer erholsamen Nacht stelle ich einmal mehr fest, dass der menschliche Körper eindeutig ein Wunderwerk der Schöpfung ist: Wenn eigentlich alle Akkus leer sind, geht immer noch etwas, wenn man denn will. Und: Oh ja! Wir wollen wirklich, und der Trainingsbeginn um 13 Uhr bietet beste Bedingungen für eine wunderbare Abschlusssession. Der Kleinwüchsige aus Skandinavien hat das Handtuch geworfen und ist augenscheinlich grußlos abgereist, aber für die bajuwarische Dame und mich legen die Wellen heute noch einmal eine Stufe zu: doppelt mannshoch, also gute drei bis vier Meter in der Spitze. Viele Waschgänge (die ich mit immer mehr Gleichmut ertrage), wenige gelungene Wellenritte und alles in allem ein genialer Kurs! Von der Surfschule geht es direkt ab in den Flieger nach Java, und ich weiß auch schon, was ich mir von Indonesiens Hauptinsel wünsche: weitere Wellen zum Üben …

Ohne Deppenshirt auf der Zielgeraden...

...und etwas stolz drauf...

Nach Bandung, nach Pangandaran, nach Batu Karas, nach Pangandaran, nach Yogyakarta

Januar in Jahr 2, oder Monat 23 nach dem Zusammenbruch

Einfach mal einige Meilen fressen und den Weg ins Ungewisse wagen – das gehört wohl auch zum Reisen. Aber langsam wird mir die Reiserei unheimlich, denn Ungewissheit ist etwas, mit dem ich noch immer nicht besonders gut umgehen kann. So sehr ich meine Auszeit immer wieder genieße, so sehr gibt es auch immer wieder Tage und insbesondere Nächte, in denen sich Zweifel an Sinn und Zweck meiner Reise breitgemacht und ich über deren Abbruch und eine Rückkehr in heimische und „sichere" Gefilde nachgedacht habe. Diese Zweifel werden nicht von meinem persönlichen Wohlergehen oder meiner Gesundheit genährt, sondern von der seelischen Mühsal, immer wieder einen Fuß vor den anderen zu setzen, mich immer wieder neu zu motivieren, auch an lieb gewonnenen Plätzen nicht lange zu verweilen. Sich wieder und wieder unbekannte Regionen zu erschließen, mag für den einen oder anderen Leistungsbackpacker der eigentliche Grund des Reisens sein, fällt mir aber wirklich schwer. Und so spüre ich nach wie vor immer wieder, wie sich meine Seele vor neuen Herausforderungen sperrt, die Überlastungen der Vergangenheit erst einmal auskurieren will und mir die altbekannten Bauchschmerzen und andere Körpersymptome als Warnsignal schickt. Aber auch, um diesen Zustand zu unterbinden, reise ich ja. Neues ist schließlich nicht schlecht, sondern genauer gesagt sehr gut. Ich muss nur das richtige Maß finden und dabei wieder lernen, dass ich mich weiter nach vorn bewegen muss und Verkriechen keine Lösung ist. Trotzdem wünsche ich mir mitunter in Stunden des Zweifelns jemanden an meiner Seite, mit dem ich gemeinsam reisen und zumindest meine Unsicherheit teilen – oder der mir ab und an einen kleinen Anstupser geben könnte, um den nächsten Schritt gehen zu können. Aber das Leben ist nun mal kein Wunschkonzert, und so beiße ich die Zähne zusammen und halte weiter durch. Es wird schon besser werden. Und manches ist auch jetzt schon besser. Besser als erwartet etwa. So habe ich zum Beispiel im Vorfeld in vielen Blogs gelesen, dass ich mit meinen gefühlten 20, aber effektiven 32 Lenzen zum alten Eisen der Backpackerszene gehöre. Zumindest für Indonesien kann ich das nicht bestätigen und bin hier (Kuta und Bali ausgenommen) stattdessen fast immer und überall das Küken. In Thailand etwa soll das mit dem Durchschnittsalter der Backpacker schon wieder vollkommen anders aussehen. Ich werde es, so Gott will, noch erfahren und kann mich dann ja dort mit dem jungen Gemüse herumschlagen.

Dass Indonesien vor allem ältere Backpacker hat, liegt vermutlich daran, dass es weniger ein klassisches Touristenziel als vielmehr noch ein echtes Entwicklungsland ist. Vieles in diesem wunderschönen Land ist noch nicht wirklich erschlossen und weit davon entfernt, als „gut organisiert" bezeichnet werden zu können. Das gilt insbesondere für Transporte jeglicher Art, die in den entlegenen Ecken Javas zwischen den einzelnen Städten gern einige Stunden dauern können. Allerdings kommt man hier sehr schnell mit den Einheimischen ins Gespräch, für die ich als Weißer noch eine echte Attraktion bin. Und so vergeht kaum ein Tag, an dem ich nicht für mehrere Fotos mit irgendwelchen asiatischen Ladys, Gruppen oder Familien posieren „muss". Am Anfang ist das Balsam für die Seele, aber irgendwann wird es auch anstrengend, wenn nicht gar unheimlich.

Nachdem ich nach der letzten Surfstunde direkt nach Bandung im Norden Javas geflogen bin, gönne ich mir hier jedenfalls erst mal ein nettes Hotel. Dass es ein nettes (und somit etwas teureres) Hotel ist, liegt weniger an mir als vielmehr an dem Taxifahrer, der meinen Adresswunsch schlicht nicht verstanden hat (nicht wirklich viele Menschen sprechen hier Englisch). Also zahle ich halt einmal 25 Euro für die Nacht, habe dafür aber sogar WLAN im Zimmer und warmes Wasser – ein Luxus, der mir schon seit gut drei Wochen nicht mehr untergekommen ist. Und so gelingt es mir hier sogar, die Reise nach Pangandaran an der Westküste Javas zu organisieren. Eigentlich wollte ich mit einem öffentlichen Bus zum Bahnhof, dann von dort nach Banjar mit dem Zug und dann wiederum mit dem öffentlichen Bus weiter nach Pangandaran am Meer. Kostenpunkt: circa 14 Euro. Das Hotel bietet die Strecke aber direkt von Tür zu Tür im klimatisierten Bus für 16 Euro an, und ich bin am nächsten Tag wirklich glücklich darüber, mir mit einer Mehrinvestition von zwei Euro rund zehn Stunden Fahrtzeit in der indonesischen Bahn erspart zu haben. Fast neun Stunden im engen Bulli zu sitzen, ist auf den indonesischen Rumpelpisten zwar auch alles andere als ein Spaß, aber immerhin machen wir eine (!) Pause während des gesamten Transfers, die ich nutze, um etwas zu essen und meinen geschundenen Hintern zu entspannen. Bei meinem Spaziergang entdecke ich wieder eines dieser indonesischen Fußballspiele, die ich mir so gern anschaue, und hier am Spielfeldrand verbringe ich auch den Rest der Pause. Kicken ist extrem populär in Indonesien, und es ist wirklich beeindruckend, mit wie viel Leidenschaft die Menschen dem Sport unter wirklich widrigsten Verhältnissen frönen. In Deutschland würden die Spielfelder nicht mal als Ackerbrachfläche durchgehen, aber hier wird zu jeder möglichen Tageszeit auf diesen grausigen Bolzplätzen gekickt.

In Pangandaran machen mein plattgesessener Hintern, der schmerzende Rücken und wahnsinniger Hunger meine Pläne, direkt nach Batu Karas weiterzureisen, zunichte. Zum Glück finde ich schnell ein freies Zimmer in einem Homestay – einer Unterkunft, in der man meist mit anderen Backpackern im Haus einer indonesischen Familie wohnt. Eigentlich der beste Ort, um spannende Dinge zu erleben. Nur heute nicht. Zum einen will ich nur noch ins Bett, um am Folgetag weiterreisen zu können, und zum anderen sind nur Franzosen anwesend (einer wohnt sogar bereits ganze vier Monate hier), mit denen man sich ob ihres furchtbaren Dialektes in den seltensten Fällen gepflegt unterhalten kann. Deshalb schlafe ich einfach mal aus und lasse mich am nächsten Morgen die zwei Kilometer vom Homestay bis zum Busbahnhof von Pangandaran bringen. Der Fahrer der Fahrradrikscha, einer sogenannten Bejak, tut mir schon nach wenigen Metern leid. Es ist zwar erst 8 Uhr morgens, aber trotzdem schon rund 30 °C, und mit Gepäck bringe ich es vermutlich immer noch auf gut 126 Kilogramm. Am Busbahnhof angekommen, geht es in einem Bemo weiter. Ein Bemo ist – nein, besser: war – einmal so etwas wie ein Minibus und ist heute meist derart abgewrackt, dass es jeder Beschreibung spottet: Durch das durchgerostete Bodenblech schaut man auf die Schlaglöcher der Straße, die Lenkung hat mehr Freiraum als alles andere, Stoßfänger sind nicht mehr existent und so noch Scheiben vorhanden sind, haben diese erhebliche Risse. Außerdem steigen immer und immer mehr Menschen mit Gepäck, Tieren (!) und sonstigen möglichen und unmöglichen Gerätschaften zu, was schon bald für eine bedrückende Enge in der Klapperkiste sorgt. Nach gut eineinhalb Stunden in stickiger Hitze erreichen wir endlich und ordentlich durchgeschüttelt Cijulang. Von hier geht es nur mit Motorrädern weiter – selbst die allgegenwärtigen Bemos meiden Batu Karas, und ich frage mich, ob die Idee, so weit in die Provinz zu reisen, wirklich clever gewesen ist. Immerhin sind hiermit meine letzten Zweifel, ob der Ort wirklich ein Geheimtipp ist, ausgeräumt. Und so zwänge ich mich wie ein Affe auf dem Schleifstein hinter den behelmten Indonesier auf sein absolut nicht verkehrstüchtiges Motorbike-Taxi und kralle mich mit einer Hand an einem Haltegriff fest. Der „Chauffeur" nimmt mein riesiges Backpack zwischen die Beine (!), und so verdreifacht der europäische Passagier mal eben die Zuladung und sorgt für reichlich Profilabrieb zwischen Rad und Radkasten. Nach 20 angsteinflößenden Minuten über Stock und Stein überqueren wir einen trägen Strom über eine extrem schmale Bambushängebrücke der übelsten Kategorie. Ich bin zwar dankbar, dass wir mitsamt bedenklich knackendem und schlagendem Untersatz die erste Etappe gemeistert haben, aber die Brücke sieht alles andere als solide aus. Eher so, wie Bambushängebrücken über Brackwasserflüssen wohl nun mal aussehen: als seien sie für zierliche Indonesier gemacht. Doch während ich mich noch mit wachsender Panik frage, wie diese kleine Brücke uns je tragen soll, rast der indonesische Wahnsinnige bereits wie ein Besengter los. Umdrehen geht bei 60 Zentimeter Spurbreite sowieso nicht, und so schreie ich dem Helm vor mir noch ein „Flamme aufs Scharett, du halber Hahn" zu. Tatsächlich beschleunigt der Verrückte seine Suzi auf unglaubliche 50 Stundenkilometer, und als wir den Tiefpunkt der Brücke erreichen und den Schwung für die zweite Hälfte nutzen, stellt sich ein erstes Gefühl von Erleichterung und echter Zuneigung zu meinem tapferen Fahrerlein ein. Allerdings hält dieses nicht allzu lange an, denn der Chauffeur visiert unmittelbar nach Erreichen festen Bodens ein Kassenhäuschen an – neudeutsch auch Mautstelle genannt. Man möchte Geld von mir sehen. Ich zahle, weil ich mir denke, dass man im Heidepark in Soltau ja auch für die Achterbahnfahrt zahlt, und weiter geht es nach Batu Karas. Laut Reiseführer ist dieser Ort nicht nur ein absoluter Geheimtipp, sondern auch total entspannt und der beste Ort zum Surfenlernen in Indonesien. Von „surferstyle and layed back atmosphere" war da die Rede, aber zumindest ich entdecke davon nicht sehr viel. In Summe zwei Restaurants, drei Unterkünfte, der Strand ganz nett, aber nicht weltbewegend. Und dafür habe ich fast drei Tage Anreise in Kauf genommen?! Anscheinend arbeiten in der Reiseführerredaktion auch Werbetexter. Shit happens.

Die folgenden Tage verbringe ich tagsüber mit Surfen und abends mit dem Leeren der Biervorräte des Ortes. Mehr kann man hier nicht machen, denn hier ist wirklich gar nichts los. Immerhin ist das Surfen hier nett. Die „Wellen" in Batu Karas sind zwar bestenfalls 80 Zentimeter hoch, laufen dafür aber ewig lang und lassen einen gute 250 Meter am Stück surfen. Eine gefühlte Ewigkeit reinster Genuss mit wenig Anstrengung. Zudem ist das Line-up direkt neben einem Felsen unter schattenspendenden Bäumen. Mir fehlt mit Surfspots die Erfahrung, aber diese Konstellation erscheint mir schon recht einmalig, einzigartig und verglichen mit dem Muskelvernichten in Kuta vor allem sehr entspannt. Nach einem Surftag in Batu Karas schmerzt einem höchstens der Kiefer vom vielen Reden mit den Locals auf dem Wasser, und so geht es nach drei Nächten in diesem verschlafenen Nest rundum erholt weiter nach Yogyakarta, dem kulturellen und intellektuellen Herz von Java, wie es heißt. Die Beschreibung ist in meinen Augen ein guter Grund, die Stadt in keinem Fall zu besuchen, aber da sie sehr zentral und zudem auf dem Weg nach Bali liegt und einige Sehenswürdigkeiten in direkter Umgebung zu finden sind, muss ich wohl mal vorbeischauen. Die Anreise aus Batu Karas nach Yogya (so die Kurzform von Yogyakarta) ist allerdings ähnlich kompliziert wie die nach Batu Karas, und so schaffe ich am ersten Tag nur den bereits bekannten Transfer nach Pangandaran – Überleben der Bambusbrücke inklusive. In Pangandaran angekommen, stelle ich aber mit Entsetzen fest, dass es keine freien Zimmer mehr gibt. Es ist Samstag, und mal wieder steht aufgrund irgendeines mir unklaren indonesischen nationalen Feiertages ein langes Wochenende an. Nach zehn voll belegten Hotels und Homestays stelle ich mich mental auf eine Nacht am Strand ein und versuche mich mit meinem Transferticket zum Bahnhof nach Sidareja am nächsten Tag zu beruhigen. Im letzten Hotel meiner Suche – dem Bamboo – stelle ich dann aber fest, dass der Kapitalismus in großen Schritten Einzug in Pangandaran gehalten hat. Hier ist noch ein Zimmer frei, das aber nur für zwei Tage am Stück vermietet wird – wegen des Feiertages. Aha. Am Ende zahle ich doch nur für eine Nacht, das dafür aber in dreifacher Höhe – 30 Euro für miese Ausstattung, mit fließend Kaltwasser und ohne Handtücher oder gar Toilettenpapier. Ich bin begeistert und mache mich zur Steigerung der Grundlaune auf den Weg zum Strand. Die Wellen sollen hier gut sein, und der nette Mann vom Board-Rental-Shop verkündet mir mit stolzgeschwellter Brust, dies hier sei das beste Anfängerrevier. „Keine Strömungen – weder parallel zum Strand noch RIP –, brauchbare Wellen, Tide stimmt sowieso." Janeeistklar! Selbst ich als Anfänger habe bei Anthony gelernt, dass die Wellen brutal schnell laufen und grundsätzlich nicht geordnet sind, wenn der Wind kräftig auf den Strand bläst. Und genauso sieht das auch vor Ort aus. Als ich ins Wasser steige, merke ich schon im knietiefen Wasser ein Reißen an meinen Waden – so viel zum Thema keine Strömungen. Egal, aus dem Tag muss noch was Gutes werden. Ich kämpfe mich also bis kurz vor die Brandungszone und kann dort gerade noch stehen – solange nicht irgendwelche Mörderweißwasserwellen über mich hinwegdonnern. Nach geschlagenen 20 Minuten schaffe ich es endlich, eine Lücke in den Sets beziehungsweise zwischen den Wellen zu finden, und paddle mit bereits wieder brennenden Armen aus der Brandungszone. Die Wellen sind furchteinflößend hoch, und ich frage mich langsam, aber reichlich spät, warum ich der einzige Depp hier draußen bin. Immerhin bin ich nun endlich hinter den brechenden Wellen angekommen, und so setze ich mich auf mein Brett und sortiere mich, um die erste Welle zu fokussieren. Keine fünf Sekunden später kommt schon eine gewaltige Wand auf mich zugerast. Ich schaffe es gerade noch, mich auf mein Board zu legen und vielleicht zwei Armschläge zu machen, um Geschwindigkeit aufzunehmen, da packt mich dieses Monster auch schon und beschleunigt mich so dermaßen, dass ich nicht einmal ans Aufstehen auf das Board denke. Keinen Wimpernschlag später ist alles dunkel um mich herum, und oben und unten verschwimmt in einer grauen, dunklen und donnernden Masse. Ich merke noch einen heftigen Schlag an meinem Fuß und komme gefühlt eine Ewigkeit später wieder über dem Wasser an. Wie sich schnell herausstellt, stammte der Schlag von der Leach beziehungsweise vom Board. Letzteres ist mal eben abgerissen. Ohne Brett paddle ich nun in der Brandungszone und werde das eine ums andere Mal erneut ordentlich verarbeitet. Dankbar, dass ich noch meine Hose anhabe, erreiche ich fünf Minuten später das Ufer und beginne mit der Suche nach meinem Brett. Dass ich das Ding noch finde, rettet mir den Moment, aber nicht mehr den Tag.

Am Folgetag geht es nach zwei Stunden Busfahrt mit der Bahn nach Yogya. Dass die zehn Jahre aktive Mitgliedschaft in der DLRG mir bei meinem Surf-Höllenereignis in Pangandaran vielleicht sogar das Leben gerettet haben, wird mir erst jetzt bewusst, als mir ein Australier erzählt, dass die Zeitung von sieben Toten wegen der Strömungen am „Chinese New Year Weekend" in Pangandaran berichtet. Ich erwäge ernsthaft, noch mal dorthin zu fahren, um dem Surfboardverleih-Freak die Meinung zu geigen. Erst recht fassungslos macht mich in diesem Kontext, dass in Indonesien leider nur sehr wenige Menschen schwimmen können. Es gibt dort nur wenige Pools und Schwimmbäder, erst recht kein adäquates Rettungsschwimmersystem – und ein Leben hat hier zumindest bei diesem Surfboardverleih-Idioten offenbar keinen großen Stellenwert. Apropos Stellenwert: Aus Kostengründen – und weil ich dachte, dass es mit dem englischen „economy" vergleichbar ist und für „wirtschaftlich" oder „günstig" steht – habe ich „ekonomi" gebucht. Leider habe ich mich geirrt, denn „ekonomi" steht hier für „Indonesische Eisenbahnsauna mit vielen Leuten zwischen Tieren und Koffern". In den nicht klimatisierten Waggons der „ekonomi"-Klasse ist es aufgrund der schmalen Fensterschlitze drückend heiß, und es gibt eindeutig weniger Platz auf den harten Holzbänken, als Tickets an Reisende verkauft worden sind. Aber die zu vielen Menschen allein sind nicht das einzige Problem. Hinzu kommt, dass in diesen Wagen wirklich alles transportiert wird. Landwirte auf dem Weg in die Stadt führen allerlei lebendes Geflügel in Körben und Käfigen mit sich, Marktfrauen eröffnen den Markt gleich laut schreiend in der Bahn, und der „Catering Service" wird von zahlreichen unterschiedlichen Anbietern übernommen, die sich kleine Garküchen umgeschnallt haben oder Kühltruhen mit Getränken vor sich her schieben. Diese ganze, unfassbare Gemengelage führt zu einer absoluten akustischen und olfaktorischen Maximalüberladung bei unfassbaren Temperaturen. Wenn der Zug dann auch noch aufgrund irgendwelcher Signale oder Zwischenhalte stoppt und selbst das bisschen Luftzirkulation durch die Minifensterschlitze zusammenbricht, ist die Tortur für Körper und Geist perfekt: Die Temperaturen rasen deutlich über die 50 °C – für mich als Nordeuropäer eine absolute Grenzerfahrung, und nach einer Stunde in der ekonomi-Gluthölle tue ich das Undenkbare: Ich erwerbe bei einer dankbar dreinschauenden Marktfrau einen Fächer. Mit Blumen drauf. Es ist einfach nicht anders auszuhalten. Das an und für sich ist schon schlimm genug, aber es geht noch schlimmer. Bei einer netten indonesischen Reisverkäuferin erwerbe ich eine angeblich lokale Spezialität, und nach nur zwei Löffeln wird aus meinem Fächerwedeln ein epileptisches Zucken. Die Dame hat mir das schärfste Reisgericht aller Zeiten untergejubelt. Das Zeug in Malaysia war dagegen ein lockerer, kulinarischer Spaziergang, und der Tod durch Hitzschlag wird mit einem Mal eine vorstellbare Option.

Kurz vor der Ankunft am Zielbahnhof fragt mich ein Mitreisender, warum ich ausgerechnet diesen Zug genommen habe. „Weil's billig ist", gebe ich wahrheitsgemäß zurück, und er teilt mir prustend mit, dass ich gerade den verrücktesten und heißesten Zug ganz Indonesiens erlebt habe. Da hat er sicher recht: In Yogya angekommen, schleppe ich mich mit letzter Kraft aus dem Zug und erkenne im Flirren auf dem Bahnsteig ein Thermometer: 39 °C im Schatten. Im Zug waren es gefühlt über 60 °C. Egal – vorbei, überlebt, Haken dran. Und wieder eine Menge gelernt. Denn wo erfährt man schließlich mehr über Menschen und ihre Gepflogenheiten als in solch einem Zug?

Kulturbanause!

Januar in Jahr 2, oder Monat 23 nach dem Zusammenbruch

Das brüllend heiße Yogyakarta gilt als das kulturelle und intellektuelle Herz Indonesiens, und nicht nur meine Freunde haben sich schon bei meiner Reiseplanung gefragt, was in Dreigottesnamen ausgerechnet ich hier zu schaffen habe. Wahrscheinlich bin ich hier, weil es halt auf dem Weg liegt und weil der Reiseführer und wirklich alle Reisenden, die ich in Indonesien getroffen habe, die Besichtigung von Borobudur und Prambanan zum absoluten Muss und einen Besuch des Mendut-Tempels zum deutlichen „sollte auch" erklärt haben. Zwar habe ich für Steinhaufen und Statuen in etwa gar nichts übrig, aber ich bin schließlich nicht komplett beratungsresistent, sowieso schon mal hier, alle drei Sehenswürdigkeiten liegen in unmittelbarer Nähe Yogyas – und so schaue ich mir halt die Bauten der Ungläubigen an. Wie bei meiner rasenden Begeisterung für diesen Trip zu den ach-so-tollen Denkmälern vielleicht nicht anders zu erwarten, geht der Ärger schon vor der eigentlichen Abreise los: Die Touragentur meines Vertrauens behauptet allen Ernstes, dass es um 5 Uhr morgens losgeht – wegen der vielen Touristen, des zu erwartenden Staus nach 8 und (mal wieder!) irgendeines Feiertags. Mitten in der Nacht werde ich also abgeholt und in einen Kleinbus gepresst. Dort erwarten mich ein indonesisches Paar, das seine obligatorischen 1,65 Meter nicht nur in der Länge, sondern auch in der Breite schafft – garniert mit einem dauerredenden Iren namens Tom, Lina aus Polen mit ausgeprägtem Fototick und – natürlich – einem süddeutschen Studenten, der mich binnen zehn Sekunden zur Weißglut treibt. Tony – so heißt der Depp – hat ein Semester studiert und erholt sich jetzt von diesen Strapazen auf einer Weltreise. Sein Outfit: Trekkinghose, Trekkinghemd, kakifarbene Trekkingschuhe, ein gänzlich bescheuerter Indiana-Jones-Hut auf der schwarzen Lockenpracht und weiße Sportsocken, die er immer wieder mit seinen Mundwinkeln zu berühren versucht. Sieht bahnbrechend dämlich aus. Und mit diesem Unsympathen muss ich nun neun Stunden Kulturprogramm abreißen! Da hilft nur die nächste Reiseweisheit weiter, wenn man den Tag überleben will: Seine Mitreisenden kann man sich nun mal nicht immer aussuchen.

In Borobudur werden die Westler unserer Reisegruppe gegen 6:30 Uhr zum VIP-Eingang geschleust und zahlen dort im Vergleich zu den Einheimischen mit Sicherheit mindestens den doppelten Eintrittspreis. Dafür bekommen wir aber an diesem doch-so-speziellen Eingang eine kleine Flasche Wasser gratis dazu. Der Hammer.

Hinter dem Eingangsbereich stehen Guides für 7 Euro bereit, und als mittlerweile passionierter Reisefuchs frage ich, ob wir uns einen Guide teilen wollen. Sofort geht die gleiche Diskussion wie mit Wilma in der Höhle von Flores los. Ich kann es nicht fassen! Am Ende setze ich mich zum Glück durch, und so sind die zwei Stunden in Borobudur immerhin mit Beschallung und Infos gefüllt. Der Tempel, der – so lernen wir – eigentlich ein großes Buch zum Lesen und ein Ort zum Meditieren ist, ist riesig in seinen Ausmaßen, aber eben trotzdem auch nur ein Berg aus teils behauenen Steinen. Faszinieren können mich nur die geilen Vulkane drum herum und die Tatsache, dass die Erbauer das ganze Ding ohne Mörtel und Beton hochgezogen haben. Vor rund 1.200 Jahren haben sie die Steine wie ein großes Puzzle miteinander verkeilt, die auf diese Weise sogar erheblichsten Erdbeben standhalten. Erst vor zwei Jahren ist der gewaltige Vulkan Merapi ausgebrochen, dessen Eruptionsüberbleibselasche an vielen Stellen noch gut sichtbar und fingerdick ist. Der Guide spult sein vermutlich immer gleiches Repertoire ab, Tony stellt bekloppte Fragen, Tom versendet Mails mit dem Blackberry, Lina fotografiert und ich langweile mich. Wäre die Landschaft nicht so beeindruckend, hätte ich den Tag jetzt und hier als absoluten Reinfall bezeichnet.

Wer erkennt den „Schlafenden Buddha" im Hintergrund?

Nach der unendlich langen Bauwerkebesichtigung geht es wieder in den Bulli und die Reise weiter zum Mendut-Tempel – ein Heiligtum, das vor weniger als 100 Jahren wieder aus dem Busch geschnitten wurde. Auch hier ist der Baum des Lebens aus James Camerons Avatar spannender als die Steinsammlung. Der Baum jedenfalls steht genau neben dem Mendut-Tempel und ist krass groß. Als ich dem Guide zu erklären versuche, dass eine deutsche Eiche ebenfalls mächtig groß – wenn nicht sogar größer – werden kann, fährt mir der schwäbische Student in die Parade und erklärt, ich würde maßlos übertreiben. Sicher habe ich das, aber womit? Mit Recht! Ich sage Nerv-Tony, er möge mal kräftig am Stamm des Baumes rütteln, weil da einige saftige Ohrfeigen für ihn in den Ästen hängen, aber der Stuttgarter Kleiderständer macht sich lieber rasch auf den Weg Richtung Bulli. Ich folge ihm missmutig und frage den Guide, ob es in Candi Prambanan (dem nächsten Steinhaufen-Heiligtum) auch einige dunkle Ecken gibt. Der Guide verneint, aber der süddeutsche Freizeitkapitän versteht, und so gehen wir fortan alle getrennte Wege. Selbst ich ohne Guide, weil ich keinen finde. Aber dann treffe ich kurz vor dem eigentlichen Heiligtum auf Umam. Er ist Trainee-Guide, und da ich für Trainees nachweislich ein Herz habe, gebe ich ihm eine Chance. Leider ist sein English nur unter größten Anstrengungen zu verstehen, er ist meganervös, hat ein Verdauungsproblem und muss mindestens alle zwei Minuten vernehmlich aufstoßen, was ihm den Spitznamen Rülpsi einbringt. Seine stockenden, englischen Sätze voller „Bööörps“ amüsieren mich dermaßen, dass ich die ganzen anderthalb Stunden dauergrinse. Weil ich den Trainee nicht schonen, sondern gleich mit dem wahren Leben konfrontieren will, stelle ich Fragen zur allgemeinen politischen Lage in Yogya oder zu seiner Sicht auf die interkulturellen Konflikte in Ostfriesland. Rülpsi meistert jede Frage mit Bravour, Kauderwelsch und „Bööörps“. Wir verstehen uns also prächtig, und so gebe ich ihm nach 90 wirklich lehrreichen und extrem amüsanten Minuten ein ordentliches Trinkgeld von Herzen. Im Bulli bringe ich mein neu erworbenes Wissen gleich an den Mann und garniere jede Information mit einem „Habt ihr das etwa nicht gewusst?“ Ich hoffe sehr, dass die Passanten um uns herum durch die Karosserie unseres Autos vor den Blitzen aus den Augen meiner Mitreisenden geschützt sind. Ich erzähle, dass ich in diesem schönen Land unbedingt kräftig zunehmen will, weil das hierzulande schließlich ein Zeichen von Klug- und Weisheit und mir daher entsprechend angemessen ist. Tony antwortet ungerührt und nervt weiterhin entsetzlich, weshalb ich ihn am Hotel angekommen frage, wie sich diese Information mit Hosenweite 24 anfühlt. Dann schlüpfe ich elegant und lachend aus dem Auto. Unbenommen, Reisen verändert.

Der Baum des Lebens

Der korrupte Ofen Yogyakarta

Januar in Jahr 2, oder Monat 23 nach dem Zusammenbruch

Zwei Dinge werden mir definitiv von Yogya in Erinnerung bleiben: die unmenschliche Hitze und meine beiden Tage in der Einwanderungsbehörde, der Imigrasi. Dorthin gehe ich, weil das Touristenvisum für Indonesien nur 30 Tage lang gültig ist. Eigentlich wollte ich auch tatsächlich mit Ablauf dieser Zeit nach Thailand weiterfliegen. Aber da dieses Land so unglaublich groß ist und sich zudem die Möglichkeit ergibt, Teile meiner Familie Anfang des kommenden Monats in Kuala Lumpur zu treffen, will ich mein Visum verlängern lassen. Über die Imigrasi und die dort herrschenden Zustände habe ich von Mitreisenden schon im Vorfeld viel gehört. Von „vergiss es mit der Verlängerung" bis hin zu „war ganz easy" war alles dabei. Also versuche ich mein Glück und halte mich an die weltweit gültigen Behördenweisheiten: adrett, aber nicht zu schick kleiden, höflich sein, die Autorität der Beamten anerkennen, gern auch mal ein Kompliment machen und sein Gegenüber immer schön merken lassen, dass man nicht so schlau und gebildet ist wie die Damen und Herren hinter dem Schalter. Furchtbar. Mit meinem schönsten Lächeln melde ich mich also devot am Empfangsschalter, bin beeindruckt, dass man dort sogar etwas Englisch versteht, und werde in den Keller der Behörde geschickt. Hier kann ich für einen Euro ein Formular erwerben, mit dem ich den Antrag auf Visumsverlängerung stellen darf. Auch dieses Formular hat sogar einige englische Erklärungen, und so wurstele ich mich recht optimistisch durch die beiden A4-Seiten. Danach geht es ab ins Obergeschoss, Nummer ziehen und warten. Eine Stunde lang. Als ich endlich an der Reihe bin, lege ich dem Beamten hinter dem Schalter untertänigst mein Antragsformular vor, in dem es im Kern darum geht, dass ich weiter in seinem Heimatland Geld ausgeben will. Der Beamte wirft einen Blick auf das Formular – und zerreißt es vor meinen Augen. Schockiert blicke ich den Beamten in seiner schicken Uniform an und frage nach dem Grund seines Handelns. „Wir bearbeiten nur Formulare, die mit schwarzer Tinte ausgefüllt sind", lautet die lapidare Antwort. Ich … schlucke alles hinunter, was ich dem Lackaffen hinter dem Schalter nur allzu gern mitteilen würde, übe mich einmal mehr im freundlichsten Lächeln – und renne wieder in den Keller und kaufe ein neues Antragsformular. So kommt man auch zu einem ausgeglichenen Staatshaushalt. Als ich nach einiger Zeit erneut vor dem Schalter erscheine, findet mein Dokument mit schwarzer Tinte tatsächlich Erbarmen in den Augen des gestrengen Prüfers. Was mir aber leider auch nicht weiterhilft, denn mit einem Blick auf meinen Pass teilt der Unmensch mir mit, dass ich zu spät dran bin – die Antragsfrist ist abgelaufen! Ich verstehe nur noch Bahnhof, ahne aber schon, in welche Richtung der Hase läuft. Also devotiere ich erneut mit einem schleimtriefenden „Wenn mein bestehendes Visum für eine sorgfältige Bearbeitung durch Ihre kompetente Behörde nicht mehr lange genug gültig ist – könnte ich dann nicht das teurere Express-Visum beantragen?" Natürlich ist das mit dem Express-Visum frei erfunden, und ganz sicher gibt es ein solches auch nicht, aber der Beamte nickt dennoch bedächtig, prüft und blättert, und findet – wer hätte es gedacht – doch tatsächlich heraus, dass es für meinen besonderen Fall tatsächlich ein Express-Visum gibt. Die Bearbeitungsgebühr in Höhe von rund 20 Euro ist sofort und bar fällig. Nach einer Quittung frage ich wohlweislich erst gar nicht, sondern lasse mich mit einem „Kommen Sie morgen wieder" lächelnd hinauskatapultieren. Am Folgetag benötige ich nur noch gute fünf Stunden an diversen Schaltern, aber am Ende habe ich der Imigrasi tatsächlich mein neues Visum abgerungen. Und all dieser Terror, obschon Indonesien doch eigentlich kaum etwas Besseres passieren kann, als dass „reiche“ Ausländer hier ihre Devisen lassen. Sachen gibt's!

Obschon ich also viele in meinen Augen unnütz in die Länge gezogene Stunden in der Imigrasi verbracht habe, war der Aufenthalt dort immerhin nicht nur eine Qual. Denn: Das Gebäude hat eine Klimaanlage! Und das ist in Yogya überlebensnotwendig, aber leider nicht an der Tagesordnung. Diese Stadt ist nicht nur das kulturelle und intellektuelle Herz Javas, sondern auch sein heißester Fleck, wie das Thermometer an einem Hotel in „meiner“ Straße immer wieder beeindruckend zeigt: nachts um 4:30 Uhr 28 °C. Abends um 20 Uhr 34 °C. Und um 23 Uhr 31 °C. Tagsüber weit über 40 °C. Im Schatten, wohlgemerkt. Das sind Temperaturen, die mich als Flachlandgermanen jämmerlich in die Knie zwingen. Es dauert mittags und draußen auf der Straße keine Minute, bis ich komplett durchgeschwitzt bin, und wahrscheinlich nur ein Stunde, bis ich ohne Flüssigkeitsaufnahme jämmerlich verdursten würde. Deshalb traue ich mich ohne meine 30er-Sonnencreme erst gar nicht aus dem Haus und betrachte meine 1,5-Liter-Wasserflasche als Lebensversicherung. In meinen Augen herrschen hier eindeutig lebensfeindliche Umweltzustände, und es bleibt mir unverständlich, wie man hier freiwillig wohnen kann. Den Indonesiern hingegen scheint das alles nichts auszumachen: Wo der Europäer jeden Schatten sucht, stellt sich der Javaner in die Sonne und zieht sich die Jacke fester um die Schultern. Angeblich wegen des Fahrtwinds auf den allgegenwärtigen Motorrädern sind hier tatsächlich Menschen in Jeans und schwarzer Lederjacke zuzüglich Handschuhen unterwegs! Ich jedenfalls würde in einem solchen Aufzug innerhalb weniger Minuten in meine Bestandteile vaporisieren, denn ich kann ohne Ventilator noch nicht einmal die Nächte überleben. Blöd nur, dass in Yogya alle naselang der Strom ausfällt. So auch um 22 Uhr in der letzten Nacht vor der Abreise aus diesem Glutofen: Strömungsabriss der Zugluft an meinem Rücken, bedrückende Stille; Ventilator aus, Strom aus, Stadtteil dunkel. Weil meine Hoffnung auf einen professionellen Notfallservice, der das Stromnetz wieder flott ans Laufen bekommt, gen null tendiert, öffne ich Balkon- und Zimmertür, ignoriere die allgegenwärtigen Ratten davor und versuche, der wenigen Zugluft maximale Angriffsfläche auf meine Haut zu bieten: Arme und Beine abwinkeln, Finger leicht spreizen, keine Kleidung, Moskitonetz zu. Auch ein Moskitonetz ist hier Pflicht, denn das Jagen der fiesen Insekten ist wegen der potenziellen Anstrengung untersagt. So liege ich also möglichst still auf dem Bauch und spüre, wie sich die einzelnen Schweißporen auf den Schulterblättern in einer gemeinsamen Kraftanstrengung dazu durchringen, einen ersten Tropfen zu bilden, der dann das Schulterblatt hinunterläuft, sich mit dem Tropfen der anderen Schulter auf der Wirbelsäule vereinigt und von dieser entspannt hinab in die Senke des Hohlkreuzes läuft. Es ist zum Verrücktwerden. Kurz denke ich darüber nach, einige der bunten Helferlein in meiner Reiseapotheke als Einschlafhilfe heranzuziehen. Aber da ich ja aufgebrochen bin, um diese Zeiten hinter mir zu lassen, schwitze ich stumpf zweieinhalb Stunden vor mich hin und denke über den deutschen Winter und verschneite Landschaften nach. Gegen halb 1 finden die Stromjungs den Sicherungskasten, der Ventilator geht wieder, und ich kann endlich, endlich schlafen.

Perfektes Outfit bei +40°C

Brrrrrrrromo

Februar in Jahr 2, oder Monat 24 nach dem Zusammenbruch

Am Ende der kurzen, heißen Nacht setze ich mich um 8:20 Uhr in Yogya in einen Minibus zum Vulkan Bromo. Der Bus soll angeblich – zumindest wurde es so von der Agentur verkauft – über eine Klimaanlage verfügen, und vielleicht hat er bei seiner Anschaffung im Jahre des Herrn 1970 so etwas besessen. Stand heute funktioniert sie aber nicht. Zum Glück hat der Fahrer etwas Mitgefühl mit mir und weist mir einen Platz mit Beinfreiheit zu – eine Seltenheit hier in Asien. In Summe sind wir mit sieben Passagieren unterwegs: Amerikaner, Australier, eine Schweizerin und die allgegenwärtigen Holländer. Gerade Letztere geraten innerhalb weniger Sekunden in meinen Fokus – das junge Paar ist nämlich gerade mit dem Studium fertig, weiß aber schon alles über Karrieren und wie es in der Wirtschaft so läuft. Dass auf beide aufgrund ihrer ach-so-tollen Studiengänge und ihrer weitreichenden Reiseerfahrungen ach-so-steile Karrieren warten, ist ohnehin klar. Auf meiner Reise über Themen wie Arbeit oder Karriere zu reden, ist ohnedies nicht mein Fall; mit geschwollenem Geseiere kann ich manchmal gerade noch umgehen, aber bei dem Organ der Käsefrau stellen sich mir die Nackenhaare auf. Die Eule sitzt genau hinter mir und quäkt in einer Tour in einer Tonlage, die sich aus einer Kreissäge und einem Leopard-Panzermotor zusammensetzt. Als sie den Australier vor mir über seine zukünftige Reiseroute und entsprechende Optimierungspotenziale aufklärt, bekomme ich meinen ersten Tinnitus. Zum Glück schläft die Sirene irgendwann ein, und während sie sich gepflegt auf ihr Hemd sabbert, kann ich die Landschaft genießen. Der Vulkan Bromo ist aus der Ferne in der Tat beeindruckend anzusehen, und wären da nicht die unerträgliche Hitze und der Fahrer, der sich durch seine Fahrweise anscheinend für einen Fahrerjob bei der Formel 1 oder DTM bewerben möchte, wäre ich dem Glück schon sehr nah. Aber irgendwann gewöhnt man sich schließlich an alles, nach spätestens fünf Stunden schrecken einen die zahlreichen Fast-Frontalcrashs auch nicht mehr wirklich, und so kommen wir schließlich an unserem Umsteigeort an. Es ist bereits dunkel, und ich frage mich, warum wir unbedingt umsteigen müssen, denn der neue Bulli ist auch nicht größer, und zusteigen will auch niemand. Aber dann verstehe ich: Der neue Wagen hat Allradantrieb, und den braucht er auch. Es geht eineinhalb Stunden steil bergauf, und gegen 21:30 Uhr erreichen wir unsere Unterkünfte auf 2.100 Metern Höhe. „Verdammte Hacke, ist das kalt hier!", sind meine ersten Worte, als ich nach über elf Stunden in Flip-Flops, kurzer Hose und T-Shirt aus dem Bus klettere. Bei 5 °C auf knapp 2.100 Metern Höhe ein recht sportliches Outfit, und außerdem tobt um mich herum auch noch ein gewaltiger Sturm. In meiner unglaublichen Weitsicht und Reiseerfahrung habe ich zum Glück etwas mehr für das Zimmer bezahlt und dadurch das erste Mal seit Langem wieder fließendes, warmes Wasser. Darüber freue ich mich so sehr, wie sich Jogi Löw bald über den Gewinn der Europameisterschaft freuen wird. Schade ist nur, dass der Wecker schon „gleich" klingelt. Um 3:30 Uhr nämlich, zur Begutachtung des Sonnenaufgangs am Bromo von einem Nachbarberg auf 2.700 Metern Höhe aus. Transfer dorthin via Offroad-Jeep und Gewaltmarsch. Ich knausere mal wieder, verzichte auf Leihjacken und -hosen und wende stattdessen das alte Bundeswehr-Zwiebelprinzip an: Jeans über die Trekkinghose (endlich ziehe ich die Jeans mal an, statt sie nur herumzuschleppen), zwei Lagen T-Shirts unter das Trekkinghemd, eine Fleecejacke und die alte Geheimwaffe gegen jedwedes schlechte Wetter: die Bundeswehrregenjacke, mein treuer und zuverlässiger Begleiter seit über einer

Dekade. Dermaßen ausgestattet sitze ich kurze Zeit später gut temperiert im Jeep. Eingepfercht wie die Panzergrenadiere im Bauch eines Marderpanzers rumpeln wir den Berg hinauf, um danach in totaler Finsternis die letzten 400 Höhenmeter zu meistern. Wie gut, dass ich von meinen Plänen abgerückt bin, den Berg mit Flip-Flops und kurzer Hose zu bezwingen, um mal wieder ein Zeichen zu setzen und meinem Helden Shawn ein Foto von mir auf dem Gipfel in Flippis zu senden. Bei 2 °C ist ein steiler Aufstieg über Geröllpisten schon mit normalen Schuhen kein Geschenk. Mit Flip-Flops wären mir statt Füßen blutige Eisklötze geblieben.

Oben angekommen ist es zwar noch etwas hin bis zum Sonnenaufgang, aber die zahlreichen indonesischen Bromo-Touristen sind schon da, sichten im Dämmerlicht einen großen, blonden Mann mit Bart und Flecktarn, und wollen – ein Foto machen. Also posiere ich für Porträts wie das mit den Studenten des Maschinenbau-Studienganges der technischen Universität Surabaya. Wenn man, so denke ich mir, schon die schöne deutsche Flagge auf der Schulter trägt, ist bestes Benehmen eben oberste Bürgerpflicht, und so beobachte ich die aufsteigende Sonne eben mit Dauer-Fotolächeln und wechselnden Indonesiern im Arm. Viel mehr als die Sonne beeindruckt mich dabei der Blick auf die zahlreichen riesigen Krater und Lavaflächen in unmittelbarer Umgebung, und ich habe die Vermutung, dass Frodo seinen Ring genau hier in die Lava geworfen hat.

Und dann geht es etliche Gruppenfotos mit-wem-auch-immer später mit dem Jeep direkt an den Fuß des aktiven Vulkans, der vermutlich deshalb so berühmt ist, weil er halbwegs leicht zu ersteigen ist und in einem alten, gewaltigen Krater liegt. Bei der gut halbstündigen Besteigung latscht vor mir eine Japanerin, die sich doch allen Ernstes alle 25 Meter umdreht,

Surreal am Brrrrrromo

um ein Foto zu machen. Nach gefühlten 20 Stopps erkläre ich ihr, dass der liebe Gott in seiner unbegreiflichen Weisheit Folgendes für sie erfunden hat: Nachdem er festgestellt hat, dass dem Menschen am Hinterkopf Augen fehlen, hat er einfach den Rückweg erfunden. Mit diesem dreht sich die Perspektive des Hinweges um genau 180 Grad, und schon sieht man, was man vorher aufgrund von Gottes Konstruktionsfehler verpasst hat. Die Japanerin zeigt sich wenig beeindruckt über meinen kleinen theologischen Monolog: Sie sei keine Christin, und ich solle sie doch einfach überholen. Damit hat sie leider auch recht, und so starre ich fortan eben dem runzeligen Australier auf den Hintern …

Am Kraterrand stelle ich mit Entsetzen fest, dass es auf der Kraterseite steilst in die Tiefe geht. Und das bei einem Kratergrad von nur rund zwei Meter Breite, von Geländer oder Ähnlichem keine Spur. Ein falscher Schritt oder eine unbedarfte Bewegung, und es geht auf direktem Wege verdammt schnell, verdammt tief und vermutlich letztmalig nach unten – das Ende des Falls liegt unter der Wolkendecke. Als die Wolken schließlich verschwinden, wird es allerdings auch nicht besser, denn rund 400 Meter unter mir brodelt ein Schwefelsee. Da mir die Situation am Kraterrand nicht ganz geheuer erscheint, trete ich zeitnah den geordneten Rückzug an – wie immer unterbrochen von „Can I take a picture with you?“ und „Photo please!“. Auf halber Strecke entdecke ich dabei einen Asiaten, der sich vermutlich bei der Kraxelei überanstrengt hat und sich kurzerhand an den Wegrand erbricht. Es ist nix mehr los mit den Asiaten von heute. Aber der fremde Kotzer beeindruckt mich dennoch, denn trotz seiner misslichen Lage trägt er noch immer das landestypische Lächeln auf dem Gesicht. Fortan achte ich probehalber genau auf die Gesichter und Minen asiatischer Mitreisender während eines Missgeschicks und behalte recht: Sie lächeln immer und bewahren Haltung. So wie der etwa 40-jährige Asiat, der sich bei heftigem Gefälle vornüber von seinem gemieteten Transportpferd fallen lassen muss: Wo ein Europäer mit panikgeweiteten Augen und einem Schreckensschrei auf den Lippen die Arme hoch gerissen und so den Aufprall gedämpft hätte, fällt der Asiat mit einem Lächeln auf den Lippen kopfüber in Richtung Lavastein. Wäre nicht der Pferdeführer in letzter Minute beherzt dazwischen gesprungen, um den Lächler bei seinem Seemannsköpper zu bremsen, hätte ich ihm vermutlich mit Standing Ovations meine Ehrerbietung bezeugt. Aber es ist ja zum Glück alles gut gegangen.

Nach den Vulkanabenteuern geht es zurück in den Glutofen und von dort aus gegen 9:30 in der Früh gen Bali. Mit knapp fünf Stunden Verspätung erreichen wir schließlich Denpasar auf Bali, und eine einstündige Taxifahrt später bin ich gegen 1 Uhr nachts endlich wieder in Ubud, Bali. Zum Glück ist mein Zimmer vorreserviert, der Portier lässt den Schlüssel stecken, und weil es schon bald nach Malaysia geht, lasse ich meine Indonesien-Eindrücke noch einmal Revue passieren.

Was bleibt, ist viel Gutes und in Summe nur wenig Schlechtes. Zu Letzterem zählt die desolate Essenssituation. Von 42 Tagen in Indonesien lag ich ganze acht Tage wegen akuter Magen-Darm-Probleme flach und hatte mitunter das Gefühl, dass einer der über 300 aktiven indonesischen Vulkane seinen Standort direkt in meinen Hintern verlegt hatte. Der Grund dafür liegt auf der Hand: Die indonesischen Stromerzeuger oder Netzbetreiber haben furchtbar viel Freude am Basteln und Pfuschen, so fällt permanent der Strom aus und zieht den Kühlkreislauf bei Lebensmitteln in Mitleidenschaft. Ja, ich weiß: Dann iss halt kein Eis, putz dir nie die Zähne mit Leitungswasser und iss nur gekochte oder geschälte Sachen. All das habe ich nach bestem Wissen umgesetzt, aber geholfen hat es trotzdem nicht. Vielleicht liegt die Sache mit den Magen-Darm-Problemen aber auch daran, dass Indonesier nie Klopapier benutzen und stattdessen – immer mit der linken Hand – zur Reinigung zum Wassereimer neben dem Klo greifen (wortwörtlich). Ich habe aber nie einen Kellner oder Koch gesehen, der nur mit seiner rechten Hand arbeitet; und Seife sieht man auch nicht überall. Trotzdem hat die ganze Krankseierei natürlich auch etwas Positives, denn ich kenne mich jetzt bestens damit aus, wie man so etwas mit etwas Planung und viel Disziplin übersteht: Man muss sich zwingen, gegen die Appetitlosigkeit wortwörtlich „anzufressen" und permanent ekelhafte Elektrolytlösung trinken. Ganz gemein wird es nur, wenn man es mit einem Bakterium zu tun hat, denn das lässt sich in der Regel nur mit einem anständigen Antibiotikum niederringen. Die pharmazeutischen Helferlein bekamen die Bakterien zwar in einem dreitägigen Gefecht in den Griff, aber einmal kam dann noch, einem Dolchstoß gleich, ein viraler Angriff um die Ecke. Als das Fieber kam, dachte ich noch, dass knapp 39 °C Körpertemperatur sich perfekt in die Umgebungstemperatur einpassen müssten, aber weit gefehlt. Schön ist anders. Gut wiederum: Zumindest der private Teil des indonesischen Gesundheitssystems kann sich durchaus sehen lassen und steht gar nicht so weit hinter dem deutschen zurück – zumindest in Touristenballungszentren wie Bali. Weitere negative Aspekte Indonesiens – wie die allgegenwärtige Unzuverlässigkeit, Verspätungen (so ein Bus kann gern mal fünf Stunden zu spät sein), Hitze, permanentes Angequatschtwerden und Dinge-kaufen-Sollen sind zwar nervig, aber nicht der Weltuntergang. Vor allem aber werden die negativen Aspekte des Landes von den positiven Eigenschaften mehr als tausendfach wettgemacht: Die Landschaft und vor allem die Menschen können begeistern und berühren. Selten habe ich so schöne Strände, Berge, Vulkane, Riffe oder Orte gesehen. Vor allem außerhalb der Touristenzentren beziehungsweise abseits der entsprechenden Routen durfte ich Menschen kennenlernen, die mir mit einer unglaublichen Freundlichkeit und Selbstzufriedenheit im besten Sinne des Wortes begegnet sind. Bei vielen Indonesiern habe ich eine so tiefgehende Zufriedenheit und Entspannung erlebt, wie sie mir in Deutschland nur höchst selten begegnen und die ich nur zu gern mein Eigen nennen würde. Begegnungen und Erfahrungen dieser Art, die Zeit (und diese ist wahrscheinlich das kostbarste Gut bei der Sache) in der Natur und am Meer waren und sind die schönsten und nachhaltigsten Erfahrungen, die ich aus Indonesien mitnehme.

Thaipusam @ Batu Caves, Kuala Lumpur

Februar in Jahr 2, oder Monat 24 nach dem Zusammenbruch

In Kuala Lumpur fungiere ich zunächst als Überraschungsgast auf einem 30. Geburtstag und beschäftige mich dann ausgiebig mit meinen aus Indonesien importierten Viren und Bakterien, weshalb sich auch mein Comeback als Manny nach hinten verschiebt. Nach vielen Tagen enervierender Untätigkeit mache ich mich erstmals wieder auf, und zwar zu dem beeindruckenden Thaipusam-Fest. Ich fahre mit der Bahn, und das ist, wie immer in einer fremden Stadt, ein kleines Abenteuer. Die Hochbahn bringt mich zunächst zum KL Sentral, dem Hauptbahnhof dieser Millionenstadt, in dem ich in etwas umsteige, das grob einer S-Bahn ähnelt. Die Spurbreite der hiesigen Bahnen ist deutlich schmaler als die in Deutschland, und das – in Kombination mit den Tausenden von Leuten um mich herum – weist auf eine enge Kiste hin. Mit dieser Vermutung behalte ich recht, denn schon bei der Einfahrt der Bahn sind zwei der insgesamt drei Wagen komplett überfüllt. Der mittlere Wagen hingegen ist zwar recht leer, dafür aber rosafarben angemalt. Komische Farbe denke ich mir, schlüpfe hinein und realisiere zum Glück noch vor der Anfahrt, dass ich bestürzte bis feindselige Blicke aus Frauenaugen auf mich ziehe. Ich bin hier eindeutig der Hahn im Korb; das kann bei fast 200 Passagierinnen in diesem Waggon kein Zufall sein. Und tatsächlich: Dieser eine von drei Wagen ist exklusiv für die Damenwelt reserviert. Andere Länder, andere Sitten – ist halt ein teilweise muslimisches Land, und ich drängele mich halt zu den Herren.

Im Wagen Nummer drei steht die Luft und 90 Prozent der Passagiere auch. Dies und die drückende Wärme erinnern mich beklemmend an die Bahnfahrt in Indonesien. Zum Glück gibt es diesmal weniger Tiere, und die Gesamtfahrtzeit liegt bei nur 30 Minuten, also schaue ich mich etwas um. Auch hier, außerhalb des Damen-Waggons, gibt es Frauen – allerdings fast nur indischstämmige Malaysierinnen und somit keine Musliminnen, die auf die strikte Trennung der Geschlechter achten. Dafür sind die anwesenden Damen in Summe so laut und aufgeregt, dass mir schon jetzt die Ohren schrillen, und außerdem bin ich mal wieder der einzige hellhäutige Typ im ganzen Zug. Nach 45 schweißtreibenden Minuten erreiche ich dennoch mein Ziel und bin gleich mittendrin im Thaipusam-Event, was den Geräuschpegel noch einmal deutlich ansteigen lässt, denn es handelt sich um eine Art gewaltiges Volksfest mit Fahrgeschäften und allem Drum und Dran. Vier elementare Unterschiede zum heiß geliebten deutschen Schützenfest: Zum einen findet die Polonaise nicht im Zelt, sondern draußen statt; zwischen rammelvollen Gassen und Buden in mehreren Parallelpolonaisen und mit nur einer Hand auf der Schulter des Vordermannes. Meine gut gelaunt vorgetragene Gesangsdarbietung von „Klaus und Klaus" wird nicht mit Mitgrölen, sondern mit Irritation aufgenommen. Zum Zweiten ist die Auswahl der Stände begrenzt – keine Schieß- oder Losbuden weit und breit, dafür aber Fressbuden und CD-DVD-Buden. Erstere sind mit Megafonen ausgestattet, mittels derer die Fressbudenbesitzer gegeneinander anschreien; Zweitere verkaufen nur Bollywoodfilme und -sound und dröhnen beides mit grausam scheppernden Boxen in die Welt. Drittens gibt es statt grünen Trevirajacken, Mützen und Blech am Revers allerlei Glocken und Gebimmel, das direkt mit dicken Fleischerhaken in der Haut befestigt wird. Ja, genau: Fleischerhaken. In der Haut. Wem das nicht reicht, der sticht sich gleich einen Speer oder einen Schaschlikspieß durch die

...hier fliegen gleich die Löcher aus dem Käse...

Wangen, die Arme oder durch irgendwelche anderen Körperteile. Viertens: Trotz dieses schwer zu ertragenden Anblicks durchstochener Körper gibt es keinen Alkohol. Das hat auch einen Grund: Thaipusam ist eines der wichtigsten Hindufeste in Malaysia, bei dem es im Wesentlichen darum geht, sich gewisse Selbstkasteiungen aufzuerlegen und sich mit diesen auf den Weg ins 14 Kilometer entfernte Batu Caves außerhalb der Stadt zu machen. Wer will, kann auch 45 glühende Minuten in der S-Bahn verbringen. Startpunkt ist der älteste Tempel der Hindus in Kuala Lumpur, der Sri Mahamariamman Temple. Für den Weg zu Fuß benötigen die Gläubigen in etwa zwei Tage und legen sich dabei unterschiedliche Lasten auf. Die einen tragen „nur" einen Behälter mit reinigender Milch, die anderen ganze Schmuckgestelle. Wieder andere durchbohren sich diverse Körperteile oder hängen sich Glocken und Schellen mit Haken direkt in ihre Haut. Doch bevor sie nach dem beschwerlichen Fußmarsch in die Höhle kommen, müssen sie noch über den dortigen Festplatz, wo sich neben dem gewaltigen Pilgerzug noch viele Schaulustige drängen. Alle Beteiligten versuchen von dort aus die 162 steilen Stufen bis zu der Höhle zu erklimmen. Einige der Gläubigen sind bereits am Festplatz derart entkräftigt, dass sie die Stufen hinauf eskortiert oder schlicht getragen werden müssen. Aber es ist, wie es ist: Jeder freut sich anders, und das ist auch gut so.

162 Stufen bis zur Batu Höhle

Manny's back!

Februar in Jahr 2, oder Monat 24 nach dem Zusammenbruch

Ich bin zurück in Kuala Lumpur, und nach drei Tagen Schonzeit trete ich erneut bei meiner Schwester den Dienst als Manny an. Mit Halstuch und Husten sitze ich keuchend am Rand des Pools und motiviere mich damit, dass mir nur noch eine Woche Dienstzeit bis zum offiziellen Manny-Diplom fehlt. Vielleicht bekomme ich ja sogar ein Arbeitszeugnis und hätte somit zurück daheim gleich Aussicht auf eine weitere glänzende Karriere in einer Branche der Zukunft. Leider führt ein langes Wochenende aufgrund regionaler Feiertage (mal wieder) dazu, dass zahlreiche Mütter freihaben und sich als „Freizeitnannys“ mit dem Nachwuchs und den echten Profis am Pool tummeln. Und dort ist der Platz im Babybecken begrenzt. Aber ich habe schließlich mittlerweile Erfahrung und weiß: je mehr um die Kids herumscharwenzelndes Aufsichtspersonal, desto weniger Stress bei der Beaufsichtigung der „eigenen“ Kids – Übung in der Interaktion mit den Altersgenossen für die Kleinen inklusive. Und so sitze ich mit etwas Abstand lässig in meinem Ba(b)ywatch-Stuhl und schaue den Nannys und Mamis beim Aufpassen und Cappuccinotrinken zu. Dabei wird mir klar, dass die Damen einen riesigen Vorteil gegenüber männlichen Aufpassern haben: Sie verfügen über weibliche Intuition und spüren einfach, wenn ihre Schutzbefohlenen hinter ihrem Rücken ins tiefe Wasser kippen. Da diese weibliche Intuition zu 100 Prozent zu funktionieren scheint, spare ich es mir mit der Zeit, bei solchen Gelegenheiten selbst aufzuspringen und ins Wasser fallenden Kindern zu Hilfe zu eilen, und versuche stattdessen, meinen Nachmittag am Pool zu genießen. Was mir auch gelingen würde, wenn – ja, wenn es meinen großen, kleinen Satansbraten nicht gäbe, die mit ihren zwei Jahren bereits über zwei ausgeprägte Spleens verfügt: Noch immer grapscht sie nach allen Schuhen oder Flip-Flops, deren sie ansichtig wird, zieht sie an, läuft mit ihnen auf einem imaginären Catwalk und lässt das so genutzte Schuhwerk hernach irgendwo zurück. Manny-Job: sich entschuldigen und Besitzer auf neuen Schuhstandort aufmerksam machen. Na ja – vermutlich würden die anderen Damen gern das Gleiche tun wie der Nachwuchs, trauen sich aber ob ihres fortgeschrittenen Alters oder irgendwelcher Etikette schlicht nicht, die neuen Pumps der Nachbarin auszuprobieren. Zum Zweiten nutzt Madame noch immer gern fremdes Spielzeug und Autos, Roller und Fahrzeuge jeder Art. Besitzer werden entweder enteignet oder aus ihren jeweiligen Gefährten entfernt, und schon geht es in maximalem Tempo um den Pool oder Richtung Spielplatz. Manny-Aufgaben: schnellstmöglich den Weg räumen und so Hindernisse oder Kinder vor dem Überfahrenwerden bewahren oder Madame oder andere (teils unfreiwillige) Verkehrsteilnehmer vor der eigenen Geschwindigkeit schützen, insbesondere bei ungewollter „Zwangsbeschleunigung", für die Mütter und Nannys wenig Verständnis zeigen. Gut ist wiederum: Mit vielen Besuchern am Pool steigt auch das Spielgeräteangebot. Und das begeistert nicht nur die Kinder, sondern auch den Manny! Insbesondere die Wasserkanonen und Unterwassertorpedos haben es mir angetan. So etwas gab es früher schließlich nicht! Weil ich mir diese tollen Geräte ja schlecht selbst ausborgen kann, schicke ich den Schwesternnachwuchs vor und eröffne meine Studie über neue Spielzeuge: Einer muss sich damit ja schließlich mal eingehend auseinandersetzen. Mein persönliches Highlight ist der geniale Unterwassertorpedo – etwa 20 Zentimeter lang, geht er aufgrund seines Gewichtes und seiner Form ab wie Zattopeck. Nach einer guten halben Stunde umfangreicher Studien über Wurftechnik, Gleitverhalten, Stabilität und so weiter tippt mich eine Nanny-Kollegin auf die Schultern und fragt bescheiden an, ob ihr Kleiner wohl sein Spielzeug wiederhaben könnte. „Klar“, brumme ich und schnappe mir zum Ausgleich eine geile, fette Wasserbazooka. Diese neumodischen Wasserkanonen verfügen teils sogar über Batterien, die das Aufpumpen und Entleeren unterstützen, und über diverse Modifikationen zur Dosierung von Härte und Dicke des Wasserstrahls. Ich schwelge im Glück. Vielleicht lache ich mir einfach mal einen Satz eigener Kinder an, dann kann ich mir ruhigen Gewissens im Spielwarenladen meiner Wahl entsprechendes Gerät erwerben. Aber das erst nach der Reise.

Doch kaum bin ich eine Woche in Kuala Lumpur, bekomme ich doch glatt von anderen Backpackern vorgeworfen, mich in einer Parallelgesellschaft aufzuhalten. Das entbehrt natürlich jeder Grundlage, und außerdem besteht die malaysische Gesellschaft ohnedies aus so vielen unterschiedlichen Richtungen und Prägungen, dass man – wenn überhaupt – von mehreren Gesellschaften sprechen muss. Neben der originär-malaysischen Gesellschaft gibt es da noch die indischstämmige Hindu-Gesellschaft, die Chinesen und natürlich die Expats – also die Westler-Parallelgesellschaft, die ach so schlimme. Und in Letzterer fällt mir die Integration außerordentlich leicht, denn Biertrinken, Grillen und in Bars abhängen kann ich schon recht gut. Aber obschon die Expat-Abendgestaltung der in Deutschland stark ähnelt, gibt es einige feine Unterschiede. Gern trifft man sich zum Beispiel am Freitagabend mit Kunden oder Geschäftspartnern zum Essen, trinkt dort aber mehr als man isst und hat danach leichte Probleme bei der Konversation mit Nicht-Geschäftsessern – mit mir zum Beispiel. Nach dem Get-together trifft man sich meist in einer Wohnung zum entspannten Beisammensitzen, Fußballschauen oder Schabernacktreiben. Gastfreundschaft wird in Malaysia besonders groß geschrieben, und so werden in den entsprechenden Wohnungen teils bauliche Veränderungen vorgenommen, um Gäste entsprechend zu bewirten. In Deutschland ist der Partykeller ein Relikt der 80er-Jahre, in Malaysia erfährt er eine Renaissance der Extraklasse. Und so entdecke ich hier Schätze wie eine voll ausgestattete Bar mit Beamer für die Sportübertragungen, Getränken von allen Kontinenten und reichhaltigem Essen (nach Expat-Art in Form von Pizza oder Burgern). So lässt es sich aushalten, wenn man in solcher Atmosphäre nicht regelmäßig noch auf die geniale Idee käme, Neuzugängen wie mir die einschlägigen Clubs und Bars und die eigene Feierfertigkeit zu zeigen. Und weil niemand darauf vorbereitet ist und kurze Hosen und Flip-Flops nicht für Bar-Besuche geeignet sind, kramt der Gastgeber möglichst passende und entsprechend lange Hosen sowie anständige Schuhe aus seinem Fundus, und man entert mit deutlich zu großen und/oder zu kleinen Klamotten das Nachtleben. Egal: Nachts sind alle Katzen grau, in Deutschland ist schließlich gerade Karneval, und so lerne ich DEN Club der Stadt kennen: die Zeta Bar im Hilton! Livemusik vom Feinsten, nettestes Ambiente und engagierteste Tanzeinlagen; Letzteres natürlich in Form von Discofox- und – so die Musik mal rockiger wird – Luftgitarren-Darbietungen. Dabei gehen wir so engagiert zu Werke, dass mir sogar die Hacken von den geborgten Schuhen abreißen. Die meisten Leute aus der Zeta Bar sehe ich nie wieder, und es existieren auch keine Bilder dieses Abends. So ein Glück.

Langkawi: Kapitänsdiplom und Stegmomente

Februar in Jahr 2, oder Monat 24 nach dem Zusammenbruch

Nach überstandener Grippe und Expat-Auszeit fasse ich den spontanen Entschluss, auf die schöne malaysische Insel Langkawi zu reisen, um dort ein richtiges Kapitänspatent zu erwerben! Air Asia macht es für wenig Geld möglich, und weil ich im Vorfeld nichts über die Insel wusste, überrascht sie mich: Malaysia ist deutlich teurer als beispielsweise Indonesien, aber die Infrastruktur ist signifikant besser: Stromausfälle, Schlaglöcherstraßen und schlimme sanitäre Zustände sind hier eher die Seltenheit. Ich bin mit dem Preis-Leistungs-Verhältnis meiner Unterkunft sehr zufrieden, und der Strand direkt vor dem Appartement ist sensationell – und mit bester Sicht auf atemberaubende Sonnenuntergänge. Allerdings habe ich hier nur drei Tage Aufenthalt eingeplant, und so lümmele ich kaum am Strand herum und miete mir stattdessen zur Erkundung der Insel einen der allgegenwärtigen Motorroller – zur Feier des Tages eine 125er mit etwas mehr Dampf als die räudigen 50er aus Indonesien. Dann schaue ich mich nach buchbaren Events um und folge bei der ersten Tour der Empfehlung meines Zimmernachbarn. Der sieht zwar aus wie der personifizierte Terrorist, kommt aber aus England und macht – unabhängig von seinem fiesen Äußeren und dem irren Blick – einen netten Eindruck. Und so buche ich vier Stunden Island-Hopping per Boot. Der Transfer zum Hafen im obligatorischen, vollgepackten Bulli lässt meine Stimmung allerdings dramatisch sinken: Scheinbar sind fast nur Malaysier und Chinesen anwesend, und ich bin offenbar der Jüngste der Truppe. Ich sehe schwarz für den Blödelfaktor auf dem Boot – einer kleinen, aber flotten Schaluppe, die ausreichend motorisiert zu sein scheint und genau Platz für unsere zehn Personen starke Gruppe bietet. Gleich zu Beginn der Tour drückt uns der Kapitän Ali Hastenichtgesehen Schwimmwesten in die Hand, und ich erkläre ihm höflich, aber deutlich, dass ich mich bei 35 °C sicher nicht in eine Plastikhülle einrollen werde. Leider versteht Ali kein Englisch, und so ignoriere ich seine Anweisung einfach. Schwimmen kann ich schließlich ganz passabel, und so überlasse ich den anderen das Schwitzen in Signalrot.

Unser Boot geht in der Tat ab wie ein Zäpfchen, und schon nach wenigen Minuten bin ich der glücklichste Mensch der Welt. Mit irrem Speed an kleinen Inseln vorbei über türkisblaues Wasser zu fliegen, entspricht genau meiner Vorstellung von perfektem Reisen. Ali holt alles aus dem Vierzylinder, und so brauchen wir nur rund 25 Minuten zum Erreichen des ersten Zieles, einer bewaldeten Vulkaninsel. Dort geraten wir in gewisse Nöte ob des hohen Durchschnittsalters unserer Reisegruppe: Kapitän Ali ist nämlich allein und versucht unter Aufbietung all seines fahrerischen Könnens, das Boot trotz Wellen stabil an dem kleinen Kai zum Stillstand zu bringen. Es ist offensichtlich, dass der ein oder andere Ausfallschritt nötig sein wird, um trockenen Fußes auf den Kai zu kommen, ich mache mir ernsthafte Sorgen um die Mitpassagiere jenseits der 60, und so entschließe ich spontan, meine Dienste als Leichtmatrose anzubieten. Ein Mann, ein Wort, und schon betätige ich mich als Anlegestelle und Stütze für die älteren Damen und Herren – das schaukelnde Boot am Kai per Hand zu befestigen und dabei rüstige Chinesen an Land zu heben, ist in den Tropen kein Pappenstiel. Nachdem alle das rettende Ufer erreicht haben und ich mir ein frisches T-Shirt angezogen habe, geht es rund 300 Meter vorbei an einer Horde Affen und hinein in einen Vulkansee. Etwas Vergleichbares habe ich bereits bei der „Hunting-Komodo-by-Camera-Tour" erlebt, aber hier in Malaysia ist das Ganze deutlich touristischer aufbereitet. Statt Dschungel und scharfkantigen Steinen gibt es Pontons, Treppen, ein Kinderbecken und einen Mietservice für solarbetriebene Boote. So weit kommt das noch! Stattdessen nutze ich die 45 Minuten Aufenthalt zum ausgiebigen Baden und zu einer kurzen Auffrischung der eigenen Fähigkeiten im Köpperspringen. Danach ist Ali hocherfreut, dass seine Rentnertruppe heile wieder an Bord ist, und es geht mit Volldampf in eine verlassene Bucht, in der zahlreiche majestätische Adler kreisen und auf Futter hoffen. Es ist schon spannend zu sehen, wie diese Riesenvögel versuchen, Fisch zu ergattern. Zum Glück verfolgen wir das Spektakel vom Wasser aus, und niemand der Pensionäre muss von Bord. Gut für Ali, gut für mich. Next Stop: die Insel Beras Basah, der der Prospekt zur Island-Hopping-Tour einen Top-Strand attestiert hat. Tatsächlich wird die umwerfende Schönheit dieser Insel und des Strandes nur von zwei Kleinigkeiten gestört: den Affen und ihren menschlichen, weniger behaarten Verwandten

Im Busch von Langkawi

Langkawi

Überall nette Strände

aus Russland. Gleich eine ganze Bootsladung dieser dicken, verbrannten und lauten Menschen vergnügt sich alkoholbeseelt und lärmend in einer Strandhütte. Mangels Schusswaffe fliehe ich zum anderen Ende des Strandes, und auch dieser ist unglaublich schön. Noch besser wird es allerdings auf der Rücktour zum Hafen: In schönen Gedanken versunken sitze ich im Bug des Bootes und genieße Ausblick und kühlenden Fahrtwind, als Ali mich gestenreich zu sich nach hinten winkt und mir das Steuer anbietet. Auf diesen Moment wartet man(n) als Freizeitkapitän, Leichtmatrose und ausgewiesener großer Hafensänger ein Leben lang, und so fahre ich den Pott tatsächlich in den sicheren Hafen und bekomme von Ali das Malaysische Kapitänspatent per mündlicher Verfügung. Ich bin tief bewegt und räume meinen lieb gewonnenen Stuhl erst wieder kurz vor unserem Bestimmungsort, wo ich das Boot erneut an den Kai ziehe und der illustren Reisegesellschaft an Land helfe.

Nach einem Ritt zurück in meine Unterkunft in einem äußerst klapprigen Schrottbus stürze ich mich nach diesem erfolgreichen Tag in das Nachtleben von Pantai Cenang, das an einem traumhaften Pudersandstrand mit genialen Bars und Restaurants aufwartet, die leider allesamt um 2 Uhr ihre Pforten schließen. Wer will, kann danach noch in der Sunbar die Nacht zum Tag machen. Ich jedenfalls will, denn auf Langkawi gibt es keine Steuer auf Bier wie im Rest des Landes oder ganz Südostasien. Man kann sich also zu wirklich günstigen Konditionen erfrischen.

Am nächsten Tag sichte ich wieder einmal Nachrichten aus der Heimat. Von Daheimgebliebenen habe ich während der ersten drei Reisemonate tolle Mails bekommen und überdies festgestellt, dass diese elektronische Post im Wesentlichen in zwei Kategorien unterteilbar ist. Die eine Kategorie beinhaltet neben guten Wünschen für die Tour den Hinweis, dass man gerade den oder zumindest einen großen Traum des Verfassers lebe. Die andere umfasst zweifelhafte Komplimente für meinen Mut, meine Reiseentscheidung und deren Durchführung. So wie manchmal auf meiner Reise selbst fragen mich auch die Verfasser dieser Mails, warum ich das alles tue und daheim so viel aufgebe, das mir doch angeblich so sehr am Herzen liegt. Nach vielen Gedanken über jeden der vorgenannten Punkte komme ich zu dem Ergebnis, dass die obigen Kategorien recht stark zusammenhängen, denn viele Menschen, die eine Auszeit nehmen, verfolgen tatsächlich eines dieser beiden Motive: Sie sind leidenschaftliche Traveller oder auf einem Selbstfindungstrip. Ersteres – so viel hatte ich bereits nach gut drei Monaten gemerkt – bin ich definitiv nicht. Mir persönlich bringt es nichts, täglich ein neues Kloster, einen anderen Vulkan oder die 37. hippe Backpacker-Location zu sehen, und um ehrlich zu sein finde ich, dass viele Reisende ihre Reiseziele und -erlebnisse handhaben wie Statussymbole: mein Haus, mein Auto, mein Boot – mein erstes Trekkingabenteuer, mein zwölftes Visum, mein siebtes Hindukloster … Da ist Reisen auch nur eine Fortführung des getriebenen Alltages unter anderen und vielleicht auch angenehmeren Voraussetzungen. Mit der Selbstfindung hingegen ist es etwas anderes. Diese Thematik ist so komplex, dass ich sie bislang für mich nur in Ansätzen beantworten kann und dabei vielleicht dem ein oder anderen auf den Fuß trete. Sollte dem so sein: Sorry. Viele der Selbstfindungs-Reisenden erzählen mir, dass sie während der Reise erst zu schätzen lernen, wie schön es zu Hause ist, dass sie Freunde und Familie vermissen und nun endlich erfahren haben, wo sie hingehören. In 99 Prozent aller Fälle ist dieser Ort der Ausgangspunkt ihrer Reise. Trotzdem reisen sie weiter. Dort gewinnen sie dann vielleicht weitere bahnbrechende Erkenntnisse wie „Also ich brauch doch etwas Struktur in meinem Leben" oder „So immer allein unterwegs ist auch nicht so doll". Ziemliche Allgemeinplätze also. Und da fragt man sich schon, warum einem derart umwerfende Erkenntnisse nicht schlicht daheim kommen – vorausgesetzt, man setzt sich mit sich selbst und seiner Umwelt auseinander. Und genau da liegt der Hase im Pfeffer: Wir Westler haben kaum mehr Gelegenheit, uns mit uns selbst und der wichtigen, persönlichen Umwelt intensiv und vor allem mit gebotenem Abstand auseinanderzusetzen. Wir sind zu vernetzt in einem immer schneller werdenden Leben, und zwischen all den Mails, Nachrichten und Dates, zwischen dem Druck im Job, dem permanenten Piepen und Ständig-verfügbar-Sein bleibt keine Zeit für das, was Körper und Seele manchmal einfach brauchen: Ruhe und – Besinnung. Besinnung, das ist eben diese Sinnfindung, die nur schwer in Worte zu fassen ist und die so viele Reisende in die Ferne treibt. Aber wie besinnt man sich eigentlich und kommt zu den Wahrheiten des Lebens, die einem jeden von uns zu Glück verhelfen können – also zu einer langfristigen Zufriedenheit und nicht zu jenen kurzen Räuschen von Glück, die mittlerweile auch in fast jeder Form monetär erwerbbar geworden sind? Und so bin ich zu der Überzeugung gelangt, dass jene Menschen, die auf eine lange Reise gehen, um ein Stück weit „sich selbst zu finden" einem jeden von uns den Spiegel vorhalten und zeigen, in was für einer verrückten Gesellschaft wir eigentlich leben. Anscheinend muss man heutzutage (ver-)reisen, um heim- oder zu sich selbst kommen zu können. Natürlich sind die modernen Veränderungen in unserem Leben, die neuen Technologien und Medien und daraus resultierende Änderungen im Miteinander in unserer Gesellschaft nicht aufzuhalten, und das ist auch gut so. Aber wir sollten nicht Veränderungen um der Veränderung willen zelebrieren und dabei das aus den Augen verlieren, was wirklich wichtig ist – uns Menschen aus Fleisch, Blut und wunderbaren Emotionen.

Ich kann mich noch sehr gut an ein Ereignis Ende der 80er-Jahre erinnern. Ich hatte damals einen guten Freund, den ich heute auch noch zu meinen besten Kumpels zählen darf und der nun auch wieder in der Heimat mein Nachbar ist. Diesen habe ich eines Abends anzurufen versucht – es ging, glaube ich, um das ewige, leidige Thema Hausaufgaben. Es war kurz nach 19 Uhr, und damals gab es daheim noch ein Telefon mit Drehscheibe. Als sich seine Mutter meldete und hörte, dass ich gern ihren Sohn sprechen wollte, erntete ich ein amtliches Donnerwetter. Wie ich um diese Uhrzeit noch anrufen könne und dazu käme, die kostbare Feierabendzeit zu stören?! Heute sähe eine solche Antwort vermutlich deutlich anders aus. Ebenfalls gut erinnern kann ich mich an irrsinnig langweilige Nachmittage an Sams- oder Sonntagen und an geschlossene Geschäfte am Mittwoch. Es gab einfach nichts, das noch offen gehabt hätte oder das man hätte tun können, außer sich mit Freunden die Zeit zu vertreiben – und auch diese Zeit war limitiert. Man „musste" sich also mit sich selbst beschäftigen. Damals beschäftigten mich natürlich gänzlich andere Dinge als heute, aber ich habe mir eben einen Kopf gemacht. Heute geht man dafür auf Reisen, steigt eine Zeit lang aus oder wird – wenn man sich die nötige Zeit für Selbstreflektion und Seelenregeneration nicht nimmt – zwangs-ausgestiegen.

Was mich zu dem Punkt bringt, ob man Mut für eine lange Reise braucht, und auch hier gibt es meiner Ansicht nach einen Unterschied zwischen den institutionalisierten Leistungsbackpackern und den Selbstfindern. Man kann beim Reisen eine Routine entwickeln, die einem die Sorge vor vielen latenten „Reiseunglücken" nimmt. Aber nur der Aussteiger nimmt dabei jeden neuen Reiseabschnitt als Herausforderung an, als immer wieder neuen ersten Schritt – und diese sind bekanntlich immer die schwersten. Auch ich hasse es manchmal wirklich, unterwegs zu sein. Nach einem seichten Einstieg bei meiner Schwester Anfang Dezember hatte ich einen ersten dieser wirklich bedrückenden und von Angst bestimmten Momente auf den Gili Islands in Indonesien. Da stand ich auf dem klapprigen Steg, und als das Transferboot nach Lombok schließlich kam, sträubte sich alles in mir, in dieses Boot zu steigen und nun vollkommen auf mich allein gestellt unterwegs zu sein. Ich nenne solche Momente seither Stegmomente und freue mich, dass sie weniger intensiv werden. Mein erster Stegmoment dauerte gute zwei Tage. Eine Zeit voller Ängste, Zweifel und Verwirrung. In der Retrospektive sind die Momente, in denen es schlecht vorangeht und die von Zweifeln zerfressen werden, die Augenblicke, in denen man zu sich und seinen Motiven und vielleicht ein wenig Richtung Sinnfindung strebt. Ich will jetzt nicht sagen, dass ich diese Moment besonders gut finde oder mich aus solchen Phasen locker herausarbeite. Das Gegenteil ist der Fall. Ohne einen mittlerweile festen Glauben und die motivierenden und aufmunternden Mails oder die Skype-Anrufe von Familie und Freunden hätte ich die Tour wohl in diesem ersten Stegmoment abgebrochen – zu groß waren die Sorgen, Zweifel und Ängste. In Momenten wie diesen frage ich mich, warum ich mir das alles antue, schon wieder ins Ungewisse reise, auf nichts Vorgebuchtes zurückgreifen kann und immer auf gut Glück nach Reiseführerangaben oder Tipps anderer Reisender von Ort zu Ort marodiere. Bekomme ich eine Unterkunft, droht ein Nachtlager am Strand oder unter einem Unterstand? Gibt es am Ziel halbwegs brauchbare Lebensmittel, was sind da für Menschen, und werde ich mal wieder krank? Zu Hause in Deutschland stelle ich mir solche Fragen überhaupt nicht. Alles ist gut organisiert, die Absicherung durch unterschiedliche Systeme funktioniert, das Leben plätschert so vor sich hin, und wenn man mal verreisen will, bringt einen die gut organisierte Pauschaltour zu einer hübschen und gut erschlossenen Destination. Also: Ja, eine wirkliche Auszeit erfordert Mut, und ich hätte diesen Mut ohne den übergroßen Leidensdruck, etwas an und in meinem Leben zu verändern, vielleicht nicht aufgebracht. Oder anders gesagt: Ohne meine Krankheit hätte ich mich vermutlich nie auf den Weg gemacht. Diese Erkenntnis macht mich heute traurig, und ich ärgere mich über mich selbst, denn sie zeigt, was für ein Schwächling ich war und wie falsch mein Selbstbild gewesen ist. Andererseits: Ich habe die Kurve ja dann doch noch irgendwie bekommen und merke langsam, wie die Reise zu wirken beginnt. Ich bin heute froh, bei keinem der Stegmomente meiner Reise aufgegeben zu haben und stattdessen die Hacken zusammengeknallt und weitergemacht zu haben. Es war gut und richtig so. Und: Ja, den Mut, bekannte und ausgetretene Wege – zumindest für eine begrenzte Zeit – zu verlassen und sich dabei selbst (wieder) zu finden, das kann Reisen sein. Oder, wie ich sinngemäß irgendwo während der Tour gelesen habe: Wer die Welt finden will, muss in sich selbst schauen. Wer aber sich selbst finden will, der muss in die Welt schauen.

Mafia und Traumstrände @ Langkawi

Februar in Jahr 2, oder Monat 24 nach dem Zusammenbruch

Wo Recht und Ordnung versagen, tritt das Recht des Stärkeren in Kraft. Das gilt auch in den Tropen beziehungsweise im Dschungel. Langkawi mit seinen wunderbaren Stränden, tollen Wasserfällen, Serpentinen und Landschaften und schreiender Hitze (35 °C um 18 Uhr) wird nämlich – wie viele Archipele in dieser Region – von Affen bevölkert. Glaubt man der Forschung, sind uns diese Viecher näher, als wir es selbst für möglich halten, und die äußerliche Ähnlichkeit zwischen dem ein oder anderen Affen und realen Personen der Zeitgeschichte ist unbenommen frappierend, aber auch im Verhalten sind die Primaten uns erstaunlich nah. Da es keine verbindlichen Regeln für das Zusammenleben beider Arten gibt, gilt also hier das Recht des Stärkeren – und Stärke kann durchaus auch aus Geschwindigkeit, Geschicklichkeit und Planung resultieren, wenn die bepelzten Schergen überfallartig Touristen schockieren und berauben. Zugegebenermaßen warnt so ziemlich jeder Reiseführer für diese Region vor hohen Affenpopulationen und entsprechenden Überfällen mit einschlägigen Weisheiten wie: „Wer seinen Feind kennt, kann ihn auch besiegen" oder „Vorsicht ist besser als Nachsicht". Der gemeine asiatische Affe hat nämlich zwei primäre Ziele auf seinen Raubzügen: Nahrung und Statussymbole in Form von Smartphones und Markensonnenbrillen. Beides muss man daher entweder in der Unterkunft lassen, verbergen oder tarnen. „Eine gute Tarnung", das wusste schon mein Oberfeldwebel Prochnow bei den Panzergrenadieren, „sichert das Überleben im Gelände". Entsprechend transportiere ich Nahrungsreserven und elektronische Geräte in meinem abschließbaren PacSafe-Rucksack. Den habe ich mir noch vor Reiseantritt gekauft, und eigentlich sollte er meine Wertsachen im Großstadtdschungel vor menschlichen Langfingern schützen. Aber die Grenzen sind nun einmal fließend. Der Rucksack verfügt jedenfalls unter anderem über eingewebte Stahlnetze gegen das Aufschneiden des Bodens von außen, Drähte in den Trageriemen gegen das Von-der-Schulter-Schneiden und verdeckte Karabiner zum Sichern der Reißverschlüsse – und das stellt in Summe selbst für die Primaten eine Herausforderung dar. Viele Touristen sind da deutlich schlechter vorbereitet. Besonders die russischen Dschungelbesucher machen sich gern gut gelaunt mit Markensonnenbrille im Haar, kurzer Tiger-Badehose und Plastiktüte mit Bier und Chips auf den Weg und sind somit das primäre Angriffsziel der Affen-Mafia. Und die ist mit allen Wassern gewaschen! Meist beginnt das Schauspiel so, dass eine süße Affenfamilie sich mit ihrem spielenden und tollenden Nachwuchs nett auf einem Baumstamm drapiert, um die Blicke der Touristen auf sich zu ziehen. Sobald die Touristen angebissen haben und unter Entzückungslauten ihre Kameras zum Einsatz bringen, schlagen die Affenherren in Überfallkommandos aus dem Hinterhalt zu. Meist in Zweiergruppen springen sie seitlich oder von hinten an den tütenbehängten russischen Arm und reißen dem kreischenden Opfer das Plastikbehältnis vom Leib. Ich komme nicht umhin, den pelzigen Dschungelbewohnern dafür meinen Respekt zu zollen. Anders sieht die Sache natürlich aus, wenn Backpackerkollegen, Mitreisende oder man selbst in den Fokus der Affenbande gerät. Am Traumstrand von Beras Basah etwa liege ich gerade direkt an der Wasserkante und hüte die verschlossenen Rucksäcke einer Mitreisenden, die kaum drei Meter neben mir liegen. Da erahne ich aus dem Augenwinkel einen grauen Blitz, der auf den Rucksack zustürzt, und noch ehe ich mich erhoben habe, hat der langschwänzige Dieb den Rucksack geöffnet und zielstrebig das Tuna-Sandwich herausgeangelt. Im Spurt kann ich zwar den Raub der Sonnenbrille verhindern, aber der Mittagssnack ist unwiederbringbar verloren. Entsetzen allenthalben! Wenig später zieht mich die allgegenwärtige Hitze selbst ins Wasser, und mein Rucksack bleibt verschlossen und gesichert an der Wasserkante zurück. Nur sechs Meter schwimme ich ins Meer hinaus, und schon bricht ein Pelzbanause aus dem Unterholz und stürmt auf meinen Rucksack zu. Ganz ruhig bleibe ich im Wasser liegen und beobachte die Szenerie, denn ich vertraue auf den überlegenen Sachverstand der Menschen und meinen Rucksackschließmechanismus. Außerdem ist der Rucksack einfach zu schwer für den Dschungelbewohner, sodass Wegtragen keine Option darstellt. Denke ich. Aber weit gefehlt: Während ich auf Beobachtungsposten im Wasser treibe, macht sich der Säuger mit irrem Blick an meinen Reißverschlüssen zu schaffen – und kommt tatsächlich hinter den Karabinermechanismus! Schon bin ich in äußerster Kraulgleitlage und erreiche das Ufer gerade noch rechtzeitig, um Schlimmeres zu verhindern. Vielleicht sollte ich für die Zukunft eine gespannte Mausefalle in einem absichtlich wenig geschützten Seitenfach deponieren. Stattdessen nutze ich meinen überlegenen Artenvorteil und denke nach: Warum stehlen die Affen eigentlich all diese Dinge? Klar: Chips und Tuna-Sandwich sind allemal besser als Made aus Baumstamm, aber die Brillen passen mit Sicherheit nicht und taugen auch nicht als Handelsgut. Zumindest hat mir noch keiner der Primaten eine Ray Ban im Austausch für eine Tüte Chips angeboten. Vielleicht also nutzen die Viecher Sonnenbrillen und Smartphones als Währungssubstitut oder planen mit den Smartphones via Konferenzschaltung mit den Verwandten von der Nachbarinsel schon den nächsten Beutezug.

Neuseeland

5 aus 48: Anreise in eine Geisterstadt

Februar in Jahr 2, oder Monat 24 nach dem Zusammenbruch

Aaaaaaaaaanstrengend! So und nicht anders läuft die Anreise nach Christchurch, Neuseeland. Das ganze Drama beginnt eigentlich schon am Tag vor der Abreise. Mal wieder erwischt mich die asiatische Krankheit, und ich bin mehr damit beschäftigt, auf dem Klo abzuhängen, als den letzten Tag mit meiner Familie und den Kids zu verbringen, die ich nach Langkawi noch einmal für zwei Tage in Kuala Lumpur, Malaysia, sehe. Zum Packen und den letzten Vorbereitungen komme ich auch kaum, und in all der Aufregung bleiben mir nur gut anderthalb Stunden Schlaf, bevor ich um kurz nach 5 frühstücke und mich danach von Schwester und Schwesterfamilie verabschiede. Ab Kuala Lumpur-Low-Cost-Terminal geht es dann mit dem Low-Cost-Flieger für elf Stunden Richtung Christchurch. Low Cost bedeutet bei Air Asia eine Beinfreiheit von exakt zwei Zentimetern von Kniescheibe bis Vordersitz und ein Entertainmentprogramm für diesen irre langen Flug, das aus „Licht an, Licht aus“ und „Lehne vor, Lehne zurück“ besteht. Zum Glück habe ich Bücher dabei.

Auch an Schlaf ist mangels Platz kaum zu denken, so komme ich in Summe auf dreieinhalb Stunden Ruhezeit, fliege aber dafür aufgrund von Gegenwind länger als geplant. Nachdem ich mich über eine Stunde durch den neuseeländischen Zoll gequält habe, ist es 2 Uhr Ortszeit und somit zwei Stunden nach der geplanten Ankunftszeit. Ich besorge mir also eine Prepaid-Karte für mein Handy und versuche, mein Hostel zu erreichen. Natürlich geht niemand mehr ans Telefon, und so verbringe ich die Zeit bis 7 Uhr in der Früh damit, die Prospekte der Tourist Information auswendig zu lernen und mich auf dem harten Boden hinter einem Cola-Automaten von links nach rechts zu drehen. An Schlaf ist dort leider nicht zu denken, und so kehre ich zum Prospektständer zurück und informiere mich über kommende Hotelmöglichkeiten. Was ich geahnt, aber bislang erfolgreich verdrängt habe, wird Realität: Neuseeland ist wirklich verdammt teuer. Für den Preis eines Bettes in einem Schlafsaal bekommt man in Indonesien fast schon ein ganzes Haus. Naja, dafür ist es hier wenigstens bitterkalt – rund 22 °C am Tag. Und ich erlebe gegen 5 Uhr tatsächlich noch etwas Nettes an diesem Tag: Der neuseeländische Zoll ist nämlich auch für die Ordnung im Flughafen zuständig, und so wie ich sind noch gut hundert weitere Reisende gestrandet. Diese verfügen über mehr Routine oder einfach über Isomatten, liegen über das ganze International Arrival Terminal verteilt und schlafen vor sich hin. Nur rund zehn Prozent gammeln wie ich in der Tourist Information herum und können somit live und in Farbe erleben, wie die Staatsmacht wirklich jeden Einzelnen der Schlafenden antippt und ihm ein freundliches und laut schallendes „Wakey, wakey!“ ins Ohr brüllt. Großes Kino und eine wirklich gute und angemessene Aufgabe für einen Grenzschnüffler.

Schließlich schleppe ich mich total gefrustet von viel zu wenig Schlaf zu einem Taxi und lasse mich für eine horrende Summe (30 Euro für zehn Kilometer!) zu einem Hostel fahren. Dort schlägt meine Frustration in nacktes Entsetzen um: Christchurch – oder zumindest der Stadtteil, in dem ich wohne – ist eine heruntergekommene Geisterstadt. In New Brighton stehen 5.000 Häuser leer, da ihre Bewohner diese seit dem großen Erdbeben im Februar 2011 mit 185 Toten und über 5.000 Verletzten nicht mehr bewohnen dürfen. Den gleichen Leerstand findet man bei Geschäften und Restaurants, und so komme ich mir bei meinem ersten Erkundungsspaziergang um mein Point Break Backpackers vor wie Will Smith in „I Am Legend". Gruselig. Egal: Nach 48 Stunden auf den Beinen, die von lediglich fünf Stunden Ruhezeit unterbrochen waren, kann ich hier und jetzt in ein Bett fallen. Das allein zählt.

Ein Fünf-Stunden-Koma später erkunde ich die Innenstadt von Christchurch. Der Botanische Garten ist schön, der Rest der Stadt entweder komplett gesperrt, bereits abgerissen oder verlassen. Wie gut, dass es morgen mit dem Flugzeug nach Auckland geht, wo ich die „Gefährten" für die Reise durch das neuseeländische Auenland am Flughafen treffen werde. Mal sehen, wie das so wird.

Gefährten und die Suche nach dem Ring

Februar in Jahr 2, oder Monat 24 nach dem Zusammenbruch

In Auckland heißt es erst mal warten, denn meine beiden Mitreisenden kommen aus Frankfurt via Dubai und erst gut fünf Stunden später in Neuseeland an. Damit wir uns nicht verfehlen, habe ich einen Zettel gemalt und mische mich unter die Wartenden – schließlich kenne ich Katha nur flüchtig über meine Schwester und Fabi nur über Facebook. Wie wir dennoch darauf kamen, einige Zeit zusammen zu reisen, ist leicht erklärt und einer der vielen verworrenen Zufälle im Leben: Eines Tages erzählte meine Schwester ihrer Kommilitonin Katha von ihrem Bruder, der eine Weltreise plant und dabei auch Neuseeland auf dem Zettel hat. Da wollte Katha immer schon hin, aber nicht mit Fremden. Also hat sie sich mich und einen ehemaligen Mitabiturienten als Unterstützung geholt, den sie auch schon seit zwei Jahren nicht mehr gesehen hat. So kommt man zu seinen Reisegefährten ...

Nachdem ich die beiden endlich eingesammelt habe, geben wir uns selbst ob des Reiselandes den Namen „Die Gefährten“ und beziehen unsere Liegen im Schlafsaal von Nomads Auckland. Und dann machen wir das, was die Original-Gefährten im Film auch tun: Wir suchen den EINEN Ring. Selbstverständlich beginnen wir mit unserer Suche an den naheliegenden Orten: im wunderschönen Jachthafen, im Botanischen Garten und schließlich in dem ein oder anderen Restaurant beziehungsweise in einschlägigen Bars. Da der Ring ja auf dem Boden eines gefüllten Bierglases liegen könnte, setzen wir auch an dieser Stelle mit der Suche an.

Nach einer kurzen, aber erholsamen Nacht im Dorm (= Schlafsaal) und einem guten Frühstück am Hafen im Schatten des gewaltigen Kreuzfahrers „Queen Elizabeth" machen wir uns auf den Weg zur Autovermietung, um unseren Camper-Van für die kommenden Wochen abzuholen. Ich bin schon sehr gespannt, wie wir auf diesem wirklich begrenzten Raum zurechtkommen. Der Bulli selbst ist in genialem Graffiti designt und verfügt neben einem Bett über einen Satz Stühle, Gaskocher, Kühlbox und Geschirr. Sehr übersichtlich, aber so kann ich mich wenigstens schon auf meine Europatour vorbereiten. Mit meiner nun schon zweimonatigen Linksverkehr-Erfahrung bin ich der Erste hinter dem Steuer, und so geht es in gemächlichem Tempo und bei herrlichem Wetter Richtung Bay of Islands. Den ersten Zwischenstopp machen wir in Whangarai, begutachten herrliche Wasserfälle und suchen mit beeindruckenden Sprüngen in die Becken vor diesen Wasserfällen mithilfe eines Schwungseiles natürlich auch hier gewissenhaft nach dem Ring. Dabei haben wir natürlich keinen Erfolg, dafür aber einen Heidenspaß. 50 Kilometer hinter Whangarai verlassen wir mit unserem Toyota die Autobahn Richtung Norden und kämpfen uns über kleine, verlassene Landstraßen an der Küste entlang weiter. Hier erleben wir erstmals und endlich die Schönheit dieses Landes in ihrer ganzen Pracht. Beeindruckende, türkisblaue Buchten schmiegen sich in wundervolle Landschaften, und wir kommen aus dem Staunen nicht mehr heraus. Also beenden wir hier unsere Suche nach dem Ring und freuen uns stattdessen lieber an den Schätzen am Wegesrand. Nach zahlreichen Stopps in der Helena Bay, der Taiaue Bay, dem Black Beach und weiteren netten Buchten erreichen wir das malerische Russell, checken auf dem einzigen Campingplatz des Ortes ein und verbringen die erste Nacht in unserem Bulli, den wir nach kurzer Diskussion „Kurt" getauft haben. Eines steht jetzt schon fest: Kurt ist ein knauseriger Zeitgenosse. Er geizt mit

Leistung – auf der Straße ebenso wie bezüglich des Platzangebotes im Innenraum. Auf 1,55 Metern teilen sich Fabi, Katha und ich eine harte Liege, und ich preise erstmals mein hohes Alter: Aufgrund des einsetzenden nächtlichen Harndranges darf ich zum Glück an der Schiebetür schlafen. Am nächsten Morgen genießen wir unser erstes Camperfrühstück in der Sonne, baden im Meer und schwingen uns dann auf die Autobahn in Richtung Süden. Unsere Toyota-Dreierbank wird anbei nicht umsonst in Fachkreisen „Hühnerstange" genannt. Katha hockt auf dem Hühnerstangenthron in der Mitte, und so geht es gut gelaunt an Auckland vorbei Richtung Tairua. Dort verlässt uns zwar das gute Wetter, aber nicht die gute Laune, und so entscheiden wir uns spontan zum ersten „Freedom Camping" fernab von Campingplätzen und ihrem Komfort. Mit einem umwerfenden Blick direkt auf die Bucht von Tairua genießen wir einen tollen Feierabendwein, bevor wir uns erneut in Kurts Bauch zusammenrollen. In dieser Nacht erlebe ich Katha zum zweiten Mal beim Schlafwandeln. Wo sie in der ersten Nacht noch zwingend aussteigen und wieder auf dem Hühnersitz Platz nehmen wollte, fordert sie mich jetzt um Mitternacht vehement auf, ich möge „es doch endlich hergeben"! Also reiche ich ihr kurz meine Hand mit einem freundlichen: „Da hast du", und Katha wendet sich mit einem zufriedenen Lächeln und weiterhin geschlossenen Augen ab. So einfach ist es manchmal, die Frauen glücklich zu machen …

Buddeln am Hot Water Beach und achtzehn, zwanzig, zwo, null, vier, sieben!

Februar in Jahr 2, oder Monat 24 nach dem Zusammenbruch

Nach der ersten Nacht beim Wildcampen und einem Müslifrühstück starten wir zum sagenumwobenen und von vielen Travellern angepriesenen Hot Water Beach. An diesem Strand sollen Thermalquellen direkt in Höhe der Wasserkante an die Oberfläche des Strandes kommen. Der geneigte Tourist kann sich zwischen Strand und Brandung ein kleines Bassin schaufeln und im wohltemperierten Wasser die Zeit verbringen. Soweit die Theorie. Als wir gegen 10 Uhr vormittags ankommen, herrscht noch gähnende Leere, gähnende Leere an gehypten Orten macht mich immer skeptisch, und ich behalte recht: An die heißen Adern aus der Tiefe kommt man mittels Spatenarbeit nur heran, wenn das Meer weit genug zurückgewichen ist. Also konkret rund zwei Stunden vor und nach Niedrigwasser. Letzteres findet heute um 14:30 Uhr statt, und so heißt es wieder einmal warten. Mir ist nach Mosern, denn mit Ausnahme der ersten Tage ist das Wetter in Neuseeland unter aller Kanone und kein Stück warte-geeignet. Regen und Wind wechseln sich in schöner Regelmäßigkeit bei rund 20 °C ab, und die Fleecejacke wird zum ständigen Begleiter. Keine schöne Situation, wenn man – wie ich – fast drei Monate nie etwas anderes als Boardshorts und ab und an ein T-Shirt getragen hat. Katha und Fabi hingegen kommen direkt aus dem deutschen Winter und sind deutlich leidenswilliger, und so warten wir einfach weiter im immer übler riechenden Bulli namens Kurt. Denn Kurt zeichnet sich neben seinem Geiz an Leistung und Platz auch durch ranzige Vorhänge und durchgelegene Matratzen aus, und wir passen uns ihm mit zwei Tagen ohne Dusche langsam an.

Knapp drei Stunden vor Niedrigwasser begeben wir uns mit einer für vier Euro geliehenen Schaufel Richtung Strand, suchen uns einen Platz zwischen anderen Menschen mit Schaufeln und machen uns mit Feuereifer daran, den Contest für den größten, tiefsten und schönsten Pool zu gewinnen. Schließlich steckt in jedem von uns ein kleiner Tiefbauexperte – zumindest beim Sandburgenbau. Weil die immer wieder über uns hereinbrechenden Wellen schwer daran arbeiten, unser wachsendes Bauwerk zunichtezumachen, ackern wir wie die Verrückten an unserem Loch. Es fließt Schweiß und später auch Blut aus Blasen an den Händen, aber wir schaffen eine beachtliche Tiefe von 50 Zentimetern und einen ordentlichen Wall gegen die immer wieder heranrauschenden Brecher. Ich buddle wie ein Tier, weil ich das als erstes Sport-Event seit gut einer Woche betrachte und die neidischen Blicke aus den Nachbarpfützen ob unseres epischen Bauwerkes förmlich spüre. So etwas spornt an, obwohl ich eigentlich nicht mehr so ehrgeizig sein wollte. Es fehlt nur leider ein bedeutendes Detail in unserem Prachtbecken: Das Wasser in unserem Pool ist genauso kalt wie das Meerwasser, und Letzteres ist wirklich ostseekalt. Während wir uns einbilden, einfach tiefer buddeln zu müssen, wehen von den Nachbarpools ab und an warme Wasserdämpfe zu uns herunter. „Sooo ein Scheiß!", rufe ich Katha aus dem bald hüfttiefen Wasser zu. Letztere hält sich ihr vom einseitigen Buddeln gedehntes Bein und ruft das einzig Richtige: „Wir haben immerhin den größten Pool!" Leider lässt sich unsere Scharade, in unserem Becken herrschten mehr als 30 °C, nicht lange aufrechterhalten – Gänsehaut und blaue Lippen sprechen ihre eigene Sprache –, und so muss ein neuer Pool her. Und das nach fast zwei Stunden Arbeit. Wir bestimmen die wärmsten der mittlerweile rund 40 Pools und entscheiden uns für eine Stelle knapp unterhalb eines der wärmsten Becken. Nach nur zwei Spatenstichen springt Fabi wie ein Storch auf LSD mit verzerrter Miene Richtung Meer. „Volltreffer!", jubilieren Katha und ich, während Fabi sich die Füße kühlt. Wir haben genau eine Thermalader getroffen, aus der das 60 °C heiße Wasser strömt. Leider ist die Brühe dermaßen heiß, dass man im Pool weder sitzen noch stehen, geschweige denn liegen kann. Tütensuppe erhitzen ginge prima, aber die haben wir leider auch nicht dabei. Gefrustet und körperlich total im Eimer schluffen wir mit einsetzender Flut zu Kurt zurück, und nur Katha schafft es, den Kopf nicht hängen zu lassen: „Immerhin hatten wir nicht nur den größten, sondern auch den heißesten Pool! Ist das nix?" Nun ja. Suggestion ist nicht immer alles.

Nach einer bitterkalten Meerwasser-Open-Air-Dusche geht es mit Kurt steil Richtung Norden, wo wir uns mal wieder einen echten Campingplatz mit echten Duschen gönnen wollen. Leider wird daraus nichts, und so stehen wir am Abend mit Kurt nicht nur in Neuseeland am „Arsch der Welt", sondern sozusagen am Arsch vom Arsch. Hier ist nämlich – gar nichts. Trotzdem wohnen hier Menschen, und so bitten wir die wohl einzigen Bewohner der Bay um Erlaubnis zum Freedom-Campen. Diese sind sogar total nett – wahrscheinlich, weil sie zur Abwechslung mal nicht nur mit Reihern und Möwen sprechen können –, und so haben wir den besten Wildcamp-Parkplatz direkt am Wasser mit perfektem Blick über die Bucht. Und weil das alles so schön und malerisch ist, sitzen wir hier bis 2 Uhr morgens in unseren Campingstühlen und genießen neuseeländischen Wein, das Meeresrauschen und den (natürlich) bewölkten Himmel, ehe wir am nächsten Tag über eine Serpentinenstraße und vorbei an malerischen Buchten unter grauen Wolken zunächst nach Thames fahren. Hier füllen wir unsere Vorräte neu auf, und ich kann mich mal wieder über die grausigen Internet-Kapazitäten dieses Landes aufregen. Nur sehr wenige Cafés und Restaurants bieten WiFi an, und in Unterkünften beziehungsweise auf Campingplätzen sind die Kosten hierfür immens und die Datenraten primitiv.

Von Thames geht es Richtung Matata an der Bay of Plenty entlang. Wir entscheiden uns aus Hygienegründen erneut bewusst für einen kommerziellen Campingplatz, der überdies idyllisch direkt hinter den Dünen liegt. Den kilometerlangen Sandstrand haben wir fast für uns allein. Das Wetter ist noch immer furchtbar, und nach dem Bad im Meer bei prächtiger Brandung sind wir erstmals unschlüssig, was wir mit dem Abend anfangen sollen. Aber Katha hat in weiser Voraussicht Karten eingepackt, und meine beiden Gefährten sind euphorisch und ambitioniert, Skat zu lernen. Drei Mann, drei Ecken – also ran an Tisch und Stuhl!, sagt ein altes deutsches Sprichwort, und so darf ich mich als Skatlehrer austoben. Die beiden Bayern lernen außergewöhnlich schnell, bereits nach einigen Stunden Skat-Trockentraining schallen die ersten "achtzehn, zwanzig, zwo, null, vier …" über den Campingplatz, und kurz darauf steht Katha als erste Skatkönigin fest. Ein denkwürdiges Ereignis, Kathas Ego hat dieser deutliche Sieg zudem einen finalen und kräftigen Schub verliehen, und so geht es des Nachts wieder hoch her im Bulli. Der Königin gebührt selbstredend deutlich mehr Platz als den Buben, und deshalb nutzt sie ihren hoheitlich zum stumpfen Dolch ausgefahrenen Zeigefinger bei ihrer nächtlichen Schlafwandelei, um sich durch das Bohren in die Rippen der anderen ausreichend Platz im Kurt zu sichern.

Am nächsten Tag ist tatsächlich wieder Urlaubswetter – nämlich sonnig und warm –, und wir verbringen den ganzen Tag am Meer mit Entspannen, Skatspielen und Toben in der Brandung. Urlaub halt. Gegen Mittag versuchen wir uns in Matata an dem neuseeländischen Nationalessen Nummer eins: Fish & Chips! Aus zwei möglichen Frittierbuden nehmen wir die ranzigste (dort ist es erfahrungsgemäß am besten), bestellen jeweils zwei Stück Fisch mit Pommes – und erhalten nach zehn Minuten eines der absoluten kulinarischen Highlights meines Lebens. Vermutlich gibt es genau dieses Essen eines hoffentlich fernen Tages an der Himmelspforte. Umfang, Geschmack, Haptik, Optik – alles erste Sahne. Sogar Lebensmittel- und Prozessexpertin Katha denkt bereits über eine deutsche Franchise-Filiale nach, und ich drücke die Daumen. Einen Stammkunden jedenfalls hätte sie schon.

Surreales Neuseeland

Der GröTFaZ am Höllentor

Februar in Jahr 2, oder Monat 24 nach dem Zusammenbruch

Für uns geht es weiter nach Rotorua, ins Zentrum der Nordinsel. Die Stadt liegt in einer vulkantechnisch „heißen" Gegend. Es gibt überall Krater, Vulkane, Geysire, Thermalquellen oder Hotpools, und der allgegenwärtige Schwefelgeruch hat Rotorua den zweifelhaften Beinamen „rotten egg town" beschert. Als wir einen Touristenhinweis auf ein „Hell's Gate" passieren, fühlen wir uns also gleich inspiriert und beschließen, uns das Höllentor genauer anzuschauen. Eine rund einstündige Tour ohne Guide kostet „nur" 24 Euro je Nase (unabhängig von Konfession und Glauben), und als Gegenleistung erhalten wir einen Zettel mit Informationen zu den Sehenswürdigkeiten rund um das Höllentor. Was für ein Schnäppchen. Da Fabi unser Fotograf und Katha unsere Zierde ist, darf ich Guide spielen und entdecke eine neue Leidenschaft in mir: das Touristenführer-Dasein. Schwadronierend lotse ich uns an brühenden Quellen, stinkenden, heißen Schmutzkuhlen und putzig-warmen Kratern vorbei zu einer Touristengruppe, die tatsächlich mit einem waschechten Profiguide unterwegs ist. Gestenreich erklärt der Kollege seiner Gemeinde die Umgebung und hat sich dabei Dreck ins Gesicht geschmiert. Das soll angeblich gesund sein. Ich bin nur mäßig beeindruckt. Gestenreich Dinge erklären und Modder ins Gesicht schmieren, das sind die Geheimnisse der Profikollegen? Also gut: Auch ich tunke meinen rechten Zeige- und Mittelfinger in die Schwefelerde, mache mir einen dezenten, aber deutlichen Strich unter die Nase, spreche fortan nur noch mit rollendem R und ernenne mich kraft meines Amtes zum „Größten Touristen-Führer aller Zeiten", kurz: GröTFaZ. Unter meiner Ägide heißt es: bunt mit Dreck anmalen, Fußpilz in warmen Schwefelbecken verscheuchen und – Frösche fangen. Laut Aussage meiner Klienten ist meine Führung nicht nur höchst professionell, wir haben am Hell's Gate auch einen Höllenspaß. Als Katha aber eines dieser kleinen, grünen Froschwesen küssen möchte, greift zum Glück Fabi rechtzeitig und beherzt ein. Ein weiterer Mitreisender hätte Kurt völlig überfordert – Prinz hin oder her.

Hellsgate verändert!

Badewanne

Nach erbaulichen anderthalb Stunden ziehen wir weiter und entdecken kurz darauf ein Schild, auf dem der Weg zu einem „Volcanic Valley" ausgewiesen ist. Wir sind gleich Feuer und Flamme. Das Vulkantal entpuppt sich als gut ausgebaute (und damit mal wieder teure) Wanderstrecke, und wieder einmal erhalten wir für einen saftigen Eintrittspreis – Tadija! – Informationsmaterial und Eintritt ins Gelände. Diesmal handelt es sich um eine Wanderkarte mit umfangreichsten Informationen zu Sehenswürdigkeiten, Umgebung und Historie des weltweit neuesten geothermalen Gebietes. Kaum halte ich die Karte in Händen, übernimmt der GröTFaZ in mir, und ich bin wieder in meinem Element. Katha und Fabi managen die Kamera diesmal gemeinsam, und ich konzentriere mich einmal mehr auf meine Touristenführer-Qualitäten. In gut zweieinhalb Stunden bestaunen wir einen See, der so türkisblau ist, dass es in den Augen schmerzt; einen tiefschwarzen Krater und generell alle Formen und Farben, die die Natur zu bieten hat – außerdem heiße, extrem heiße und kalte Wasserstellen, Schwefel und alle denkbaren Ablagerungen der Welt. Am Ende unserer Wanderung entdecken wir tatsächlich etwas, von dem wir gar nicht wussten, dass es in Neuseeland in freier Wildbahn existiert: ein Känguru.

Am Abend finden wir einen dieser ultimativen Wildcampingplätze. Dieser liegt sehr idyllisch an einem kleinen See inmitten der wunderbaren neuseeländischen Landschaft und so parken wir unseren Kurt und gönnen uns einen echten Leckerbissen: Steak und Kartoffeln mit Sour Cream. Zum Glück wärmt uns dieses Festessen einige Stunden, denn die Nacht ist die erste vieler sibirischer Nächte. Unter sternenklarem Himmel sinkt das Thermometer auf 4 °C, und ich befürchte, dass wir in Kurt schon bald in Löffelstellung werden schlafen müssen, wenn die Temperatur noch weiter sinkt. Durchgefroren, aber dennoch zufrieden machen wir uns am nächsten Morgen auf den Weg, um den Maori-Ortsteil von Rotorua zu besuchen, in dem die Ureinwohner noch so leben sollen wie ihre Vorfahren. Heißt es. Vor Ort erwartet uns eine Guide-Kollegin vom Fach und erzählt von Geysiren, Thermalquellen, brodelndem Dreck und putzigen Namen für unterschiedlichste Sehenswürdigkeiten. Der GröTFaZ in mir ist unzufrieden; dem Vortrag der Kollegin fehlte es deutlich an Herrrrrrzblut. Der Missmut ist schnell vergessen, als die beeindruckende Tanzaufführung beginnt: Grazile Maori-Damen werfen mit Plüschbällen um sich und Maori-Krieger rollen die Augen und strecken die Zunge beim Haka-Tanz heraus. Schön anzusehen und echt mal etwas anderes.

Nothing kicks like hot Naturdusche.

Die Gefährten, Gollums Höhle und das unbezwingbare Mordor

März in Jahr 2, oder Monat 25 nach dem Zusammenbruch

Rafting! Endlich wieder Rafting! Voller Vorfreude stellen wir uns den Wecker auf unmenschliche 7 Uhr morgens und machen uns auf nach Turangi, dem Startpunkt der Rafting-Tour. Davor allerdings trifft mich noch fast der Schlag: Als ich mich am Morgen mit Schlafboxershorts und T-Shirt aus dem Bulli quäle, frieren meine Füße am Boden fest, und vom in drei Metern Entfernung vorbeirauschenden Gebirgs(!)fluss steigen Dampfwolken (!) auf. Der Gebirgsbach ist also wärmer als die Außentemperatur. Das ist schlecht.

Während ich den zwei Eingemummelten im Bulli das Frühstück zubereite (denn das ist heute mein Job – genauso wie das Kochen am Abend in der Regel auch, nun ja), gebe ich mich finsteren Gedanken hin: Es ist gerade Hochsommer auf der Nordinsel, und der Süden soll noch kälter sein! Geht das überhaupt? Was von meinen Sommerklamotten ziehe ich dann an, und sind meine Wassersport-Trekkingschuhe überhaupt schneetauglich? Muss ich wirklich tun, was ich selbst im normalen Leben am liebsten vermeide: Klamotten shoppen? Die Temperatur sinkt in Anbetracht dieser Aussicht gefühlt gleich noch ein paar Grad unter null.

Als wir gegen 9 Uhr Turangi erreichen, kommt nicht nur die Sonne raus, sondern unser Rafting-Guide Robert überreicht uns auch ordentliches Neopren, ein Fleece und eine Spritzschutzjacke. Damit müsste man im arktischen Fluss überleben können. In Selbigem erwarten uns nur Stromschnellen der

Stufe 3,5. In Costa Rica habe ich mal für zwei Tage Kategorie-Fünf-Rafting gemacht – das war schon eine etwas wilde Veranstaltung mit Überschlägen, Schwimmeinlagen und allem Drum und Dran. Aber hier soll alles ruhiger und entspannter werden. Da wir Gefährten mit Robert allein sind, haben wir zwischen den Phasen der gemäßigten Anstrengung und des Nasswerdens viel Zeit zum Quatschen und erfahren von Robert Erstaunliches: In Neuseeland kann man nicht nur Rafting, sondern auch andere Freizeitaktivitäten studieren. Außerdem zeigt er uns Gollums Höhle. Diese liegt zufällig genau an diesem Fluss und ist für uns Gefährten natürlich ein Highlight.

Zu unserem großen Glück scheint während der gesamten Rafting-Tour die Sonne, und so wird mir über der ganzen Paddelei tatsächlich warm. Dies ahnt Robert, schließlich hat er das ja auch studiert, und steuert das Boot an eine Klippe. Der Typ hat schnell raus, wie er uns ins Wasser bekommt. Aus rund drei Metern Höhe geht es – Kopf zuerst natürlich – in den Fluss. Schon als die ersten Haarspitzen die Wasseroberfläche berühren, bereue ich meine Tat: Das Wasser ist – wer hätte es von einem Gletscherfluss erwartet – nahe am Gefrierpunkt. Da hilft kein Neopren und auch kein Fleece! Also mit Volldampf Richtung Boot und paddeln, um halbwegs wieder auf Temperatur zu kommen, und so klingt diese Tour zwischen wunderbaren Landschaften nach gut zweieinhalb Stunden Rafting gemütlich aus. Entspannt wie wir sind, entscheiden wir uns am Nachmittag für einen Besuch der Huka-Wasserfälle bei Taupo (sehr lang und mit unglaublichem Farbenspiel) und wandern danach noch sieben Kilometer zu einer Talsperre, die alle zwei Stunden geöffnet wird und eine beachtliche Menge Wasser in ein sonst trockenes Bachbett gießt. Leider habe ich mich am Fuß verletzt und muss schließlich sogar zurückbleiben und mich von meinen Gefährten und

Kurt abholen lassen. Keine besonders guten Voraussetzungen für unser Ziel des morgigen Tages: die Erklimmung von Mordor oder richtiger: dessen Filmset im Tongariro National Park. Dort gibt es das sogenannte „Alpine Crossing" – geschmeidige 19 Kilometer an diversen Vulkankratern und eben auch an Mordor vorbei – und weil das wie weithin bekannt nur mit Gefährten gemeinsam bezwungen werden kann, muss ich natürlich mit und lasse für diesen nicht ganz ungefährlichen Weg sogar meine geliebten Flip-Flops im Kurt zurück. Mit Trekkingschuhen, Regenschutz, Fleece und langer Hose wandern wir los, aber schon nach rund drei Kilometern bereue ich unsere Entscheidung, Mordor zu erstürmen. Es geht permanent steil bergan, viele Steigungen sind nur über Treppen erklimmbar, die vor Jahren vermutlich von der Tourismusindustrie in den Fels geschlagen worden sind. Außerdem ist es merklich kühler geworden, die leidige Wolkendecke ist schon jetzt fast zum Greifen nahe, und außer einer tollen (und bald vermutlich durch die Wolken verhangenen) Aussicht gibt es hier nichts, nichts und wieder nichts. Nach weiteren zwei Kilometern schwitze ich aufgrund der brutalen Steigung wie verrückt, würde mich aber gleichzeitig am liebsten in mein Fleece verkriechen, weil es saukalt geworden ist und überdies (Jacke raus!) bitterkalt zu regnen beginnt. Kurz darauf finde ich alles scheiße und setze nur noch aus Ehrgeiz wild fluchend einen Fuß vor den nächsten. Als uns dann noch ein Holländer entgegenkommt und berichtet, am zwei Kilometer entfernten Scheitel habe es -2 °C und Schneetreiben, sehen auch Katha und Fabi nicht mehr happy aus. Vor meinem geistigen Auge sehe ich Katha in ihren Trekkingsandalen durch die Schneewehen stapfen und schlage vor, den ganzen Vorgang einfach abzubrechen. Zum Glück stimmen beide sofort zu – Mordor hat uns bezwungen; wir sind gescheitert und treten den kalten, erst sechs Kilometer weiten Rückzug an. Aber ich habe trotzdem etwas dabei gelernt: Meine Vermutung, dass Wandern Blödsinn ist, ist zur Gewissheit geworden und – ich habe aufgegeben! Nie im Leben hätte ich noch vor Jahresfrist meine Frustration, Sorge und Schwäche eingestanden, den „Wettkampf“ verlassen und etwas Vernünftiges getan. Ist es die Reise, die Therapie oder beides, das mich verändert hat? Ich weiß es nicht, aber der Grund ist letztlich auch nicht so wichtig. Das Ergebnis zählt, und auf das bin ich mächtig stolz.

Zurück in Kurt machen wir uns auf den Weg über den „Forgotten World Highway“ durch die Einsamkeit Neuseelands nach New Plymouth. Diese sehr verlassene und einsame Route führt uns an der Westküste an einer Millionen Schafe vorbei. Mordor steckt uns noch immer in den Knochen, und so gönnen wir uns in New Plymouth einen Luxuscampingplatz mit fließendem warmen Wasser (das erste Mal seit zehn Tagen duschen ohne Zeitlimit und Erfrierungen!) und einer echten Küche. Das feiern wir mit einer hervorragenden Pizza, Wein und – man mag es gar nicht glauben – Fernsehen! Ein ungewohnter Luxus, der sich so schnell sicher nicht wiederholen wird.

Bildschönes Neuseeland

Feierei in Wellington

März in Jahr 2, oder Monat 25 nach dem Zusammenbruch

Nach zwei Wochen im Bulli zeigt mein Körper erste Verschleißerscheinungen, und so entschließe ich mich kraft meiner knapp über 30 Jahre und meines schmerzenden Rückens, in Wellington mal eine Nacht den ranzigen Kurt gegen ein Bett im Hostel zu tauschen. Die anderen Gefährten freuen sich sicherlich auch, wenn sie lausige 1,55 Meter Bettbreite im Kurt einmal nur durch zwei und nicht durch drei teilen müssen. Bis zur Bettruhe ist aber noch Zeit, und so starten wir einen ausgedehnten Ausflug ins neuseeländische Nachtleben. Laut Reiseführer ist Wellington nämlich die ultimative Partymetropole, und da man uns in Erziehung, Schule und Universität beigebracht hat, alles kritisch zu hinterfragen, gehen wir auch dieser Aussage gewissenhaft auf den Grund. Gegen 19 Uhr treffen wir uns in „meinem" Hostel wieder und stellen einmal mehr fest, wie klein die Welt eigentlich ist, denn dort treffen wir auf – meine Ex, die gerade in entgegengesetzter Richtung durch Neuseeland reist. Darauf köpfen wir erst einmal eine leckere Flasche Wein, sind hernach den Abend über zu viert unterwegs und werden schon im Hostel zum Interessenmittelpunkt einer australischen Schulklasse – bis die Klassenlehrerin in sternverziertem Einteiler-Fleece-Schlafanzug die Kids ins Bett dirigiert. Wir hingegen machen uns bester Laune auf den Weg Richtung Fleischaufnahmestelle, um dort ein gehöriges Partyfundament zu legen. In Wellington gibt es nämlich Dönerläden, und ordentlich Fleisch im Fladenbrot ist nachweislich die beste Grundlage für ausgedehnte Partynächte.

Kurz darauf stellen wir fest, dass der Reiseführer in der Tat nicht übertrieben hat: In fast jeder Kneipe spielt eine

Liveband, und die Stimmung ist schon gegen 23 Uhr auf dem Siedepunkt. Im ersten Pub unserer Tour gibt es nicht nur amtlich was auf die Ohren, sondern auch neuseeländisches Ale – schwarz wie die Nacht, sämig wie Buttermilch und mit dem Odeur alter Hockey-Handschuhe, vergärt mit Skates, alter Milch und Schwarzbrot. Da aber jeder weiß, dass dem, der Bier verschenkt, der Galgen gebührt, gehe ich den langen 0,5-Liter-Weg und verlasse den Laden bald darauf mit aufgestellten Nackenhaaren, Gruselgänsehaut und inniger Sehnsucht nach Heineken und Becks.

Unser Folgeklub, das weltbekannte „Mighty Mighty", ist der ultimative Reiseführertipp und beschert uns „mächtig, mächtig" Gruselmusik auf die Ohren. Beim Karaoke-Abend der üblen Sorte werden konsequent nur Lieder gespielt, die noch nie in irgendwelchen Charts aufgetaucht sind. Vielleicht ist das ja das Konzept. Die meist weiblichen Darsteller greifen dennoch hingerissen nach dem Mikro und üben sich darin, in maximaler Lautstärke maximal an Ton und Text vorbeizusingen. Obwohl: Singen kann ich das wirklich nicht nennen. Ich schiebe diese Gruselvorstellung auf den Pegel der Darbietenden und überlege, wie ich dem Drama möglichst effizient entfliehen kann. Lokalwechsel? Geht nicht; die Damen haben noch Hoffnung auf Besserung und finden den Laden soooo „in". Ohren zuhalten? Sieht blöd aus und beraubt mich zudem noch der Möglichkeit, das Gejaule durch Alkohol erträglich zu machen. Tot umfallen? Auch keine Option. Bleibt also nur: Einschränken der eigenen Wahrnehmungsfähigkeit durch bewusste Ausschaltung der körpereigenen Sinne mittels mehr Alkoholzufuhr – und so steht der erste Pitcher schneller auf unserem Stehtisch als Fabi „Kiwi" sagen kann. Zum Glück wird selbst den Damen nach einer Stunde Hölle klar, dass der „In"-Club heute total „out" ist. Wir können endlich gehen, und als Entschädigung für erlittene Qualen bestimmen wir Männer die nächste Location. Natürlich landen wir gleich einen Volltreffer: Edelster Gitarrenrock auf der Bühne, der Laden ist gerammelt voll, gefühlte 95 Prozent der Anwesenden tanzen wie wild mit, und kurz darauf toben auch wir mit Pitcher in der Hand gut gelaunt vor der Bühne. Um halb 2 übernimmt ein DJ das Partyruder, aber auch der versteht sein Handwerk, und so geht es schwungvoll weiter durch die Nacht. Gegen halb 3 machen wir die Bekanntschaft eines dicken Maori-Opas, der sich als rundum würdiger Gegner für ein deutsch-maorisches Luftgitarrenduell herausstellt, und hernach geht es auf die Bühne zum obligatorischen Vortanzen, um die deutschen Discofox-Tanzqualitäten vorzuführen. Gegen 4 Uhr schließt der Laden, und trotz weiterhin vorhandener Kondition bin ich es zufrieden. Morgen um 10 heißt es Auschecken, weil wir um 12 Uhr auf der Fähre in den Süden sitzen müssen. So bleiben mir zumindest noch ein paar Stündchen in meinem tollen Hostelbett.

Wasser von oben, unten und von vorn

März in Jahr 2, oder Monat 25 nach dem Zusammenbruch

„Es friert im dicksten Winterrock der Zecher und sein Kumpel" – so sagt es eine alte deutsche Weisheit, und während der gut dreistündigen Fährüberfahrt von Wellington nach Picton trifft sie hundertprozentig zu. Das Thermometer zeigt geschmeidige 15 °C an, der Wind peitscht mit 30 Knoten die Regentropfen gegen Regenjacke und Boardshorts, und meine Zehen laufen in den Flip-Flops langsam blau an. Immerhin passt die Farbe zum Anstrich von Reederei und Fähre. Nach 20 Minuten schleppe ich meinen geschundenen Körper ins Bordrestaurant, wo ich höre, dass die Fähre am Folgetag wegen Schlechtwetterwarnung ihren Betrieb einstellen soll. Das wundert mich nur mäßig; die Wellen haben schon jetzt eine Höhe von rund drei Metern. Perfekte Bedingungen für mich, meinen Kater und einen echt miesen Tag.

In Picton, dem Ankunftshafen auf der Südinsel, gibt es zum Glück wieder etwas für Seele und Körper: Fish and Chips, nach wie vor eines der Highlights in Neuseeland. Dann geht es über den Queen Charlotte Drive durch den Marlborough Sound – einen profanen, wenngleich recht großen und ansehnlichen Fjord. Laut Reiseführer ist er auch bei Regen hübsch anzusehen. Recht hat er mal wieder, der Reiseführer.

Weil zwei Abende Duschen in Folge wirklich zu viel des Guten wäre, campen wir wieder einmal wild am Ende eines malerischen Fjordarmes, bewundern den Regen bei rund 10°C Außentemperatur durch Kurts schlierige Scheiben und drücken uns möglichst lang vor dem Schlafengehen. Gegen 23 Uhr kriechen wir dann doch aus Kurts warmem Bauch, putzen Zähne und werfen uns in Schlafklamotten. Draußen, weil drinnen dazu einfach nicht genug Platz ist. Meine Sachen sind nur über die Heckklappe zu erreichen, und so krieche ich schließlich mit Modderfüßen und Halbseitigklitschnass-T-Shirt ins schmale Bett, während der Sturm Kurt wie eine Fähre auf hoher See schlingern und uns kaum Ruhe finden lässt. Ein Traum, dieses Neuseeland. Am nächsten Morgen sind wir alle gehörig durch den Wind. Katha vermutet ein Erdbeben, Fabi ein nächtliches Umparken des Bullis, und mir ist auch noch ganz schlecht. Mit weniger Wind und gleich viel Regen geht es weiter nach Nelson – eine Slalomstrecke durch abgerissene Äste und andere Sturmschäden der vergangenen Nacht. Die Stimmung in Kurt sinkt, aber Nelson heitert uns wieder etwas auf. Dort angekommen ergattern wir ein wenig Internet und erfahren, dass schon für sehr bald über 20 °C angekündigt sind. Das wär ja mal was. Und so erreichen wir nach einer weiteren Wildcamp-Nacht an einem anderen Fjordarm den Abel Tasman National Park im Nordwesten der Südinsel. Hier soll man sensationell Kajak fahren können, und so buchen wir in Marahau voller Zuversicht für den Folgetag einen Kajak für eine Eintagestour. Unsere Wunschtour ist ausgebucht, und so erhalten wir ein kostenloses Upgrade auf eine angeblich noch bessere Tour mit dem wohl durchgeknalltesten Kajak-Psychopathen als Guide: Sam ist Ende 30, hat nach eigener Aussage „25 Jahre Kiff- und Kajakerfahrung“, eine Tochter, drei Ziegen und geht in seiner Freizeit Kajakfahren. Alle Teilnehmer werden von unserem Guide auf die Kajaks verteilt, nur der Platz vor mir bleibt leer, weil mein Paddelpartner Irus heißt, aus den USA kommt und deshalb wohl etwas spät dran ist. Aha. Aber Sam ist bester Dinge: Ob Irus Mann oder Frau ist, das weiß er nicht, aber in jedem Fall handelt es sich bei diesem nicht anwesenden

Phantom um einen semiprofessionellen Rudercrack. Na, dann muss ich mein Paddel ja einfach nur ins Wasser halten und so tun, als ob ich mich am Vortrieb beteilige, während ich eigentlich die Landschaft genieße. Das wird ein schöner Tag. Gut 20 Minuten später taucht Irus tatsächlich auf, entpuppt sich als Frau mit ungarischen Wurzeln und nimmt vorn im Boot Platz – denn ich bin schließlich schwerer, kann besser steuern und habe ein malaysisches Kapitänspatent.

Im Wassertaxi auf dem Weg zum Startpunkt entpuppt Irus sich als verdammt ehrgeizig: Unser Kajak ist ein Raketenboot, jeder Etappensieg zählt, Niederlage gibt es nicht. Meine Versuche, ihr zu vermitteln, dass wir eine entspannte Robben- und Vogelguck-Tour gebucht haben, perlen glatt an ihr ab, und so nehme ich die Herausforderung an und bin nach 30 Minuten klitschnass. Das Spritzwasser von Irus' männlichem Paddelschlag klatscht gegen meine Spritzschutzjacke, und die Anstrengung treibt mir den Schweiß aus den Poren. Natürlich schaffe ich es nicht, das Paddel einfach nur ins Wasser zu stippen und die amerikanische Rudereule machen zu lassen. Ich hasse mein Ego.

Nach gut zwei Stunden wird es Sam zu blöd, und er lässt uns ein großes Raft aus unseren Kajaks bauen, samt Segel und mit den Paddeln als Mast. Mich ernennt Sam zum Skipper und Captain dieses Bootes, und dergestalt in Amt und Würden verschwindet auch die sich ob des grausigen Wetters und der schrecklichen Sandfliegen anschleichende Depression der vergangenen Tage fast vollständig. Aber nur fast.

Nach einem ausgedehnten Essen geht es weiter, und kaum sind wir erneut auf uns allein gestellt, hämmert Irus gleich wieder los und buddelt mich mit Wasserbergen zu. Egal, wir harmonieren jetzt schon ganz ordentlich, und für den

Schlussakkord fordern wir den irren Sam heraus. Robben und irgendwelche Vögel sehen wir dabei auch am Rande, aber Irus drückt mich im Wettstreit mit Sam mit ihren Paddelschlägen im deutsch-amerikanischen Raketenboot förmlich in den Sitz, der Fahrtwind trägt ab und an ein „Come on, little German!" an mir vorbei, und ich rotiere derart, um in den Rhythmus des Paddelberserkers zu kommen, dass keine Zeit für Naturbeobachtungen bleibt. Aber so sehr ich mich auch ins Zeug lege: Irus' Schlagzahl ist überirdisch, und so entschließe ich mich, dem amerikanischen Hammerpaddelschlag nicht mehr zu folgen und einen möglichst gewaltigen, germanischen Langschlag einzubringen. Es sieht nicht gut aus, funktioniert aber, und zwischen der Gischt und den Wassermassen, die an meinen zusammengekniffenen Augen vorbeifliegen, erkenne ich, dass wir Sam auf Distanz halten. Nach vorne kann ich leider nichts mehr sehen: Ein gewaltiger Ruderrücken, wehende rotblonde Locken und rotierende Arme blockieren die Sicht. Wie soll der Steuermann nur steuern, wenn das Ziel vom Rudermonster verdeckt wird? Ich lehne mich ein wenig nach außen, komme aus dem Takt. „Come on, tiny, little German!", weht der Wind vorbei. „Scheiße, wir sind nicht auf Kurs!", huste ich zurück. „COME OOOON!" Verzweiflung steigt in mir auf: „Alte! Wir sind nicht auf Kurs, Mann! Ähhh!! F***! English! Sorry, we are not on track!" „COOOOOME ON, HIT IT HARDER, SWEETY!" Die Verrückte sieht es einfach nicht! Egal, dann muss ich jetzt auf Verdacht nachjustieren. Während meine Füße die Ruderseile malträtieren, spüre ich, dass mein Paddel an etwas Hartes schlägt. Im nächsten Moment steht unser Kajak abrupt, und ich schnelle von meinem Sitz nach vorn. Ich erreiche mit meinem Bauch nicht die andere Seite der Sitzluke, denn meine Knie bohren sich vorher unterhalb der Hartschale des Bootes in die Seiten des Kajaks, und die Kniescheiben rutschen knackend und schmerzhaft nach unten. Die Verrückte hat allen Ernstes bis Grundkontakt durchgezogen!

Trotz Zielverfehlung sind wir vor Sam am Strand, und der Kajak-Psycho haut mir nach dem Aussteigen freundschaftlich-anerkennend auf die Schulter. Dieser Klaps hebt mich fast aus den Latschen, so sehr hat mich die durchgedrehte Ruderfurie geschafft. Wie freue ich mich auf die Heimfahrt, das kleine Bett, und vielleicht frage ich Katha mal unterwürfig nach einer kleinen Rückenmassage.

Leider kommt es anders. Als auch die anderen 15 Minuten später den Strand erreichen, teilt Sam uns mit, dass wir unsere Sachen ruhig im Boot lassen können. Wir bräuchten nur ausreichend zu trinken mitzunehmen. „Wie jetzt? Mitnehmen? Aber wohin denn?", fragen Katha, Fabi und ich ratlos unisono, und Sam erklärt uns freimütig, dass wir doch jetzt zu unserer Buschwanderung aufbrechen würden: „You booked that tour!" Wir Gefährten blicken uns an und verstehen – das also ist der zweifelhafte Mehrwert unseres Upgrades. Also raffen wir uns auf und folgen, aber weil unser irrer Guide Sam bereits nach 15 Minuten vom offiziellen Weg abweicht, kämpfen wir uns kurz darauf durch das Unterholz des Dschungels, und ich zweifele an meinem Verstand. Ich trage nur noch eine Boardshorts, mein T-Shirt ist komplett nass, und mit dem Fleeceüberwurf und den Flip-Flops komme ich auch nicht viel weiter. Die Kajaktussi aus einem der abgeschlagenen Boote bringt es auf den Punkt: „Es ist so lange Spaß, bis sich einer wehtut." Und ich tue mir weh. Nur zeigen mag ich es nicht – ich bin schließlich der alte preußische Onkel Jan. Nach rund 30 Minuten Hardcore-Dschungeltrekking zeigt uns Sam das absolute Highlight seiner (Tor)Tour: einen alten Baum! Ich seufze stumm, ziehe mir einige Splitter aus dem Fuß, und schon geht es weiter. Eine weitere Stunde Kraxelei durch den Busch später bin ich völlig am Ende, und wir erreichen Highlight Nummer zwei: eine putzige Pflanze. Die essen nicht nur die Maori schon seit Jahrhunderten, auch viele andere Neuseeländer bekämpfen damit Regelschmerzen oder Depressionen, und wenn es nach Sam geht, bekämpft die Kauwa-Kauwa-Pflanze alle denkbaren Beschwerden dieser Welt. Das ist ja super, sage ich zu Sam und erkläre ihm feierlich, dass ich jetzt gleich einen ganzen Baum davon zu essen gedenke. Sam winkt vehement ab; ein Blatt muss reichen. Ich nicke, denn mir reicht es auch. Alles. Heute Abend wird es kein Wildcampen geben. Ich will eine Dusche. Und zwar eine warme.

Kurz mal eben Barfuß durch den Dschungel

Die (wirklich) gemeine Sandfliege (lat. Phlebotominae)

März in Jahr 2, oder Monat 25 nach dem Zusammenbruch

Die in Neuseeland als „Sandfly" oder „Asshole" bezeichnete Sandfliege ist das niederste aller Geschöpfe auf diesem Planeten. Ich habe in meinen 32 Lebensjahren ein ansprechendes, umfangreiches und tief gehendes Repertoire an Schimpfwörtern und Beleidigungen erworben und jedes einzelne bereits mehrfach und in unterschiedlichen Tonlagen zur Beschreibung dieses neuseeländischen Insekts zum Einsatz gebracht. Die Sandfliege stammt ursprünglich aus Australien, der einstigen Strafkolonie für Gefangene der Commonwealth-Staaten, und ich habe mittlerweile die Theorie entwickelt, dass sie eigenhändig dieses Untier erschaffen und mit aller ihnen bekannter Hinterhältigkeit genährt haben, um es den nachfolgenden freien Generationen zu hinterlassen. Nach intensiven Recherchen und Begutachtungen kann ich jedenfalls bezeugen, dass die Sandfly eine Chimäre ist, die sich aus einem Biber (das Gebiss! eine Sandfliege sticht nicht, sie beißt), einem Schmetterling (die Flügel! aber frei jeder Anmut), einer Mücke, Schmeißfliege oder Schildkröte (der Torso! manche der Biester überleben selbst einen Volltreffer mit der flachen Hand!) und einer Spinne (die viel zu langen Beine) zusammensetzt. Das ganze Chimärenwunderwerk wurde dann auf drei Millimeter geschrumpft, damit es zudem kaum mehr sichtbar ist. Zu hören ist sie aufgrund ihrer Flügelkonstruktion natürlich auch nicht und damit nur schwer zu lokalisieren. Und weil sie in so unglaublicher Stückzahl vorkommt, kann man als Mensch gegen sie nur verlieren. Zu Beginn meiner Reise auf der neuseeländischen Nordinsel waren die Sandfliegen noch ein normales neuseeländisches Ärgernis – wie das schlechte Essen (abgesehen von Fish and Chips), das miese Wetter und die Nichtverfügbarkeit von Internet. Aber je weiter es in den Süden geht, desto unerträglicher werden die Viecher. Deshalb führe ich bereits seit einigen Tagen meine persönliche Plus-Minus-Statistik, um die eigenen Verluste mit denen der Stechviecher ins Verhältnis zu setzen. Dieses Verfahren ist mir aus meinem geliebten Hockeysport in bester Erinnerung, wo man die eigenen Tore mit denen des gegnerischen Teams ins Verhältnis setzt. So entsteht im Hockey beispielsweise aus zwei Gegentoren und vier selbst erzielten Treffern ein Wert von plus zwei. Bei der Sandfliegen-Statistik hingegen lag die Anzahl der Bisse allein an meinem linken Fuß – und der geht nur bis zum Knöchel – beispielsweise gestern bei unglaublichen 39 Bissen. Die Zahl der Toten im Lager des Gegners belief sich leider nur auf 23 – in Summe ein vernichtender Wert von minus 16 zu meinen Ungunsten, der im Hockeysport das sofortige Karriereende bedeuten würde. Hier in Neuseeland bedeutet er einfach nur ständiges Jucken und echte Schmerzen beim Kontakt der Wunden mit Salzwasser oder Seife, denn die Bisse sind von deutlich anderer Qualität als Mückenstiche. Obschon ich eine kleine medizinische Sensation bin, bei der Mückenstiche binnen 45 Minuten nach dem Biss ohne weitere Spuren verschwinden, hilft mir das bei den neuseeländischen Fleischfreunden nicht weiter. Diese beißen einfach ein Stück Fleisch aus meinem Fuß, hinterlassen mit ihrem Speichel irgendwelche Gifte oder Bakterien, und im Anschluss brennt und juckt die Wunde noch Stunden bis Tage oder blutet durch das erneute Aufkratzen jämmerlich. Kein schöner Anblick, ziemlich schmerzhaft und damit absolutes Drama, Baby! Und so tue ich nach rund vier Tagen permanentem Kriegszustand auf der Südinsel das Undenkbare: Ich tausche bei mehr als 15 °C meine Flip-Flops gegen Trekkingschuhe und Socken. Weil diese Untiere ausgewiesene Fußfetischisten sind, lasse ich meine kurze Hose an und sehe somit in Summe aus wie der Depp aus dem untersten Touri-Regal. Egal, der Schmerz ist einfach nicht mehr zu ertragen. Aber damit allein ist das Problem noch nicht gelöst. Wo die gemeine Mücke ein dämmerungsaktives Tier ist, sind die Sandungeheuer 24 Stunden an sieben Tagen der Woche im Einsatz und schieben sich daher gern einmal nachts um 3 einen guten Happen deutschen Fußfleisches in den kleinen, stinkenden Rachen. In dieser Zeit versuche ich zu schlafen, kann mich demnach nicht wehren, diesen Umstand nutzt die Höllenbrut reichlich aus, und meine Statistik verschiebt sich immer weiter zu ihren Gunsten – eine Schmach der besonders schmerzhaften Art. Erst recht, weil die gemeine Sandfly ein Spezialitätenesser ist. Sitzen gut 20 Leute in einem Raum, trifft es den Nordeuropäer. Gibt es Männer und Frauen zur Auswahl, knabbert es Männerfleisch. Und weil es mich besonders oft trifft, frage ich mich stumm, ob mein Fußfleisch durch das permanente Herumgerenne in Flip-Flops vielleicht besonders gut verdaulich ist. Aber auch meine Gefährten leiden unter der Beißmischpoke, und einmal fliehen wir sogar trotz Vollprotektion von einem schönen Strandabschnitt, weil zwischen meinen Augen und dem Skatblatt in meinen Händen zeitweise bis zu 20 Exemplare herumschwirren. Ein unhaltbarer und untragbarer Zustand. Bleiben also nur eine Insektenburka bei frühsommerlichen 20 °C – oder chemische Abwehrwaffen. Wir erneuern den chemischen Insektenschutz jedenfalls permanent, und so ist der Betrag, den wir für Aeroguard (das neuseeländische „Autan“) ausgeben, bald fast so hoch wie der Spritkonsum des ewig durstigen Kurt. Wenn die Sache mit den Drecksviechern in den nächsten Tagen nicht besser wird, werde ich anfangen, Aeroguard zu saufen – oder einen Flug in ein Sandfly-freies Land buchen. Und danach werde ich unserem Verteidigungsminister die Erlaubnis erteilen, dieses Land nach einmaliger Vorwarnung seiner Einwohner von der Landkarte zu tilgen. Etwas Schwund ist immer.

März in Jahr 2, oder Monat 25 nach dem Zusammenbruch

Als ich vor mittlerweile bald einem Vierteljahr zu dieser Reise aufbrach, wollte ich Abstand gewinnen, Zeit zum Nachdenken haben, einen anderen Blick auf das Leben gewinnen und verstehen, was in dem meinigen falsch sein oder wo es eigentlich hinführen könnte. Jetzt, inmitten meiner Reise, ist es mitnichten so, dass ich tagaus, tagein nur schweren Gedanken nachhänge. Aber natürlich kommen sie immer wieder, diese Augenblicke, in denen ich mich mit der Suche nach dem Sinn befasse. Warum lebe ich? Wozu? Was will ich bewegen, was erleben, was lernen und vermitteln, warum bin ich gestrauchelt, und wo will ich hin? Diese Art von Gedankenarbeit ist anstrengend, und gar nach dem Sinn unseres Lebens zu suchen eine Aufgabe, der kaum jemand gewachsen ist. In einem der dicken und gehaltvollen Bücher, die ich mitunter auf meiner Tour lese, habe ich in einer umfangreichen Mail-Diskussion der 50 bedeutendsten Philosophen unserer Zeit gestöbert. Einer dieser Herren schrieb 50 seiner Kollegen mit der Bitte um die Antwort auf diese eine Frage an: Was ist der Sinn des Lebens? Zusammengefasst gab es hierauf drei Gruppen von Antworten: Einige Geisteswissenschaftler ergossen sich in epischen, hochwissenschaftlichen Abhandlungen, deren Essenz sich mir nicht immer erschloss und mir letztlich vor allem eines verdeutlichte: Unter zu vielen Worten lässt sich der Inhalt selten verorten. Die andere Gruppe kam zu dem Schluss, im Grunde gäbe es keinen tieferen Sinn und es sei – verkürzt gesprochen – alles für die Katz. Zumindest dann, wenn man nicht an Gott glaube oder an ein Leben nach dem Tod. Die letzte Gruppe hingegen hatte die menschliche Größe einzugestehen, dass sie die Antwort nicht kennt. Wenn also diese illustren Damen und Herren, deren Profession das Nachdenken über derlei Fragen ist, schon keine klare Antwort haben, macht es das für uns „Normalsterbliche" auch nicht leichter. Trotz-

dem führt die Suche nach dem Sinn von beispielsweise langen Auszeiten und dem daraus resultierenden „Sich-selbst-Finden" im Idealfall zu einer optimalen Ausgeglichenheit. Wer sich selbst gefunden, seine Lebensziele und seinen Wertekanon festgezurrt hat, der lebt einfach entspannter. Wer aber entspannter leben will, der braucht in diesem Sinne eine Zieldefinition für das eigene Leben – und das führt ihn wiederum zwangsläufig zur Sinnsuche desselben.

Diese Themen beschäftigen mich schon lange – insbesondere seit meine eigenen Werte und Lebensziele durch meine Krankheit und die zweieinhalb Monate in der Klinik im Sommer vor fast zwei Jahren in sich zusammengefallen sind. Und so bin ich froh, dass mir diese Reise neben all den neuen Eindrücken und Erlebnissen auch Raum für derartige Überlegungen lässt. Meist bei langen Transfers, inspiriert durch Fragen von Mitreisenden, Impulse aus der Literatur – und manchmal auch durch Mails aus der Heimat. Vor einigen Tagen etwa schrieb mir ein mir sehr wichtiger Mensch von seiner akuten Krebsdiagnose. Das ist nun schon die dritte derartige Diagnose in meinem doch recht jungen Freundes- und Bekanntenkreis, und ich habe ehrlich gesagt einige Tage gebraucht, bis die Nachricht wirklich bei mir angekommen ist. Einschnitte wie diese bringen die Fragen nach Ziel und Sinn mit aller Macht zurück – und machen die Antworten umso unerreichbarer. Ich fühle mich in solchen Momenten in die Zeit vor meinem Klinikaufenthalt zurückversetzt, spüre die Perspektivlosigkeit, die Leere und Einsamkeit. Was mich zu einem Thema zurückbringt, das mich vor Beginn meiner Reise oft umgetrieben hat und immer wieder seinen Tribut fordert: Für Außenstehende ist es kaum bis gar nicht zu verstehen, wie sich eine Depression anfühlt. Außerdem ist die Krankheit, obwohl sie auf (unterschiedlich ausgelöste) Stoffwechselprobleme im Gehirn zurückzuführen ist, nicht als Krankheit akzeptiert. Es entbehrt nicht einer gewissen Ironie, dass ich selbst immer einer derjenigen war, die gesagt haben, dass Seelenkrankheiten (so nenne ich das jetzt einfach mal) schon von alleine weggehen – man muss sich halt nur mal zusammenreißen. Aber so einfach ist es eben nicht. Das Problem fängt schon mal damit an, dass es kaum möglich zu beschreiben ist, wie sich eine Depression anfühlt. Das landläufig unterstellte Gefühl permanenter Traurigkeit jedenfalls trifft es nicht. Trauer ist ein Gefühl, und Gefühle fehlen einfach vollständig bei (m)einer Depression. Wenn ich beschreiben sollte, wie sich (m)eine Depression anfühlt, würde ich antworten: wie ein Verlust jeder Hoffnung und die Abwesenheit jedweden Gefühls. Da ist nichts mehr, auf das man sich freut oder was Freude bereitet, und dieses „Nichtgefühl" raubt jede Motivation und Lebensfreude. Alles, was ein Leben lebenswert macht, verliert an Wert – und damit auch das Leben selbst. Dieser Zustand ist auf längere Sicht sehr gefährlich, und zumindest ich habe nie zuvor etwas Schlimmeres erlebt.

Seit der Zeit meines absoluten Tiefpunktes sind Tage, Wochen und schließlich fast zwei Jahre ins Land gezogen, in denen ich mich mit professioneller Hilfe und einem tollen Umfeld langsam wieder zurück ins Licht gerobbt habe. In der Klinik sagten mir die Ärzte einst, ich würde diese schlimme Zeit mit etwas Abstand gar nicht mehr als so schlimm wahrnehmen und müsse sie als eine Zäsur zu einem vielleicht besseren, sensitiveren Leben begreifen. Damals fehlte mir für derartige Aussagen jedes Verständnis. Ich wollte einfach nur über den Tag kommen und mein altes Leben zurückhaben. Heute sehe ich das anders. Von einem Fazit bin ich noch weit entfernt, aber schon jetzt schätze ich den Wert vieler Dinge komplett anders ein. Ich glaube mittlerweile felsenfest, dass eines der wesentlichen Motive für ein gutes Leben in der Aufrechterhaltung von Hoffnung liegt. Sinn und Ziel des Lebens sind dadurch fest mit der persönlichen Hoffnung verbunden. Worauf diese Hoffnung gerichtet ist, ist wiederum ein sehr persönliches und monströs umfängliches Thema – aber ein Verlust derselben ist der allumfassende persönliche Supergau. Im Umkehrschluss kann die Hoffnung auf ein wie auch immer geartetes gutes Leben uns in dunklen Stunden einen gestärkten und optimistischen Blick auf die Zukunft erhalten. Und das ist ein Lichtblick, für den ich sehr dankbar bin – weil er mich heute an den meisten Tagen zufrieden denken lassen kann: Alles wird gut!

Kilometerfressen und andere kulinarische Highlights

März in Jahr 2, oder Monat 25 nach dem Zusammenbruch

Nach dem Kajak-Inferno und den einprägsamen Sandfly-Erfahrungen geht es für uns aus dem Abel Tasman National Park in den Süden der neuseeländischen Südinsel. Wir haben uns für die rund 800 Kilometer zunächst zwei Tage Zeit genommen und verlassen Marahau im Nationalpark bei mal wieder miesem Wetter und dank der Paddelorgie mit einem ordentlichen Muskelkater im Gepäck. Trotzdem ist die Stimmung gut, denn wir sind mal wieder frisch geduscht, und laut Reiseführer und anderen Zeugenaussagen soll es landschaftlich immer schöner werden, je weiter es in den Süden geht. Das stimmt: Die Landschaften im Süden Neuseelands sind umwerfend, traumatisierend schön, atemraubend und faszinierend. Allerdings hat auch die gemeine Sandfliege ein ausgeprägtes Auge für liebreizende Landschaften, denn je hübscher die Landschaft, umso mehr fliegende Fußfleischfetischisten.

Am Ende des ersten Reisetages und nach einigen Stopps an diversen Natur-Highlights erreichen wir Greymouth, das seinem Namen alle Ehre macht: Um dem Grau zu entfliehen, suchen wir einen Wildcampingplatz zwischen Greymouth und Hokitika und erleben dort einen traumhaften Sonnenuntergang. Am nächsten Tag strahlt die Sonne (!) mit aller Kraft in Kurts Feuchtbiotop, und wir beschließen spontan, einen Tag am Strand zu verbringen. Leider gibt es in und um Greymouth nur Wellen, die direkt auf Stein brechen, und so setzen wir uns in ein Straßencafé und spielen akkurate vier Stunden

Auch eine beeindruckende Eigenschaft von Neuseeland

Warum eigentlich „Mirror Lake"?

Karten. Meine beiden – nicht vorgebräunten – süddeutschen Reisekameraden stellen sich währenddessen gleich in der Sonnenbrandverteilungsschlange an, und danach geht es auf ins Hallenbad. Hier kommt ans Licht, dass das mit Fabis und Kathas Sonnenbrand super geklappt hat, unsere Sandfly-geschundenen Glieder allergisch auf zu warmes Wasser reagieren, Fabi eine ordentliche Sehnenscheidenentzündung vom Paddeln hat und ich selbst langsam eine Plauze vom neuseeländischen Essen habe. Was ich in Südostasien durch unwürdig kleine Portionen und ständige Magen-Darm-Erkrankungen an Gewicht verloren habe, fluppt in Neuseeland im Akkord zurück auf meine Rippen – was mich nicht wundert, denn neben Fish and Chips steht der Neuseeländer auf Burger und Pies – Blätterteig mit leckeren Fleischfüllungen. Hinzu kommt, dass ich neben meinen Aufgaben als Skatlehrmeister, Kapitän und Autoältester den Kochlöffeldienst übernommen habe. Und weil in Kurt nur eine Gasplatte und arg begrenzter Raum zur Verfügung steht, fallen die Gerichte einfach, aber reichhaltig aus – ein Kilo Kartoffeln mit acht Eiern und 400 Gramm Sour-Creme-BBQ-Sauce zum Beispiel. Ein schlichtes, aber gutes Abendessen, das an der frischen Luft gleich doppelt so gut schmeckt.

Damit wir nicht gänzlich aus den Nähten gehen, geht es am nächsten Tag weiter zum Franz-Josef-Gletscher, der angeblich weltweit am nächsten an einem Ozean liegt. Das ist generell so ein Hobby der Neuseeländer – alles ist ständig weltweit einzigartig. Vielleicht sollte ich ihnen einfach mal entgegnen, dass ich auch Meister im Halten absurder, ganz und gar unbedeutender Weltrekorde bin: Ich halte nämlich den Weltrekord im Flip-Flop-Tragen in der Klasse der zwischen 90 und 100 Kilogramm schweren 32-Jährigen, komme aus der nördlichsten deutschen Gemeinde der Welt mit 26.063 Einwohnern und einem SPD-Bürgermeister und bin weltgrößter Sprücheklopfer beim Skat – das zumindest behauptet Fabi. Wie dem auch sei, der Gletscher ist jedenfalls beeindruckend. Noch beeindruckender allerdings sind wir selbst, denn um unsere Reisekasse zu schonen, unternehmen wir die Wanderung zum Gletscher auf eigene Faust. Über unsere Sicherheit müssen wir uns dabei dennoch keine Sorgen machen, denn hier ist wirklich alles zigfach abgesichert. Und mit derart gutem Wetter ist, so denken wir, selbst Wandern zu ertragen. Nach zehn Minuten ist mein T-Shirt durchgeschwitzt, wird ausgezogen und dient fortan als Schutz gegen die Hammer-Sonneneinstrahlung auf dem riesigen Geröllfeld. Mit Trekkinghose, Sonnenbrille und breitem Grinsen bin ich damit der weltgrößte Hallodri auf dem weltgrößten Gletschergeröllfeld des einem Ozean am nächsten gelegenen Gletschers – wieder ein persönlicher Weltrekord. Während Fabi, Katha und ich uns lustige Weltrekorde ausdenken, bestaunen wir die an uns vorbeiziehenden Wanderer, die in geführten Gruppen auf dem (gut ausgebauten) Weg in Richtung Gletscher wandern und sich dabei bis zur Lächerlichkeit ausstaffiert haben. Alle tragen Bauchtaschen des jeweiligen Touranbieters, Windjacken, Wanderboots, Getränkerucksäcke, Wanderhüte und etliches Hightechequipment mehr. Wir hingegen stratzen oberkörperfrei und mit T-Shirt-Turban gen Gipfel und spielen mit den anderen Touristen witzige Psycho-Spiele zum Zeitvertreib. Bei der „Neuro-Linguistischen Programmierung" rufen wir Entgegenkommenden zunächst ein freundliches „Moin" oder „Mahlzeit" entgegen. Das versteht hier natürlich niemand, und deshalb variieren wir hin und wieder mit einem herzlichen „Gutenberg" oder „Hau ab" – und erhalten fast immer ein freundliches „Good morning" zur Antwort. Am Nachmittag.

Auch amüsant: das Einführen des Rechtsverkehrs. In Neuseeland fährt man nicht nur links, man wandert auch links. Wir aber halten konsequent die rechte Spur und erkennen so schnell, welcher der uns entgegenkommenden Touristen aus Europa kommt und welcher nicht. So können sogar Wanderungen erträglich werden. Der Gletscher selbst ist schließlich nett anzusehen – ein Klumpen Eis eben, der leider auch bald der globalen Erwärmung zum Opfer fallen wird.

Der Wildcampingplatz dieses Abends wird hingegen dann ein echtes Highlight: Top-Sicht über eine hübsche Bucht, der Strand etwa fünf Meter entfernt, Sonnenuntergang direkt voraus und kein Mensch weit und breit. Herrlich – zumindest, bis wir aussteigen. Schmerzhafte 20 Sekunden später hat jeder von uns wieder einige Gramm seiner Haut an die leidigen Sandfly-Flugparasiten abgetreten. Es sind dermaßen viele, dass man sie unwillentlich mit einzuatmen beginnt. An einem hübschen See ein paar Kilometer entfernt ist es auch nicht besser. Wie gut, dass wir am nächsten Tag zu unserer Schlussetappe nach Queenstown aufbrechen.

Queenstown und die Sache mit dem Jägermeister

März in Jahr 2, oder Monat 25 nach dem Zusammenbruch

In Queenstown gönnen wir uns wieder mal ein Hostel samt Dusche und Rasierer und stürzen uns abends ins Nachtleben. Dieses soll nämlich – tadaa! – Weltniveau haben, und diese Aussage gilt es natürlich – Tusch! – zu überprüfen! Die Feiergrundlage legen wir mit dem – wer hätte es gedacht? – weltbesten Burger. Der allerdings ist wirklich erste Sahne, und so blicken wir drei nach der Speisung zwar sehr verschmiert, aber glücklich und einsatzbereit aus der frischen Wäsche.

Bei knapp 13.000 Einwohnern – also nur leidlich mehr als mein Heimatort – hat Queenstown geschätzte 40 Bars und Clubs, die bis 2 Uhr nachts leider noch nicht wirklich gut gefüllt sind. Also erkläre ich den Surreal Club zu unserer Partyzone, denn hier gibt es leckere Getränke, und die sind gar nicht mal so teuer – zumindest zunächst. Wir sind selbstverständlich schon vor Mitternacht auf der Tanzfläche und mühen uns nach Leibeskräften, die ungefähr 20 anderen Besucher mitzureißen. Dies gelingt uns nur bedingt, aber immerhin bei den europäischen Touris aus der Schweiz. Und so stoßen wir gegen 1 Uhr erstmals feierlich auf die schweizerisch-deutsche Partykoalition an – mit Schnaps, versteht sich. Hier schlägt nun meine Stunde, denn ich habe mittlerweile ein vertrauensvolles Verhältnis zu dem Barmann aufgebaut und frage ihn nach dem beliebtesten Schnapsgetränk am Platz. „Jägermeister, for sure." Ich habe wenig Lust auf den Geschmack von ranzigem Schlangenblut und frage noch einmal nach einer lokalen Schnapsspezialität. „Yes, for sure: Jägermeister!"

Meine Erklärung, dass besagtes Gebräu knappe 50 Kilometer von meinem Heimatort zusammengerührt wird, beeindruckt den Tresenschergen wenig, stattdessen bietet er mir zur Feier des Tages einen „super Preis" an: 8,50 neuseeländische Dollar (rund 6 Euro) für einen Jägi. Nachdem der Barmann verstanden hat, dass man in Deutschland für 10 Dollar eine (kleine) Flasche von der Plörre bekommt, kann er nicht verstehen, warum ich dieses Paradies freiwillig verlassen habe. Tja, das frage ich mich manchmal auch, und so einigen wir uns nach 15 Minuten Fachsimpelei über Mastbrennereien auf Tequila für 5 Dollar das Pinnchen. Um 2 stürmen wir die einheimischen Clubs (deren Adressen unser weiblicher schweizerisch-deutscher Suchtrupp den Locals abringt) und feiern bis 5 in Clubs, in die nur 15 Leute passen, weil der restliche Raum aus Boxen besteht, aus denen Minimal- und andere Elektromusik knallt. Großartig! Wir amüsieren uns köstlich und bringen es bis zum Auschecken am nächsten Morgen auf grandiose vier Stunden Schlaf. Müde blinzele ich in den grauen Morgen und frage mich, warum ich heute schon wieder Kurt fahren muss und weshalb diese lausigen Auscheckzeiten eigentlich immer mitten in der Nacht liegen. Die drei männlichen Katzen vertreiben wir mit einem gehörigen Frühstück mit Speck, Bohnen und Ei, und so sind wir nach nur wenigen Kilometern mit Kurt und dem elenden Regen allein. Auf den rund 300 Kilometern zum Milford Sound sehen wir aufgrund des miesen Wetters nicht viel, vor Ort lädt der Regen auch nicht zum Aussteigen ein, und so reiten wir mit Kurt unverrichteter Dinge zurück Richtung Queenstown. Natürlich nicht in ein Hostel, sondern mal wieder an einen verlassenen Parkplatz an einem wilden Fluss zu einer mal wieder wilden Nacht. Hail ya, Effizienz!

Das Ende der Gefährten

März in Jahr 2, oder Monat 25 nach dem Zusammenbruch

Nach mehr als drei Wochen und fast 5.000 Kilometern in Kurt und auf einem 1,55 Meter breiten Bett beginnen für uns die letzten beiden Tage und Nächte. Insbesondere in Letzteren sind wir ein wirklich spannendes Team geworden, denn jeder bringt in die Nachtruhe sein individuelles Laster ein. Aber auch sonst waren die Nächte ein Erlebnis, denn was im Norden Neuseelands noch auszuhalten war, wird langsam extrem: die Kälte. Das Thermometer sinkt in sternenklaren Nächten und auf entsprechenden Höhen auf 5 °C, und dafür sind weder Kurt noch wir ausgestattet. Während wir die Stunden bis zur regulären Einschlafzeit zwischen 24 und 2 Uhr im Sitzen beim schweißtreibenden Kartenspiel im Innenraum unseres Gefährtes verbringen und dabei die Temperatur noch auf erträglichem Niveau halten können, beginnt danach die finstere Zeit der Kälte. Und zwar schon mit dem Umkleiden, das mittlerweile – wie alle anderen Prozesse im Kurt auch – bis ins Letzte durchgestylt und optimiert ist. Fabi, unser Bettbauingenieur, werkelt in Windeseile unsere Sitzgarnitur zurück und sorgt für eine gute Beschaffenheit der epischen Liegefläche. Währenddessen bereiten Katha und ich uns auf die Nacht vor. Ich krame also in Kurts Küche (also unter der Heckklappe) Schlafboxershorts und Schlaf-T-Shirt aus meinem Backpack, putze Zähne und hüpfe ins Bettchen, und zwar bei jedem Wetter. In den letzten Tagen geht das nur noch mit schmerzverzerrtem Gesicht – bei den Temperaturen und scharfen Ostwinden werden Finger und Zehen klamm, und ich habe danach jedes Mal das große Verlangen, Katha zu bitten, mir doch die Eisbrocken aus dem Bart zu pflücken. Aber da sind keine – fühlt sich halt nur so an. Deshalb schlafe ich jetzt sogar mit meiner Fleecejacke, vermeide aber immerhin bislang standhaft die weibischen Nachtsocken. Auch das Einnehmen der Ruheposition und das anschließende Einschlafen folgen einem festen Ritus: Katha meldet sich mit einem freundlichen „Gute Nacht, Jungs!" ab und wünscht auch dem ranzigen Kurt eine gute Nacht. Fabi und ich wünschen dem abgehalfterten Gefährt bestenfalls einen Kolbenfresser an den Hals. Danach versucht jeder, als Erstes einzuschlafen. Katha müht sich dabei immer am meisten, denn zu ihrer Linken lauert ein kleines Schnarchungeheuer. Bei dem revanchiert sie sich allerdings ausgiebig, wenn sie wieder einmal im Schlaf redet – und das ununterbrochen und ungehemmt. Leider klingt sie dabei zeitweise so geistesgegenwärtig, dass nicht immer klar ersichtlich ist, was zum Wach- und was zum Schlafgebrabbel gehört. Eines Nachts etwa haucht es neben mir aus der Dunkelheit: „Hey, soll ich dir noch etwas aus dem Busch mitbringen?" „Klar", sage ich im Halbschlafmodus, „sicher. Bring mir doch bitte meine Kettensäge mit." „Gut. Wird gemacht", haucht mir die Stimme ins Ohr. Dann wird es wieder still im Kurt, nur ich frage mich noch länger, was mir so etwas sagen soll. Der weibliche Verstand ist halt ein unerschöpflicher Quell ungelöster Rätsel. Ein anderes Mal bin ich schon halb im Land der Träume, als Madame neben mir zu lachen beginnt. Es ist diese Art von Lachen, wie wenn jemand gekitzelt oder geneckt wird, und so denke ich mir, dass unser gemeinsames Keuschheitsgelübde wohl so knapp vor dem Ende der Neuseelandreise doch noch den Bach hinuntergeht und bei Fabis und Kathas Annäherungsversuch irgendetwas schiefgegangen ist. Keine zwei Wimpernschläge später lasse ich diesen Gedanken fallen, denn Fabis Stimme erklingt: „Sag mal: Was macht ihr da?" „Ja, nix natürlich!", gebe ich empört zurück und mache die Taschenlampe an: Da liegt sie zwischen uns, die kleine bajuwarische Terrorfee, und lacht sich mit geschlossenen Augen scheckig. Aber auch dieser Spuk geht so plötzlich und geräuschvoll, wie er gekommen ist, und kurze Zeit darauf tritt erneut Ruhe ein – zumindest so lange, bis Fabi Katha mit Schnarchgeräuschen weckt oder Katha mich auffordert, endlich wieder etwas Platz zu schaffen. Und schon kommen wir zu meinem Laster, das mich zugegebenermaßen selbst erstaunt. Eigentlich bin ich ein platzsparender Schläfer, aber in Kurt ist das anders: Wenn ich wach werde, liegen meine Schultern immer noch an dem Platz, an dem ich sie beim Einschlafen abgelegt habe – nur der Rest ist unerklärlicherweise zu meiner Nachbarin Katha gewandert. Das liegt vermutlich an der Kälte, und so kommt es, dass meine Kiste und die Beine in der letzten Nacht mehr als die Hälfte der 1,55 Meter Bettbreite beanspruchen, während Katha und Fabi knapp ein halber Meter bleibt. Egal: Wir genießen ein letztes Mal gemeinsam die schöne Landschaft und einen Abend mit Strom und Heizung auf dem Campingplatz, das Wetter wird auch etwas besser und die Sandfliegen werden weniger. Vermutlich sind sie jämmerlich erfroren. Gut so.

Kurt campt wild

Katha zeigt den Mount Cook

Traumhafte Südinsel

Morgenwäsche

Das Jetboat-Abenteuer

März in Jahr 2, oder Monat 25 nach dem Zusammenbruch

In aller Herrgottsfrühe lassen Fabi und Katha mich am Christchurch Airport aussteigen – und dann sind sie fort. Während sie via Sidney und Dubai gen Heimat düsen, bleibe ich noch ein wenig und freue mich schon jetzt auf die warme Südsee danach. Weil ich aber nicht allein durch Neuseeland reisen will, hänge ich mich die nächste Woche an vier schöne Fersen. Meine Ex und ihre nicht minder attraktive Freundin Jana haben mir einen Platz als Lakai in ihrem Auto angeboten. Nach intensiver Klausur mit mir selbst wage ich mich in dieses Abenteuer und steige in den Bus zurück nach Queenstown, wo ich auf meine Mitreisenden der kommenden Woche treffen soll. Ehrlich gesagt bin ich etwas nervös, aber das ist auf solchen Reisen ja generell eher Regel als Ausnahme. Die Reisegesellschaft, mit der ich nach Queenstown fahre, heißt „nakedbus". Zehn Stunden soll der Trip dauern, ich bin schon sehr gespannt und habe bei dem Namen zwei Bilder im Kopf: Entweder sind im Bus alle nackt – bei Backpackern meines Alters oder jünger nicht die schlechteste Vorstellung – oder das „Naked" steht für die Ausstattung des Busses – keine beglückende Aussicht. Als das Gefährt auf den Busbahnhof rollt, steigt die Euphorie: Der Bus ist komplett in Schwarz gehalten, und die Fenster sind blickdicht schwarz versiegelt. „Das wird geil", meldet sich mein triebgesteuertes Unterbewusstsein und schwenkt kurz darauf zu: „Du willst das alles nicht", als der 50-jährige Busfahrer mit Schirmmütze und umfassender Körperfülle aus dem Cockpit quillt. Und es stimmt: Ich will das wirklich nicht, denn im Inneren des Busses erwartet mich Variante 2 in Reinkultur. Es gibt keine Klimaanlage, keine Sitzverstellung, keine Vorhänge, keine Toiletten und keine

Nackten. Nicht mal Lautsprecher haben die Busse, und der dicke Kutscher muss sich immer aus seiner Sitzschale quälen und auf den Gang stellen, um seinen Passagieren irgendwelche Ansagen zu Pausenzeiten etc. zu machen. Insbesondere die nicht vorhandenen Nackten ärgern mich, denn wenige Reihen vor mir sitzt eine sehr attraktive Dame und davor noch eine. Na ja, man kann nicht alles haben. Vor allem nicht in diesem Bus.

Queenstown erreichen wir allerdings problemfrei und überpünktlich, und kurz darauf feiern meine neuen Mitreisenden und ich unser Treffen mit einem standesgemäßen (weltbesten!) Fergburger und einer Spontantour auf die Piste – auch wenn Sina zu Recht bemängelt, dass Feiern ohne Vorglühen genauso blöd ist wie Sport ohne Warmmachen. Egal, wir wollen am Folgetag Jetboaten, und da kann etwas Restkoordination ohnedies nicht schaden.

Beim Jetboating fliegt man mit einem Speedboot und maximaler Geschwindigkeit durch enge Schluchten und über reißende Flüsse, und Queenstown hat im Wesentlichen drei Anbieter für solche Events. Bei Nummer 1 gibt es Jetboaten auf einem See für knapp 100 Dollar, also Kindergeburtstag und nichts für mich. Nummer 2 und 3 sind knapp 40 Dollar teurer, und schon die Beispielvideos der Fahrten sind großes Kino. Einer davon bietet zudem eine viel gelobte rund einstündige Anfahrt und eine Überquerung des Shotover-Rivers an genau jener Stelle, an der Frodo vor den komischen Orks flüchtend von einer Riesenwelle fortgerissen und von dieser vor den wilden Horden gerettet wurde. Das muss gut sein, das nehmen wir! Am nächsten Tag steigen wir also in einen erstaunlich kleinen Bus mit Allrad- und Offroad-Fähigkeiten und sollen uns erst einmal anschnallen. In einem Reisebus! Janeeistklar! Und so sitzen wir unangeschnallt hinten in der

Rocker-Reihe, zuckeln 20 langweilige Minuten über irgendeinen Highway und biegen dann in einen unscheinbaren Weg ein. Im Augenwinkel huscht ein Warnhinweis an mir vorbei, und schon mahnt der Fahrer, die Gurte noch einmal zu überprüfen. Ich setze zu einem überheblichen Grinsen an – und starre keine Sekunde später die Deckenverkleidung des Kleinbusses an. Verdattert rappele ich mich auf, schließe nun doch den Gurt, blicke aus dem Fenster nach unten und sehe: Nichts! „Sina! Hier rechts ist nichts, wirklich gar nichts mehr! Die Kiwis haben hier die Landschaft abgebaut. Ich glaub, das geht 1.000 Meter frei nach unten!", ächze ich, aber Sina mault nur zurück: „Na immerhin – ich sehe hier nur eine Steinwand." Ich brumme und denke nach, und dann fällt mir wieder ein, was ich einmal in einem Reiseführer gelesen habe: Vor knapp über 100 Jahren, zur Zeit des großen Goldrauschs, buddelten und sprengten die Einheimischen diesen Weg mit aller Gewalt in die Berge, und dieser große Goldrausch begann mit einem Hund. Zwei Maori-Schäfer fanden das Tier, das im Shotover-River abgetrieben war, nebst 24 Pfund reinsten Goldes in einer Flussbiegung (wieder). Danach brach in Queenstown die Hölle los, und natürlich mussten die Glücksritter auch versorgt werden – und zwar zu Pferd und über diesen Pass, auf dem wir uns gerade mit unserem Kleinbus befinden, während sich immer wieder Abgründe neben uns auftun. Als wir nach rund einer Stunde am Liegepunkt des Bootes ankommen, sind bereits einige der Passagiere etwas weiß um die Nase – dabei hat das Programm noch gar nicht richtig angefangen.

Nach der obligatorischen Sicherheitseinweisung und Schwimmwestenbestückung erfahren wir, dass Jetboats sich einfach mal überschlagen und/oder das Flussbett verlassen können. Beim Einsteigen frage ich unseren Skipper deshalb, ob ich wohl bei ihm vorne im Boot sitzen darf – schließlich bin ich ja auch Kapitän. Zu meinem persönlichen Glück bejaht der Kollege. Ich solle nur ja beide Hände am Handlauf vor mir lassen und besser im Boot bleiben. Das kann ich beides gerade eben noch verantworten.

So ein Jetboat hat, wenn es nicht unter Dampf unterwegs ist, einen Tiefgang von rund anderthalb Metern, der Fluss ist an den meisten Stellen nicht tiefer als 50 Zentimeter, und unter Volllast liegt das Jetboat nur rund 30 Zentimeter im Wasser –wie beim Windsurfen mit der Gleitlage, nur mit mehr Power und ohne Wind. Dafür geht es mit 85 Kilometern pro Stunde den Fluss hinunter, und einige Damen und Herren in unserem Boot werden von mir als biologische Sensation enttarnt: Sie sind halb Mensch und halb Chamäleon, denn anders lässt sich das schnelle Wechseln der Gesichtsfarbe nicht erklären. Insbesondere die 360-Grad-Drehungen aus nahezu voller Fahrt sorgen für markerschütternde Schreie und ein beeindruckendes Farbenspiel. Ich hingegen habe einen verdammten Spaß – so ein Ding brauche ich auch. Und den passenden Fluss gleich dazu.

Ich will (Mil-)ford!
Ach ja – und nen Schnaps!

März in Jahr 2, oder Monat 25 nach dem Zusammenbruch

Nach dem Jetboat-Abenteuer wagen wir am Folgetag einen Ausflug zum Milford Sound. Da war ich schon mal, allerdings in plörrendem Regen, und so hoffe ich, dass ich dieses Mal endlich etwas von der so oft gelobten und besungenen Landschaft zu sehen bekomme. Unser Programm ist sportlich: vier bis fünf Stunden Anfahrt, Landschaft in Milford bestaunen, vier bis fünf Stunden zurück, feiern! Das muss zu schaffen sein, denn außer Landschaft gibt es so weit unten im Süden der Südinsel sowieso nichts, dafür steigt aber abends der St. Patrick's Day, und da soll Queenstown angeblich im Ausnahmezustand sein. Genau das Richtige für uns, um mal wieder richtig die Hacken in die Tanzdielen zu knallen und etwas am Tresen zu zerren. Um 7:30 Uhr brechen wir auf und prügeln unseren Nissan Sunny auf schnellstem Weg Richtung Süden, um auf dem Sound eine Bootstour durch die angeblich so wunderbare Landschaft machen. Wir erreichen den Fjord gegen Mittag und erkennen unmittelbar unseren gewaltigen Fehler: Durch unseren tagelangen Aufenthalt in Queenstown sind wir die klimatischen Bedingungen außerhalb der Stadt nicht mehr gewohnt und haben überdies meinen Erzfeind, die vermaledeite Mist-Sandfliege vergessen. In Queenstown sind für heute 23 °C angekündigt, aber 300 Kilometer weiter südlich umschmeicheln zarte 14 °C meine freigelegten Waden und Füße. Zum Glück liegt meine olle Fleecejacke noch im Auto, nur das Antisandfliegenmittel haben wir Reiseasse natürlich in Queenstown gelassen. Also vollführe ich wilde Tänze, denn die Sandfly greift nur stehende Ziele an. Hoffentlich akzeptiert diese Drecksspezies ein Boot als neutrale Zone. Wir eilen schnellen Schrittes die gut 1.500 Meter vom Parkplatz zum Bootsterminal, vorbei an diversen Schautafeln, die die Geschichte des Milford Sounds erklären. An der dritten Schautafel muss ich stehen bleiben, denn von dieser lacht mich eine vergilbte Fotografie der ersten Siedler in diesem Gebiet an: eine Gruppe von Menschen, die sich komplett verschleiert zeigen. Gab es die Sandbiester hier etwa schon vor 150 Jahren? Ich lese weiter, und der Verdacht bestätigt sich: Dieser Ort wurde tatsächlich schon früher einmal als „Sandfly Point“ bezeichnet. Wieder habe ich etwas gelernt und parallel einige Gramm Fußfleisch an die Schuftfliege verloren. Ich bezweifele mittlerweile den Sinn unserer Tour und verfluche die Reise(-ver-)führer, in denen von Sandungeheuern nie die Rede war.

Zum Glück erfüllt sich zumindest eine meiner Hoffnungen: Auf dem Boot lassen die Sandfliegenbiester uns in Ruhe. Stattdessen kämpfe ich mit dem heftigen Wind, den arktischen Temperaturen, die er mit sich bringt, und bestaune die Landschaft. Die allerdings hat es wirklich in sich, und Sina –

Milford Sound

Ohne Worte

Fabis Haus-und-Hof-Fotografen-Nachfolgerin – hält drauf, was das Zeug hält. Ich hingegen entdecke auf dieser Fahrt mein Kiwi-Idol in Form eines rund 50-jährigen Neuseeländers, der in kurzer Hose, T-Shirt, Flip-Flops und mit übel zerfressenen Beinen und Füßen auf dem offenen Oberdeck steht. Während ich mir nach rund 20 Minuten einen heißen Tee besorge und mich hinter den Windschutz kauere, philosophiert der Kiwi inmitten des arktischen Windes über Weltwunder und die Wissenschaft des Bierbrauens und stiehlt der in diverse Winterjacken eingepackten weiblichen Reisebegleitung mit links die Show. Dabei zwinkert er mir ab und an lässig zu, während sein schütteres, graues Haar vom eiskalten Wind zerzauselt wird. In den ganzen zwei Stunden der Schiffstour entdecke ich weder ein Zeichen von Gänsehaut an ihm, noch scheint der Kiwi-Mann irgendeinen Juckreiz zu spüren. Unmenschlich und äußerst geil männlich, der Typ.

Auf dem Rückweg zurück ins 300 Kilometer entfernte Queenstown machen wir noch einige Fotoshooting-Stopps, haben dabei einen Riesenspaß und sind mit dem Ergebnis sehr zufrieden. Zur Feier des Tages steuern wir zurück in

Lebensfreude!

der Zivilisation das Fergburger-Restaurant an, genießen kulinarische Highlights in der untergehenden Sonne und beobachten die ersten Opfer des St. Patrick's Day – eigentlich ein irischer Feiertag, dessen Begehung in Neuseeland dem deutschen Vatertag gleicht: Man zieht sich dumme Sachen an; viele Menschen sind schon am Nachmittag hackevoll und im Lall-Modus, und es gibt mitunter wüste Hauereien. Anderes wiederum unterscheidet sich hier deutlich von dem, was ich aus der Heimat kenne: Alle ziehen sich ausschließlich grüne Klamotten an, lustige Touren und Wanderungen inklusive der entsprechenden Fortbewegungsmittel spielen eine untergeordnete Rolle, und auch Frauen dürfen offiziell mitspielen. Außerdem schafft es ein erheblicher Anteil der Feiernden noch in Bars und Diskotheken. Vermutlich bedeutet das trotzdem, dass wir drei Partygranaten heute ab Mitternacht allein durch die Clubs streifen, weil der Rest der Einwohner und Touristen mit Koordinationsverlust in der Falle liegt.

Aber wir lassen uns davon nicht abschrecken, kehren nach der Burger-Schlacht zum Umziehen zurück ins Hotel, und hier erfahre ich erstmals nicht nur aus Erzählungen, sondern live und in Farbe, was Frauen unter „amtlich vorglühen" verstehen: ordentlich trinken und viel und ordentlich Quatsch reden nämlich. Und zwar immer in das verspiegelte Glas hinein, vor dem sie sich mit unermüdlicher Ausdauer anmalen. Dergestalt vorbereitet geht es gegen 23 Uhr endlich auf die Piste. Die Bars und Clubs sind überall gut gefüllt, und die Musik wird nur alle 20 Minuten von irgendeinem irischen Volkslied unterbrochen, bei dem alle – außer den blöden Touristen – fleißig mitgrölen. Aus Inkognito-Gründen grölen auch wir, allerdings ohne klaren Text. Das fällt der lallenden Masse ohnehin nicht mehr auf, und so lernen wir viele putzige Gestalten kennen: Vom neuseeländischen Schäfer über den Ingenieur bis zur Krankenschwester ist mal wieder alles dabei, und zu später Stunde wechseln wir gut gelaunt erstmals in den Touri-Schuppen der Stadt – das „Winnies", die Bierbörse von Queenstown, in der man am Eingang neben seiner Jacke auch jedes Niveau und die letzten, kümmerlichen Reste von Anstand ablegt. Und so geht es im Inneren des Schlagerschuppens derart zur Sache, dass ich sekündlich befürchte, dass der liebe Gott Schwefel und Feuer vom Himmel regnen lässt, um dieses Sodom und Gomorrha vom Erdball zu tilgen. Tut er aber nicht, und die Mädels laufen zur Hochform auf, während ich wie ein Linienbus zwischen Tanzfläche und Theke pendele und an einer Ehrenmedaille für den besten Umsatz des Abends arbeite. Am Ende der langen Nacht tausche zumindest ich das Winnies gegen einen der örtlichen „Local Underground Clubs" und stolpere erst im Licht des frühen Morgens in das Hostel zurück, wo ich irgendwann auch die Mädels wiedertreffe. Zur Feier des mehr als gelungenen Abends verlässt am Folgetag niemand von uns das Hostel. Stattdessen hängen wir einfach nur ab und gönnen uns für einen Tag den Luxus des Nichtstuns und etwas Erholung von diesem aufregenden, anstrengenden und ereignisreichen Tag.

Kurz vor Paradies

Toben mit Dusky

März in Jahr 2, oder Monat 25 nach dem Zusammenbruch

Von Queenstown geht es nach Hanmer Springs, das recht zentral auf der Südinsel liegt und für seine heißen Quellen bekannt ist. Weil in diesem Kaff darüber hinaus rein gar nichts los ist, räkeln wir uns einen langen Tag in irgendwelchen natürlich beheizten Pools und machen uns dann auf den Weg nach Kaikoura an der Pazifikküste. Dort kann man neben Walen und allerlei anderen Meeresbewohnern auch Delfine in freier Wildbahn erleben, hautnah an sie herankommen und Touren buchen, die Touristen direkt in den Delfinschulen (so heißen deren „Rudel") zu Wasser lassen. Genau auf diese Gelegenheiten warte ich in Neuseeland! Wasser ist absolut mein Ding, und wenn man sich darin auch noch austoben kann – umso besser! Und so buchen Jana, die Sina-Ex und ich eine solche Drei-Stunden-Tour, werden in dicke Neoprenanzüge, Hauben und Schnorchelausrüstung verpackt und in rund 30 Minuten Fahrt entlang der wunderschönen Küste Kaikouras in das Delfinschwimmen eingewiesen. Laut Dolphin-Boat-Chefin Maggy sollen wir die Aufmerksamkeit der Säuger erregen, indem wir A) schwimmen wie ein Delfin (Arme anlegen, optimalerweise den Schmetterlingsbeinschlag verwenden; check), B) im Kreis schwimmen, denn Delfine sind auch „Kreisschwimmer" und spielen so auch miteinander (auch kein Problem – nur etwas albern), C) nicht nur an der Oberfläche, sondern auch schön tief tauchen (easy – kann ich) und D) Kinderlieder in hoher Tonlage durch den Schnorchel singen und diese durch Fiep-Geräusche unterbrechen – ja, sollen wir uns denn alle zum Oberdeppen machen? Offensichtlich sollen wir genau das, denn die Touristen, die die Tour ohne den Schwimmpart gebucht haben, beginnen zu feixen und machen ihre Videokameras scharf. Ich sehe mich schon mit meinem bekloppten Outfit unter einer Youtube-Headline: „Dicker deutscher Neopren-Klops schwimmt wie Seehund und singt dabei wie ein kastrierter Kater!" Nee, nicht mit mir!

Keine zehn Minuten später hocken rund zehn vermummte Gestalten auf der Heckplattform des Bootes, und das Signal zum Schwimmen ertönt – überall um uns herum sind Dusky-Delfine. Die Dinger werden bis zu 1,70 Meter groß und wiegen in etwa so viel wie ich vor meiner Neuseelandreise – also rund 90 Kilogramm. Ich schwimme mitten in die Delfinschule und bin ruckzuck von etlichen Delfinen umgeben. Diese schießen mit so unglaublicher Geschwindigkeit an mir vorbei, dass ich nur auf die überlegenen sensorischen Fähigkeiten dieser Säuger hoffen kann. In der Spitze werden diese Supersportler nämlich bis zu 40 Stundenkilometer schnell, und eine Kollision mit dem Gewicht dürfte an Bord zu lauten „Ahhhs" und „Ohhhhs" führen. Tatsächlich gleiten die Tiere förmlich an mir vorbei – nur wirklich spielen will keiner mit mir. Nach mehreren Schwimmeinlagen mitten unter den Meeressäugern beschleicht mich der Verdacht, dass an der Singerei womöglich doch was dran sein könnte. Um nicht auf irgendeinem Datenträger zu landen, tauche ich auf die andere Seite des Bootes, finde auch dort einen Delfin und wende meine Manny-Arbeitserfahrung an: ein nettes Kinderlied vorsingen. Sofort steigt der Rabauke darauf ein und schwimmt in rund zwei Metern Abstand im Kreis um mich herum. Das kann ich auch! Also gehen wir beide auf Kreisschwimmkurs, nur dass sein Radius größer ist – dennoch ist Freund Fisch bedeutend schneller. „Na", denke ich mir, „dir Delfin-Bratwurst will ich mal zeigen, wie schnell ich sein kann." Und so geht es wild im Kreis und hoch und wieder runter, immer mit einem netten „Schlaf, Kindlein, schlaf" auf den Lippen. Nach etwa zwei Minuten sind wir nur noch wenige Zentimeter voneinander entfernt, und immer wieder geht es bis auf rund drei Meter Tiefe herunter, wieder rauf und immer im Kreis. Ich habe dabei den Eindruck, dass mein neuer Freund wirklich Spaß daran hat, und mir geht es – ehrlich gesagt – nicht anders. Allerdings bin ich im Gegensatz zu meinem neuen Kumpel nach rund fünf Minuten so was von im Eimer, dass ich mich fast in meinen Schnorchel übergebe. Diese Geräusche findet mein schneller Freund nicht so spannend und macht sich von dannen. Ich hingegen bin mittlerweile so weit vom Boot entfernt, dass Maggy wilde Gesten in meine Richtung macht. Egal. Ich bin hin und weg und total begeistert von meiner Toberei und beschließe, nach einer kurzen Rast einen weiteren Anlauf zu nehmen.

In Summe werden wir fünf Mal an Bord zitiert, um zu ruhen und das Boot neu mitten in eine Delfinschule zu fahren. Beim dritten Planschen mit den Delfinen lasse ich meine Schnorchelkollegen vor, denn ich will auch so grinsen und lachen wie die Touristen ohne Schwimmsachen. Vom Boot aus ist es ja schon wirklich spannend und witzig zu sehen, wie sich erwachsene Menschen im Wasser bekloppt bewegen und putzige Geräusche machen können. Aber ich will auch wieder spielen, und so geht es erneut rein ins 15 °C kalte Wasser – und zwar für mich diesmal aus freien Stücken ohne Haube. Das beschert mir wirklich schmerzende Ohren, führt aber auch dazu, dass ich meine neuen Freunde verstehen kann. Die Säuger kommunizieren in der Tat hörbar miteinander und versuchen so etwas wie Interaktion aufzubauen. Ein zwar sehr erschöpfendes, aber auch tief bewegendes Erlebnis, das mich über die Neugierde der Delfine staunen und mit der Überzeugung zurücklässt, dass es Touren wie die unsrige auch in der Welt der Delfine gibt: Dort heißt es dann nicht „Swim with the dolphins“, sondern „Swim with the bekloppte Neopren-Tiere“.

Nach dem Toben mit den Duskys gibt es an Bord heiße Schokolade und Essen für alle, die das mit der Esserei trotz des hohen Seegangs um das kleine Boot herum hinbekommen. Zum Glück hatte ich mit derlei noch nie Probleme und sitze deshalb nicht mit den anderen über bunten Eimern, sondern bestaune am Bug des Bootes eine beeindruckende Delfin-Flugschau. Die Tiere schießen locker zwei bis drei Meter aus dem Wasser und machen akkurate Rückwärtssalti. Großartig anzusehen und ein würdiger Abschluss für tief bewegende, wunderbare Stunden mit faszinierenden Tieren – mit etwas Abstand eines der absoluten Highlights in Neuseeland.

Unseren letzten Abend verbringen wir im beheizten Whirlpool unserer Lodge und ziehen ein Fazit über dieses Land. Auf der Negativliste landen die Preise (die fünf Wochen hier haben mehr gekostet als die drei Monate Asien davor), mieses Wetter (ohne Erkältung geht hier nix, Badeurlaub ist wegen geringer Wassertemperatur und Stranddichte so gut wie ausgeschlossen), leider teils sehr unfreundliche bis aggressive Menschen (wenn sie privat sind), die widerlichen Sandfliegen sowie hohe Kosten und großer Aufwand beim Zugang zum Internet. Aber auch die Positivliste kann sich sehen lassen: unglaubliche Landschaften, zahlreiche Abenteuermöglichkeiten, gewaltiges Freizeit- und Sportangebot und leckeres Essen, das allerdings dick macht (nicht so genial). In Summe dennoch eine gute Ausbeute, wie ich finde.

Außerdem stelle ich fest, dass mich dieser Reiseabschnitt gemeinsam mit meiner Ex nicht so sehr aus der Bahn geworfen hat, wie ich ursprünglich angenommen und auch ein wenig befürchtet hatte. So eine lange Zeit wieder gemeinsam zu verbringen, ohne von den Auswirkungen meiner Depressionen und den dazugehörenden Medikamenten eingeschränkt und abgelenkt zu sein, tut gut. Wir finden die Kraft, aber zu wenig

Zeit, um ausführlich über Unausgesprochenes und Vergangenes zu reden, und entschließen uns, auch den nächsten Reiseabschnitt gemeinsam und zu zweit zu verbringen. Nicht als Paar, vielleicht auch nicht als „Nur-gute-Freunde", sehr wohl aber als Reisende, die diese Zeit auf der anderen Seite des Planeten dafür nutzen, sich selbst wiederzufinden und aus Fehlern der Vergangenheit zu lernen.

Pazifik

Rarotonga! Von Paradiesen, Strandgangs und dicken Menschen in Vollbeschäftigung

März in Jahr 2, oder Monat 25 nach dem Zusammenbruch

Da bin ich nun gelandet – im Herzen des Pazifiks, in der Mitte der Südsee und auf den wohl schönsten Inseln, die diese Erde zu bieten hat. Rarotonga liegt gute vier Flugstunden von Neuseeland entfernt und wird umrahmt von den Inselstaaten Tahiti und Samoa. Die 15 Inseln der Cook Islands umfassen ein Staatsgebiet von 2.000.000 km^2, das von etwas mehr als 20.000 Einwohnern bevölkert wird. Zum Vergleich: Deutschland ist bei rund 82.000.000 Einwohnern 357.121 km^2 groß. Etwas mehr als die Hälfte der Cook Islanders bewohnt die Hauptinsel und meine erste Destination: Rarotonga.

Schon der Flug in die Südsee ist genial, weil wir am Freitag in Auckland losfliegen und am Donnerstag in Rarotonga ankommen. Ich werde also über Nacht elegant einen Tag jünger, und so fühle ich mich auch: Die Wärme, die uns selbst spät in der Nacht entgegenschlägt, ist wundervoll, und ich fühle mich schon beim Warten auf das Gepäck angekommen: Zwischen den Gepäckbändern singt ein mit Blumen behängter Gitarrenspieler Maori-Weisen. Die Maori stammen aus dieser Ecke, sind hier aber noch „etwas" fülliger als in Neuseeland. Auch zur Unterkunft am Muri Beach fährt uns eine dieser Maori-Matronen und erzählt uns dabei von ihrer (komplett in Dunkelheit gehüllten) Heimat. Die umwerfende Schönheit dieses Eilandes entdecken wir also erst am nächsten Morgen. Wir kommen sehr schnell zu der Erkenntnis, dass es doppelt clever war, die Reise hierher zu zweit angetreten zu haben, denn auf den Cooks gibt es fast nur Hochzeitsreisende. Das treibt die Preise gehörig nach oben, folglich gibt es so gut wie keine Backpacker, daher keine Backpacker-Unterkünfte und deshalb macht Alleinreisen in dieser Ecke der Erde vermutlich wirklich einsam und wahrscheinlich bettelarm.

Als ich am nächsten Morgen die Augen öffne und aus dem Fenster sehe, ist der Gedanke an Frühstück gleich vergessen. „Da hat jemand eine riesige türkisfarbene Tapete aufgehängt!", berichte ich Sina aufgeregt, und schon machen wir uns auf den 15 Meter langen Weg zur Lagune. Ich halte mir auf dem Weg immer wieder den Unterkiefer, um sein Herunterfallen zu verhindern, während ich eine traumhafte, riesige Lagune bestaune. In rund einem Kilometer Entfernung hält ein Riff die Brandung vom goldgelben, feinen und palmengesäumten Sandstrand fern, und in der türkisblauen Lagune befinden sich weitere kleine und unbewohnte Inseln. Da Rarotonga so weit ab von allem liegt und recht teuer ist, haben wir reichlich Platz am endlosen Strand, kurz: Ich kann nicht so viel schreiben, wie ich schwärmen möchte. Nur eines treibt mich um: Warum liegt das Durchschnittsgewicht der Einheimischen in diesem Paradies bei rund 140 Kilogramm je Erwachsenem? Die gewissenhafte Ursachenforschung ergibt: A) Die Maori sind mega relaxt; Geschäfte meist nur wenige Stunden am Tag geöffnet und selbst dann nicht durchgängig besetzt. Unsere Rezeption etwa – offiziell von 9 bis 13 Uhr besetzt – ist tagtäglich vor 10 und nach 12 verwaist. B) Der Liter Sprit kostet zwar gut 2,20 Euro, aber es gibt trotzdem neben Scooter- oder Autofahrern kaum einen Fußgänger. Einen Sportplatz habe ich hier auch noch nicht entdeckt. C) Das Essen ist die Wucht! Nur

Blick von der Veranda in Rarotonga

Die Hundegang am Muri Beach

zucker- und fetttriefende Riesenportionen. Das Abtrainieren der Neuseeland-Pfunde rückt schon beim Anblick in weite Ferne. Und D) gibt es auf Rarotonga zwar viele, von ihren Besitzern bestens versorgte, Hunde, die aber ohne ihre Besitzer Gassi gehen und dabei gern neue Freundschaften schließen. Jacky und seine beiden Freunde Robby und Hiob etwa sind die Hunde-Gang vom Muri Beach. Wir freunden uns schnell an, Jacky und ich toben am ersten Tag gute zwei Stunden über den Strand, zwei Tage später entdecke ich meinen Kameraden beim Joggen (!) wieder und erwäge kurz vor meiner Abreise ernsthaft, die erste Hundeentführung in der Geschichte der Cook Islands zu inszenieren. Stattdessen werde ich stolzer Besitzer eines Führerscheins der Cook Islands! Nein, ein deutscher oder internationaler Führerschein reichen hier nicht. Zunächst benötigt man einen provisorischen „Lappen". Diesen erwirbt man beim Scooter-Verleih, und er gilt wirklich und wahrhaftig einen ganzen Tag lang! Erhalten tut man ihn allerdings nur bei Vorlage des deutschen Führerscheins. Mit dem provisorischen Lappen fahren wir also nach Avarua, Hauptort und Regierungssitz und mit gut 5.000 Einwohnern der größte Ort dieses Staates. Dort werden wir bei der Polizei vorstellig, ich fülle einen Antrag auf einen echten Cooks-Island-Führerschein aus, reiche ihn in einem Annahmebüro ein und lasse mich erkennungsdienstlich behandeln und ablichten. Das Tragen all dieser Dinge durch die Maori-Bürokratie kostet 20 Dollar, aber für manche wird es noch teurer. Wer einem „praktischen Test" unterzogen wird, fährt mit seinem gemieteten Scooter einmal um den Block, kommt halbwegs heil zurück und bezahlt weitere sechs Dollar. So kommt es also, dass auf den Cook Islands Vollbeschäftigung herrscht.

Hundeentführung!

Sandfressen mit Davido

März in Jahr 2, oder Monat 25 nach dem Zusammenbruch

Kein Sport wie die letzte Zeit in Neuseeland? Von wegen! Denn Rarotonga hat eine wunderbare Eigenschaft: morgens meist sonnig, nachmittags etwas wolkig bei angenehmen 25 °C. Das bedeutet, dass ich täglich gegen 17 Uhr eine gute Stunde barfuß und in Badehose am Strand joggen gehen kann. Das macht aus drei Gründen absolut Sinn: Rarotonga ist – gelinde gesagt – übersichtlich, mein neuseeländisches Fett verträgt nicht nur Schlafen, Lesen und Schwimmen, und ich liebe Sport. Heute allerdings steht zuvor Kajakfahren mit Sina auf dem Programm. Es wird wie erwartet deutlich entspannter als mit dem Paddel-Berserker in Neuseelands Abel Tasman National Park, aber da Sina lieber fotografiert statt paddelt, verliere ich doch Etliches an Körperflüssigkeit. Nach zwei wunderschönen Stunden Kajaken in kristallklaren, türkisen Wasser und mit diversen Stopps auf den kleinen, unbewohnten Inseln der Lagune geht es zum Lunch, zum Schwimmen und Lesen – und mitten hinein in ein beeindruckendes Naturschauspiel. Eine riesige dunkle Wolkenwand am Horizont beschert uns eine überwältigende Kulisse, und so beschließe ich, heute nur eine halbe Stunde zu laufen. Nur zehn Minuten später bereue ich meine Entscheidung – der Starkregen der letzten Nacht hat den Sand komplett aufgeweicht und ich sinke bei jedem Schritt fast bis zu den Knöcheln ein. Nach rund 15 Minuten winkt mir ein junger Maori zu. In gebrochenem Englisch fragt er, was ich hier tue. Ich teile ihm mit, dass ich jogge, und er grinst breit und schlägt mir vor, eine Runde mit mir zu trainieren. So joggen wir als Brüder im Geiste ein wenig vor uns hin und versuchen, uns irgendwie zu verständigen. Davido stammt aus Samoa, ist 20 Jahre alt und berichtet, dass er hierhergekommen ist, weil auf Samoa noch weniger los sei als hier. Ich erkläre ihm, dass noch weniger los als auf den Cooks eigentlich gar nicht geht, aber er beharrt auf seinem Standpunkt. Außerdem habe er hier eine Arbeit gefunden, was mich nicht wundert, da man sich seine Arbeitsstellen – wie die im Führerscheinamt – schließlich gern selbst erschließt. Davido spielt Rugby, ist leidenschaftlicher Boxer, trainiert täglich am Strand und teilt mir nach gut zehn Minuten gemeinsamen Joggens freudestrahlend mit, dass wir jetzt zu den richtigen Übungen übergehen. Ich bin irritiert, aber da ich ja auch hier ein wenig unsere Fahne hochhalten muss, lasse ich mich natürlich auf den sportlichen Wettkampf ein. Die Regeln sind schnell erklärt: Davido wählt eine Übung aus seinem Heimatland zur körperlichen Ertüchtigung aus, und beide ziehen diese durch, bis einer „stopp" – oder eben gar nichts mehr sagt. Danach bin ich dran. Während seiner Ausführungen studiere ich heimlich seinen Körper: Der Knabe ist gute 15 cm kleiner als ich, hat Waden und Oberschenkel wie ein Ochse und einen ausgeprägten V-Oberkörper. Zwei bis drei Kilo zu viel auf den Rippen und Schultern machen ihn zu einem echten Brecher. Der kleinen, boxenden Südseeperle zu zeigen, was wir Deutschen so auf dem Kasten haben, wird kein Kinderspiel. Übung eins: Kniebeugen – Samoa-Style (diese inkludiert Armarbeit). Nach rund 15 Stück reißt alles in meinen Beinen. Ich beiße die Zähne zusammen, aber bei 30 keuche ich „stopp!". Samoa geht in Führung; ich bin dran und erinnere mich an meine Hockeyeinheiten: Linienlaufen am Strand; mehrere kurze Sprints hintereinander. Meine Erfahrung hilft mir; jetzt herrscht Gleichstand, und so geht es weiter. Von diversen übergewichtigen Passanten ernten wir verständnisloses Kopfschütteln und einigen uns nach einer guten halben Stunde auf ein diplomatisch-faires 3 zu 3. Davido pumpt ordentlich, und ich brauche dringend ein Sauerstoffzelt. Aber wie ich nun (aus therapeutischer Sicht „leider") immer noch bin, versuche ich, mir meine Erschöpfung nicht anmerken zu lassen. Das gelingt mir anscheinend gut, denn Davido fordert mich zu einem Wettlauf zu unserem Ausgangspunkt. „Aber nicht so locker wie auf dem Hinweg!“, legt irgendein Vollidiot die ohnedies kaum zu erreichende Messlatte noch etwas höher. War ich das? Anscheinend. Noch 30 Minuten tiefer Sand liegen vor uns, jeder Schritt schmerzt, in meinen Oberschenkeln und Waden brennt heißes Feuer, und aus dem Augenwinkel sehe ich – ein lockeres, südpazifisches Grinsen. Das kann ich auch! Und so laufen wir mit Grinsemaske und tierischen Schmerzen weiter, verabschieden uns herzlich und bedanken uns artig für den netten Wettstreit. Mir bleiben noch gute 15 Minuten bis zum Hotel, und ich jogge beherzt um die nächste Kurve und aus Davidos Sicht. Dann ist erst einmal ein Flachköpper in den Sand mit anschließender Totenstarre angesagt. Mann, bin ich fertig. Die letzten Meter zurück werden gegangen – mehr ist einfach nicht drin.

„Wie siehst du denn aus?“, fragt Sina mich, als ich das Apartment erreiche, aber reden mag ich heute nicht mehr – bei mir geht nur noch Dusche und Bett.

Etwas romatischer Kitsch gehört in jedes Buch!

Reisehalbzeit im Paradies!

April in Jahr 2, oder Monat 26 nach dem Zusammenbruch

Schon? Erst? Gut oder schlecht? Keine Ahnung! Denn ich realisiere und begreife nicht einmal im Ansatz, was ich in diesen vier Monaten habe erleben dürfen. Es ist und war einfach sehr viel – Landschaften, Menschen, Kulturen, Augenblicke der Einsamkeit oder des Glücks – alles war dabei, aber bislang kann ich nur eines sagen: Die positiven Momente überwiegen bis dato deutlich. Neben den vielen Mails von Freunden und Fremden (Lesern meines Blogs) freut mich auch, dass das, was als Online-Album für Freunde und Verwandtschaft und die eigenen Erinnerungen gedacht war, mittlerweile fast 50.000 Klicks erreicht hat und dass auch die Kommentarfunktion rege genutzt wird. Oft wurde ich dort in den letzten Tagen gefragt, ob ich mich schon auf daheim freue oder gar Heimweh habe. Die Antwort ist ein klares Ja – ich vermisse Familie, Freunde und Bekannte, vor allem meinen Sport, und freue mich schon jetzt, in einigen Monaten wieder arbeiten zu können, ein „geregeltes" Leben zu führen, auf meiner Couch zu liegen oder einfach mal einen Fernseher zu haben. All diese Dinge zu vermissen ist einer der vielen Erfolge dieser Reise – aber noch liegen vier weitere Monate voller High- und Lowlights, langen und kurzen Nächten, Spannung und Langeweile, Freude und Ärger und natürlich viele kuriose und witzige Augenblicke vor mir. Auch auf diese freue ich mich wahnsinnig – und noch mehr, das Erlebte teilen zu können.

Nächster Stopp – Aitutaki! Wir haben einen Lagoon Cruise gebucht und uns zwischen den zwei örtlichen Anbietern für den teureren mit dem besseren Angebot entschieden. Kurz nach 9 am frühen Morgen bringt uns ein ranziger Bulli zum

Boot. Gefahren wird er vom Kapitän, dessen Name Teking und Programm ist – denn so führt er sich auf. Allerdings auf eine so charmante und witzige Art, dass wir mächtig Spaß dabei haben. Zu unserem Glück hat der gute Mann heute Geburtstag und deshalb Champagner für uns mitgebracht – ein würdiger Start in einen wundervollen Tag. Auf seinem kleinen Boot sind neben Captain Teking, seinem Assistenten Captain NoGood, Sina und mir vier weitere Passagiere. Das Wetter ist perfekt, und bereits nach fünf Minuten Fahrt in dem kleinen Speedboat kann ich mich fast nicht mehr beherrschen – so etwas Schönes und Paradiesisches wie diese Lagune habe ich noch nie gesehen: Das Wasser ist kristallklar und schimmert in unglaublich hellen Blautönen. Ab und an schießen Riffe an uns vorbei, um die sich Hunderte bunter Fische tummeln. Ich fühle mich, als wären wir auf einem riesigen Aquarium mit Badewannentemperatur unterwegs – ohne Schaum, in schillerndsten Wasserfarben und riesig groß. Wir setzen Captain NoGood auf einer kleinen Insel ab, wo er uns Nahrung für den Mittag fangen und zubereiten will, und machen uns im Anschluss auf zum ersten von drei Schnorchelgängen. Zu beschreiben, was wir an diesem Tag beim Schnorcheln, beim Lunch direkt in der Lagune oder bei unseren Landgängen auf den kleinen, unbewohnten Laguneninseln erleben und wahrnehmen, gelingt mir nicht. Ich habe es mehrfach versucht – und bin jedes Mal gescheitert. Es gibt einfach nicht die richtigen Superlative und Metaphern für so viel Schönheit, und auch die Melange aus den kitschigsten Südseeträumen und der Raffaello-Werbung vermittelt die Realität dieser Lagune höchstens im Ansatz. Als wir gegen 16:30 Uhr wieder in unserer Strandhütte ankommen, bin ich total überwältigt und geschafft. Aber weil sich am Samstagabend viele eingeborene Maori beim Game-Fishing-Club am Hafen zum geselligen Beisammensein treffen und wir um 19 Uhr durch einen glücklichen Zufall noch einen Scooter ergattern, machen Sina und

Aitutaki - Halbzeithighlight

Die dezente Unterkunft

Sina & Jan

Ein Traum von Aitutaki

ich uns trotzdem noch auf den Weg. Der empfohlene Schuppen ist in Wahrheit nur eine etwas größere und zu allen Seiten offene Garage, und in der ist es bei unserer Ankunft noch ziemlich leer. Um 21 Uhr aber füllt sich der Laden, und zwar mit mächtig großen und mächtig dicken Maoris. Sina und ich sitzen quatschend bei zwei Bier zusammen und schwärmen von dem umwerfenden Tag, als ein großer Maori an unsere Bierzeltgarnitur kommt und uns an seinen Tisch einlädt, an dem schon zwei Freunde von ihm warten. Schließlich sähen wir so gelangweilt aus. Dass Sina und ich uns schon mehr als fünf Jahre kennen und kein Stück gelangweilt sind, überzeugt ihn nicht; stattdessen zerrt er uns zum Nachbartisch und stellt uns seinen Freunden vor: Soap (englisch = Seife) ist etwa 1,95 Meter groß, rund 120 Kilogramm schwer, hat mit 40 Jahren noch Rastazöpfe und heißt eigentlich ganz anders – was aber niemanden interessiert. Luis ist Mitte 20, neben Sina die einzige Person mit deutlich unter 100 Kilogramm am Tisch und hat aufgrund seines Getränkekonsums bereits eine ordentliche Schlagseite. Und dann gibt es noch den Kapitän, der den gesamten Abend über am Kopf unseres Tisches sitzt, huldvoll auf die Gesellschaft herabblickt, neue Runden ordert und dabei sehr erhaben wirkt. Insgesamt also eine illustre Runde, um endlich mehr über diese wunderbare Ecke der Welt und seine Menschen zu erfahren. Auch unser Gastgeber stellt sich vor und trägt den Namen Po. P. O. Ich pruste los, aber der Ar… ähhh Po ist gut drauf, und anscheinend stört es ihn nicht weiter. Stattdessen antwortet er freimütig auf meine Fragen. Warum viele Cook Islanders so fett sind, ist schnell erklärt: „We believe that it's bad to work more than six hours a day, and the rest of the day we try to relax and enjoy food." Aha, so ist das also: Arbeiten ist blöd, mehr als sechs Stunden am Tag geht gar nicht, und sonst wird gegessen oder entspannt. Aber damit noch nicht genug der Offenheit: Po erklärt uns freimütig, dass die Damen und Herren aus Aitutaki als die „Lovers" des Pazifiks bekannt sind – sie lieben alles und jeden auf die moralisch anständigste Weise. Hier ist jeder immer gern gesehen, und das kann ich nur bestätigen: An diesem Abend haben sich unglaublich viele Menschen bei mir vorgestellt, mir eine gute Zeit gewünscht, und nicht ein Getränk durfte ich selber kaufen – sogar Bier für den Heimweg gibt man uns später mit. Man stelle sich das mal in Deutschland vor.

Ebenfalls interessant: Zur Wahl ihres Ehepartners müssen die Aitutaki-Männer und -Frauen die Insel verlassen. Da hier auf Aitutaki nur 1.500 Menschen wohnen, herrscht begründete Angst vor Inzucht. Deshalb kennt man sich auch sehr gut auf der Insel, und ich komme mir ein wenig wie auf dem Schützenfest meines Heimatdorfes vor – auch wenn es hier (leider) keine niedersächsische Lütje Lage gibt. Gegen 22 Uhr wird die Tanzfläche eröffnet, auf der fast ausschließlich die Damen tanzen und sich – trotz ihrer Körperfülle – sehr grazil bewegen. Also auch alles wie daheim. Um 23 Uhr kocht die Party über, die mittlerweile rund 200 Menschen drehen völlig durch, und nur zwei Touris sind mittendrin. Genial! Als mich eine kleine Maori – rund 30 Zentimeter kleiner als ich, aber mindestens genauso schwer – zum Tanz auffordert, frage ich mich, wie aus uns beiden ein anständiger Discofox werden kann. Die Schwungmasse der kleinen Hummel ist optimal bis sportlich, nur der Schwerpunkt liegt deutlich zu niedrig, und ich habe Angst, dass mein Kreuzband einem Discofox-Hüftwurf nicht standhält. Aber da mein kleiner, freundlicher Fleischklops ohnehin nichts von Discofox wissen will, darf ich mich mit regionalen Schrittfolgen auseinandersetzen, aber Maori-Hula-Tanz ist wirklich nicht meine Sache, allein es bleibt keine andere Wahl – ich sehe die Leute wohl eh nicht wieder, einen Fotoapparat kann ich auch nicht entdecken. Die Maori-Dame gibt mir eine kurze Einführung, und so versuche ich es eben: Ich muss meine Füße eigentlich nur wie ein Vogel bewegen und leicht ausstellen, dann mit einem virtuellen Hula-Reifen die Hüften bewegen und im Takt der Musik die Hände in fließenden Bewegungen führen. Alles klar! Wirklich gut, dass es von der Aktion keine Fotos gibt.

Gegen Mitternacht ist Feierabend – Sperrstunde! – und so klingelt unser Wecker am frühen Sonntagmorgen tatsächlich um 8, denn ich will mir mal wieder einen Kirchgang gönnen. Die Gottesdienste werden in Maori abgehalten, aber die wenigen Ausländer werden persönlich auf Englisch begrüßt und bekommen von der Kanzel viele nette Worte mit auf den Weg. Der Rest dieser gut einstündigen Veranstaltung ist ebenso schwer zu beschreiben wie die Lagune: Ich habe selten so viel Energie, Lebensfreude, Enthusiasmus und Freundlichkeit an einem Ort erlebt. Die Gesänge, die fast alle im Männlein-Weiblein-Kanon gesungen werden, gehen unter die Haut, und als ich danach die aus Muscheln erbaute Kirche verlasse, bin ich unglaublich dankbar für die bislang wunderbarsten 36 Stunden meiner Reise.

Und noch etwas macht mich dankbar, auch wenn ich es erst langsam realisiere: Es schleichen sich wieder Gefühle in mein Leben. Vor Jahresfrist war ich ver- und benebelt und in meiner eigenen Welt, und heute bekomme ich mich nicht mehr ein, wenn ich über die Momente auf den Cook Islands nachdenke. Und schon verfalle ich wieder ins Grübeln: Ist diese Euphorie tatsächlich ein echtes Gefühl oder liegt es „nur“ an den Erlebnissen auf diesem wunderbaren Archipel? Ich weiß es nicht, bin aber dennoch froh. Natürlich kehrt mein normales Gefühlsleben nicht mit einem Fingerschnippen zurück. Zwei Jahre lang hat die Depression sich in mein Leben geschlichen, und nun schleicht sie wieder hinaus, und das dauert eben. Aber auch damit bin ich es zufrieden, weil ich nicht wieder in alte, riskante und damit für das Seelenheil ungesunde Verhaltensmuster zurückfallen will. Lieber lerne ich langsam und neu. Die Zeit unterwegs lässt mich spüren, was richtig und wichtig für mich ist. Oftmals – leider sehr oft – verrenne ich mich dabei, mute mir zu viel zu, übertreibe es und bekomme noch immer unmittelbar die körperlichen Reaktionen zurückgespiegelt: Schwindel, Durchfall, Bauchschmerz; Niedergeschlagenheit, Angst, Panik – und zu guter Letzt ein Deprianflug mit maximaler Emotionsabstinenz. Entscheidend aber ist: Diese Prozesse werden in ihrer Intensität ertragbarer. Und ich weiß: Wenn es mir gelingt, langsam mehr Freiraum und Zeit ohne Niedergeschlagenheit oder Angst zu erringen, wird wirklich wieder alles, alles gut.

Australien

Go, Richmond! Go!

April in Jahr 2, oder Monat 26 nach dem Zusammenbruch

Spontanität ist etwas sehr Wichtiges für eine wirklich gelungene Reise. Eigentlich hatte ich Australien gar nicht auf meiner Reiseliste, aber in Indonesien habe ich während der legendären „Hunting Comodo by Camera"-Tour wirklich wunderbare Menschen aus dem Land der Kängurus und des teuren Bieres kennengelernt, wir hatten auch nach der Tour nach Flores und zu den Komodo-Drachen regelmäßig Kontakt, und so beschließe ich, die Reise von den Cook Islands nach Thailand mit einem Stopover in Melbourne zu garnieren. Meine potenziellen Gastgeber haben mir gleich eine Couch angeboten, und so breche ich am Donnerstagabend in Aitutaki auf und erreiche Melbourne am Samstagmorgen. Mit drei unterschiedlichen Flugzeugen und einem erneuten Überqueren der Datumsgrenze – dieses Mal in die „falsche" Richtung – erreiche ich Australiens Süden und dort Jeff und Lynn. Meine beiden Guides und Gastgeber brennen darauf, mir die Stadt von ihrer besten Seite zu zeigen. So behaupten sie nicht nur, dass Melbourne das intellektuelle und kulturelle Herz Australiens ist, sondern beweisen es mir unter anderem mit einem Besuch auf einem Comedy-Festival, das sich über die ganze Stadt erstreckt. An jeder Ecke erheitern, schockieren und faszinieren Darsteller aus allen Landesteilen die zahlreichen Zuschauer, aber ich bin beschämenderweise nicht richtig bei der Sache, denn für den Abend hat Jeff ein echtes Highlight angekündigt: ein Footy-Spiel im MCG-Stadion! Footy ist ein Sport, den es eigentlich nur in Australien gibt und der hier vergleichbaren Kultstatus und Popularität genießt wie bei uns der Fußball. Zur mentalen Einstimmung auf das Spiel dieses dynamischen Sportes geht es mit Jeff und seinen beiden Kumpels zunächst in einen Pub, wo ich nicht nur die ersten Footy-Regeln, sondern auch die wichtigsten Schlachtgesänge kennenlerne. Hernach werden wir vom Pub-eigenen Shuttleservice zum Stadion gebracht, wo ich schnell feststelle, dass ich der wohl einzige von 56.000 Zuschauern bin, der kaum Ahnung von dem Sport hat. Trotzdem schaue ich begeistert zu und bin beeindruckt von der Athletik der Sportskameraden auf dem wirklich riesigen Feld: 18 Recken je Team versuchen jeweils einen Rugby-ähnlichen Ball zwischen zwei Pfosten zu kicken. Der Ball ist etwas runder als ein herkömmliches Rubgy-Ei und besteht aus Känguru-Leder – vermutlich, damit er besser springt. Dieser Ball darf von den Spielern entweder gekickt oder gefaustet werden, um möglichst schnell die knapp 200 Meter des runden Feldes zu überbrücken, ohne dass der Gegner den Ball abfangen kann – was die Gegenspieler natürlich mit aller Vehemenz und maximalem Körpereinsatz zu verhindern versuchen. Permanent werden Spieler, wie auch beim Rugby, männlich umgetackelt. Es geht richtig zur Sache bei diesem Sport, und ab und an werden – wie beim Eishockey oder beim Rugby auch – Meinungsverschiedenheiten hinsichtlich sauberer Spielweise in guter alter Rummelboxermentalität geklärt. Dennoch wird die AFL – so heißt die Footy-Liga – von vielen Australiern auch gern als (g)A(y)FL bezeichnet, weil es eben doch nicht ganz so fies zur Sache geht wie beim ebenfalls sehr populären Rugby. Ich frage mich, was Menschen in diesem Stadion zu unserer Bundesliga und dem dort zu begutachtenden Weicheitum sagen würden … Wir amüsieren uns jedenfalls köstlich über das ehrliche Treiben auf dem großen Grün, und nach 80 Minuten Nettospielzeit bin ich ein begeisterter Anhänger dieses Sports. Anschließend geht es noch durch diverse Pubs, bis die Reisestrapazen der vergangenen Tage ihren Tribut einfordern und ich die feierwütigen Footy-Fans allein weiterziehen lassen muss.

Nach einer erholsamen Nacht auf einer australischen Couch geht es mit Jeffs Wagen in aller Frühe nach Torquay und Bells Beach. Beide Zielorte sind absolute Surfer-Hotspots und gerade Austragungsort eines Tourstopps der weltbesten Surfer. Wir können also einige Moves dieser Cracks bewundern, und ihr Können macht mich ein wenig stumm vor Neid. Unabhängig davon möchte ich bei diesem Sport komischerweise mit gar niemandem in Konkurrenz treten. Wellenreiten ist für mich eher ein Lebensgefühl, das entspannte In-den-Tag-Leben und die Freude daran, mit Freunden auf dem Wasser Spaß zu haben. Dass das die Surfer-Cracks auch noch so sehen, bezweifle ich, auch wenn sie zumindest in ihren Videoclips pro forma am „Hang Loose"-Lebensstil festhalten. Aber nun zum Lunch: Es gibt lecker Hai! Wie ich finde, ist es völlig richtig, diese Tiere zu essen – schließlich essen sie uns auch. Oder Teile von uns, was es auch nicht besser macht. Immerhin glaube ich nicht, dass die Viecher auch so leckere Chips zu ihrer Mahlzeit bekommen wie ich.

Auf der Rückfahrt nach Melbourne ist es schon wieder Zeit für ein Fazit, und das fällt so aus: Die Stadt ist prima und die Bewohner wissen durch ihre entspannte Art zu überzeugen. Unabhängig davon haben die Australier schon einige schrille, aber äußerst sympathische Macken: Um die Eintönigkeit der Landschaft zu kaschieren, spielen sie im Auto Trivial Pursuit und andere alberne Spielchen. Manche der hiesigen Arbeitgeber erlauben ihren Angestellten tatsächlich, sich jederzeit und auch kurzfristig vom Arbeitsplatz zu entfernen, solange sie dabei surfen gehen. Der Humor der Menschen ist mitunter schwärzer als schwarz, und es gibt hier Bier mit Passionsfrucht-Geschmack, das sogar noch erstaunlich lecker schmeckt.

Am besten aber wird mir die unglaubliche Gastfreundschaft hier im Gedächtnis bleiben. Schade, dass der Aufenthalt nur so kurz war. Drei Tage für einen ganzen Kontinent – das soll mir mal jemand nachmachen! Und jetzt: weiter nach Singapur und Bangkok.

Zurück in Asien – Thailand

Bangkok – der schmale Grat

April in Jahr 2, oder Monat 26 nach dem Zusammenbruch

Nach gut zehn Stunden Flug bin ich in Bangkok zunächst wieder euphorisiert von dem allgegenwärtigen asiatischen Flair. Trotzdem trägt diese Euphorie mich nur drei Stunden weiter und dann völlig erledigt in mein Billigbett in meiner Billigunterkunft im Herzen der Stadt. Am nächsten Morgen um 7 Uhr mache ich mich Jetlag-geplagt auf den Weg zum Wat Pho-Tempel – eines der beiden absoluten Highlights dieser pulsierenden Stadt. 30 Minuten Fußmarsch später entdecke ich die zahlreichen Pagoden und die überall glitzernden Goldverzierungen. Ich schlendere gut gelaunt durch die riesige Tempelanlage, bestaune in deren Zentrum den vergoldeten, 45 Meter langen und liegenden Buddha und schwitze schon um 10 Uhr wie ein Großer. Bangkok ist wirklich unglaublich heiß. Gegen Mittag tiriliert eine stämmige Thailänderin mich an: „Massaaass?!" Das Angebot einer Massage ist im asiatischen Raum nicht ungewöhnlich, aber mitten in einer Tempelanlage? Das wundert mich dann doch, und so winke ich ab. Aber mein Reiseführer weiß Rat: Wat Pho ist das Zentrum der Thai-Massage, diese Kunst genießt hier einen hohen Stellenwert, und außerdem sollen die Massagen hier nicht nur anspruchsvoll, sondern in ihrer Tiefenwirkung auch noch kühlend sein. Wenn das mal kein Argument ist bei dieser Bullenhitze! Schon drehe ich mich auf dem (Flip-Flop-)Absatz um, strahle die ob meines Sinneswandels etwas irritierten Thai-Frau an und folge ihr in einen riesigen, klimatisierten Raum. Ich zahle per Vorkasse, bin einer von rund 30 Kunden und etwas irritiert, als Frau Masseurin mich auffordert, meine Hose gegen ein hauchdünnes, beinahe transparentes Exemplar des Hauses zu tauschen und bei der Gelegenheit den Rest der Kleidung auch gleich abzulegen. Um mich herum sehe ich nämlich nur bekleidete Menschen auf den Liegen – na ja, vielleicht haben die anderen ja die Kurzvariante oder die läppische Fußmassage gebucht. Und so entledige ich mich in einem Separee meiner Kleider, schlüpfe in den demütigenden Lendenschurz und lege mich anweisungsgemäß rücklings auf eine bretttharte Liege. Den Luxus einer ausgiebigen Massage habe ich mir nach den Reisestrapazen der letzten Woche mit Stopps in Auckland, Melbourne, Singapur und eben Bangkok redlich verdient!

Während ich noch in erwartungsvoller Vorfreude schwelge, durchfährt meine Fußballen plötzlich ein stechender Schmerz. Die Thai-Dame drückt mir einen Kugelschreiber in den Fuß!, denke ich, reiße meine Beine an mich und die Augen auf, aber da ist kein Stift in den Masseurinnenhänden. Lächelnd sagt sie, wenn es wehtäte, solle ich „stopp" sagen, und nach kurzem Durchatmen schüttele ich den Kopf. Schließlich bin ich hart im Nehmen; da wird mich so eine weibische Massage ja wohl nicht umhauen! Ich nicke ihr also aufmunternd zu, schließe die Augen und versuche zu entspannen. Stattdessen beiße ich mir auf die Unterlippe, durchleide gefühlte drei Minuten Stiftgeprökel in meinen Fußsohlen, beginne trotz der Kühle im Raum zu schwitzen – und erstarre vor Schmerz und Entsetzen, als ein lautes Knacken den Raum erfüllt. Der auf das Knacken folgende fiese Schmerz sagt mir unmissverständlich, dass die Matrone mir die großen Zehnen an beiden Füßen ausgerenkt hat! Während sich in mir alles zusammenzieht und mein Gehirn sich noch in Schockstarre befindet, knackt es erneut – jetzt hat es die Zeigezehen erwischt, und die tun unvergleichlich mehr weh! Ich reiße die Augen auf, und meinem Mund entweicht ein weithin vernehmbares „Blöde Kuh". Die Massagefrau sieht mich fragend an, aber der Schmerz hat erstaunlich schnell nachgelassen, und so gebe ich der Sache noch eine letzte Chance, erkläre, dass „Blöde Kuh" ein deutscher Ausdruck für höchste Zufriedenheit ist und versuche erneut, mich zu entspannen. Die thailändische Foltermatrone setzt sich zwischen meine Füße, winkelt mein rechtes Bein ab, umklammert den rechten Fuß mit beiden Händen und versucht dann mit ihren Füßen an der Innenseite meines Oberschenkels meinen Fuß oder gleich alles unterhalb des Knies vom Rest des Körpers zu trennen. Als das beim ersten Bein nicht klappt, versucht sie es gleich beim zweiten, und ich wünsche mir mit zusammengebissenen Zähnen eine Ohnmacht herbei. Verdammt, tut das weh! Egal, ich muss da jetzt durch – schlappmachen geht nicht.

Die Körperschinderin belohnt mich mit einer kurzen Phase tatsächlicher Entspannung, denn als sie ausnahmsweise ihre Hände für angenehme Muskellockerung der malträtierten Beine verwendet, drohe ich sogar ins Land der Träume abzudriften. Vor meinem geistigen Auge erscheint erneut Aitutaki, und ich sehe mich im warmen Südseewasser baden. Doch dann bohren sich plötzlich zwei Schraubzwingen in meine Oberschenkel, ein erneutes „Blöde Kuh!" zerreißt die entspannte Stille der Massagehalle, ich schieße senkrecht in die Höhe und starre die Muskelquetscherin fassungslos an. So viel Kraft kann eine Frau doch eigentlich gar nicht in ihren Händen haben! „Ahhh! Blodkuh! You like it!", sagt die Folterfrau zufrieden, und während ich verzweifelt nicke und mich frage, wie lange diese Qual für sieben Euro noch dauern kann, lässt mich ein erneutes Krachen zusammenzucken

– dem nur eine Millisekunde später der schlimmste Schmerz der letzten Jahre folgt. Es hat mir alle zehn Zehen gleichzeitig ausgerenkt! Erneut sitze ich senkrecht, Schweißperlen rinnen mir von der Stirn, und ich nicke unter größter Mühe, als der Thai-Hulk mich fragt, ob „Schlompe“ dasselbe wie „Blödkuh“ bedeuten mag. Dass mir das Schimpfwort herausgerutscht ist, habe ich gar nicht bemerkt, und als ein Blick auf die Uhr mir verrät, dass mein Leiden noch 25 Minuten dauern soll, geht mir ein Liedtext von Philipp Poisel durch den Kopf: Wie soll ein Mensch das ertragen …

In der zweiten Halbzeit fällt das Massagemonster über meinen Oberkörper her, renkt mir alle Finger aus und beschert mir nach einer kurzen Phase darauffolgender entspannter Glückseligkeit ein furchtbares Abschlusshighlight: Mit einem Schlag entweicht alle Luft aus meinen Lungen! Dass die Stifte, die meine Fußsohlen geschunden haben, auf meinem Rücken zu stumpfen Lanzen geworden sind, habe ich klaglos ertragen, aber nun sind aus den Lanzen echte Balken geworden, und aus den schmerzverzerrten Augenwinkeln erkenne ich, dass die Thai-Kreatur auf meinem Rücken balanciert! Als mein Martyrium endlich endet, quetsche ich ein artiges Danke hervor, fliehe gemessenen Schrittes aus der Folterkammer und gehe schnurstracks zum Ausgang des Tempels – jetzt brauche ich unbedingt ein Bier!

Nach gut 400 Metern stelle ich fest, dass irgendetwas anders ist. Ich fühle mich auf einmal so leicht. Berühren meine Füße überhaupt noch den Boden oder schwebe ich? In meinem Körper ist eine Leichtigkeit, die ich schon lange nicht mehr gespürt habe, und einmal mehr bestätigt sich der Wahrheitsgehalt sowohl des Reiseführers als auch eines Sprichwortes: Glück und Schmerz liegen manchmal sehr dicht beieinander.

Ein Abbild meiner Massagedame

Mal wieder: „Frohes Neues“

April in Jahr 2, oder Monat 26 nach dem Zusammenbruch

Nach dem Jahreswechsel im Dezember und den chinesischen Neujahrsfeiern im Februar starte ich in Thailand zum dritten Mal in ein neues Jahr. Das Thai-New Year ist der Knaller und dauert vier volle Tage, in denen man sich gegenseitig mit bunter Farbe anmalt und mit Wasser ordentlich nass spritzt. Fast jedes Kind trägt in dieser Zeit auf der Straße eine Wasserpistole; die etwas größeren Kinder tragen Super-Soakers in Geschützgröße; optimalerweise transportiert man seinen Wasservorrat auf einem Pick-up-Truck, und dann geht es auf der Ladefläche in die Zentren der Städte und Dörfer zur allgemeinen Einweichung. Großes Kino!

Als ich nach einer ausschweifenden und sensationellen Partynacht in Bangkok gegen Mittag mit langen, flugtauglichen Klamotten, dem riesigen Backpack auf dem Rücken und dem großen Daypack vor der Brust nichts ahnend und ziemlich katerig aus meinem Hostel in Richtung Flughafen stolpere, um meinen Flug in den Süden des Landes zu erwischen, ahne ich allerdings noch nichts von dem, was mich erwartet. Ich stelle nur fest, dass meine Straße, die Khaosan Road, umgestaltet worden ist: Vor den Restaurants und Bars sind Absperrgitter aufgebaut, und wie ich so aus meinem Hostel komme, grinsen mich schon von der anderen Seite die ersten Thais an. Ich grinse zurück und werde unmittelbar von einem harten Strahl getroffen – Kopfschuss! Völlig konsterniert bekomme ich den ersten Treffer einer Wasserbombe direkt auf meinem Daypack gar nicht richtig mit. Nach einem weiteren Beinschuss erkenne ich, was hier Phase ist, und schon setzen sich 120 Kilogramm norddeutsches Fleisch und Gepäck erstaunlich schnell und flink in Bewegung. Wie bei einem gewaltigen Spießrutenlaufen renne ich bei flirrender Hitze Richtung Taxistand, während links und rechts von mir die Wasserbomben einschlagen und ich immer wieder Volltreffer aus irgendwelchen Soakers einstecke. Total durchnässt und schweißnass wie nach einem anständigen Hockeymatch erreiche ich das Taxi und versuche kläglich und ohne vorheriges Abschnallen der Sachen ins Auto zu hechten – ein unmögliches Unterfangen, das von den Umstehenden mit höhnischem Gelächter und weiteren Volltreffern gewürdigt wird. Also wieder raus und hinter dem Auto Schutz gesucht, wo ich die Rucksäcke abschnalle, es im Taxi schließlich doch noch relativ sicher und ohne weitere Vorfälle zum Flughafen schaffe und am späten Abend – endlich wieder trocken – Krabi im Süden Thailands erreiche. Hier suche ich eine Unterkunft und lerne in dieser gleich an der Rezeption Carmen aus Spanien kennen. Diese ist gleichfalls Backpackerin, gerade erst angekommen und mir sofort sympathisch, weshalb wir am Folgetag eine gemeinsame Kajaktour in die berühmte 007-Goldeneye-Schlucht buchen. Carmen ist zierlich gebaut, die schönste Frau, die ich auf der Tour treffen durfte, und demnach kein Paddel-Berserker – dafür aber ein Paradebeispiel für ihre Landsmänninnen: feurig und emotionsgeladen bis unters Dach und herrschsüchtig wie Mussolini, Adolf und Franco zusammen. Statt: „Kann ich bitte vorne im Boot sitzen“, kommt von der kleinen Ibererin nur ein: „Ich sitze vorn“. Also gut, denke ich mir, denn hinten sitzt bekanntlich der Kapitän! Aber weit gefehlt: Wann immer ich meinen eigenen Kopf bezüglich Richtung und Tempo durchsetzen will, gibt es gleich eins mit dem Paddel übergebraten. Zum Glück bin ich nach fünf Monaten Reiserei tiefenentspannt, und so ertrage ich meine erzwungene Leibeigenschaft und Unmündigkeit mit stoischer Ruhe und Reisegelassenheit. Aber irgendwann reicht es selbst mir, und ich erkläre ihr, dass sie nicht alles auf einmal sein kann: Kapitän, Schlagfrau, Ausguck, Smutje und Zierde – alles in Personalunion ist nicht gerecht. „Du darfst doch schon in meinem Boot sitzen, Chico!", ist ihre charmante Antwort. Das stimmt, aber ich sitze hinten, bin demnach Kapitän und ziehe daher das Schiedsgericht in Form unseres Tourguides hinzu. Der freundliche Thai will mir zwar zustimmen, wird aber von einem spanisch-englischen Wortschwall niedergefegt und bittet uns schließlich, die zwischenmenschlichen Belange bootintern zu klären. Das erscheint unmöglich, und während ich ernsthaft erwäge, zurückzuschwimmen, bietet unser Guide mir während einer Rast an, die Plätze zu tauschen: ich in seinem Einerkajak; er bei dem spanischen Adolf. Sehr begeistert stimme ich zu, aber leider ist der spanischen Furie unsere Konversation nicht entgangen, und so sitzt Carmen bei meiner Ankunft an dem Einerkajak bereits in ihrer ganzen Schönheit fest in selbigem. Und plötzlich fällt es mir wie Schuppen aus den Haaren: Carmen hat Hunger! Ein altes Sprichwort sagt ja, dass alle Frauen irgendwie gleich sind, und so besorge ich etwas Ananas und einen kleinen Snack, übergebe der kleinen Furie unter Einsatz meines Lebens mein Präsent – und kaum 15 Minuten später begegnet mir ein völlig neuer Mensch. Die zwei folgenden Tage kommen wir super miteinander aus und verbringen unsere letzte Nacht in der örtlichen Reggae-Bar von Ao Nang, was meinen Schlaf vor der Weiterreise auf drei Stunden verkürzt. Kennste eine, kennste alle …

Kontrollverlust, Phi Phi Islands und der Dorm des Grauens

April in Jahr 2, oder Monat 26 nach dem Zusammenbruch

Thailand schafft mich – aber im besten Sinne! Ich darf derzeit so viel erleben und dabei so viele Menschen kennenlernen, dass es fast zu viel ist. Besonders schön ist, dass diese inspirierenden Erlebnisse mir zudem viele Denkanstöße und wunderbare Erfahrungen liefern, die mich auch bei den wirklich wichtigen Gedanken meiner Reise weiterbringen. Einer dieser Gedanken ist: Warum wirken einige Menschen glücklicher und/oder zufriedener als andere? Sicherlich lässt sich so etwas nicht verallgemeinern, und eigene Gedanken und Impressionen sind zwangsläufig subjektiv, aber nach meiner nunmehr fünfmonatigen Reise meine ich festgestellt zu haben, dass es glücklichere und weniger glückliche Völker und Nationen gibt. Die Balinesen und die Maoris auf den Cook Islands etwa sind für mich ein leuchtendes Beispiel für eine gewisse Lebenszufriedenheit, und immer wieder führe ich mir die Dialoge mit den Menschen vor Ort vor Augen, um zu erkennen, warum diese Menschen mir eigentlich so zufrieden erscheinen.

Den entscheidenden Hinweis zur Lösung dieses Rätsels liefert mir paradoxerweise eine junge Holländerin. Auf dem Transfer von Koh Phi Phi nach Koh Tao – Abfahrt Koh Phi Phi mit dem Boot um 13 Uhr, dann nach Krabi, dort in den Bus nach Surat Thani und dann via Nachtboot nach Koh Tao; Ankunft am Folgetag um 6 Uhr in der Frühe. Mit dieser Holländerin und einem italienischen Pärchen sitze ich also im Minibus nach Surat Thani, und wir haben alle keinen Plan, wann und wie wir dort ankommen werden. Nach fast einem halben Jahr auf Achse sind mir persönlich fixe Ankunftszeiten mittlerweile herzlich egal. Ich lege mein ganzes Vertrauen in die Tourismusbranche, ihre ausführenden Organe – und in etwas Drittes, das mir zunehmend die Antwort auf meine Frage nach dem Glück zu sein scheint. Und: Diesen Grad tiefster Entspanntheit habe ich zugegebenermaßen auch erst seit einigen Wochen. Meine Mitreisenden jedenfalls werden immer nervöser, der Fahrer spricht nicht die Spur von Englisch und ignoriert die Nachfragen der Reisenden stumpf, und meine Nachbarin aus dem Land der Windmühlen werkelt wie wild mit ihrer GPS-Kamera herum, um unseren aktuellen Aufenthaltsort zu ermitteln, während die beiden Italiener krampfhaft versuchen, Thai-Schilder in der Dunkelheit zu lesen. Anders gesagt: Alle hier versammelten Europäer streben nach Sicherheit und Kontrolle und führen damit ein ihnen in der Heimat vertrautes Verhalten auf ihrer (kurzen) Urlaubsreise fort: In Europa und besonders in Deutschland haben wir das Streben nach Sicherheit und geringem Risiko inklusive der entsprechenden Bedürfnisbefriedigung ziemlich perfektioniert: Krankenversicherungen schützen uns vor Krankheiten (beziehungsweise deren Kosten), die Sozialversicherungssysteme schützen uns vor Arbeitslosigkeit oder den Folgen des Alterns. Auch alles andere deckt der boomende Versicherungsmarkt ab und webt uns so in einen vermeintlich sicheren Kokon, der uns vor allerlei schlimmen Erfahrungen schützen soll.

In Bali und auf den Cooks gibt es diese Systeme nicht, und trotzdem erscheinen mir die Menschen dort glücklicher als der Durchschnitteuropäer. Dabei unterscheiden sie sich von den Europäern nicht in ihrem Streben nach Sicherheit – sondern in der Art, wie sie dieses Sicherheitsbedürfnis befriedigen. In beiden Kulturen stehen nämlich Familie und Religion im Fokus des täglichen Lebens. Die Menschen vertrauen so sehr in den Zusammenhalt ihrer Familien und die tröstende Kraft ihres Glaubens, dass sie auch ohne (beispielsweise) die Sicherheit einer perfekt organisierten Altersvorsorge ein glückliches und zufriedenes Leben führen. Anders gesagt: Sie sind viel mehr in der Lage, sich anderen anzuvertrauen und somit auf vermeintliche Kontrolle und Sicherheit zu verzichten. Daraus zu schlussfolgern, dass die Wahrscheinlichkeit auf ein zufriedenes Leben steigt, je mehr man darauf verzichtet, maximale Sicherheiten in sein Leben zu integrieren, liegt nahe.

Zumindest auf mich selbst trifft diese Erkenntnis zu: Je weniger ich plane, je unsicherer meine Route in Bezug auf die Organisation ist und je weniger ich eine klare Vorstellung von Ziel und Zeitraum an meiner Destination habe, desto schöner, reichhaltiger und intensiver empfinde ich die Zeit. Jetzt könnte ich natürlich in schwulstigster Schreiberling-Manier daherkommen und behaupten: Und weil eine Reise ja auch ein Stück wie das Leben ist … Und: Ja, genau das behaupte ich. Ich bin nämlich unterdessen felsenfest davon überzeugt, dass mir ein erfüllteres Leben immer leichter fällt, je mehr ich mich auf meine Freunde und Familie verlasse und diese in mein Leben wirken lasse und je mehr ich mich auf meinen Glauben und meine Werte stützen kann. Es bedarf nicht monetärer oder materieller Absicherung für Lebensglück.

Die Sache mit dem Glauben und den eigenen Werten ist natürlich auch so ein gewaltig komplexes Thema, und wo eines der beiden Referenzvölker aus Hindus besteht, ist das andere christlich geprägt, aber dennoch scheint mir der feste Wertekodex eines gelebten Glaubens beiden Gruppen fundamentale Sicherheit in wichtigen Lebensfragen zu geben – und somit wirkliche Lebenszufriedenheit. Auch ich will versuchen, fortan weniger auf materielle Absicherungen zu vertrauen, mich stattdessen mehr ins Leben fallen zu lassen – und damit zufriedener zu werden.

Dass dieses Thema nicht nur mich, sondern auch viele andere Menschen umtreibt, erfahre ich kurz darauf anhand der Reaktionen der Leser meines Blogs auf meine Sinnsuche-Gedanken. Viele schreiben mir ihre persönliche Sicht, ihre Ergänzungen und Anmerkungen. Dass ich auch andere mit meinen Erfahrungen – in welcher Art auch immer – inspirieren kann, ist für den Betriebswirtschaftler in mir eine optimale additive Win-Win-Situation und erfüllt mich ebenso mit Glück wie die vielen Dinge, die ich auf dieser Reise erleben darf. Dass ich nach der langen Zeit der Depression überhaupt noch in der Lage dazu bin, zu empfinden, macht mich dankbar und erlaubt mir langsam wieder einen positiven und optimistischen Blick in die Zukunft. Ja, es geht bergauf, aber trotzdem gibt es weiterhin die schlechten Momente, Tage voller Schwermut und Melancholie, Angst und auch ein Stück weit Verzweiflung. Aber das Unterwegssein macht es mir leichter, mich diesen Augenblicken der Schwäche hinzugeben. Hier kennt mich niemand, niemand hat Erwartungen an mich, und so kann ich eben hin und wieder auch einmal vollkommen authentisch mit schlechter Laune oder melancholisch durch die Straßen Asiens ziehen.

Wie basisentspannt ich dabei mittlerweile bin, zeigt mir gleichfalls eine Leserreaktion in meinem Blog: Ich war gar nicht in Krabi, sondern in Ao Nang. Letzteres liegt in der Nähe von Krabi, gilt aber nicht mehr als Krabi. Anscheinend bin ich schon derart entspannt im Hier und Jetzt, dass ich nicht mal mehr weiß, wo ich mich eigentlich befinde. Diese Erkenntnis zaubert mir jedenfalls ein breites Grinsen aufs Gesicht.

Bei den Phi Phi Islands bin ich mir aber hinsichtlich Name und Ort sicher, denn ihnen eilt ein legendärer Ruf voraus. Zum einen spielt hier der Backpacker-Kultfilm „The Beach" und zum anderen gilt Koh Phi Phi mit seiner gedrungenen Infrastruktur, den schönen Stränden und zahlreichen Strandclubs als eines der besten Partyzentren Thailands. Als zertifizierter Überprüfer der Wahrheitsgehalte von Reiseführerangaben stürze ich mich also ins Getümmel, um all diese Aussagen zu verifizieren. Bei meiner Ankunft bin ich zunächst etwas schockiert. Hitze, Lärm und aufdringliche Zimmervermieter bin ich mittlerweile mehr als gewohnt, aber die schöne Insel ist einfach nicht für die Masse der anwesenden Menschen gemacht, und das merkt man an jeder Ecke. Es ist einfach unglaublich voll. Das merkt man auch bei den Unterkünften. Ich habe mich wieder einmal für einen Dorm entschieden – also einen Schlafsaal, bei dem sich mehrere Leute ein Zimmer und meist auch ein Bad teilen. In meinem Dorm sind 14 Leute und ein Bad – gemischtgeschlechtlich, versteht sich. Grundsätzlich eine gute Sache, um schnell und unproblematisch mit anderen Reisenden ins Gespräch zu kommen, aber mir ist gerade nach den Erlebnissen mit meinem sexy-spanischen Adolf eher nach Ruhe als nach Party, und so schlendere ich einfach durch die engen Gassen und am Strand entlang, lasse die Partyszene für diese Nacht Partyszene sein und gehe gegen Mitternacht zurück zum Dorm, um mich von den anstrengenden Tagen mit eben jener Carmen zu erholen. Als ich dort um Mitternacht ankomme, bin ich allein im Schlafsaal, falle zufrieden grunzend ins Bett und freue mich auf die verdiente nächtliche Ruhe. Gefühlte zwei Minuten später schreckt mich ein gewaltiger Knall und gleißendes Licht aus meinen Träumen. Ein junger Engländer hat offenbar trotz Anschalten des Deckenlichtes das erste metallene Doppelstockbett gerammt, berappelt sich jedoch schnell wieder, fällt angezogen ins Bett und schnarcht übergangslos eine konstante, englische Symphonie. Die klingt unter dem Strich recht melodisch, und so drifte auch ich bald schon wieder zurück ins Land der Träume – für gefühlte weitere zwei Minuten. Dann rückt die australische Fraktion an, poltert mich wach und kommt dann auch gleich an mein Bett, um mich auf ein Bier einzuladen – schließlich schlafe ich ja ganz offensichtlich nicht. Fast eine Viertelstunde reden sie erfolglos auf mich ein – ich will schließlich wirklich gern schlafen – und versuchen ihr Glück dann bei dem noch immer schnarchenden Engländer. Dieser verfügt anscheinend über deutlich mehr Dorm-Routine als ich und stellt sich tot oder schlafend – vergisst dabei allerdings kurzzeitig das Schnarchen. Während die Australier sich bei Bier und Musik aus dem Handy ausschweifend über die Vorzüge neuseeländischer Frauen unterhalten, taucht die Fraktion der holländischen Mädels auf. Auch diese haben gehörig Schlagseite, aber trotzdem wenig Lust auf eine Feier mit den Australiern, und so liegen gegen halb 4 in der Nacht tatsächlich alle in ihren Betten. Endlich!, denke ich. Zumindest kurzzeitig, denn dann geht das Schnarchkonzert los. Einer der Australier schnarcht besonders unrhythmisch und infernalisch laut und hört dann einfach auf zu atmen, nur um seine Lunge gestoppte 50 Sekunden später mit einem ohrenbetäubenden Geräusch erneut mit Sauerstoff zu fluten. Derweil beginnt meine Bettnachbarin aus Holland im Schlaf zu reden. Während ich erfolglos versuche, Schnarchen und Reden auszublenden, kommt gegen 5 Uhr als Letztes unser Brasilianer zurück. Er ist aber nicht allein, sondern hat eine Dame im Schlepptau, die ich in meinem (!) Dorm noch nicht gesehen habe. „Nein! Das tun die jetzt nicht wirklich!?", murmele ich, aber es gibt kein Erbarmen auf dieser Welt. Schon beginnt sich Bett zwei und damit auch meines rhythmisch zu bewegen, und die Grunzlaute von Brasilianer und Begleitung mischen sich arrhythmisch in australisches Schnarchen und holländische Schlafrednerei. Fassungslos starre ich an die Decke und frage mich, ob man hier auch anders als mit Narkotika Schlaf finden kann, da reißt mich ein greller Blitz aus meinen Gedanken. Einer der Australier schwenkt jubelnd seine Spiegelreflexkamera und erklärt dem Brasilianer allen Ernstes, dieser müsse ihn am Folgeabend zu einer gehörigen Kneipentour einladen, wenn er nicht wolle, dass sein Bild auf Facebook erscheine. Der Zuckerhut-Mann grunzt missmutig – und macht einfach weiter. Im Bett schräg über ihm fasse ich mir entsetzt an den Kopf und halte mir die Ohren zu. Um 6 Uhr ist dann schließlich auch der letzte Trieb befriedigt, und ich darf endlich, endlich schlafen …

Koh Phi Phi – die Insel der Verrückten und Durchgeknallten

April in Jahr 2, oder Monat 26 nach dem Zusammenbruch

Nach dieser kurzen Nacht im Dorm breche ich um 9 Uhr in der Frühe auf, ersteige die rund 130 Höhenmeter des Phi Phi-Hausberges und betrachte um 10 Uhr das immer noch verschlafene Koh Phi Phi von oben. Nichts ist los um diese Uhrzeit – selbst Frühstück gibt es noch nicht. Am Nachmittag sieht die Lage allerdings schon ganz anders aus, und ich trete via Boot eine der zahlreichen Halbtagestouren nach Phi Phi Lee an – dem Drehort von „The Beach". In Leo DiCaprios Fußstapfen zu wandeln, macht allerdings nur wenig Spaß, denn der „Beach" ist hemmungslos überlaufen, und allerorten wird vor allem kampfgetrunken. Ich bin enttäuscht von der Tour und dem „Beach", habe dafür aber einen zauberhaften Nachmittag am Monkey Beach – und der steigert meine Laune beträchtlich und rettet mir den Tag. Eigentlich habe ich nicht viel über für unsere zumeist aggressiven und immer hungrigen Verwandten, deshalb bleibe ich genauso wie die Bootsführer und einheimischen Bootsjungen nach dem Anlanden schön auf dem Boot und renne nicht gleich wie ein Verrückter zu den ach-so-süßen kleinen Äffchen. Tatsächlich steht die thailändische Affenmafia ihren indonesischen Verwandten in Bezug auf Hinterlist und Tücke in nichts nach, zieht die weiblichen Menschen-Primaten mittels Vorschicken der Affenkinder in ihren Bann und schickt dann das männliche Affen-Abräumkommando ins Feld. Und so beobachte ich bald darauf amüsiert, wie allerlei Tand den Besitzer wechselt: Zigaretten, Cola-Flaschen oder Smartphones tragen die kleinen Langfinger davon, während sich die Damenwelt von den

Affenkids ablenken lässt. Nach den ersten entsetzten Schreien der Bestohlenen geht der derweil mit reichlich alkoholischem Schmierstoff beseelte Teil der menschlichen Rasse zum Gegenangriff über, um den Affen-Dieben die entwendeten Wertgegenstände zu entreißen und so die unbehaarten Primaten-Weibchen zu beeindrucken. Aber die Affen kennen und beherrschen das Spiel seit Jahren, und so brechen sie gleich im Rudel aus dem Dickicht der Bucht und beißen in Beine und Knöchel der haarlosen männlichen Verwandten, die daraufhin schreiend, stolpernd und stürzend den ungeordneten Rückzug Richtung rettender Wasserkante antreten. Das Ganze ist nicht nur gesundheitlich äußerst bedenklich, es wirft auch die Frage auf, wer hier wohl evolutionstechnisch einen höheren Rang innehat. Die Bootsführer jedenfalls sind auf blutende Waden und Füße eingestellt, verkaufen sündhaft teure Erste-Hilfe-Packs und Thai-Whiskey zur inneren und äußeren Anwendung und machen einen Heidenumsatz.

Zurück im Dorm stelle ich einmal mehr fest, dass in Thailand mitnichten alle Backpacker unter 20 Jahre alt sind, und finde mich stattdessen schnell als Küken in einem sehr sympathischen Triumvirat – bestehend aus einem Kanadier, einem Griechen und mir – wieder. Fortan bestreiten wir gemeinsam unvergessliche Nächte, sodass ich nicht mehr derjenige bin, der in den folgenden Nächten im Dorm unsanft aus dem Schlaf gerissen wird. Wir beginnen unsere Abende meist auf der kleinen Terrasse unseres Dorms und glühen mit allerlei günstigen Getränken vor, die wir bei dem schmuddeligen Kiosk ums Eck erwerben – die 0,7-Liter-Pilsflasche etwa kommt zu 60 Cent daher. Zum Leidwesen der örtlichen Security habe ich meine portablen Boxen dabei, und so feiern gegen 21 Uhr meist schon rund 30 Leute vor unserem Dorm. Danach bricht unser Triumvirat in die örtliche Reggae-Bar auf, die leider nicht nur keine Reggae-Musik spielt, sondern auch noch ranzig, überteuert und mit ausgesprochen unfreundlichem Personal gesegnet ist. Trotzdem gibt es in diesem Gammelladen zwei Events der Extraklasse. Der erste sind Thailands größte Burger – 800 Gramm Fleisch unbestimmter Herkunft; dazu ordentlich Kartoffeln, Onion Rings und Salat. Das Ganze wiegt in Summe schätzungsweise zwei Kilogramm und kostet für hiesige Verhältnisse total überteuerte 12 Euro. Allerdings bekommt man das komplette Menü kostenlos, wenn man es schafft, den gesamten Berg auf dem Teller binnen 30 Minuten rückstandslos zu vertilgen. Zahlreiche Herren können dieser Versuchung und Herausforderung nicht widerstehen und treiben Dax (dem Kanadier), Jannis (dem Griechen) und mir immer wieder Freudentränen in die Augen oder anerkennende Komplimente über die Lippen. Die Bedienung liefert neben dem Essen immer gleich Tüten mit, und in der Regel kommen diese am Ende des Fressmarathons auch zum Einsatz. Ich jedenfalls habe in all der Zeit niemanden kennengelernt, der es geschafft hätte, den gesamten Essensberg in den 30 Minuten zu essen. Ein schmächtiger Franzose aus unserem Dorm, der es fast schaffte, scheiterte zwar nur an den letzten fünf Zwiebelringen, aber knapp verfehlt ist halt auch verloren. Außerdem behielt der Arme zwar seinen Burger bei sich, konnte sich danach aber nicht mehr rühren und musste den ganzen Abend im Dorm-Bett verbringen – eindeutig eine ungerechtfertigte Strafe für seine grandiose Leistung.

Wenn wir nicht irgendwelchen Verrückten beim Wettessen zuschauen, richten wir unser Augenmerk auf die zweite Attraktion der zweistöckigen Reggae-Bar: den zentral errichteten Boxring. Wie in einem schlechten Film finden hier allabendlich unter anderem Thai-Boxkämpfe statt. Diese einmal live zu sehen, ist beeindruckend, aber alles andere als witzig, denn vor allem die Kicks sind echt widerlich. Witzig hingegen ist, dass die offiziellen Thai-Fights immer wieder von

Laienkämpfen unterbrochen werden. Wenn also jemand im Publikum meint, einen der schmächtigen Thai-Boxer niederschlagen zu können, kann er sich einen Eimer Thai-Whisky verdienen, indem er zu dem kleinen Thai in den Ring steigt und diesen akkurat vermöbelt. Aber wie das so ist, wenn man vollgestopft mit Burger und Bier einen supergelenkigen Profikickboxer angreift – man fängt sich (mit Glück: nur) ein paar blaue Augen ein. Weil mir die Wagemutigen – meist Engländer – aber dennoch ein wenig leidtun, während sie vor aller Augen verprügelt werden, sind meine Favoriten die Thai-Kämpfe der Laien untereinander. Ob Männlein oder Weiblein, jeder total bescheuerte Freiwillige – und davon gibt es erstaunlich viele – bekommt einen kleinen Boxhelm auf den Brauseschädel, Handschuhe zugeteilt und Strümpfe an die Stelzen, und schon wird munter aufeinander eingetreten und -geschlagen. Zur Belohnung gibt es für jeden Teilnehmer einen Eimer Whiskey. Auch in dieser Disziplin haben die Engländer die Nase vorn. Zwei von ihnen etwa lassen sich jeden Abend vor Publikum einen auf die Zwölfe hauen, leeren hernach gemeinsam den Eimer und schonen so ihre Reisekasse. Nun ja, wem's gefällt. Auch auf mich kommen immer wieder Leute zu und fragen, ob sie mir nicht mal „ein paar in die Schnauze hauen können" – danach könne man ja auch gemeinsam den Eimer austrinken. Na, immerhin! Obwohl ich viele dieser „Gegner" mit links auf die Planken befördern könnte (das bilde ich mir zumindest immer ein), lehne ich stets dankend ab. Aus dem Alter bin ich doch definitiv raus.

Koh Tao(ch) oder 3+4=8

Mai in Jahr 2, oder Monat 27 nach dem Zusammenbruch

Ziemlich gerädert von den Nächten in Koh Phi Phi geht es für mich auch schon weiter: drei Stunden via Boot nach Krabi (nein: nicht nach Ao Nang!) und von dort mit einem Minibus mehrere Stunden bis an die Ostküste Thailands. Von dort geht es mit einer Nachtfähre in rund sieben Stunden nach Koh Tao. Diese Fähre ist so ziemlich das Abgewrackteste, was ich jemals auf einem Meer gesehen habe. Das scheinen auch andere Traveller zu wissen, und so sind eine Holländerin und meine Wenigkeit die einzigen Westler, die sich diesem Seelenverkäufer anvertrauen. Im Boot gibt es über dem großen Ladebereich nur einen einzigen Raum, in dem wiederum ranzige, stinkende und wahrscheinlich schon lebende Betten aufgebaut sind. Neben der unglaublichen Hitze im Schiffsrumpf stören zudem der allgegenwärtige Dieselgestank und der gewaltige Krach des Schiffsaggregates. Aber was soll's? Da muss ich nun durch! Zum Glück können wir vor dem Ablegen noch ein paar Getränke kaufen, und so verbringen Eline aus Holland und ich die meiste Zeit der Nacht nicht in den ranzigen Kojen, sondern beim Kartenspielen auf dem offenen Oberdeck. Nach gut vier Stunden Fahrt kenne ich die meisten holländischen Kartenspiele, die zu meiner Verwunderung oftmals deutsche Namen haben und angeblich aus unserem Land stammen sollen. Bestätigen kann ich das allerdings nicht. Jedenfalls sind wir irgendwann so müde, dass wir schweren Herzens in die Kojen klettern und dort trotz Gestank und Lärm etwas Schlaf finden. Meine Klamotten mag ich zum Schlafen hier aber nicht ausziehen.

Wir erreichen Koh Tao gegen 7 Uhr in der Frühe, und ich bekomme unmittelbar einen Transfer zur Tauchschule, denn auf Koh Tao (umgangssprachlich auch Koh Taoch genannt) möchte ich – tadaa! – einen Tauchschein machen. Hier reiht sich nämlich eine Tauchschule an die nächste, was sich in niedrigen Preisen für die Touristen und einer hervorragenden Infrastruktur niederschlägt. Die Tauchschule meiner Wahl ist das Ban's Diving Resort – weil es mir mehrfach empfohlen wurde und die Schule so groß ist, dass hier auch gern täglich kräftig gefeiert wird. Die Schule ist noch beeindruckend größer als erwartet: Es gibt mehrere eigene Restaurants, einen eigenen Supermarkt, ein Reisebüro, Klamottenläden, zwei Pools und die obligatorische Bar mit angeschlossenem Club. Außerdem erfahre ich, dass bei Ban's pro Jahr 14.000 Tauchlizenzen vergeben werden – die zweitgrößte Tauchschule der Welt kommt wohl auf rund 8.000 ...

Der Tauchkurs beginnt gleich am Abend der Anreise. Eigentlich wollte ich einen deutschen Kurs buchen, da ich ein wenig Sorge vor zu vielen englischen Fachbegriffen hatte, aber mangels deutscher Landsleute lande ich in einer walisisch-englisch-schweizerischen Klasse mit genau fünf Schülern. Die erste Lektion lautet: DVD schauen. Gut drei Stunden Theorie müssen wir über uns ergehen lassen – nach dem Transfer der letzten Nacht und den Tagen zuvor eine echte Herausforderung, und ich bremse meinen Kopf oftmals nur wenige Millimeter vor dem Aufschlag auf der Tischplatte gerade noch ab. Müdigkeit ist halt ein erbarmungsloser Gegner. Den ersten Umtrunk lehne ich daher dankend ab und verschwinde in meinem Zimmer, denn am Folgetag soll es gleich morgens mit der Theorie weitergehen. Meine vorausschauende Vernunft wird diesmal sogar ausnahmsweise belohnt, denn – man mag es kaum glauben – nach Wochen kann ich das erste Mal wieder entspannt und vor allem auch durchschlafen.

Ursprünglich habe ich angenommen, dass es gar nicht so viel Theorie beim Tauchen geben kann – aber wie so oft auf dieser Reise liege ich falsch: Gute 280 Seiten Lehrbuch wollen durchgearbeitet und verstanden sein, um den abschließenden Test zu bestehen. Am Nachmittag geht es das erste Mal mit der verdammt schweren Ausrüstung in den Pool. Klar gibt es zunächst eine ausführliche Gerätekunde, aber eigentlich hört niemand so richtig zu – alle wollen aus der gnadenlosen thailändischen Hitze in die Kühle des Pools. Dort weist uns Tauchlehrer Alex zunächst darauf hin, dass wir mit unserer Ausrüstung bitte auch unter Wasser atmen sollen. Janeeistklar!, denke ich mir und staune nicht schlecht, als ich erfahre, dass es tatsächlich Menschen geben soll, deren Abneigung vor Flaschenatmung größer ist als der eigentliche Atemreflex.

Die nächsten Tage sind ein einziges Fest der Sinne, und so geht dieser Sport in meine persönliche Agenda der entspanntesten und schönsten Dinge ein, die man im Wasser machen kann. In Koh Tao kommt hinzu, dass die Farbenvielfalt und der Artenreichtum unter Wasser wirklich beeindruckend sind. Meine Rechenfertigkeiten allerdings sind es nicht, wie ich erfahren muss, als ich mich nach Abschluss des Tauchscheines und der obligatorischen Feierei zum Bestehen desselben zu einem kleinen Tauch-Aufbauseminar am Folgetag entschließe. Üblich sind beim Tauchen maximal 18 Meter; im Aufbauseminar lernen wir das Tieftauchen auf 30 Meter. In diesen Tiefen droht neben einer Dekompressionskrankheit auch die sogenannte Stickstoffnarkose, bei der man wirr im Kopf werden und Dinge tun kann, die man in diesen Tiefen tunlichst unterlassen sollte. Um zu überprüfen, ob wir von eben dieser Stickstoffnarkose betroffen sind, stellen die Tauchlehrer uns in 30 Metern Tiefe Additionsaufgaben. Dabei zeigt ein Tauchlehrer beispielsweise sieben Finger (also zum Beispiel drei Finger rechts und vier Finger links) mit der Handfläche voraus, und der Proband addiert zwei und präsentiert das Ergebnis mit den Fingern und dem Handrücken voraus (im Beispiel also neun). Schon an Deck fand ich das derart kompliziert, dass ich nur eine von drei Aufgaben richtig lösen konnte. Rechnen und Hände verdrehen geht einfach nicht flüssig zusammen, und so führe ich nach dem vermurksten Test harte – und letztlich erfolgreiche – Verhandlungen darüber, ob ich überhaupt tauchfähig bin. Am Ende der Tage auf Koh Tao habe ich nicht nur meinen Tauchschein in der Tasche, sondern auch einen Haufen toller Strände gesehen, klasse Menschen kennengelernt und das pulsierende Nachtleben sowie das hervorragend leckere Thai-Essen genossen. Obwohl meine Rückreise nach Europa direkt vor der Tür steht, überlege ich das erste Mal in fünf Monaten Reisezeit, ob ich meine Euroland-Tour im Bulli nicht ausfallen lassen sollte, um noch etwas länger im pulsierenden Asien zu bleiben. Aber dann fliege ich doch, denn zu Hause erwartet mich nicht nur das angeblich beste Hotel der Welt, sondern auch eine ganz besondere Feier, die in keinem Fall verpasst werden darf.

Europa, Deutschland: Eine Stippvisite daheim

Daheim bei Freunden

Mai in Jahr 2, oder Monat 27 nach dem Zusammenbruch

Geschlagene 55 Stunden benötige ich von Koh Tao bis in die Heimat, und als ich am frühen Freitagmorgen in Frankfurt am Bahnsteig stehe und der 8 °C warme Wind meine Zehen in ihren Flip-Flops umschmeichelt, wird mir ganz anders zumute. Ginge es nach den unteren Extremitäten, wäre ich gleich wieder in den Flieger gestiegen, aber der Rest meines Körpers freut sich zu sehr auf Familie und Freunde.

Zunächst aber geht es zurück in die Vergangenheit – aus dem Flieger in Frankfurt quasi direkt in die wilden Zeiten meiner Jugend. Meine Wohnung mitsamt Mobiliar ist während meiner Reise an eine alternative Berlinerin untervermietet (ein komischer Gedanke, dass ja jetzt so jemand anderes in meinem Bettchen schläft), und so werde ich wieder acht Nächte bei meinen Eltern wohnen. Sogar in mein „Kinderzimmer“ darf/muss ich wieder einziehen, und als ich dieses betrete, erlebe ich einen ernsthaften Flashback in die 90er-Jahre. Viele gute, spannende, aber auch unschöne Erinnerungen hängen in den vier Wänden, und ich bin hin- und hergerissen zwischen Freude und Irritation. Obschon ich mich nämlich seit jeher bestens mit meiner Familie verstehe, war es eine der besten Entscheidungen meines Lebens, gleich nach der Bundeswehrzeit in eine eigene Wohnung zu ziehen. Es ist einfach sehr brauchbar, komplett eigene Entscheidungen zu treffen und ungestörte Privatsphäre zu genießen. Jetzt aber sitze ich nach monatelanger absoluter Reisefreiheit wieder bei Muttern – also Kontrastprogramm deluxe.

Nach einem herzlichen Willkommen und richtig gutem, deutschem Essen – Rinderwurst mit Kartoffeln ist nach vier Wochen Reis ein Geschenk des Himmels – erlebe ich mein erstes kleines Waterloo. Weil ich heute Abend wieder einmal die Schläger beim Hockey kreuzen will, muss ich noch schnell in die Stadt, um mir neue Skates zu kaufen. Schwups biege ich auf die Hauptstraße meines Heimatortes ab und werde gleich mit einem Hup- und Lichtkonzert begrüßt. Erst freue ich mich und fühle mich sehr geschmeichelt, bis mir auffällt, dass ich auf der linken Spur fahre. Mit einem beschämten „Ups, tut mir leid“ versuche ich mich erstmals seit fünf Monaten wieder rechts einzuordnen...

Samstag treffe ich am Abend einige meiner besten Freunde auf ein Bierchen und rocke anschließend mit ihnen Hannovers Steintorviertel. Wir gewinnen an diesem Abend wieder viele Erkenntnisse: Mit frisch getrennten Damen redet man besser nicht, Geldabheben am Steintor kurz vor der Heimfahrt ist sündhaft teuer und bringt nichts, man kann auch im Eingangsbereich von Anwälten schlafen, und der Club „Intensivstation“ ist nach wie vor der beste Laden am Tor. Der Abend verläuft somit an sich wie immer, und genau das ist es, was ihn für mich so besonders macht. Es ist einfach wunderbar, mit Menschen zusammen zu sein, die die „gleiche“ Sprache sprechen, mindestens genauso verrückt sind wie ich und einfach ein tolles Herz haben. Heimkommen kann an solchen Tagen das Schönste an einer Reise sein, und ich bin mächtig froh, so klasse Menschen um mich herum zu haben. Manchmal kann man besser würdigen, was man hat, wenn es eine Zeit lang fort gewesen ist.

Die Folgetage fliegen an mir vorbei, denn es gibt unglaublich viel zu tun. Die Europareise mit dem Bulli will organisiert, ein Sack Post gelesen und zahlreiche Verwandte und Bekannte möchten besucht werden. Hinzu kommen eine Reihe obligatorischer Feierlichkeiten für diese Jahreszeit, deren Highlight der Tanz in den Mai in einem kleinen Nachbarort ist. Hier lassen es die Veranstalter schon seit Jahrzehnten so was von krachen, dass ich mich jedes Mal schon am zweiten Mai auf das nächste Jahr freue. Vorab treffe ich mich mit meinen Hockeyfreunden, und als wir gegen Mitternacht das Festzelt betreten, steppt auch in diesem Jahr in selbigem schon ordentlich der Partybär.

Zeltfeste in meiner Heimat laufen immer nach einem festen Ritus ab: Vor dem Zelt befinden sich zumeist so viele Menschen wie im Zelt und belagern die zahlreichen Fressstände und Bierbuden. Natürlich treiben sich dort auch diejenigen herum, die aus unterschiedlichsten Gründen nicht in das Zelt wollen oder dürfen. Da ich aber will und darf, bin ich im Zelt. Und weil ich hier auch länger bleiben möchte, wähle ich meinen Standort aus den fünf zur Verfügung stehenden Bereichen mit Bedacht. Am Ein- beziehungsweise Ausgang stehen die Neugierigen, die den Überblick haben: Wer verlässt wann mit wem und wie oft das Zelt; wer ist überhaupt vor Ort, benimmt sich daneben oder wird von der Security von der Szenerie entfernt? Außerdem finden sich in dieser Region ältere Damen mit gesteigertem Rededrang und generell ältere Herrschaften, die den Schutz des Zeltes vor ungastlicher Witterung suchen, Lärm und Trubel vor der Bühne oder der Bar aber nicht zu nah kommen wollen, kurz: Typen, die weder daheim bleiben noch wirklich feiern wollen, und somit nicht meine Baustelle. Bereich zwei ist die Tanzfläche. Hier tobt sich das Jungvolk aus, und hier findet man auch diejenigen, die nicht über ausreichende monetäre Ressourcen verfügen, um an der Bar abzuhängen, oder die einfach nur tanzwütig sind. Größtenteils also Jüngere und Junggebliebene. Hier ist es allerdings bedrückend eng und laut – auch nicht der Ort, an dem man lange bleiben will. Ort Nummer drei ist die Bier- und Sektbar. Einer der besten Plätze, aber meiner Meinung nach zu drängelig und eng. Der ständige Zustrom von Durstigen führt zu permanent wechselnden Gesprächspartnern. Grundsätzlich keine schlechte Wahl, um den Abend zu verbringen, auch wenn man hier meist nicht bis zum Ende des Festes durchhalten kann. Es kommen einfach zu viele Menschen mit Getränken vorbei, und so kenne ich kaum jemanden, der an dieser Stelle länger als drei Stunden dem Fest beiwohnen und danach immer noch sauber „Elastizitätsmodul" sagen könnte. Bei dem vorletzten möglichen Bereich – der Cocktailbar – liegen Himmel und Hölle auf wenigen Quadratmetern beisammen. Cocktail heißt im Wesentlichen Cola mit Bacardi, und sonst gelten hier die Regeln der Bier- und Sektbar, nur dass die Getränke hier deutlich mehr Durchschlagkraft haben. Wenn man nicht überdurchschnittlich trainiert und ausgebildet im Mischung-Trinken ist oder nicht die entsprechenden Kilos Kontermasse mitbringt, kann ein Abend an dieser Stelle schon nach ein bis maximal zwei Stunden rapide zu Ende sein – inklusive temporärem Verlust der Muttersprache, fundamentalem Filmriss und manchmal zünftiger Zeltprügelei. Hier stehen oft die richtigen Männer, und vielleicht hält sich deshalb ein Großteil meiner Freunde gern an dieser Stelle auf. Mein Favorit hingegen ist die Mitte. Hier kann man alle anderen Plätze gut übersehen, das Positive mitnehmen und dem Negativen ausweichen. Zumindest meist. Außerdem ist dieser Platz immer gut gefüllt, weil hier die Barbewohner, die dem Tanzsport weniger zugeneigt sind, eine Trinkpause machen. Heute Nacht genieße ich aber alle Hotspots, bade im Zuhause-Gefühl und treffe ganz viele zauberhafte Menschen. Das Highlight und einer der Hauptgründe für meine vorübergehende Heimkehr folgt aber erst am Wochenende: die Hochzeit von Jenny und Marcel – ein Fest in epischen Ausmaßen.

Vom Hochzeiten

Mai in Jahr 2, oder Monat 27 nach dem Zusammenbruch

Eine Hochzeit gehört zu den größten und emotionalsten Events, die man so mitmachen kann. Auf den Tag im Leben des frisch zu vermählenden Paares freuen sich Paar, Angehörige und Freunde lange im Voraus und behalten ihn im Anschluss lange im Gedächtnis. Einmalig soll er sein – im wahrsten Sinne des Wortes –, und aus dieser Gemengelage entsteht für eine solche Festivität ein recht hoher Erwartungsdruck, nicht nur für das Brautpaar und dessen Familien, sondern ein Stück weit auch für die anwesenden Gäste. Nach eingehendem Studium der Gestik und Mimik der Anwesenden scheinen mir dabei drei Gefühlslagen vorzuherrschen: Diejenigen, die schon verheiratet sind, denken mit Wehmut an den eigenen Hochzeitstag zurück, rekapitulieren die Zeit seitdem, vergleichen die Feier mit der eigenen oder wünschen sich gar ein neues Fest mit jemand anderem an ihrer Seite. Kurz: Diese Gruppe freut sich über das junge Glück oder steigert diese Freude durch schöne Gedanken an die eigene Hochzeit und ist somit an einem solchen Tag grundsätzlich guter Dinge.

Bei den beiden anderen Gruppen sieht das hingegen vollkommen anders aus. Da haben wir zum einen die liierten Pärchen, die in ihrer Wahrnehmung – zumindest nach außen hin – vollkommen unterschiedlich empfinden. Die Damenwelt blickt sehnsüchtig in die (hoffentlich nahe) Zukunft und sieht sich selbst schon in einem Traum in Weiß an der Hand des Brautvaters Richtung Altar schreiten, denn selbst für die moderne Frau von heute hat dieser Tag einfach unglaublich viele Vorteile. Der Dresscode des Tages erlaubt ihr das, was ihr in Diskotheken und Clubs dieser Welt so gut wie nie gelingt: Sie hebt sich per Definition deutlich von der Menge ab und überstrahlt mit ihrem Dress alle anderen Partygäste. Dazu kann sie auf eine ganze Armada von Helferinnen zurückgreifen, die sie ehrfurchtsvoll herausputzen, ihr permanent den Schleier richten und an ihrem Kleid zupfen. In allen Reden und zu jedem Moment der Feier steht sie elfengleich im Zentrum des Geschehens – mehr Mittelpunkt in strahlender Schönheit geht nicht. Außerdem wird der bisherige Freund zum Ehemann ernannt, was eine Flucht desselben in die Arme einer anderen unwahrscheinlicher, in jedem Fall aber signifikant teurer macht. Kein Wunder also, dass man bei solchen Feiern nur verklärte und sehnsüchtige weibliche Gesichtszüge entdeckt. Leider führt diese fast greifbare Sehnsucht auf Männerseite ab und an zu höchstnotpeinlichen Situationen, nämlich immer dann, wenn man selbst mit verklärt blickenden Augen gefragt wird, wann „er“ (also ein mit mir befreundeter Lebenspartner der sehnsüchtigen Dame) denn wohl mit einem Antrag um die Ecke kommt oder ob man nicht eventuell Einfluss darauf nehmen könnte, dass dies früher geschieht. Auf solche Fragen oder Erwartungen kenne ich nur eine mögliche Antwort: „Weiß ich nicht. Und will ich nicht!“

Die liierten Männer aus dieser Gruppe haben – zumindest behaupten sie das gern und lautstark – zu potenziell nahenden Eigenhochzeiten in der Regel eine deutlich andere Meinung. Oft steckt dahinter die Angst vor dem Schritt in den nächsten Lebensabschnitt, aber auch die rationalere Sicht, mit der viele der Herren an die Sache herangehen. Da wäre zum Beispiel die Sache mit dem schnöden Mammon, der bei so einer Feier in der Regel reichlich vorhanden sein muss. Die teuerste Runde seines Lebens auszugeben, ist einfach nicht jedermanns Sache. Jedenfalls ist es bei dieser dritten Gruppe nicht weit her mit den schönen Gefühlen. Hier herrschen Angst, Resignation und Frust. So ist es auch bei mir, und das wird auch nicht besser, als Jenny oder Marcel mich als Junggesellen gleich mit einer der Höchststrafen für diese Personengruppe belegen: Alleine mit zwei augenscheinlich zufriedenen und glücklichen Pärchen an einem Tisch zu sitzen, ist auf einer Hochzeit wie dieser und für den Junggesellen von heute eine grenzwertige Erfahrung: Die sehnsüchtigen Blicke, die die Damen am Tisch ihren Kerlen zuwerfen; hier ein Küsschen und da eine Herzlichkeit, und mir bleibt nur der fade und selbstverständlich unbeantwortete Flirt mit der alten Bedienung. An Tagen wie diesen kann der Wunsch nach einer festen Beziehung ungeahnte Ausmaße annehmen.

An den Tischen, an denen mehr Junggesellen sitzen, ist es hingegen so wie immer, wenn Jungs ohne Mädels in eine düstere Zukunft voller Einsamkeit blicken: Gemeinsam wird reichlich Alkohol konsumiert. Man(n) säuft sich auf einer solchen Feier also nicht nur die potenziellen Partnerinnen, sondern auch gleich die eigene Zukunft wieder schön. Ich sitze derweil allein zwischen zwei glücklichen Pärchen und trinke stumm meinen Wein. Wie gut, dass ich aus Erfahrung weiß, dass ein wenig Melancholie zum Leben dazugehört. Auf der anderen Seite bin ich keine Frau, und das ist auch gut so, denn die Verzweiflung der Single-Damenwelt ist auf solchen Events ungleich größer. Denn wo als Junggeselle noch recht lange die Möglichkeit auf Heirat, Nachwuchs und ein Haus im Grünen besteht (zumindest klammere ich mich an diese Hoffnung), tickt die biologische Uhr bei den Damen schneller und auch deutlich lauter. Also werden die Röcke und Kleider kürzer und die Ausschnitte tiefer, je weiter Frau sich der 30 nähert – oder sich wieder von dieser magischen Zahl entfernt. Die Braut können sie an diesem Abend dennoch nicht übertrumpfen und haben stattdessen viel deutlicher als sonst das eigene Unvermögen vor Augen, den richtigen Typen zu finden und zu binden. Auch diese Damen greifen als Konsequenz sehr gern zum Alkohol, wandeln ihre Verzweiflung dann in wütende Tanzorgien um, und zu später Stunde fallen dann beide Single-Geschlechter in all ihrer Verbitterung übereinander her, um einander fadenscheinigen Trost zu spenden.

Meist geht das leidige Sektgeschlürfe bereits unmittelbar nach der Trauung los. Die Kellner achten mit gezückten Flaschen darauf, dass immer etwas von diesem furchtbaren Getränk im Glas ist, und nach dem allgemeinen Empfangssekt bekommt man den nächsten Sekt bereits bei der Gratulationsarie. Hernach gibt es den „Wir-lassen-Herzballons-steigen"-Sekt, gefolgt von einem „Jetzt-schneidet-das-Brautpaar-die-Hochzeitstorte-an"-Sekt, der dann von einem „Toll-wir-haben-ein-Gruppenfoto-gemacht"-Sekt abgerundet wird. Danach geht es dann endlich an die Essenstafel, wo der Kellnerpinguin zunächst einmal einen kleinen Willkommenscocktail reicht – natürlich auf Sektbasis. Kein Wunder also, dass die ersten Gäste schon vor dem Essen ordentlich Schlagseite haben und die Brotkörbe auf den Tischen in Nullkommanichts leergefuttert sind. Weniger erfahrene Hochzeitsgäste, die sich schon vor der Trauung an der Bar gütlich getan haben, verfolgt diese schwere Hypothek den ganzen Abend, und man findet sie gern bereits vor 22 Uhr auf der Tanzfläche – ein Privileg, das sonst den Damen vorbehalten ist.

Am Ende des Events lässt der Tag schließlich nur wenige Fragen offen: Warum binden sich Männer eigentlich die Krawatte um den Kopf? Warum fangen sie damit teilweise schon um 21 Uhr an und was würden Frauen tun, wenn sie denn welche hätten? Warum zerreißen die Herren ihre teuren Hemden, um Bauch und Hühnerbrust zu zeigen, und warum tun das die Damen eigentlich nicht? Und: Warum wird eigentlich immer nur Sekt am Empfang gereicht, während man um ein nächstes Bier bei den schwarzen Pinguinen immer erst hingebungsvoll bitten muss?

Trotz all dieser Beobachtungen ist diese Hochzeit eine großartige Feier! Fast fünf Monate Backpacker-Leben und dann dieser Kontrast einer wirklich noblen Feierlichkeit verdeutlichen mir, wie sehr der erste Part meiner Weltreise mich schon geprägt hat. Ich nehme an diesem Tag vieles anders und vor allem dankbarer wahr. Auch wenn der erste Teil dieses Kapitels diesen Rückschluss vielleicht nicht zulässt, genieße ich diese Hochzeit doch anders und bewusster als vergleichbare Feste vor meiner Krankheit. Es ist eben nicht „eine weitere Hochzeit“, sondern ein echtes Heimkommen und ein Realisieren, wie viel Glück wir doch eigentlich alle haben.

Mit Julius durch Europa

Die lieben Irren aus Weidenbach

Mai in Jahr 2, oder Monat 27 nach dem Zusammenbruch

Auch wenn ich jeden Tag daheim und jede Minute mit Freunden, Familie und tollen Menschen ausgekostet habe, war die letzte Woche sehr kräftezehrend – zu viele Termine für zu wenige Tage hinterlassen bei mir das Gefühl, auf der Durchreise gewesen zu sein. Und so hat sich weder ein richtiges „Heimatgefühl" eingestellt noch haben sich die eher positiven Emotionen der letzten Wochen in Asien fortgesetzt. Aber egal, nun geht es ja endlich mit dem Bulli weiter.

Am Montag und somit zwei Tage nach der Hochzeitsfeier geht es in aller Frühe los auf die Autobahn, und an meiner Seite nimmt meine jüngere und nicht in Malaysia wohnende Schwester Platz, deren Heimat im bayrischen Weidenbach mein erster Stopp auf der Eurotour ist. Dass Bayern nicht mehr Deutschland ist, habe ich schon immer geahnt, aber dieser Besuch ist eine Offenbarung. Als wir gegen 14 Uhr norddeutscher Zeit in Weidenbach einrollen, kommt uns bereits ein Rudel Herren entgegen, das freudig die fast leeren Maßkrüge schwenkt, komplett in Karohemden und Lederhosen steckt und irgendwelchen Mädels in feschen Dirndln hinterherpfeift – und das an einem Montag! Ich frage meine Schwester, um wie viele Stunden ich meine Uhr vorstellen muss, aber von ihr kommt nur verständnisloses Schulterzucken. An diesem Montag sei Kirchweih und ein solches Verhalten daher ganz normal. Wie ich bald darauf erfahre, ist dieses „Kirchweih" nichts anderes als unser gutes, altes, norddeutsches Schützenfest – mit neuem Namen, katholisch-frommem Anstrich und eins zu eins kopiertem Inhalt, denn auch hier geht es letztlich um organisierte Kaltgetränkezufuhr. Allerdings sehen die bayrischen Trachten besser aus als die grünen Trevira-Jacken mit den Bierdeckeln dran, die vornehmlich in Norddeutschland zu diesen Anlässen getragen werden. Immerhin.

Bezüglich des Feierns muss ich meine Schwester dennoch enttäuschen: Nach der vergangenen Woche und der Anreise bin ich weder willens noch in der Lage, mir mit irgendwelchen Bayern, die ja eigentlich Franken sind, Biere in die Rüstung zu kippen. Ich will lieber die Wohnung meiner Schwester inspizieren, meine Neuseeland-Gefährtin und Lieblingsterrorfee Katha wiedersehen und notwendige Besorgungen im Supermarkt erledigen. Im Aldi (Süd!) wird mir dann endgültig klar, dass ich im Ausland bin: Während ich meine Waren auf das Kassenband lege, die Körperfülle der Kassiererin bewundere und ökotrophologische und soziokulturelle Gemeinsamkeiten zwischen den dicken Cook Islandern und den Franken beziehungsweise Bayern ziehe, bellt mir das Kassenmonster irgendetwas um die Ohren. Ein freundliches „Moin, Moin und wie bitte?“ führt nur zu einer Wiederholung des Kauderwelsches von zuvor. Ich verstehe irgendetwas mit „zwoar“, habe aber keine Ahnung, was die Frau von mir will. „Excuse me – I didn't get that!“, entfährt es mir, denn freundliches, einfaches Englisch hat auch in den letzten Ecken Indonesiens irgendwie funktioniert. Hier nicht. Ich überlege und vermute, dass der bayrische Kassenhund vermutlich Geld sehen will. Aber wie viel? Eine digitale Anzeige entdecke ich nicht, aber einen Monitor, auf dem ich nach einigen Verrenkungen den Betrag entdecke: 25,23 Euro. Aha! „Na, sag das doch gleich, Alte“, plaudere ich drauflos – auch so eine Reise-Angewohnheit, denn in Asien oder sonstwo konnte ich immer auf Deutsch

Julius

Das Heim für drei Monate

sagen, was mir gerade auf den Lippen lag. Doch hier in Weidenbach versteht man mich, und es ist mein Glück, dass die übel gelaunte Matrone ob ihrer Körperfülle nicht aus dem Sitz springen und mich maßregeln kann. Stattdessen wirft sie mir Worte wie „Saupreiß“ vor die Füße, von denen ich zum Glück fast nichts verstehe. Aber egal – solche Erfahrungen gehören im Ausland halt auch dazu.

Zurück in der Mädels-WG erscheint Neuseeland-Katha wie immer überpünktlich, bringt gleich eine Freundin mit, und so bin ich plötzlich Hahn im Korb, der sich aller Wiedersehensbegeisterung zum Trotz vor allem auf sein Bett freut. Als meine Schwester kurz darauf vorschlägt, zur Feier des Tages ein Bier zu trinken, nicke ich: Eines geht immer, und zudem ist Bier ein perfekter Schlaftrunk. Das zweite Helle flutscht genauso gut, aller guten Dinge sind allerdings drei, und weil alle anwesenden Damen im weitesten Sinne Ernährungswissenschaft studieren, plündern wir nach dem Vernichten der heimischen Vorräte zu Studienzwecken auch noch die Vorräte in meinem Bus, bauen gegen zwei in der Nacht die Musik auf, würfeln erst eine Runde und eröffnen dann die rund zwei Quadratmeter große Küchentanzfläche mit einem Discofox. Gegen 5 darf ich endlich ins Bett, verschlafe am nächsten Morgen prompt und applaudiere mir beim Wachwerden, dass aus den geplanten zwei Tagen bereits vier geworden sind. Wenn das so weiter geht, schaffe ich es in den nächsten Monaten bestenfalls bis nach Frankreich.

Frankreich

Taizé und Erkenntnisse eines reumütigen Schülers

Mai in Jahr 2, oder Monat 27 nach dem Zusammenbruch

Von Weidenbach geht es mit einem schönen und inspirierenden Zwischenstopp in Freiburg über die französische Grenze nach Taizé. Dort habe ich mich für zunächst vier Tage in einem Kloster eingemietet. Endlich? Der Knabe sollte in der Tat mal in ein Kloster gehen? Recht habt ihr!

Solch eine Station gehört für mich auf einer Weltreise definitiv dazu, und ich habe viele andere Reisende getroffen, die das auch so sehen. Und weil ich von Anfang an wusste, dass ich nicht in irgendein hinduistisches oder anderweitig nicht meiner Religion zugehöriges Kloster gehen wollte, habe ich mir diese Station für die Europareise aufgespart. Da in Taizé allerdings Nahrungsangebot, Qualität und Unterbringung betreffend asiatische Verhältnisse herrschen, schlafe ich in meinem Bulli und komme so um weitere Dorm-Erfahrungen herum – auch wenn mir eine weitere unfreiwillig miterlebte Grunzvorführung hier sicherlich erspart bleiben wird. Das Einleben geht hervorragend und sehr schnell, denn Taizé lebt neben seinen Workshops und Andachten vor allem von der Mitarbeit der Gäste aus allen Teilen der Welt, und weil es mir hier so gut gefällt, bitte ich bei den Mönchen um eine Ausnahmeregelung, die mir erlaubt, eine weitere komplette Woche vor Ort zu verbleiben. Diese wird mir zum Glück gewährt, aber als Gegenleistung darf ich nun neben den anderen täglichen Aufgaben den Empfang der neuen Gäste am Sonntag mit übernehmen. Für diese ehrenvolle Aufgabe gibt es zwei Vorbereitungs- und Einweisungsmeetings, die es inhaltlich in sich haben: Das Einweisungsteam besteht aus fünf Personen, die Neuankömmlingen alles zu Regeln, Orten und Unterkünften erklären dürfen. Ein weiteres fünfköpfiges Team ist für die Zuweisung der Unterkünfte zuständig. Ich bin in Gruppe 1 und darf somit an diesem Tag sehr viel reden – kein Problem, wir erwarten auch „nur“ 500 Gäste an diesem Tag – bis zum Wochenende werden es wohl 3.500 sein. Beim zweiten Einweisungsmeeting geht es um die Zuteilung der „Einweiser“ auf die unterschiedlichen Besuchergruppen, wozu im Vorfeld unsere Sprachfertigkeiten und unser Organisationstalent getestet werden. Ich bin als Zweiter an der Reihe und erkläre, wer und wie alt ich bin, was ich bislang alles in meinem Leben so geschafft oder nicht geschafft habe und was mich nun nach Taizé geführt hat. Zu guter Letzt erkläre ich, dass ich sowohl Deutsch als auch Englisch ziemlich gut beherrsche und nebenbei auch noch „un petit peu de français“ sprechen kann. Aus dem Augenwinkel sehe ich, dass Empfangschefin Sabine drei Kürzel neben meinen Namen schreibt: „D, E, Fr“. Ups, denke ich mir – so war das nicht gemeint. Leider geht meine Hoffnung, dass sicher noch irgendeiner meiner Kollegen der hiesigen Landessprache mächtig sein wird, nicht in Erfüllung, und so steht letztlich nur hinter meinem Namen ein „Fr“. In einem lichten Moment beschwöre ich Sabine, dass ich mit dem „klein bisschen Französisch“ genau das gemeint habe, aber sie lächelt nur freundlich. Das sei immerhin tausend Prozent Französisch mehr als alle anderen meiner Gruppe beherrschen. Mir läuft es eiskalt den Nacken herunter, und ich hoffe inniglich, dass sich die Anzahl französischer Besucher proportional zu den französisch sprechenden Mitarbeitern im Empfangsteam verhält – dass also keiner kommt.

Dem ist natürlich nicht so, und so bekomme ich kurz darauf den ersten Gast zugeteilt, der – wie sollte es auch anders sein – aus Frankreich ist. Verzweifelt suche ich den französischen Lageplan und Empfangsbrief für den Gast. Leider hilft mir das auch nicht weiter, und so versuche ich, das Standardprozedere von meinem Ablaufzettel aus dem Deutschen ins Französische zu übersetzen. Mit Biegen und Brechen trage ich meinen Namen und mein Alter auf Französisch vor, verschweige aber mangels Vokabular, dass ich gerade eine Weltreise mache und wie lange ich schon in Taizé bin. Vermutlich denkt der Gast bei meinem Gestammele, dass dieses Kloster der unorganisierteste und untalentierteste Verein auf dem ganzen Planeten ist. Mit Hand- und Fußkommunikation gehe ich meine Liste und den Empfangsplan durch und meine herauszuhören, dass mein „Kunde" schon einmal hier gewesen ist und von seinem damaligen Aufenthalt, dem Wetter und dem damaligen Empfang sehr angetan war. Vielleicht beschimpft er mich aber auch die ganze Zeit. Ich weiß es schlicht nicht, denn ich verstehe so gut wie gar nichts, fühle mich durchgeschwitzt und gedemütigt; zürne mir selbst, im Französischunterricht nicht besser aufgepasst zu haben, und vergebe mir im Anschluss wieder, weil mich eine gute Schulfranzösischnote heute vermutlich auch nicht weitergebracht hätte. Nachdem ich den Gast zum Team für die Unterbringung weitergeleitet habe, melde ich mich mit dem Kleine-Königstiger-Grund bei Sabine ab und flitze statt zur Toilette zum Kiosk. Dort erwerbe ich einen Internetzugangscode, renne damit zum Wifi-Spot (man glaubt nicht, was es im Kloster Taizé so alles gibt!) und suche im Appstore meines Handys nach digitalen Deutsch-Französisch-Wörterbüchern. Es gibt sogar eines gratis. Dergestalt ausgestattet flitze ich zurück und stelle fest, dass ich schon dringend erwartet werde – von einer ganzen Reihe neuer Gäste, und zwar aus ... genau: Frankreich.

Zum Glück darf ich an diesem Tag auch noch drei deutsche und vier amerikanische respektive englische Gruppen begrüßen, aber den Großteil des Tages über versehe ich englische, deutsche oder auch lateinische Wörter mit einem „é“ oder „ment“ und bastele mir so formschöne und sehr fantasievolle Sätze zurecht. Wäre das hier nicht ein Ort der Nächstenliebe und Solidarität, hätte man mich nach einer halben Stunde unehrenhaft entlassen. Dass jeder meiner Gäste dennoch nett zu mir war, kann ich mir nur damit erklären, dass diese mein Kauderwelsch als eine Prüfung ihrer Ausgeglichenheit und Rücksichtnahme aufgefasst haben. Die jedenfalls hätten sie bestanden. Und zwar mit Krönchen. Ich hingegen habe meine Lektion in Demut gelernt, und so sind wir am Ende des Tages alle ein wenig schlauer geworden. Amen, oder auch zu Deutsch: So sei es.

Zeitvertreib

Mai in Jahr 2, oder Monat 27 nach dem Zusammenbruch

Von Taizé geht es durch Burgund in die Rhône-Alpes. Nach einer kurzen Nacht auf einem tollen Panorama-Stellplatz, auf dem das Campen beziehungsweise Übernachten selbstverständlich illegal ist, geht es weiter in die wunderschöne Provence und bis nach Cannes an der Côte d'Azur. Dort finden gerade die weltbekannten Filmfestspiele statt, und ich schaue mir gleich einmal den roten Teppich an. Nach einer Nacht vor Ort fahre ich über Saint-Tropez, Marseille und Montpellier nach Gruissan in der Provinz Languedoc-Roussillon. Drei anstrengende Tage lang dauert dieser elendig lange Ritt, aber ich mag eben keine Maut zahlen und will außerdem Landschaften und Orte sehen. Beides gibt es auf diesem Abschnitt in so unglaublicher Schönheit, dass mir fast übel wird. Einige Ecken jedenfalls müssen sich hier nicht hinter den schönsten Gegenden Neuseelands oder anderen Benchmarks meiner Reise verstecken. Wunderbare Landschaften liegen mitunter eben auch vor der „Haustür“. Wieder etwas gelernt.

Julius in den Alpes-de-Haute-Provence

Statt Kultur und Reiseführerempfehlungen interessieren und bewegen mich während dieser drei Tage allerdings ganz andere Themen: Seit Taizé bin ich allein unterwegs und habe deshalb einen gehörigen Respekt vor dem anstehenden langen Reiseabschnitt. In Asien oder anderswo habe ich in solchen Fällen einfach den nächstbesten Mitreisenden in Bus, Bahn oder sonstigem Fortbewegungsmittel angequatscht, wenn ich Gesellschaft brauchte. Das ist mit einem Bulli aber nicht so leicht. Dass Manou, eine nette Französin, die ich in Taizé kennen- und schätzen gelernt habe, mich vorher und aus eigenem Erleben eindringlich gewarnt hat, dass man beim Alleinreisen im Bulli ziemlich schnell vereinsamen kann, macht es auch nicht besser, und so hadere ich stumm mit meiner Reiseroute und ertappe mich schon dabei, im Web nach Asienflügen zu suchen. Vielleicht waren es aber auch nur die wenigen Tage daheim, die mir das Heimweh und die Unsicherheit mit auf den Weg gegeben haben, und so fahre ich erst einmal los und nehme mir für die ersten 450 Kilometer vor, Französisch zu lernen. Mangels Büchern oder Audiolehrer krame ich alles aus meinem Gedächtnis hervor, was mir in den letzten 14 Jahren seit dem Französischunterricht abhandengekommen ist, denn wer kein Französisch kann, der ist – das habe ich recht schnell begriffen – in diesem Land echt aufgeschmissen. Der

...das nennt man dann wohl Schlucht mit Straße

Austausch mit Einheimischen im Entwicklungsland Indonesien war im Vergleich jedenfalls ein Kinderspiel. Also fresse ich Kilometer in mich hinein, sauge mir längst vergessene Vokabeln aus hintersten Gehirnwindungen und zähle mehrfach am Tag auf Französisch von eins bis hundert auf, bin aber dabei recht schnell frustriert, da mir die französischen Zahlen für „elf" und „dreizehn" partout nicht einfallen wollen. Erschöpft falle ich zu später Stunde am Lac de Serre-Ponçon in mein kuscheliges Einbaubett und zuckele am nächsten Morgen über unglaubliche Serpentinen und rumplige Wege weiter in Richtung Cannes. Schon bald kann mich die atemberaubende Landschaft nicht mehr wirklich erfreuen, und das alte Sprichwort „geteiltes Leid ist halbes Leid" kommt mir in den Sinn. Dieses gilt nämlich, davon bin ich felsenfest überzeugt, auch anders herum. Ich muss gar nicht immer jemanden zum Reden haben – aber jemand zum Anschweigen wäre schon nicht schlecht. In meiner Verzweiflung und Einsamkeit entdecke ich das Selbstgespräch für mich und küre es kurz darauf zu einer der besten Erfindungen aller Zeiten: Man hat einen Gesprächspartner auf dem gleichen, flachen Niveau, der über die eigenen Witze lacht und auch mal schweigt, wenn einem danach ist. Damit bin ich es vorerst ganz zufrieden, denn schließlich habe ich nach all der Reiserei eine Menge zu erzählen, und so bin ich fast heiser, als ich schließlich Cannes erreiche. Vermutlich habe ich mein ganzes Leben lang noch nie so viel an einem Tag gesabbelt.

Bis zu dieser Stadt der Promis, Schönen und Reichen habe ich gefühlte tausend malerische Dörfer, Kirchen, Klöster, Schluchten und was weiß ich nicht noch alles passiert. Wäre ich noch mit meiner knuffigen letzten Freundin mit der erwiesenen Fotosucht zusammen, hätte ich für den Trip bestimmt zwei Wochen benötigt. Ich bin da pragmatischer und knipse lieber im Vorbeifahren aus dem Fenster. Das muss reichen –

für das Aussteigen ist es in der Gegend viel zu warm, und ständiges Motor-aus und Motor-an auch nicht Julius' Sache.

In Cannes angekommen, habe ich mich selbst als Unterhalter satt und sehne mich wieder nach echter Konversation. Auf meinem Campingplatz entdecke ich zwei rollende Luxusvillen mit deutschem Kennzeichen, deren Inhalt allerdings weit über der Pensionsgrenze liegt und somit ausscheidet – und alle anderen, Platzwart inklusive – sprechen kein Englisch, geschweige denn Deutsch. Aus lauter Frust ob meiner Einsamkeit koche ich also heute einmal nicht Ravioli auf meinem Gaskocher, sondern begebe mich zum Campingplatz-Pizzabäcker, wo Freund Zufall mir zu Hilfe kommt. Pizzamann Fred kommt aus St. Martin in der Karibik und spricht sogar Englisch. Da wir noch in der Nebensaison sind und sein Geschäft noch nicht boomt, bringt er mir nicht nur meine Pizza an den Tisch, sondern auch eine von mir nicht bestellte Flasche Sekt und sein eigenes Abendessen. Schnell stellen wir fest, dass wir auf einer Wellenlänge sind, und wie es immer so ist, wenn Männer über die wesentlichen Themen des Lebens sprechen und kalte Getränke im Spiel sind, wird es spät, sehr spät sogar. Breit grinsend erlebe ich wieder einmal einen dieser wunderbaren, spontanen Reiseabende, die diese Tour so inspirierend schön machen und völlig zu Recht Eingang in mein Buch mit den schönsten Reiseerlebnissen finden.

Am Folgetag herrscht im Auto allerdings eisiges Schweigen. Mein neuer Mitreisender auf Zeit, der gemeine Kater, sitzt direkt hinter mir und erstickt jede Konversation mit mir selbst im Keim. Stattdessen schalte ich auf der elendig langen Strecke zum Défi Wind-Surffestival in Gruissan das Radio ein – und zwar französisches. Es muss ja weiter gelernt werden.

Défi Wind @ Gruissan und Flugstunden @ Leucate

Mai in Jahr 2, oder Monat 27 nach dem Zusammenbruch

Nach drei Tagen Road Trip erreiche ich Gruissan an der südlichen französischen Mittelmeerküste. Hier findet alljährlich das in Surferkreisen hochgelobte und legendäre Défi Wind Festival statt, von dem ich schon seit Jahren in der Surf-Fachpresse und andernorts gehört habe. Kurz: Das Défi ist mit Abstand das weltweit größte Windsurfrennen in meinem so heiß geliebten Sport. Um die 1.000 Surfer treten auf einem brutal schnellen und ewig langen Kurs an. Rund 22 Kilometer müssen absolviert werden, und auf diesen ist es ob der hohen Teilnehmerzahl verdammt voll – insbesondere beim Start. Regeln gibt es eigentlich keine, Materialbeschränkungen auch nicht. Lediglich Bleiwesten für mehr Gewicht und damit einen tieferen Schwerpunkt sind verboten – ohnehin kein Thema für die Kaliber über 90 Kilo wie mich. Die Startgebühren für dieses epische Wettheizen betragen ebenfalls gewaltige 220 Euro, wenn möglich abzüglich Frühbucherrabatt. Ich will meine Entscheidung für oder gegen eine Teilnahme erst vor Ort fällen und bin froh darüber: Wind, Wellen und Temperatur sind einfach zu krass. Der Wind weht auflandig, was wiederum eine ordentliche Dünung zur Folge hat, die Rennen fast unmöglich macht – zumindest für Amateure wie mich, die an ihrem Leben hängen. Also nehme ich „nur" am Rahmenprogramm des Festivals teil, das aber wenigstens mit vollem Einsatz.

Wer schon einmal auf einem Surffestival war, kann sich in etwa vorstellen, wie diese Events ablaufen: Ab dem Nachmittag sitzt man in oder vor den Bullis, fachsimpelt und konsumiert Kaltgetränke. Dann geht es ab zur zentralen Festivalbühne, auf der meist Livemusik gespielt wird und die ab Mitternacht den DJs zur Verfügung steht. Ich lerne – wie sollte es auch anders sein – unglaublich viele nette Menschen kennen und fahre mit selbigen tagsüber an Windsurfspots in der Umgebung, die vom Wellengang verschont bleiben. So stehe ich jeden Tag etliche Stunden auf meinem Board oder vor der Bühne. Ein schöneres Leben kann ich mir kaum vorstellen, und einen besseren Kontrast zu den drei Tagen zuvor auch nicht. Naja, es könnte wärmer sein. Dafür, dass das Event am Mittelmeer stattfindet, sind die Temperaturen für Mitte Mai mit rund 15 °C doch eher knackig. Aber egal – wer's schön haben will, muss leiden.

Richtig kriminell wird es mit dem Ausbeuten der körpereigenen Reserven am Montag. Bei meiner Spanien-Anreise komme ich in Leucate vorbei – der Ort der besten und vielfältigsten Windsurf-Spots im Land der Baguettes. Hier sind für zwei Tage bis zu 40 Knoten Wind angesagt, was in Fachkreisen ein satter Sturm ist. Meine Referenzwerte am niedersächsischen Steinhuder Meer kommen an wirklich großen Tagen auf 25 Knoten Wind. Aber weil ich alles einmal ausprobieren muss, lasse ich mir von Olivier und July aus Toulouse die besten Bulli-Stellplätze und einen Ort empfehlen, an dem ich ein kleines Segel kaufen kann, um in „Stormy Leucate" zu bestehen. Im Surfshop erstehe ich überdies ein neues Paar Neopren-Schuhe, verzichte aber auf das neue Minisegel. Ich finde, dass ich groß und schwer genug bin, um mit meinem kleinsten Material einen Versuch zu wagen. Und so baue ich am späten Montagvormittag mein kleines, feines 5,3 m^2 großes Segel auf und schiele rechts und links auf das Material der anderen Sportskameraden. 3,7 m^2, 4,0 m^2 und sogar ein 4,3 m^2 entdecke ich. Das wird knackig, denke ich noch, und halte meine Mütze fest, damit sie mir nicht vom Kopf geweht wird. Egal. Ich bin jetzt da, und es muss losgehen. Auf dem Wasser packt mich dann das kalte Grausen. Bei so viel Wind war ich noch nie mit dem Board auf dem Wasser, und ich bin hin- und hergerissen zwischen dem Rausch absoluter Geschwindigkeit und panischer Angst. Außerdem fühle ich mich in diesen Bedingungen wie ein Anfänger. Manöver, die daheim auf dem Steinhuder Meer problemlos funktionierten, klappen bei Hackwind nicht mehr. Nur Springen über die Wellenrampen geht. Und wie! Ich schaffe meinen ersten Sprung über rund 1,50 Meter Höhe und bin dabei eine gefühlte Ewigkeit in der Luft. Das schreit nach mehr! Im nächsten Lauf greife ich eine besonders steile Rampe ab und versuche die erste Rotation. Der Versuch endet leider in einem Desaster: Ich habe keine Ahnung, wie hoch ich war und ob ich rotiert bin oder nicht, aber ich weiß definitiv, dass mein Board jetzt eine fiese Delle, ich einen riesigen blauen Fleck am Oberschenkel und einen meiner neuen Schuhe verloren habe. Wie man einen geschlossenen Neoprenschuh verlieren kann, ist mir absolut schleierhaft, aber immerhin: Es geht. Danach ist jedenfalls Feierabend. Körper kaputt, Material verwüstet und im Kreis grinsen – das ist halt auch Wassersport. Im Grunde ist es ein medizinisches Wunder, dass ich mich überhaupt noch bewegen kann. Meine Arme – ach, quatsch – mein ganzer Körper ist ein einziger Muskelkater, dessen brennende Epizentren in Unter- und Oberarmen und in meinem Rücken Samba tanzen. Mein Gläschen französischen Weißweins habe ich mir heute auf jeden Fall redlich verdient.

Cadaqués, Roses, Fuhrberg bei Celle, Barcelona

Mai in Jahr 2, oder Monat 27 nach dem Zusammenbruch

An meinem zunächst letzten Tag in Frankreich stehe ich extra etwas früher auf – also so gegen 9 Uhr –, um vor meinem Grenzübertritt nach Spanien noch einmal die gewaltigen Bedingungen vor Ort zum Surfen zu nutzen. Allerdings ist der Tram-Wind noch heftiger geworden, in Böen bläst es mit 50 Knoten, und das ist mir dann doch eine deutliche Spur zu krass. Also setze ich mich ans Lenkrad und nehme einige sehenswerte Umwege entlang der Küste. Das erste absolute Highlight ist Cadaqués, direkt hinter der französisch-spanischen Grenze. Der Ort ist über eine rund acht Kilometer lange Serpentinenstraße zu erreichen und liegt in einer malerischen kleinen Bucht. Nach fast einer Woche ohne Dusche sehne ich mich nach etwas anderem als Meerbaden oder Kaltwasserdusche am Strand und finde nach etwas Gesuche einen Top-Stellplatz am Campéole La Côte des Roses – direkt am Strand mit hervorragender Infrastruktur und sogar W-Lan. Das Wetter wird auch immer besser, und aus lauter Glückseligkeit will ich mir zur Feier des Tages ein Glas Wein aus der Flasche für besondere Anlässe zum Abendessen gönnen. Dumm nur, dass ich keinen Öffner habe. Also latsche ich zum nächsten Campingmobil und – oh Wunder – da ist sogar ein Hannoveraner Kennzeichen dran. Gisela, so heißt die Dame und Besitzerin, ist knapp um die 70, überreicht mir das Gesuchte und bittet mich gleich ins Vorzelt zum Kosten des gerade aufgetischten Abendessens. Ihr Mann, Ullrich, bietet mir gleich einen Stuhl an, und ich sitze noch nicht ganz, da habe ich schon einen kleinen spanischen Branntwein im Glas, der zwar fies riecht und aussieht, aber ganz bekömmlich ist. Wir kommen schnell ins Gespräch und stellen fest, dass wir in Deutschland sehr dicht beieinander wohnen. Die beiden kommen nämlich aus dem schönen Fuhrberg – also quasi aus dem keine zehn Kilometer entfernten Nachbardorf, und das ist für Ullrich ein guter Grund, noch mal einzuschenken. Als Gisela findet, dass aller guten Dinge drei sind, wird mir etwas mulmig. Die Gläser sind bedenklich groß, aber natürlich greift auch hier meine gute Erziehung, und ich trinke mit: „Nicht lang schnacken – Kopf in' Nacken".

Nachdem die vermaledeite Flasche fast leer ist, kommt Ullrich gut gelaunt mit einer neuen und einigen Bieren wieder. „Zwischen Leber und Milz passt halt immer auch ein Pils", gibt er zum Besten, und mir schwant Böses. Außerdem stellt er mir seinen Mitbewohner vor: einen riesigen Papagei namens Johann, der sowohl in Fuhrberg als auch in Roses zu Hause ist. Ich wollte eigentlich lesen, meine Knochen und Glieder schonen, früh ins Bett, vor allem eine Dusche und morgen nach Barcelona. Aber nix da – Fisch gibt's! Beziehungsweise noch einen Kurzen, und die Themen werden spannender. Die beiden können auf ein sehr bewegtes Leben zurückblicken, und ich lerne auch heute wieder eine Menge für das eigene dazu. Allerdings habe ich nicht gelernt, zum rechten Zeitpunkt aufzustehen, und so komme ich gegen 22 Uhr auf die glorreiche Idee, etwas Surferbrause auf den Tisch zu stellen – schließlich kennen die beiden das so in der Form noch nicht. Ich kann nämlich auch „Spezialitäten"! Und so wanke ich zu meinem Julius, hole den guten Havanna-Rum, etwas Cola und schleiche wieder zu meinen Nachbarn. Die haben unterdessen neue Getränke aufgefahren, aber ich bin über den Punkt hinweg, mir deswegen Sorgen zu machen. Gegen 1:30 Uhr schwanke ich unter Ausnutzung der gesamten Campingplatzbreite in mein Bett. Ungeduscht, versteht sich. Sachen gibt's, die glaubt man erst, wenn man sie selbst erlebt!

Am Folgetag fahre ich natürlich nicht nach Barcelona und surfe stattdessen auf türkisblauem Wasser. Außerdem kochen meine neuen Freunde aus Fuhrberg immer für mich mit, und so gibt es statt der sonst üblichen Dosennahrung lecker Spargel mit Fleisch. Gegen Abend gehe ich den beiden dann aber aus dem Weg – noch mal halte ich diesen Trinkmarathon nämlich nicht aus.

Die netten Nachbarn

Spanien

Dónde está mi camara?

Mai in Jahr 2, oder Monat 27 nach dem Zusammenbruch

Strahlender Sonnenschein, tolle Surfbedingungen, gute Laune – die Tage in Roses waren sensationell, und das Reisen im Bulli wird immer mehr zu einem echten Glücksgriff. Aber es hilft ja nichts: Das Kite- und Windsurfmekka Tarifa ruft, und so heißt es Abschied nehmen.

Nachdem ich Roses aufgrund meiner Nachbarn mit dem Papagei mit fünf Tagen Verspätung verlasse, besuche ich zunächst meine Lieblingsstadt in Europa: Barcelona. Leider fehlt mir die Zeit zum (erneuten) Sightseeing, denn am Abend bin ich mit Valeria und ihrer Freundin Carmen in Albacete verabredet. Valeria habe ich vor unglaublichen 17 Jahren bei meinem ersten Urlaub in Spanien kennengelernt, und seitdem haben wir Kontakt gehalten – was mich ob des sehr langen Zeitraums bis heute gleichermaßen erstaunt und erfreut. Nachdem wir uns aufs Herzlichste begrüßt und insgeheim festgestellt haben, dass wir beide in den abgelaufenen Dekaden deutlich gealtert sind, gibt es ungemein viel zu erzählen, und ich freue mich auf das gemeinsame traditionell-spanische Essen. Ich teile den beiden Chicas mit, dass es mir am liebsten wäre, wenn wir der regionalen Küche einen ganz authentischen Besuch abstatten, und so führt uns der Weg in ein kleines, feines Restaurant. Die Ladys bestellen Etliches aus der sehr umfangreichen Speisekarte, der freundliche Kellner bekommt fast einen Krampf in der Hand vom vielen Schreiben, und bis das Essen kommt, geben die Damen mir einen Crashkurs in Spanisch. Schließlich ist das für den Abend unerlässlich, denn Carmen spricht so gut wie gar kein Englisch. Zuerst lerne ich zu fragen, wo meine Kamera ist. Diese habe ich nämlich vermutlich im Auto liegen gelassen, und da schwant mir schon Böses: Meine erste Kamera habe ich nämlich in besagtem Urlaub vor 17 Jahren verloren, und kurz befürchte ich, dass die Geschichte sich doch einmal wiederholt.

Neben den üblichen und traditionellen spanischen Dingen, wie köstlichem Brot und Oliven, kommt der erste Tapas-Gang recht zeitnah. Ich frage bescheiden an, was denn da so schön auf dem Porzellan brutzelt, aber die Damen sagen, dass ich zunächst essen soll und die Informationen zum Inhalt quasi als Nachtisch serviert bekomme. Das Fleisch dieses ersten Ganges besteht zur einen Hälfte aus einer weißen, etwas knorpeligen Masse und zur anderen Hälfte aus wirklich leckerem, zartem Fleisch. Nach dem dritten Stück und ganz viel Kauerei verrät man mir gnädigerweise, dass man das weiße „Fleisch" nicht unbedingt mitisst, sondern das leckerere Fleisch davon mehr oder weniger herunterlutscht. Aha. Gut, dass ich da schon ein ganzes Schweineohr inklusive knorpeliger Ohrmuschel gegessen habe. Die irren Spanier haben einfach die kompletten Schweineohren in kleine Stücke gehackt, mariniert und frittiert. Wenn es nicht so lecker gewesen wäre, wäre mir schlecht geworden.

Ich esse artig, aber irritiert noch einige Stückchen, dann kommt schon der nächste Gang: feinster Schinken in olivenölgetränktem Brot. Sehr lecker, nahrhaft und auch gut anzuschauen. Der dritte Gang ist undefiniert; es ist auf jeden Fall Fleisch, duftet nach Bacon und hat keine Knorpelstücke – nur etwas, das nach kleinen Härchen aussieht. Die Geschmacksprobe ist positiv: sehr zart mit knackiger Kruste – vergleichbar mit dem Rand eines schönen Krustenbratens. Ich lange also ordentlich zu, vergesse fast, nach dem Ursprung zu fragen, und kämpfe kurz mit der Übelkeit, als ich es schließlich doch tue. Diese iberische Küchenkreation besteht aus Ferkel-Lippen; die kleinen Härchen sind Ferkel-Oberlippenflaum. Na großartig. Egal, trotzdem lecker.

Der Abend geht so unterhaltsam zu Ende, wie er begonnen hat, und am nächsten Morgen geht es früh weiter nach Granada. Dort lege ich einen Stopp ein und bestaune die weltbekannte und unglaubliche Alhambra – sehr sehenswert und ziemlich touristisch. Der Verkehr in Granada allerdings ist ein Albtraum: Die Gassen und Straßen sind teilweise so eng, dass Julius die engen Kurven nur mit mehrmaligem Zurücksetzen meistert. Nach einem tollen Abendessen in Marbella erreiche ich den nächsten Halt für die kommenden fünf Tage: Tarifa, die windsicherste Stadt Europas.

Fremdgeher

Mai in Jahr 2, oder Monat 27 nach dem Zusammenbruch

Vier ernst zu nehmende Sportarten auf dem nassen Element konkurrieren für mich bezüglich höchsten Spaßfaktors und Coolnessgrads miteinander: das klassische Surfen, bei dem es um das Abreiten von Wellen mittels eines schnieken Boards geht; das Windsurfen, das Kitesurfen und der neueste Trend, das SUP (Stand Up Paddle). Insbesondere zwischen Kitern und (Wind-)Surfern kommt es immer wieder zu (meist verbalen) Ausschreitungen. Die Tütenflieger (also: die Kiter) beschimpfen die Stehsegler (also: die Windsurfer) und umgekehrt. In der Regel geht es um das Nichtbeachten von Vorfahrtsregeln oder weitere Banalitäten. Das Ganze ist vergleichbar mit den Schneepisten-Differenzen zwischen Snowboardern und Skifahrern. Ich selbst komme ursprünglich aus dem Windsurf-Lager und habe mich tatsächlich auch mehrfach über die Damen und Herren mit dem Drachen (also: dem Kite) geärgert: Diese sind in der Regel langsamer, „immer im Weg" und benötigen aufgrund ihrer ewig langen Leinen unverschämt viel Platz auf dem Wasser und am Strand. Weil einige Kiter ihren Sport leider auch nicht richtig beherrschen, stellen ihre abstürzenden Schirme und messerscharfen Leinen eine echte Gefahr für die bekanntermaßen immer ... nun ja … top ausgebildeten Windsurfer dar. Selbst am Strand und ohne Sportgerät an Frau oder Mann legt man daher in der Wassersportszene Wert auf eine strikte Trennung der beiden Lager. Deshalb tragen zum Beispiel die Damen (!) und Herren Kiter ihre Badehosen in der Regel über ihrem Neoprenanzug, was nicht nur die Windsurfer irritiert. Natürlich geht es bei der ganzen Rangelei um nichts weiter als persönlichen Geschmack, aber ich habe mir nun mal vorgenommen, alle vier Sportarten nach meiner Reise zumindest in Grundzügen zu beherrschen. Deshalb wäre ich nicht unglücklich, wenn ich das Geheimnis mit den Badehosen über dem Neopren lüften könnte.

Da ich SUP und das sensationelle (Wellen-)Surfen unter vielen Schmerzen in Indonesien gelernt habe und das Windsurfen ohnehin schon leidlich klappt, mache ich mich in Tarifa über das Kiten her. Für fünf Tage habe ich mich hier bei einem Kite-Trainingscamp eingeschrieben. Weil das Gemeinschaftsquartier des Kurses ausgebucht, man hier aber herrlich flexibel ist, schlafe ich in meinem mobilen Bett direkt vor den „Surfers Paradise Apartments Tarifa" und nutze dennoch alle Vorteile der Gemeinschaftsunterkunft. Am Morgen nach meiner Ankunft geht es los, und wie beim Tauchen bekomme ich auch hier einen Buddy zugewiesen. Allerdings geht es beim Kiten weniger ruhig zu als beim Unterwassersport, und auch der Job des Buddys ist ein anderer: Er hält den jeweils anderen bei den Trockenübungen am Strand mit dem eigenen Körpergewicht am Boden, und das führt dazu, dass mein Buddy Manuel und ich immer Körperkontakt halten müssen. Wenn also beispielsweise der Manuel versucht, den Drachen zu kontrollieren, halte ich ihn dabei fest und laufe somit – zunächst am Strand – hinter ihm her. Das ist meine Sicht der Dinge. Die Passanten sehen das augenscheinlich eher so, dass ich mit dem Manuel im Zickzack spazieren gehe, denn so ein Schirm hat ordentlich Power – was dazu führt, dass wir durch unsere anfänglichen „Kontrollprobleme" ab und an in Löffelchenstellung verhakt über den Strand gezerrt werden. Ein unwürdiges Schauspiel, das erfahrenen Kitern ein Lächeln und Strandpromenadenflanierenden ein lautes Lachen entlockt. Nach der ersten Einheit brauche ich eine halbe Stunde, um den Sand aus der letzten Pore meines Körper zu entfernen. Trotzdem macht es – peinlich, aber wahr – schon Spaß, sich vom Wind durch die Gegend ziehen zu lassen.

An den beiden Folgetagen haben wir zum Leidwesen der meisten Kursteilnehmer nicht ausreichend Wind, zu meiner Freude aber Wellen, in die ich mich mit meinem kleinen Wellenreiter stürze, ehe es für uns an Tag vier erstmals ohne Board ins Wasser geht, und zwar zum sogenannten Bodydrag. Was bedeutet, dass wir uns diesmal nicht vom Schirm über den Strand, sondern durch beziehungsweise aus dem Wasser ziehen lassen. Da es aber beeindruckend stürmt, erledigen wir das „Dragging" in Dreiergruppen, sind mit unserem Coach sogar zu viert und bilden so eine Eins-A-Entenfamilie. Wie die kleinen Entlein hängen wir an der Mutterente (unserem Kitelehrer) und lassen uns zur allgemeinen Erheiterung durch das Wasser ziehen. Vom Strand aus werden uns sogar Brotkrumen zugeworfen – sehr witzig. Richtig geil wird es aber erst, als der Wind dermaßen auffrischt, dass wir wie die Torpedos über das Wasser schießen. Leider sehen unsere Kitelehrer das anders und vertrösten uns auf den nächsten Tag. Ich nutze die Gelegenheit, fasse mir ein Herz und stelle die Badehosen-über-Neo-Frage. Die Antwort ist mehrstufig und äußerst fragwürdig: Weil man es kann, weil ein gerissener Neo einen nicht unbekleidet zurückließe und weil das Druntertragen ohnedies keinen Sinn ergibt. Aha. Ich bin nur leidlich überzeugt, gebe mich aber dennoch vorerst zufrieden.

Über das Reisen und Glücklichsein

Mai in Jahr 2, oder Monat 27 nach dem Zusammenbruch

Während meiner Reise im Bulli bekomme ich eine ganze Menge elektronischer Post. Viele Menschen schreiben mir, wie sehr es sie freut, dass ich auf den Fotos der letzten Zeit ziemlich – um es etwas zu untertreiben – zufrieden aussehe. Andere sagen, ich mache mir etwas vor und wirke zumindest in meinem Reiseblog überhaupt nicht mehr authentisch auf sie. Für beide Feedbacks bin ich sehr dankbar, denn sie haben mich wieder einmal dazu gebracht, innezuhalten und in mich hineinzuhorchen. Als mein Entschluss für diese Reise fiel, wollte ich eine lange Zeit von Krankheit und Medikation hinter mir lassen und wieder Spaß, schöne Gefühle, aber auch Frust und gerne auch negative Emotionen im Leben erfahren und genießen. Wie im echten Leben gab und gibt es auch auf meiner Reise Höhen und Tiefen – und Letztere sind leider auch recht häufig. Dennoch überwiegen die positiven Aspekte deutlich, und – auch das habe ich gelernt – es dauert auch einige Zeit, bis echtes Reisen zu wirken beginnt. Bei mir etwa dauerte es drei Monate, bis mich meine Planungsmanie verlassen hat. Bis dahin „musste" ich etwa alle Unterkünfte vorbuchen, die nächsten Stopps durchplanen und die Route strukturieren. Mit der Zeit fiel diese Planungswut von mir ab und ich konnte die Reisezeit seit ungefähr Anfang April noch intensiver genießen. Nach zwei Jahren voller Melancholie, körperlicher Probleme, Depressionen und Angst habe ich das schon fast nicht mehr zu träumen gewagt (oder diese Emotionen schlicht vergessen). Nein, ich glaube nicht, dass man einen körperlichen und seelischen Zusammenbruch binnen zwei Jahren locker überwinden kann, aber ich habe gelernt, sehr wohl wieder Freude an den kleinen (und damit wirklich wichtigen) Dingen im Leben zu finden. Das Tauchen auf Koh Tao, das Cruisen durch die Hügel der Provence, der Blick in den Sternenhimmel auf den Cook Islands oder das Warten auf die nächste Welle in der Bucht von Bolonia – es sind immer kleine Momente, die mich vor

Glückseligkeit fast platzen lassen. Momente wie diese machen das Leben wertvoll und vertreiben all die dunklen Gedanken und Ängste vor Emotionslosigkeit.

Hinzu kommen die kostbarsten Inspirationen durch wunderbare Menschen, die man auf einer langen Reise kennenlernen darf. Dabei sind es nie die ab und an vorhandenen extrovertierten Mitreisenden, die das Reisen so einzigartig machen, vielmehr ist es das Gespräch mit den vermeintlich „einfachen" Menschen, die Gedanken über die perfekte Beziehung mit dem weltgewandten Pizzabäcker an der Côte d'Azur, der Nachmittag mit dem introvertierten Reisbauern auf Bali, die Gespräche über den Sinn des Lebens mit dem smarten Programmierer in Taizé oder die Diskussion über das Glück mit dem weltmännischen Hotelbesitzer auf Aitutaki.

Jeden Tag erfahre ich so neue Lebensanschauungen und Weltbilder und kann mir die besten und leckersten Stücke dieser Torte aus Erfahrungen für mich selbst herausschneiden. Und so kommt es auch, dass ich mir trotz Tausender Kilometer in Spanien nur eine einzige Sehenswürdigkeit angeschaut habe. Ich philosophiere einfach viel lieber am Strand mit Sportskameraden über Surfmaterial oder abends mit netten Locals über die Vorzüge der spanischen Küche, als mir Baudenkmäler oder historisch bedeutsame Stätten anzuschauen.

Vielleicht ist das eines der größten Privilegien des Reisens: Mit der Zeit gibt man sich den Raum, genau das zu finden, was man im Grunde seines Herzens sucht. Statt dem artigen Suchen nach Postkartenmotiven oder der kulturellen Bildungsreise findet man irgendwann den Mut, schlicht den Weg zu gehen, den man gehen möchte. Nicht jede wirklich wichtige und persönliche Erkenntnis auf dieser Reise kann und möchte ich teilen, aber eines habe ich in den vergangenen Monaten gelernt und möchte es all denjenigen mitgeben, die sich bislang nur mit den Gedanken an eine solche Reise „geplagt" haben: Der (zugegebenermaßen große) Schritt lohnt sich wie nur Weniges im Leben.

Das SUP des Tages

Juni in Jahr 2, oder Monat 28 nach dem Zusammenbruch

Bei meinem bescheidenen Ziel, die Basis der vier bekanntesten Wasser-Boardsportarten binnen acht Monaten sicher zu beherrschen, habe ich einen Punkt total unterschätzt: Das SUPen ist deutlich komplexer als gedacht. Windsurfen klappte schon vor der Reise, eine Woche Surfschule in Indonesien hat mich die Basics des Wellenreitens gelehrt, und weil ich bei meinen ersten SUP-Erfahrungen vor gut zwei Jahren in Ägypten – wenngleich bei ruhigem Wasser – schon erste Erfahrungen gesammelt habe, dachte ich, eine Woche Kite-Kurs mit flankierendem SUP-Training in Tarifa würde reichen, um „nebenbei" auch die Sache mit dem SUP zu lernen.

Beim SUP steht man aufrecht auf einem recht großen Surfbrett und hat ein sehr langes Stechpaddel in der Hand, mit dem man das Board über das Wasser bewegt – auf Flachwasser (perfektes Workout für wirklich jeden Muskel des Körpers), auf Flüssen (warum man das macht, erklärt sich mir noch nicht) und eben in der Welle (wie beim Kiten und Windsurfen auch hier die Königsdisziplin). In Tarifa jedenfalls haben wir wie beschrieben einige Tage so gut wie keinen Wind, dazu gesittete, rund einen Meter hohe Wellen und somit optimale Bedingungen, um mal so „nebenbei" ein paar Wellen mit dem SUP-Board abzureiten. So weit die Theorie.

Meine Kitelehrer Jochen (Chef) und André (Lakai) sind selbst überzeugte und begeisterte SUPer, aber als der Chef höchstselbst mir anbietet, mich auf den ersten Metern zu begleiten, lehne ich grinsend ab: „Nee, Jochen, lass mal. So schwer kann das nicht sein. Auf dieser schwimmenden Tür steht doch jedes Kind alle Wellen!" Schließlich ist so ein SUP-Board 10'4 (sprich: 3,15 Meter) lang, und auf meinem 7'4 Wellenreiter kann ich auch passabel stehen. Jochen schmunzelt nur und kommt trotzdem mit. Ich lasse ihn gutmütig gewähren, schleppe meine unglaublich schwere Plastik-PE-Planke die 300 Meter bis zum Wasser und weiß danach, warum SUPen angeblich so fit macht: Es kommt vom Schleppen dieser schweren Bohlen. Im Wasser angekommen schiebe ich das Brett so weit Richtung offenes Meer, dass die Finne nicht mehr den Boden berühren kann, und schwinge mich möglichst elegant auf das Brett – um gleich auf der anderen Seite schmerzhaft auf den Muscheln zu landen. Hinter mir erklingen belustigte Kommentare meiner Kite-Kameraden, die lieber auf ihren Strandlaken liegen, als sich körperlich auf dem Wassersportgerät zu ertüchtigen. Ich schiebe das Brett also noch weiter hinaus – und falle wieder herunter. Jochen schlägt freundlich vor, ich möge aus dem Brandungsbereich schwimmen und das Brett hinter mir her ziehen. So weit kommt das noch! Da nehme ich lieber den nächsten Anlauf! Und den übernächsten. Und den überübernächsten. Und noch ein paar weitere. Schließlich gebe ich mich zähneknirschend geschlagen, lege mich flach auf das Board, klemme das Paddel unter mir fest und paddle mit den Armen hinter die Brandung. Schlimm genug, aber immer noch besser, als das Ding wie ein Floß hinter mir herzuziehen. Jochen, der sich mit seinen rund 40 Jahren offenbar zum Ziel gesetzt hat, mich mental zu brechen, paddelt derweil emsig im Kreis um mich herum und nimmt pfeifend die ersten Wellen. Na, großartig.

Hinter der Brandungszone angekommen kann ich leider nicht mehr stehen. Das macht das ganze Aufsteig-Unterfangen noch anstrengender, aber ich lasse mich nicht unterkriegen. Gewarnt vom Debakel in Strandnähe, versuche ich zunächst „nur" auf die Knie zu kommen. Das klappt. Also versuche ich, mit etwas Schwung auf die Füße zu kommen. Das klappt auf Anhieb, hält zwei Sekunden – und schon liege ich wieder im Atlantik. SUP – das wird mir in dem Moment klar – steht in Wirklichkeit für Sau-In... ähm: Unstabiles-Paddelbrett.

Rund dreißig Minuten permanenten Auf und Nieders später bin ich total fertig mit der Welt, dem SUPen und dem Salzwasser, stimme Jochen vollends zu, dass das „weibische SUPen" (meine Ansage am Abend zuvor) doch echter Sport ist und bin kurz davor, alles hinzuschmeißen. Wie zum Hohn heißt mein verdammtes Brett auch noch „Peter Pan" – und das vermutlich nur, um mir so durch die Blume mitzuteilen, dass ich endlich reif und erwachsen werden und einsehen sollte, dass ich ein hoffnungsloser Fall bin und immer wieder ins Wasser plumpsen werde. Na, vielen Dank. Aber ich beiße die Zähne zusammen und nehme es sportlich. Die anderen Sportarten hauen irgendwie hin – dann muss das mit dem SUP auch klappen!

Weitere 15 Minuten später stehe ich das erste Mal sicher – für rund eine Minute und bestimmt 20 Paddelschläge – und beginne zu ahnen, dass dieser Sport Spaß machen kann. Allerdings verbringe ich auch nach gut zwei Stunden noch immer 70 Prozent meiner Zeit neben dem Board. Jochen versucht mich aufzubauen: Das Wasser ist rau, der Wind zu stark, ich selbst von den Tagen zuvor geschwächt, bla, bla, bla. Aber so leicht lasse ich mich nicht einlullen und gebe einfach noch mehr Gas, bis ich nach drei Stunden mehr an Land krieche als zu gehen und geschlagene zwölf Minuten brauche, um das mittlerweile gefühlt 100 Kilo schwere Stahlbrett an seinen Ursprungsort zurückzuschleppen.

Am Folgetag gibt es wieder nicht genug Wind zum Kiten, dafür aber Wellen, und so fällt der Kite-Unterricht aus, während

Jochen und ich erneut SUPen gehen. Als wir meine sich auf Badelaken räkelnden Mit-Kiter passieren, werde ich doch allen Ernstes gefragt, ob ich wieder planschen gehen möchte. Ich ringe mich nur mit größter Mühe zu einer mitteldiplomatischen Antwort durch. Im Wasser angekommen stelle ich allerdings erfreut fest, dass mir das Ganze ausgeruht deutlich leichter von der Hand geht. Bereits zu Anfang stehe ich trotz höherer Wellen gute fünf Minuten am Stück auf dem Brett, schaffe selbst Richtungswechsel und halbwegs enge Kurven und unternehme einen Ausflug zu den Thunfischnetzen gut zwei Kilometer vor dem Strand. Nach gut einer Stunde und ungezählter – selbstverständlich ausschließlich geplanter – Abkühlungen im frischen Atlantikwasser erreiche ich wieder die Brandungszone und fühle mich trotz enorm schwerer Arme gut gerüstet, die erste Welle in Angriff zu nehmen. Dabei werde ich so brutal durchgewaschen und unter Wasser vermöbelt, dass ich nun zu dem Schluss komme, dass SUP für „Schmerzhaft und Peinlich" steht. Denn genau so fühle ich mich: Der Fuß blutet, von den Badelaken aus wird mir von meiner charmanten Kite-Klasse Beifall geklatscht, und jeder Muskel meines Körpers schmerzt. Genug für heute. Gedemütigt trolle ich mich mit meinem Stahlträger Richtung Unterkunft.

Nach zwei Tagen Wind und Kite-Unterricht wage ich mich bei perfektem Wind-Wellen-Verhältnis trotzdem erneut mit Jochen und Monster-Board ins Wasser. Natürlich gibt es auch sehr gutes, leichtes und wendiges Material zum SUPen, aber weil Jochen findet, dass Lehrjahre „schwere" Jahre sind, schleppe ich eben das Anfängerzeugs. Immerhin schaffe ich heute die ersten Wellen. Es ist unglaublich, wie viele Wellen man aufgrund des Paddelvortriebes im Vergleich zum Wellenreiter mit so einem SUP erreichen und damit abreiten kann – und das ist wiederum sehr gut für den Lernfortschritt. Nach gut einer Stunde stehe ich fast jede dritte Welle und bekomme mein Grinsen ob des hohen Spaßfaktors kaum mehr in den Griff. Deshalb trage ich mein Brett dieses Mal nach getaner Arbeit direkt zu der Liegetuch-Fraktion am Strand und frage, ob die Damen und Herren nicht auch mal eine Runde in den Wellen drehen wollen. Will aber keiner. Schade – ich hätte mir auch extra ein eigenes Badehandtuch für die erste Reihe geholt.

Der Mega-Transfer und unsere lieben Nachbarn

Juni in Jahr 2, oder Monat 28 nach dem Zusammenbruch

Wie so oft in den letzten Monaten verzettle ich mich an einem Ort. Statt fünf Tage bleibe ich anderthalb Wochen in Tarifa. Und womit? Mit Recht! Tarifa ist einfach ein perfekter Ort für mich: nicht Großstadt-groß, aber groß genug für ein umfangreiches Angebot an Gastronomie und Nachtleben. Dazu kommen optimale Strand- und Wassersportbedingungen, und das macht Tarifa neben Ho'okipa und Fuerteventura zu einer der drei Weltstädte des Kite- und Windsurfsports. Ich fühle mich jedenfalls verdammt wohl hier, streiche deshalb freiwillig und spontan Portugal von meiner Reiseliste und mache mich schließlich schweren Herzens nach der wunderbaren Zeit in der südlichsten Stadt Europas auf den langen Weg in den Norden. Für die rund 4.000 Kilometer Strecke bis zu meinem nächsten Fixtermin Mitte Juni in Mecklenburg-Vorpommern bleiben mir exakt neun Tage. Wenn ich es in fünf Tagen schaffen würde, hätte ich allerdings die Möglichkeit, meine Jungs daheim beim Spitzenspiel der Ersten Bundesliga im Inlinehockey zu sehen und zudem den EM-Auftakt mit den Freunden zu genießen. Also beiße ich die Zähne zusammen, starte an einem Montag von Tarifa aus und fresse ordentlich Kilometer. Es geht über Malaga immer am Wasser des Mittelmeeres entlang durch unerträgliche 35 °C erneut Richtung Albacete und zur gut gelaunten Carmen (diesmal ohne Schweineohren und -lippen), nach einer Mütze Schlaf weiter durch Spaniens teilweise wunderschönes, aber auch einsames Kernland und dann durch die Pyrenäen nach Frankreich in die Region um Biarritz. Da ich konsequent Autobahnen und Mautstrecken

Pyrenäen

meide, bekomme ich wirklich Beeindruckendes zu sehen – inklusiver einer Vielzahl von Gründen, aus denen die Spanier nun unter den Europäischen Rettungsschirm kriechen müssen. Neben zahlreichen Immobilienübertreibungen sind auch die Franzosen schuld! Fährt man nämlich Richtung Frankreich, kann man dieses zentral durch die Pyrenäen tun. Die Spanier haben eigens dafür eine wunderbare, topmoderne autobahnähnliche Straße gebaut, beziehungsweise bauen diese gerade fertig. Neben modernsten, digitalen Verkehrsleitsystemen und LED-Beleuchtung fehlt es hier wirklich an nichts. Krönender Abschluss der ganzen Strecke ist ein supermoderner, unfassbare acht Kilometer langer Tunnel mit einem pompösen Portal. Allerdings frage ich mich die ganze Zeit, warum ich so einsam unterwegs bin und mir nur so wenige Autos entgegenkommen. Die Erklärung findet sich dann in Frankreich am anderen Ende der Röhre. Sobald ich aus dem Hightech-Tunnel rolle, erreiche ich eine solide und extrem schmale Schotterstraße. Teilweise ist diese nur einspurig befahrbar, was wiederum zur Folge hat, dass niemand diese Trasse benutzen will oder kann. Der Franzose – so erfahre ich – hat sich kurzfristig vom ehemals gemeinsamen Autobahnprojekt verabschiedet, und so haben die Spanier nun eine topmoderne Anbindung ins Nirgendwo. Ganz stark.

Nach elendigen elf Stunden Fahrt erreiche ich St. Girons und suche mir einen Campingplatz direkt am Atlantik. Mein Stormrider-Guide weist mir die Spots an diesem Flecken

Frankreichs als die besten für das Wellenreiten in Europa aus, und so gönne ich mir eine Pause, hüpfe schon um 5 in der Frühe aus dem Bett und warte mit nur zwei weiteren Wellenreitern im Line-up auf die Wellen aus Amerika. Diese haben es allerdings in sich – von den nahezu arktischen Temperaturen des Wassers einmal abgesehen. Mit brennenden Armen erreiche ich die anderen Surfer, wende mein Board den beiden Sportskameraden zwecks Begrüßung zu und blicke in zwei total verzückte Gesichter. Den Hauch einer Sekunde denke ich, die beiden freuen sich über meine Gesellschaft, aber dann bemerke ich den gewaltigen Brecher, der sich in meinem Rücken aufgebaut hat. Zum vernünftigen Anpaddeln ist es zu spät, und das Vieh von Welle erwischt mich genau auf dem Gipfel. Ich versuche noch, auf dem Kamm der Welle die Füße auf mein Board zu bekommen, scheitere allerdings kläglich, als ich in die Tiefe schaue: Die beiden Surfcracks sind mindestens zwei Stockwerke tiefer unterwegs, ich bin wie paralysiert von der Wellenhöhe und vergesse die essenziellen Bewegungen zum verletzungsfreien Abreiten. In wildem Sturz geht es abwärts. Ich schaffe es noch, die Arme um den Kopf zu legen, um nicht ganz übel vom eigenen Brett verarbeitet zu werden, und dann geht es auch schon unter Wasser. Dort bleibe ich eine gefühlte Ewigkeit – und langsam stellt sich ein ernsthaftes Bedürfnis nach Frischluft ein. Aber die verdammte Welle lässt mich nicht Richtung Oberfläche entkommen. Gegen die Naturgewalten anschwimmen bringt – soviel habe ich in Indonesien gelernt – ohnehin nichts, und so heißt es ruhig bleiben und abwarten. Soviel zur Theorie. Aber irgendwann wird die Atemnot einfach ekelig, und so paddele ich los und schaffe es irgendwann endlich an die Wasseroberfläche – nur um dort festzustellen, dass das nächste Ungetüm aus dem Wellenset schon bis auf drei Meter an mir dran ist. Nach fünf brutalen Waschgängen liege ich ordentlich gereinigt, aber schwer atmend am Strand, während meine Lunge wie Feuer brennt und ich Salzwasser huste. Egal. Man wächst mit seinen Aufgaben, und so schnappe ich mir mein Brett, befestige noch einmal die Leach (sprich: die „Seilverbindung“ zwischen Surfer und Brett) extrafest an meinem Knöchel und stürze mich erneut in den Atlantik. Wer schon einmal mit einem Wellenreiter durch Weißwasserwände gepaddelt ist, weiß, wie sich das Ganze anfühlt. Als ich dieses Mal das Line-up hinter den brechenden Wellen erreiche, schaue ich in die richtige Richtung. Nach nur fünf Minuten Warten zwischen den Wellentälern dieser Atlantikberge rollt schon das nächste Set auf mich zu. Es beginnt der hundertfach durchexerzierte und automatisierte Ablauf: Brett wenden, anpaddeln, was die Arme hergeben, kurzer Schulterblick zwecks Entfernungstaxierung, Doppelarmschläge auf dem Lift der Welle für das letzte bisschen Schub, und dann: von hoch oben auf dem brechenden Teil des Wasserberges fast vier Meter nach unten schauen, feststellen, dass das alles viel zu viel ist, und wieder von der Welle abreiben lassen ... Nachdem mich dieses Set verarbeitet hat, knie ich im flachen Wasser am Strand, japse nach Luft, reibe meine Arme und bin trotzdem total happy.

Ob ich eine sadistische oder suizidale Ader habe, fragt mich ein vorbeikommender Surfer, der der Meinung ist, dass weder mein Board noch mein Können für diese Bedingungen „stimmig“ sind. „Kann sein“, denke ich mir – und paddle wieder los. Die Aussicht, eines dieser Monster wirklich zu bezwingen, ist einfach zu verlockend. Leider, wirklich leider, schaffe ich es nicht, komplett auf die Füße zu kommen, aber ich bekomme wenigstens auf einem Knie und einem Fuß das Gefühl für die unfassbare Geschwindigkeit und Kraft dieser Brecher, die ich davor (und selbstverständlich auch nach diesem Versuch) sonst nur von unterhalb der Wasseroberfläche kennenlernen darf.

Nach fünf Versuchen und anderthalb Stunden kann ich nicht mehr. Mein Körper krampft an Stellen, von denen ich nicht mal ahne, dass es sie gibt, und so schleppe ich mich um 9 Uhr Richtung Bulli, nehme mir vor, zu fahren, bis ich müde werde, schaffe es bis kurz vor Paris und parke Julius auf einem Rasthof neben einem anderen T5-Bulli. Die Nacht verläuft für mich recht entspannt. Meine Nachbarn werden allerdings überfallen. Ich bin aber noch so erledigt von der Wellengeschichte am frühen Morgen, dass ich von den Ausschreitungen nicht einmal drei Meter neben meinem Schlafplatz einfach gar nichts mitbekomme und am Folgetag mit etwas mulmigem Bauchgefühl über Belgien nach Holland fahre, wo ich in Maastricht Martina alias Sunny treffe, die Backpacker-Bekannte von den Gilis in Indonesien. Sie arbeitet am Filmset einer großen holländischen Fernsehserie, und dort darf ich sogar einige der „Stars" kennenlernen, gekannt habe allerdings keinen von ihnen vorher. Vom optimistischen Maastricht – immerhin sind Autos und Wohnhäuser hier schon eine Woche vor der Europameisterschaft komplett orange eingefärbt – geht es zum Den Haager Strandleben und den weltbesten Heringen (frisch am Stand filetiert und mit etwas Zwiebeln und reichlich Schnaps roh gegessen; sehr lecker und wirklich zu empfehlen) und dann über Osnabrück und den Zwischenstopp in der Heimat zu einem weiteren Highlight meiner Reise: dem Zuparken-Festival.

Deutschland

Das irre Zuparken! Der Beginn

Juni in Jahr 2, oder Monat 28 nach dem Zusammenbruch

Das „zuparken“-Festival in der Metropole Kägsdorf direkt an der Ostsee habe ich bereits im Vorjahr besucht und wusste damals schon nach nur wenigen Minuten, dass ich wiederkommen werde. Das relativ überschaubare Festival ist auf 1.000 Besucher und 300 Autos – größtenteils Bullis – limitiert und bezeichnet sich als „Surf- und Musikfestival“, wobei die Surfboard-Inhaber in der Regel entweder Besseres zu tun haben, als aufs Wasser zu gehen, oder dazu schlicht nicht (mehr) in der Lage sind. Das Festivalgelände liegt an einem wunderschönen Sandstrand und ist auch in seinen Abmessungen überschaubar, weshalb es immer unmittelbar nach Verkaufsstart ausverkauft ist. Trotzdem müssen die Bullis und Zelte dermaßen eng geparkt werden, dass ein Verlassen des Geländes mittels motorisierten Untersatzes vor Veranstaltungsende nicht möglich ist. Wir sind also zugeparkt.

Doch vor das Zuparken hat der Herrgott die Anreise gesetzt, und die findet natürlich im Bulli-Konvoi statt. Deshalb treffen sich die Teilnehmer des sogenannten „Westcoast-Run“ in Hamburg, und weil das mit der Zuparkerei schließlich geübt werden will, blockieren wir den beliebten Park- und Ride-Parkplatz in Stapelfeld mangels freier Parkbuchten mit zunächst „nur“ rund 15 Bullis einfach mal für eine halbe Stunde. Erste Getränke werden an die (Bei-)Fahrer gereicht, später wird in Lübeck-Genin eine Tankstelle zugeparkt und der Konvoi neu geordnet. Dann geht es mit mittlerweile rund 30 Bullis im Korso gut zwei Stunden nach Kägsdorf. Unterwegs werden natürlich diverse Boxen- und Soundchecks durchgeführt und reichlich Schabernack getrieben (man kann auch die A1 mal zuparken), und schließlich erreichen wir relativ zeitgleich mit dem Eastcoast-Run das Festival-Gelände. Dort erwartet uns vor dem Parkeinweisungspoint eine Schlange aus rund 70 Bullis – für die 967 Einwohner von Kägsdorf sicher ein Event und für die Teilnehmer sowieso. Die Organisation verteilt noch die obligatorischen Mülltüten, und dann geht es auch schon ans finale Zuparken: Die Bullis werden schulterbreit entlang eines gut zwei Meter langen Weges im 90-Grad-Winkel gestellt. Hier zeigt sich, wer Talent beim Zuparken hat. Sobald die Formation steht, füllt man die noch freien Quadratmeter mit Tischen, Bierzeltgarnituren, Liegestühlen, Luftmatratzen, Boxentürmen, Kickern, Stroboskop-Anlagen oder Getränken und Bergen von Grills und kann dann endlich zum gemütlichen Teil übergehen, der zwar in Wahrheit gar nicht so gemütlich, dafür aber umso spaßiger ist. Zunächst geht es an den Strand, der von einem dreigeschossigen Bus mit gewaltiger Soundanlage mit sonnenuntergangsgerechter Musik beschallt wird. Einige Mutige arbeiten mit Gitarrensound dagegen an, und allenthalben wird gefeiert – dass die Sonne untergeht, man endlich beim „Zuparken" ist, das Wetter so klasse ist, die Leute so nett oder die Getränke so lecker sind. Gründe gibt es auf jeden Fall viele, und gegen 21 Uhr erscheinen auch meine nachgereisten Freunde aus der Heimat – auf Wunsch der Genannten der Einfachheit halber Freund 1 und Freund 2 genannt. Nach einem umständlichen Zeltaufbau (es ist einfach kein Platz mehr zu finden), begeben wir uns zu Julius, um unsere Nachbarn kennenzulernen. Das gehört sich hier einfach so. Leider sind die Damen Nachbarinnen so nett, dass wir glatt die Bands und das Showprogramm des ersten Abends verpassen und erst gegen 1 Uhr Richtung Bühne und Disco marschieren. Dabei wird Freund 2 Opfer des gemeinen Kägsdorfer Springliegestuhls: In bester Surfermanier tut Freund 2 das, was Surfer eben können: Flachköpper – auf dem Schotterweg und ohne Einsatz der Arme. Freund 1 und ich verteilen akkurat Punkte für diese schöne Darbietung, aber Freund 2 will lieber Hilfe beim Aufstehen und Schutz für den weiteren Weg.

Vor der Bühne treffen wir auf rund 700 der 1.000 Festivalbesucher – die Fehlenden romantisieren in den Dünen, sind versackt oder mit ihren Campingstühlen verwachsen – was auch daran liegt, dass fast jeder Bulli eine eigene kleine Disco beherbergt und die dort stattfindenden Partys wirklich überragend sind. Aber auch vor der Bühne bekommt man viel geboten: Die letzte Live-Darbietung läuft, und gerade werden die beiden obligatorischen VW-Pritschenwagen in rund 15 Metern Entfernung zur Bühne geparkt. Das alljährliche Ziel der Zuparken-Gemeinde ist es, die Stoßdämpfer dieser beiden Gefährte zu zerstören. Dazu werden die verstärkte Pritsche und das Dach geentert, und die wüste Partygemeinde versucht im Takt der Beats hüpfend, den armen Stoßdämpfern den Garaus zu machen. So wird aus der Pritsche eben ein Trampolin. Letzteres funktioniert teilweise bravourös, sodass sich die Leichtgewichte unter den Springmäusen entspannt einen Meter in die Luft bewegen. Leider sind die Karren aber vom Partyvolk dermaßen überladen, dass es an den Rändern aufgrund des Personendrucks und der Fliehkräfte zu einer natürlichen Selektion über den Pritschenrand hinaus kommt. Freund 3, der uns erst mit Verspätung erreicht hat, nutzt dieses für eine eigenwillige Interpretation des Surf-Backloops ohne Board und Segel und erntet dafür viel Applaus der umstehenden Feiernden. Erinnern kann er sich an diese artistische Meisterleistung am Folgetag allerdings nicht mehr.

Die Party auf und neben den Pritschenwagen erreicht gegen 2 Uhr ihren vermeintlichen Höhepunkt. Allerdings hat die Partygemeinde die Rechnung ohne die Veranstalter gemacht. Rund eine halbe Stunde später sperren Security-Leute einen beträchtlichen Teil der immer noch brodelnden Tanzfläche und beginnen dort mit dem Aufbau eines Zeltes, das sich kurz darauf als mächtige Hüpfburg in Form eines Piratenschiffes entpuppt, die zum Stakkato wummernder Beats mithilfe eines gewaltigen Kompressors und unter dem euphorischen Jubel der Anwesenden mit Luft gefüllt wird.

Auf meinem Pritschenwagen hüpfend erinnere ich mich an meine Kindheit: Selbst als kleiner Knirps empfand ich das Laufen und Springen in einer Hüpfburg als eine wahnsinnig spannende, komplexe Aufgabe an die eigenen Koordinationsfähigkeiten. Also warte ich zunächst ab und beobachte, wie Freund 2 sich mit seiner beachtlichen Körpergröße in die Hüpfburg stürzt, dabei unglaubliche 20 Zentimeter schafft und dann die vor ihm schwankenden vier Gestalten wie Kegel abräumt. Ich kann mich vor Lachen kaum mehr auf den Beinen und der Pritsche halten, als immer mehr Tanzwütige über den Berg von Leibern und Extremitäten purzeln, während Freund 2 immer wieder klägliche Versuche unternimmt, auf die eigenen Beine zu kommen. Als die Hüpfburg aufgrund einseitiger Belastung Schlagseite bekommt und erste Leichtgewichte über die ehemals rund drei Meter hohe Brüstung purzeln, haut es mich von Lachkrämpfen gebeutelt von meinem Untersatz. Und wo ich schon einmal unten angekommen bin, mache ich mich natürlich auch auf zum Entern. Im Augenwinkel sehe ich den Buchhalter des Festivals, der schon einmal die Sonderabschreibung seiner Investition bilanziell vermerkt, und schon liege ich mitten im pulsierenden Gummi des Hüpfschiffs. Stehen oder gar Laufen erscheint unmöglich, und so robbe ich über johlende und vor Verzückung kreischende Menschen an eine der Wände. In einer der Ecken entdecke ich unsere Nachbarinnen, die sich wie meine gut einjährige Nichte an den ersten Schritten auf dem schwankenden Boden versuchen. Freund 1 und 2 sind dicht anbei, vom Dreck, den die Feiergemeinde in die Burg getragen hat, völlig eingesaut, und haben Lachtränen in den Augen.

Gegen 5 Uhr machen wir uns vollkommen erschöpft, durchgeschwitzt, glücklich und erledigt auf den Weg Richtung Bulli und Zelt, während einige Festivalbesucher bereits ihre Stühle und Tische auf die Dächer stellen, um den Sonnenaufgang angemessen zu begrüßen. Ich schaffe es nur noch über den obligatorischen Absacker bis ins Bett, schließe dankbar die Augen – und mache sie gefühlte zwei Minuten später wieder auf. Gegen 9 Uhr beginnen die ersten Freizeit-DJs ihre Boxen freizupusten, und kurz darauf stehen die Jungs mit Frühstück vor der Tür: eine Tüte Aldi-Schokocroissants und ein kleines Fass Bier. Toll. Kaum haben wir uns niedergelassen, stößt auch schon das Krümelmonster zu uns und sucht seine Cooky-Kette! Sein Freund im Schlepptau trägt zur Aufmunterung Havanna-Coke hinter dem blauen Monster her, und so laden wir die kostümierten Herren natürlich zu unserem opulenten Frühstück ein. Dabei stellt sich heraus, dass sie ungekürte Meister der Wortspielerei und des flachen Humors sind. Auf unsere Frage, ob die beiden mit uns zum Strand gehen, antworten sie unisono: „Wir gehen heute nur den Bach runter." Das adaptieren wir gleich als unser Motto für das gesamte Event, senken am Strand oder vor dem Bulli engagiert das Niveau und haben dabei auch leidlich Erfolg. Nebenbei entern wir noch die Strandsauna, baden an, machen üble Telefonstreiche, amüsieren uns mit und über andere Festivalbesucher, treiben allerlei Schabernack und haben vier Tage am Stück den Spaß des Jahres. Am Sonntag sind schließlich nicht nur die Akkus der Bullis leer, sondern meist auch die der Besitzer. Unbestätigten Berichten zufolge bleiben 20 Prozent der Bullis noch eine weitere Nacht in Kägsdorf – zur inoffiziellen After-Show-Party oder weil die Fahrer klug sind und erkennen, dass sie nicht nur nicht mehr fahren wollen, sondern es auch nicht mehr können. Zumindest vorläufig und bis der größte Kater ausgetrieben worden ist …

Dänemark

Johanna und das eigene Soul-Wave-Event

Juni in Jahr 2, oder Monat 28 nach dem Zusammenbruch

Auf zum legendären Windsurf- und SUP-Event Redbull Soulwave in Klitmöller! Klitmöller liegt im äußersten Norden Dänemarks und wird auch als „Cold Hawaii" bezeichnet – wegen der epischen Wellen und der – bis auf das Wetter – ziemlich perfekten Wassersportbedingungen. Aber bevor ich nach Dänemark aufbreche, mache ich einen Zwischenstopp in Hamburg und sammle Ela ein, die ich beim Zuparken-Festival kennengelernt habe und die genauso wassersportverrückt ist wie ich. Bis auf sehr kurze Abschnitte meiner Tour bin ich bis dato noch nicht allein mit einer recht fremden Dame unterwegs gewesen, und was diese Zweisamkeit für die Reise bedeutet, merke ich schon nach kürzester Zeit. „Was hast du denn als Nahrung für die nächsten Tage eingepackt?", fragt sie mich schon fünf Minuten nach Abfahrt. „Na, das Übliche halt!", entgegne ich etwas irritiert, und als ich dieses konkretisieren soll, gehe ich kurz meine Bestände durch: acht Dosen Ravioli, neun Dosen Chili con Carne, Tortellini und andere Nudeln mit Sauce. Im Kühlschrank lagern sogar noch einige Pakete Schinken und Salami zuzüglich etwas Butter und – darauf bin ich besonders stolz – leckere Eier für ein gutes Frühstück. „Du fährst direkt den nächsten Supermarkt an!", höre ich nach meiner Aufzählung. „Na, das geht ja gut los!", denke ich schmunzelnd.

Beim großen gelben Discounter mit dem „L" erwerben wir allerlei Gemüse, Erdbeeren, Frischkäse, weitere gesunde Dinge und sogar Sekt und machen uns derart überladen und bester Laune auf den Weg gen Norden. Dabei verlassen wir recht früh die Autobahn und bewundern stattdessen wunderschöne dänische Landstraßen und Landschaften. Und weil Ela sogar mal fahren will, erlebe ich nach exakt 11.512 Kilometern im Julius das erste Mal meine Tour auf dem Beifahrersitz. Auch sehr schön.

Gegen 22 Uhr erreichen wir Agger im Nordwesten Dämemarks, bestaunen den Stand der Sonne um diese „Tageszeit", kochen spontan direkt am Strand unser Abendessen und genießen bis 2 Uhr nachts die Helligkeit der skandinavischen Nacht und exquisites Risotto.

Am Folgetag geht es nach einem entspannten Frühstück in den Dünen und dem Genuss des weltbekannten dänischen Softeis in die wohl kleinste Touristeninformation des Landes. Im Vier-Quadratmeter-Büro der Touri-Info von Agger frage ich die zierliche und etwas hutzelige, rund 75 Jahre alte Dame freundlich auf Englisch, ob sie eine Karte der regionalen Windsurf-Spots zur Verfügung hat. Sie antwortet mir auf Deutsch, dass sie eigentlich keine Ahnung von Wassersport hat, weil das heute hier ihr erster Tag ist. Auch gut, wenn man in dem Alter noch einen neuen Job anfängt. Weil mich leichte Verzweiflung befällt, stelle ich die wichtigste und alles entscheidende Frage auf möglichst bescheidene Art gleich hinterher: „Ähh, wo kann man denn heute Abend die Abreibung der Griechen bei der Europameisterschaft anschauen?" In den Augen der Dame sehe ich nur Fragezeichen, und meine Verzweiflung wächst, denn ich habe weit und breit kein einziges Restaurant mit Fernseher entdecken können. „Gibt es hier einen Ort, ein Restaurant oder ein Dorfgemeinschaftshaus, in

Open-Air Küche in den Dünen von Agger

dem Spiele dieser Fußball-EM laufen?", konkretisiere ich mein Anliegen. „Nö, glaube ich nicht!", sagt sie fröhlich, und mir fällt alle Farbe aus dem Gesicht. „Aber ich telefoniere mal mit meiner Tochter." „Was das nun wieder soll?", flüstere ich Ela zu, die sich sichtlich über mein Gebaren amüsiert.

Die ehrwürdige Dame brabbelt derweil eine gefühlte Ewigkeit in ihr Handy und verkündet hernach stolz, dass das Spiel im frei empfangbaren Fernsehen läuft – was mir natürlich komplett egal ist. Das kann auch im Pay-TV der Malediven laufen, wenn ich keinen Fernseher habe!

Offenbar sieht mir die dänische Leistungsrentnerin meine Verzweiflung an, denn sie fügt hinzu: „Ihr könnt gern zu mir kommen! Ich wohne gar nicht so weit weg, und außerdem habe ich auch nichts vor, weil mein Mann vor zwei Jahren gestorben ist." Dann stellt sie sich als Johanna vor und erzählt uns, wie wir zu ihr kommen. Ich bin hellauf begeistert, denn die Momente mit den „Locals“ waren auf meiner Tour immer die besten. Ela ist da anderer Meinung und fürchtet gar einen Anschlag auf uns – dabei kann die rüstige Dänin nicht mal mehr einen Hammer halten. „Na, die Ela bekommen wir noch überzeugt – außerdem habe ich den Autoschlüssel ...“, denke ich mir, als wir ohne verbindliche Zusage die Touristeninformation Richtung Bulli verlassen. Zur Hebung der allgemeinen Stimmung schlage ich erst einmal eine Partie Windsurfen vor, und kurz darauf geht es nicht einmal einen Kilometer von Agger entfernt bei sonnigen 25 °C und mittlerem Wind für zwei wunderbare Stunden aufs Wasser. Danach gibt es Nudeln, ich übe mich beim Kochen und Tischdecken in bestmöglicher Führung und säusele, nachdem Madame gesättigt ist, ob wir denn nun zu Johanna, der Touristendame fahren können. „Nö, lass mal lieber nach Klitmöller fahren“, stellt die Hamburgerin trocken fest, und in mir wächst eine leichte Panik. Sollte ich mich hinsichtlich Überzeugungskraft und guter Führung überschätzt haben? Die Nationalhymne ist jedenfalls keine 20 Minuten mehr entfernt – und wir sollten jetzt los! „Och, das ist noch soooo viel zu fahren, und bei Johanna bekommen wir bestimmt auch leckeren Kaffee“, versuche ich es erneut – und bin erstaunt. Ela knickt unmittelbar ein – und bekommt sogleich einen Sympathiepunkt für freundliches und wenig umständliches Verhalten (den ich ihr kurz darauf wieder aberkenne, weil ich zu der Überzeugung gelange, dass ihre gesamte Weigerung nichts anderes als ein taktisch-feminines Scheingefecht gewesen ist).

Wir erreichen Johannas Anwesen gerade rechtzeitig, und schon bei der Anfahrt denke ich mir, dass ich mal wieder alles, alles richtig gemacht habe. Johanna wohnt in einem der schönsten Häuser, die ich je betreten durfte: wunderbar altmodisch eingerichtet, atmet es den Duft der Jahrzehnte, ist riesig – und es gibt einen Fernseher! Auf ihr Geheiß hin nehmen wir auf einem herrlich alten Sofa Platz, und dann fährt Johanna richtig auf: verschiedenste selbst gemachte Kekse, lecker Tee, Erdbeeren mit Sahne und Zucker und dazu noch allerlei Leckereien. Während Jogis Jungs die Griechen nach Hause schicken, haben wir eine wunderbare Zeit. Johanna erzählt Erstaunlichstes aus ihrem Leben und der Geschichte des Hauses und fragt permanent nach, ob es mich auch nicht stört, dass sie während des Spiels redet. Was für eine Frau! Nach Abpfiff bekommen wir noch eine umfangreiche Haus- und Hofführung. Sogar ein Mausoleum gibt es auf dem Grundstück, und gegen 23 Uhr verlassen wir diese wunderbare Person und ihr tolles Haus und sind berauscht von dem bis dato wunderbaren Tag. Ob diese Glückseligkeit auch am Zauber der Mittsommernacht, der konstanten Helligkeit und dem speziellen Licht dieser Tage liegt, ist nicht so wichtig – uns geht es einfach großartig, es ist noch immer hell, die Wellen sind klasse, und so schlüpfen wir gegen Viertel nach 11 in unsere Neoprene, greifen uns die Wellenreiter und springen in die nächtliche Nordsee. Ob die Sonne bereits untergegangen ist oder langsam wieder aufgeht, ist kaum auszumachen und die Atmosphäre einfach umwerfend. Genau um Mitternacht erwische ich die erste Welle – was für ein Gefühl in diesem wunderbaren Licht!

Gegen halb 1 wechseln wir den Spot, aber weil die Beleuchtungssituation nicht mehr ganz so gut ist und die Wellen drei Meter Höhe messen, schließt dieser Tag mit einem Eins-A-Post-Mitternachts-Mega-Waschgang. Aber egal – für uns findet der offizielle Soulwave-Contest in diesen Stunden einfach bei uns statt, und wir genießen diese kürzeste Nacht des Jahres bei entspannter Musik, einem leichten Discofox auf dem Parkplatz und etwas Wein, bis es um kurz vor 4 wieder taghell ist und wir in die Kojen gehen.

Nach ordentlichem Ausschlafen und umfangreichem Frühstück geht es bei rund 30 Knoten Wind zum Surfen ins wenige Meter entfernte Krik. Nach gut einer Stunde habe ich das Geraffel endlich so eingestellt, dass es perfekt funktioniert, und so wird (auch) dieser Tag zu einer der geilsten Sessions aller Zeiten auf dem Wasser. Total erschöpft geht es zur offiziellen Soulwave-Party nach Nörre und einer tollen Feiernacht mit Strandlagerfeuer und netten, sehr zugänglichen Surfprofis. Und am Sonntag ist unsere gemeinsame Zeit dann auch wieder vorbei; ich bringe Ela in Aalborg zum Zug und schiffe mich selbst in Frederikshavn auf die Fähre nach Göteborg ein. Am Schalter der Fähragentur fragt mich die Eincheck-Dame, warum ich denn so grinse und mich freue. Darauf habe ich eine Antwort parat, die mich kurz selbst überrascht: „Oh, you would smile at least as much as I do if you were in my position: I'm just blessed to live the perfect life right now!" (Oder kurzum in Deutsch: Mein Leben ist großartig).

Surfer's life in Dänemark

Schweden

Hej och tack Sverige!

Juni in Jahr 2, oder Monat 28 nach dem Zusammenbruch

Ich liebe ja bekanntlich das Bootfahren, aber die Fähre nach Schweden ist noch einmal ein anderer Schnack. Weil mir die Surferei unter dem linken Fuß eine ordentliche Sammlung offener Schnittwunden beschert hat, humple ich über das Schiff und bestaune Skandinavier, die über klimpernde Spielautomaten und angeblich ach-so-günstigen, zollfreien Alkohol herfallen. Weil einige Passagiere den erstandenen Alkohol auch gleich vor Ort und mit Wikinger-Entschlossenheit zu vernichten beginnen, lasse ich die Weicheier allein im Warmen sitzen und trolle mich zu Regen und Wind auf das Oberdeck. Die Tür nach außen ist nur unter allergrößter Kraftanstrengung und am Ende mit einem kräftigen Schulter-Check zu öffnen und überall flattert Trassierband herum, aber egal: Ich will mir das Einlaufen in Göteborg, die unglaublich enge Passage unter einer Brücke und die vorgelagerten Schären anschauen. Nach einer entspannten, aber kühlen halben Stunde schmerzt mein Fuß dermaßen, dass ich mir die Sache noch einmal genauer ansehe – und mich gleich darauf laut fluchend einen Narren schimpfe: Die ganze Zeit über wate ich durch eine Suppe aus Öl und Diesel! Die ist mir bei dem miesen Wetter gar nicht aufgefallen. Jetzt weiß ich nicht nur, warum die Tür zum Deck verschlossen und überall Absperrband gespannt war, sondern habe auch eine Dieselentzündung unter dem Fuß. Ganz großes Kino.

Mit brennendem Fuß und platschnass geregnet verlasse ich kurz darauf mit Julius die Fähre und mache mich auf den Weg nach Uddevalla – und zu Lina, die ich im wunderbaren Taizé kennen- und schätzen gelernt habe. Und weil sie sich extra freigenommen hat, erkunden wir drei wunderbare Tage lang Schweden. Ich lerne Erstaunliches über Land und Leute und sogar ein wenig Schwedisch, das dem Deutschen doch recht nahe ist. Außerdem weiß ich jetzt, dass „good guys go to heaven and bad guys go to Smögen" – so zumindest steht es auf einigen Schildern dieses (schönen, entspannten und flippigen) Ortes. Die Schönheit der schwedischen Natur fasziniert mich: Die Fjorde, die Seen und die Küsten sind in Kombination mit den freundlichen und aufgeschlossenen Menschen (die alle super Englisch sprechen) ein echter Traum. Selbst das Essen ist in diesem Land der Knaller: Fisch in so ziemlich jeder Form und das jeden Tag. Perfekt. Lediglich an der allgemeinen Preispolitik muss ich mäkeln – verdammt teuer hier! Aber man(n) kann ja (meist) nicht alles haben.

Norwegen

No(r)way!

Juni in Jahr 2, oder Monat 28 nach dem Zusammenbruch

Schon die Anreise nach Norwegen wird zu einem Albtraum, und ich frage mich ernsthaft, warum ich nicht einfach im zauberhaften Schweden bleibe. Weil die Strecke bis nach Haugesund an der norwegischen Westküste mit gut 700 Kilometern zwar nicht wirklich lang ist, die Webrecherche aber gute neun Stunden Reisezeit ankündigt, gehe ich erst einmal meine grobe Tagesplanung durch: Wo und was esse ich? Ist getankt? Wie steht es um Zoll- oder Einreisebestimmungen, und sind Kamera und Handy geladen? Ein Check von Punkt eins zeigt, dass meine Vorräte ziemlich am Ende sind, und so springe ich „rasch" in das letzte Einkaufszentrum vor der norwegischen Grenze. Dort kostet eine Packung Salami sage und schreibe fünf Euro; und: Nein, es ist nicht die weltbekannte schwedische und sieben Jahre abgehangene Delikatessen-Elch-Salami. Ich starre die Verkäuferin fassungslos an, aber statt Reue hat sie nur einen Tipp für mich: Ich könne ja in Norwegen einkaufen, da sei die gleiche Packung noch mal drei Euro teurer. Ich denke an Linas Ausführungen, warum die Schweden ihr Nachbarland so selten besuchen, schlucke tapfer meine Frustration und zahle 40 Euro für zwei Handvoll Nichts. Da der Liter Diesel in Schweden 1,55 Euro kostet und ich – belesen, wie ich bin – weiß, dass Norwegens Reichtum im Wesentlichen aus den eigenen Ölreserven rührt, klopfe ich mir selbst für meine füchsische Schläue auf die Schulter, verlege das Tanken nach Norwegen und erwarte eine satte Preisersparnis – denn wo es viel von etwas gibt, ist dieses ja meist günstig. Aber denkste: 1,80 Euro für einen Liter Diesel, oder auch: 130 Euro für einen vollgetankten Julius. Knaller.

Egal, jetzt geht es ab nach Haugesund, da ist ja schon der Name allein ein Fest, und so schwinge ich mich mit viel Verve auf die Straße – und erstarre erneut. Da steht doch allen Ernstes auf den allgemeinen Verkehrshinweisen, dass die maximale Höchstgeschwindigkeit 80 Stundenkilometer beträgt – außerorts! Dass der norwegische Staat die Einhaltung dieser unfassbar restriktiven Limits rigoros überwacht, ist auch kaum zu übersehen. Überall stehen verdammte Radarfallen, nach der Grenze etwa alle 500 Meter! Und wer zu schnell unterwegs ist, wird von den Ordnungshütern abgefangen, freundlich zum nächsten EC-Automaten geleitet (sic!), darf dort einen unfassbar hohen Geldbetrag abheben, diesen an die Exekutive übergeben – und im Falle eines nicht ausreichend gedeckten Kontos die Karre an die Polizei übergeben. Konkreter: Wer etwa bei einer Geschwindigkeitsbegrenzung von 60 bescheidene 105 Stundenkilometer fährt (und das geht schnell auf Top-Straßen oder an abschüssigen Bergen), ist mal eben 1.325,20 Euro los und darf – als Norweger – seinen Führerschein für sechs Monate abgeben. Hinzu kommt: Wer angehalten wird, dessen allgemeine Kfz-Verkehrstüchtigkeit wird gleich mit überprüft. Und da dazu auch eine Sichtung der Ladung gehört, würde dies unmittelbar zu einer Beschlagnahmung meiner Getränkevorräte führen – denn nur eines ist in Norwegen noch unfassbar teurer als Sprit, nämlich Sprit. Also krieche ich mit 75 km/h über die Berge und schütze so meinen Bier- und Schnapsvorrat, der – nun ja – ein klein wenig über der Zollfreigrenze liegt – und stelle nach rund 30 Minuten fest, dass mein Geschwindigkeitsbegrenzungsfrust völlig unnötig war. Wenn man in dem bergigsten Land der Welt auf Serpentinen, Schluchten, Wasserfälle und das ständige Auf und Nieder steht, ist Mann auf dieser Strecke durch das Wikingerreich sicherlich hochgradig erektionsgefährdet. Ich hingegen bin ein ausgewiesener Freund von Übersichtlichkeit und Weitsicht und finde, dass die Ingenieure und fleißigen Geburtshelfer meinem Julius in Hannover-Stöcken seinerzeit nicht ohne Grund einen fünften Gang eingebaut haben. Letzterer verkümmert hier in Norwegen einfach jämmerlich, denn schneller als 70 kommt man hier eh nicht voran.

Auch unverständlich bleibt mir die Tunnelbaubegeisterung der Norweger – und zwar mit einer Länge zwischen zwei und unfassbaren acht Kilometern je Tunnel. Vielleicht erinnert den Nordmann das ständige „Licht an – Licht aus" auch im Sommer an Winterdepression und lauschige, winterklirrkalte Dauer-Nacht. Schließlich ist es hier im Winter fast 24 Stunden dunkel. Das Tunnel-Highlight ist jedenfalls eine Röhre, die sich einem Schneckenhaus gleich von unten in den Berg gräbt. Außerdem gibt es hier Berge von etwas, dem ich bislang zeit meiner Reise entfliehen konnte: Schnee. Auf einmal ist er überall um mich herum. „Hallo, es ist fast Juli!", rufe ich aus meinem Fenster, das ich gleich darauf schließe. Aus Protest stapfe ich am nächsten Rastplatz in einem Sommer-Gedächtnis-Marsch in Flip-Flops und eins-zwei-drei oberkörperfrei über den Schnee. Die Eingeborenen gucken zwar etwas skeptisch, aber ich lasse mich nicht unterkriegen und werde gute drei Stunden später an der haugesundschen Küste mit nahezu tropischen 19 °C belohnt.

Ende Juni in Norwegen...

Nordische Nächte und karibisches Flair

Juli in Jahr 2, oder Monat 29 nach dem Zusammenbruch

Nach der epischen Anreise gönne ich mir in Haugesund erst mal zwei Tage Erholung. Vor Ort darf ich bei Henny wohnen. Diese norwegische Schönheit habe ich auf den Gilis zum Jahreswechsel kennengelernt, und auch sie hat sich allen Ernstes einige Tage freigenommen, um mir etwas von ihrer Heimat zu zeigen. Am ersten Abend fragt sie mich tatsächlich, ob wir zusammen mit ihren Freunden aus Italien (sic!) das EM-Halbfinale anschauen sollen. Klar will ich das sehen! Aber zusammen mit dem Feind? Egal, ich darf meine schon am frühen Morgen ins Gesicht gemalte obligatorische Deutschlandfahne behalten, packe das bundesdeutsche Trikot inklusive aller weiteren Ausstattungsmerkmale ein, und dann rücken wir bei Hennys Freunden an. Um es kurz zu machen: Das Ergebnis des leidigen Spieles ist bekannt, meine Laune entsprechend fürchterlich, und das ständige „Balotelli"-Gerufe klingt mir bis heute noch in den Ohren.

Retten tut mir den Abend schließlich ein Missgeschick. Henny verliert nämlich ihren Wohnungsschlüssel. Da das nicht zum ersten Mal passiert, verdingt sie mich als Einbrecher in ihre Wohnung im dritten Stock – in voller Deutschland-Montur „leihe" ich mir zwei Häuser weiter eine Leiter in einem Garten aus und gelange in einem halsbrecherischen Kletterakt – die Leiter ist nämlich etwas zu kurz – nachts um halb 2 via Balkon in die Wohnung. Was wohl die norwegische Polizei zu dem Kavaliersdelikt „Fassadenkletterer-Einbruch und unerlaubte Leiterentwendung in voller Deutschland-Fan-Montur“ sagt? Vielleicht sagt sie ja auch gar nichts und putzt mich gleich von der Leiter? Zum Glück erfahre ich die möglichen Konsequenzen meines ersten Jobs als Einbrecher nicht. Stattdessen öffne ich Henny die Tür und bringe die Kletterhilfe an ihren alten Standort zurück.

Am Folgetag gibt es eine Stadtführung durch Haugesund, und ich schieße allen Ernstes genau ein Foto – so viel zu dieser wunderschönen Stadt mit ihren rund 30.000 Einwohnern. Auf dem Rückweg zur Wohnung stellt Henny mir einen weiteren ihrer Freunde vor, der einige Zeit seines Lebens in Köln verbracht hat und eine gewisse Sehnsucht nach der deutschen Sprache verspürt. Dem Guten kann geholfen werden, und so stehen wir kurz vor 17 Uhr vor seinem Haus, in dem er mit seiner Frau und drei Kindern wohnt. Sowohl das unfassbar schlichte, schöne Haus als auch dessen Bewohner begeistern mich, und wie es sich für echte Norweger gehört, werden wir gleich zu Abendessen und Wein eingeladen. Eigentlich ist mir nach dem gestrigen Fußballabend eher nach Couch und Schlafen, aber weil der verdammte Kater nach einem „Anstandsglas“ den Schwanz einzieht und sich von dannen trollt und der Wein zudem besonders gut ist, sage ich auch zum Folgeglas nicht „Nei“. Dennis, so der Name des Hausherren, lässt sich nicht lumpen, und auch das ist für Norweger typisch. Bis sich nach der dritten Flasche seine Vorräte an Spitzenwein dem Ende zu neigen. Derweil kochen wir gemeinsam mit bestem Blick auf den „Nordweg“, die Wasserstraße also, die diesem Land seinen Namen gegeben hat, und genießen danach ein wunderbares Abendessen. Gemeinsam kochen, soviel sei der Ehrlichkeit halber erwähnt, heißt eigentlich, dass die Mädels und ein weiterer Freund der Familie kochen, und Dennis und ich über die Schönheit der deutschen Sprache, skandinavischer Musik, der skandinavischen Frauen und – vor allem – über die Schönheit des Lebens sprechen. Man kann von Dennis in diesem Zusammenhang wirklich einiges lernen. Nebenbei beteiligen wir uns noch beim Krabbenpulen und verlagern uns nach einem ausgiebigen Essen mit immer noch gutem Mittelklassewein auf die Couch, wo wir uns zu asiatischer Lounge-Musik gegenseitig Gedichte vortragen, über Kunst philosophieren und mittlerweile auf den nicht mehr ganz so geilen Tetrapack-Wein umsteigen. Gegen 1 Uhr gibt es für die Herren noch eine verdammt gute Yoga-Vorführung der Damen, danach genießen wir noch ein wenig, dass es hier im hohen Norden einfach nicht richtig dunkel wird, und gegen 3 Uhr falle ich schließlich nach einer Heimfahrt mit dem Taxi (und diesmal ohne Einbruch) todmüde und schwer glücklich in mein Bett. Das Honigpferdgrinsen weicht mir bis zum Einschlafen nicht aus dem Gesicht, denn das war erneut ein Abend ganz nach meinem Geschmack: mit wunderbaren Menschen und einem Einblick in viele neue, unterschiedliche Lebensansichten und -modelle. Definitiv einer der schönsten Abende meiner Tour.

Nach all dem Gesumpfe wünsche ich mir für den Folgetag im Heimatland der Wikinger ein wenig Wassersport – das letzte Mal ist immerhin schon über eine Woche her. Henny nickt, schlägt aber all meine gewissenhaft recherchierten Haugesund-Plätze in den nicht vorhandenen Wind und bringt mich stattdessen nach Sandvestranden. Meine Erwartungen gehen gegen null, denn Wellenreiten oder auch Windsurfen in der Nordsee ist halt wie es ist: kalt (insbesondere so weit im Norden), mit grüngrauem, wenig einladendem Wasser, permanent muss man seine Leach von zentnerschwerem Grünzeug befreien, und wenn man durchgewaschen wird, muss man sich vor den Quallen in Acht nehmen. Alles suboptimal, aber es geht immerhin auf's Wasser, und das allein zählt.

Bei der Anreise bin ich allerdings beeindruckt von der unfassbaren Schönheit einiger Strände, und ab und an blitzt zwischen den Felsen tatsächlich eine mir nur aus Südostasien bekannte Wasserfarbe hervor. Erst verbuche ich es als Halluzination oder Auswirkung des Tetrapak-Weines, aber dann gibt es keinen Zweifel mehr – augenscheinlich ist das, was sich mir präsentiert, real. Ich fühle mich wie in der Südsee: Kristallklares, azurblaues Wasser, feinster, goldgelber Sand und sich seicht im Wind bewegende Gräser sorgen für ein traumhaftes Ambiente – bis ich die Fahrertür meines Bullis öffne, und die rund 14 °C Außentemperatur mich wieder auf den Boden der Tatsachen zurückbringen. Trotz Kälte und mangelnder Wellen – die Südsee-Schönheit dieser kleinen Bucht, die ich mir nur mit einem weiteren Surfer teilen muss, fesselt mich.

Am Abend gönne ich mir dann tatsächlich mal eine Mütze Erholung. Und das ist auch gut so, denn am Folgetag lerne ich sowohl die wahre Henny als auch den krassesten Felsen des Planeten kennen – den irren, unglaublichen und schwindelerregenden Preikestolen!

Die Hatz auf den Preikestolen – oder: wann verschwindet endlich der Schwindel?

Juli in Jahr 2, oder Monat 29 nach dem Zusammenbruch

Sowohl Henny als auch der Lonely-Planet-Reiseführer erheben den Preikestolen-Felsen südlich von Stavanger zum absoluten Pflichtprogramm jeder Norwegen-Reise. Und weil ich weder der einen noch dem anderen widersprechen mag, brechen wir am frühen Nachmittag zu einer rund zweistündigen Anreise zu diesem „ach sooooo tollen Stück Stein" auf. Ich bin nur bedingt begeistert. Steine interessieren mich nicht die Bohne, und wandern gehen wollte ich nach den Erlebnissen in Neuseeland wirklich nie wieder. Und dann noch wandern, nur um am Ende des Weges irgendeinen Brocken zu sehen? Ich weiß ja nicht.

Aber natürlich bin ich meiner Gastgeberin gegenüber ein Gentlemen, und so stehe ich kurz darauf vor einem Schild, das mir verkündet, es gehe von nun an rund vier Kilometer steil bergan, bis man irgendwann das Ziel erreicht. Kranke, Herzschwache und Flip-Flop-Träger (!) müssen laut Schild unten bleiben. Mit der Laune im Sinkflug hole ich meine Laufschuhe aus dem Auto und lausche den Anweisungen der leidenschaftlichen „Hiker"- (hike = wandern) und „Kletter"-Lady, die mir kämpferisch verkündet, dass es gilt, die vorgegebenen zwei Stunden Wanderzeit bis zum Felsen deutlich zu unterbieten. Mein Hinweis, das Schild fordere schließlich auch dazu auf, schlicht die Landschaft zu genießen, wird ignoriert; stattdessen bepackt mich der norwegische Drill Sergeant mit Wasser und weiterem Rucksack-Ballast. Schon geht es frohgemut voran, und nach rund 15 Minuten rinnt mir bereits der Schweiß aus jeder Pore. Angeblich ist nur der Anfang der Strecke „etwas anstrengend", aber als ich zaghaft nachfrage, wann dieser Anfang wohl zu Ende sein mag, verkündet mir meine zauberhafte Wikinger-Dame, der Anfang sei selbstverständlich erst nach der Hälfte vorbei. Ich fluche auf Deutsch, werde angewiesen, gefälligst Englisch zu sprechen, und fluche auf Englisch weiter. Das fällt mir leicht, denn mittlerweile habe ich wieder begonnen, in Englisch zu träumen – ein putziger Effekt, den ich nun schon zum dritten Mal erlebe. Damit das Ganze zumindest einen „bildenden Charakter" erhält, steuert Henny einige norwegische Kraftausdrücke bei, was mir immer wieder ein Lächeln der anderen uns entgegenkommenden oder uns überholenden und eindeutig irren Wanderer einbringt. Zunächst denke ich, dass man sich über meine Aussprache amüsiert, aber nach rund zehn Minuten kommt mir der grausige Verdacht, dass ich die ganze Zeit gar nicht meckere, sondern vielmehr in vollkommen falscher Tonlage die Vorzüge des Wanderns preise und mir Madame einfach die falschen Wörter beigebracht hat…

Von der auf dem Hinweisschild so sehr besungenen Landschaft sehe ich bei unserem Aufstieg so gut wie gar nichts – ich setze bei dem rasanten Anstieg lieber einen Fuß sicher vor den anderen. Als wir endlich das Schild, das die Hälfte der Strecke markiert, passieren, sind wir bereits rund 40 Minuten unterwegs, und ich leide. Henny ist wenig beeindruckt, stapft wieder los und wirft mir über die Schulter hinweg zu, mehr von mir erwartet zu haben. Alles klar, sie muss ja auch nicht schleppen. Aber es hilft ja nichts, und so hetze auch ich weiter, drehe mich unterwegs aber immer wieder um, weil mir vielleicht doch jemand immer wieder neue Steine in den Rucksack legt. Das Ding wird ungelogen schwerer und schwerer, und rund 1.000 Meter vom Zielpunkt entfernt fängt es auch noch an zu regnen. Ich fluche über 15 °C bei halbstündigen Schauern; Henny freut sich über den prima Sommertag. Man sieht die Dinge eben nicht, wie sie sind, sondern so, wie man sie sehen will. Genau.

Bei dieser Erkenntnis mache ich auch mal wieder die Augen auf und schaue mich um – ein Riesenfehler, denn hier geht es an einigen Stellen nur wenige Dezimeter links des Weges gefühlte 500 Kilometer steil nach unten. Ich leide wirklich nicht an übertriebener Höhenangst, aber dieser Anblick lässt mir das bis dato kochende Blut in den Adern gefrieren. Aber es wird noch schlimmer: Rund 100 Meter vor dem Ziel ist der Pfad noch gut einen Meter breit – die eine Seite des Pfades ist eine steile Wand ohne Haltegriffe, die andere ein gähnender Abgrund. Meine Panik schlägt um in Todesangst. Aber immerhin sehe ich das Ziel. Ich muss es also nur noch erreichen, dann kann ich an diesen verdammten Felsen einen Haken machen und allen daheim erzählen, wie mutig und lässig ich dieses Highlight erklommen habe. Und genau das tue ich dann auch.

Und dann stehe ich auf dem Preikestolen-Felsen, der deshalb so bekannt und berühmt ist, weil es an seiner Kante – ohne Absicherung, glatt und ohne einen einzigen Vorsprung – genau 604 Meter in die Tiefe geht. Wer schon einmal auf einem Zehn-Meter-Sprungturm stand, kennt das Gefühl der Panik, die einen beim Blick in die Tiefe erfasst. Zehn Meter also, und dann noch 594 dazu, und das ganz ohne Sprungturm-Geländer, an das man sich mit vor Angst verschwitzten Händen klammern kann. Mir wird schlecht, und das unter großen Mühen eigens zur Gipfelfeier mitgeschleppte Triumphbier lasse ich schön im Rucksack. Alles, was auch nur theoretisch mein Gleichgewichtsempfinden stören könnte, ist hier oben –zumindest bei mir – völlig fehl am Platz.

Preikestolen - total irre!

Nicht wirklich Jans Weg

Während ich auf diesem vermaledeiten Plateau innerlich zusammenbreche, ist Henny weiterhin guter Dinge. Die vorgegebene Zeit zum Aufstieg haben wir um gut 45 Minuten unterboten, deshalb stehe mir jetzt ein Siegerfoto zu, und dazu müsse ich nun ein wenig näher an den Rand und die Füße baumeln lassen. Und während ich an ihrem Verstand zweifele, geht sie leichtfüßig an den Rand, setzt sich locker hin, taxiert mich amüsiert und fragt, ob ich ein deutsches Würstchen sei oder jetzt endlich mit der Kamera zu ihr käme. Okay, der saß. Ich gehe also so hocherhobenen Hauptes wie möglich vorwärts. Der kalte Angstschweiß rinnt mir in Bächen den Rücken herunter, und dann – gebe ich auf. Statt weiter mutig voranzuschreiten, setze ich mich zwei Meter vor dem Abgrund auf den nackten Fels und robbe im Krabbengang und mit festzementiertem Lächeln weiter auf Henny zu. Auf dem Weg zu ihr errechne ich überschlägig, dass der Fall über den Rand bis zum Aufschlag im Fjord rund 62 Sekunden dauern dürfte – verdammt lange, um sich zu überlegen, ob man den letzten Sprung seines Lebens mit einem amtlichen Flachköpper oder einer gepflegten Arschbombe beendet. Dann schiebe ich meinen ersten Fuß über die Kante, und alles in meinem Körper kribbelt. Henny lacht und fordert mich auf, zu lächeln, aber das ist mir jetzt deutlich zu viel Aktionismus. Stattdessen belasse ich es dabei, nur einen Fuß baumeln zu lassen und nur

Späßchen am Abgrund

für den Bruchteil einer Sekunde nach unten zu schauen. Alter Schwede (und das ist hier eigentlich vollkommen falsch), ist das verdammte Hacke irre, unfassbar hoch! Als es mir kurz darauf gelingt, meinen schon gänzlich dem Tiefensog erlegenen Fuß nach oben zu ziehen, schiebe ich mich vom Rand weg und stelle fest, dass ich trotz der norwegisch-kühlen Luft überall am Körper schweißnass bin. Falls mich je jemand zurück in Deutschland fragen sollte, warum ich nicht so braun gebrannt bin, wie man nach einer solch langen Reise erwarten sollte, werde ich sagen: „Meine in Asien mühselig erworbene Bräune habe ich genau an diesem Tag auf dem Preikestolen verloren."

Egal – jetzt noch eine kleine Stärkung mit Wasser und Keksen (auf meine Bitte hin fernab der Kante) und dann nichts wie ab nach unten. Bald ist alles gut! Aber Henny schafft es einmal mehr, mich an ihrem Verstand zweifeln zu lassen, denn sie schlägt vor, wir könnten ja nach unten laufen, statt zu gehen. Dabei müsse man sich nämlich verdammt auf seine Schritte konzentrieren, und die Zeit komme einem dadurch nicht so lang vor. Janeeistklar, murmele ich und schüttele dann entschieden den Kopf. Alles hat Grenzen; hier ist die meinige. Nach dem Höllentrip bis zu diesem verdammten Stück Stein bin ich weder willens noch in der Lage zu solchen Spielereien und biete ihr mit einem freundlichen Grinsen den Autoschlüssel an. Wir einigen uns auf „moderates Tempo" für den Abstieg, was in Summe bedeutet, dass wir für den Aufstieg, den Abstieg, die Spielereien am Felsen und die Foto-Stopps am Abstieg in Summe 3:15 Stunden benötigen – also knapp und leicht unter der anvisierten Zeit von 4:30 Stunden. Mit einem schiefen Grinsen denke ich zurück an die irre Kajak-Lady, die mich vor ein paar Monaten unter den Tisch gerudert hat, schaue auf die putzmuntere Henny und frage mich, warum eigentlich immer nur uns Männern überbordender Ehrgeiz unterstellt wird.

Fahrradfahren ist nicht gleich Fahrradfahren

Juli in Jahr 2, oder Monat 29 nach dem Zusammenbruch

Henny und ich haben eine geniale, fünftägige Tour durch Norwegen ausgearbeitet: drei Tage „querfeldein“ nach Molde im Norden Norwegens, dann mit der Hurtigruten-Fähre – die eigentlich ein Kreuzfahrtschiff sein soll – zurück nach Bergen und von dort wieder nach Haugesund. Am ersten Tag unserer Wikinger-Tour schaffen wir allerdings nicht mal die Hälfte der angepeilten Strecke, weil ich nur eines denken kann: „Hätte ich mal bloß die Finger von den extrem scharfen Chilis gelassen!“ Mein Magen fährt Achterbahn, eine Weiterreise ist undenkbar, und dass die Norweger wirklich scharf können, weiß ich nun auch.

Zu meinem großen Glück wohnt auf halber Strecke dieses ersten Abschnittes ein mit Henny befreundetes Pärchen, die Dame des Hauses ist sogar Krankenschwester und schenkt mir zwecks Linderung meiner Pein einen schönen norwegischen Branntwein übelster Sorte in ein 0,2-Liter-Glas. „Sicher?“, frage ich, und lerne staunend, dass Branntwein in den norwegischen Fjorden seit Jahrhunderten das Mittel gegen Bauchschmerzen, Durchfall und Co ist. Ihren freundlichen Rat, mir beim Trinken die Nase zuzuhalten, befolge ich gern – schon beim Schnüffeln an dem Gebräu habe ich einige kostbare Nasenhärchen durch Verätzung verloren. Und so quäle ich mich durch das ganze Glas, während die Damen den neusten Klatsch austauschen. Gut 30 Minuten später habe ich die Medizin endlich hinter mich gebracht, und es geht mir – sagen wir es mal so – „anders“. Vermutlich ist mein Bewusstsein nach diesem Krug Feuerwasser schon leicht in Mitleidenschaft gezogen, denn als Frau Krankenschwester fragt, ob sie mir noch einmal nachschenken soll, antworte ich mit einem leidenschaftlichen: „Aber sicher doch."

Gegen 21 Uhr kehrt der Hausherr von der Arbeit heim, sieht den debil grinsenden Deutschen mit der halb leeren Wikinger-Brandyflasche ohne Etikett auf seiner Couch, wechselt kurz ein paar Sätze auf Norwegisch mit seiner Frau und lacht sich danach halb tot, während er mir anerkennend auf die Schulter klopft. Mir ist das mittlerweile egal, denn der Bauchschmerz ist weg, und beruhigend wirkt das Zeug auch. Also stimme ich lächelnd einem dritten Glas zu, und so kommt der ehemalige Patient am folgenden Tag nicht so recht aus den Federn.

Nach einem umfangreichen Frühstück vor wunderbarer Kulisse geht es mit umso mehr Elan nach Flam im Herzen Norwegens. Der Weg dorthin ist wie gemalt: Unwahrscheinlich schöne Fjordlandschaften, Berge, Wälder und Wasserfälle wechseln sich ab mit malerischen Fährfahrten – was will man(n) mehr? In Flam, am Ende eines langen Fjordes, fahren wir mit der berühmten Flambahn nach Myrdal. Und weil wir das in der nicht existenten Dämmerung des Abends tun, bleiben uns auch die Massen an Kreuzfahrttouristen erspart, die primär tagsüber mit dieser Bahn fahren.

Vorher allerdings packt mich mal wieder das kalte Grausen bezüglich der norwegischen Preispolitik: geschmeidige 552 Kronen für zwei Tickets, einfache Fahrt, für die 45-minütige Fahrt nach Myrdal. Das entspricht einem unfassbaren Gegenwert von 73 Euro. Dass eine Fahrt aus meinem Heimatdorf nach Hannover und zurück gerade mal acht Euro kostet und zeitlich sogar noch länger dauert, beeindruckt die Dame am

Schalter leider wenig, und so zahle ich eben. Vor Abfahrt der Bahn machen wir einen Abstecher in einen Supermarkt, wo ich eine Standard-Toastbrot-Packung, einen kleinen Brokkoli-Kopf zum Verfeinern des Abendessens und 100 Gramm Walnüsse für unglaubliche 16 Euro erstehen darf. Gut, dass ich noch Dosenravioli aus Deutschland an Bord habe …

Die Bahn nach Myrdal gehört angeblich zu den 25 schönsten Bahnstrecken der Welt, und während ich mich frage, wer so etwas überhaupt bewertet und testet, fällt mir ein, dass die Neuseeländer hier sicherlich wieder einige Schlagworte an die Bahn genagelt hätten: „Nördlichste Bahn der Welt mit 21 Linkskurven“ oder „Nördlichste und höchstgelegene Bahn mit weltteuersten Tickets“. Egal, die Strecke ist in der Tat schön. In 45 Minuten geht es in Schlangenlinien von Normalnull auf rund 870 Meter Höhe, wobei wir 21 Tunnel passieren (ist ja klar) und eine Tunnelkurve sogar 180 Grad beschreibt. Dazwischen gibt es einen Stopp an einem Wasserfall, an dem ein Geist, auf den vorher via Lautsprecher hingewiesen wurde, zu sphärischen Klängen, die aus dem Wasserfall zu kommen scheinen, tanzt. Da dieser Geist äußerst attraktiv anzuschauen ist, vermutlich nebenbei auch als Sexgöttin arbeitet und während der Vorführung permanent woanders auftaucht, wächst in mir die Vermutung, dass er ab und an auch im Büro des Bahnbetreibers auftaucht und diesem eine derart hohe Gage „abpresst“, dass der Bahnbetreiber diese nur durch irrwitzig überteuerte Ticketpreise hereinholen kann. Derweil erfreue ich mich an dem attraktiven Geist und den zahlreichen putzigen Japanern beziehungsweise Chinesen (so genau weiß man das ja nie) und ihren wilden Fotoorgien. Dann bläst der Schaffner leider wieder in seine Pfeife, es geht in der Bimmelbahn weiter den Berg hinauf, und wir lassen das heiße Gespenst zu meinem tiefen Bedauern am Wasserfall zurück.

In Myrdal fallen mir meine Erdkundestunden am Gymnasium vor mehr als einer Dekade wieder ein. Dort habe ich nämlich gelernt, dass die Temperatur je 100 Meter Höhenunterschied um 1 °C abnimmt. Das stimmt also – mindestens! Im Tal hatten wir für norwegische Verhältnisse noch subtropische 22 °C, aber hier oben sind kurze Hose und T-Shirt eindeutig nicht die richtige Kleiderwahl. Von den Schneefeldern her wehen mir gefühlte 6 °C entgegen. Wie gut, dass wir nicht lange in Myrdal bleiben, sondern uns ein Rad mieten und damit entspannt den Berg zurück ins Warme rollen wollen. Ich freue mich sehr auf diese Tour, denn zum einen schlagen wir so den Bahn-Erpressern ein Schnippchen, und zum anderen radele ich gern ein wenig bergab.

Soweit die Theorie. Doch als wir die Verleihstation gefunden haben, erwartet mich der erste Schock: Ein Muster-Wikinger – offenbar der Besitzer – springt aus seinem Liegestuhl und brüllt uns etwas entgegen. Der Typ ist locker zwei Meter groß und bestimmt auch so breit. Vor lauter Schreck bekomme ich gar nicht mit, wie sich Henny neben mir fast kaputtlacht. Er hat wohl irgendwas Nettes gesagt oder besser geschrien, und so zucke ich – wie immer – mit den Schultern, und Henny regelt die Ausleihe mit meiner Kreditkarte. Als sie wiederkommt und mir Letztere inklusive der Quittung überreicht, traue ich meinen Augen nicht: wieder 552 Kronen! Entweder herrscht hier eine kartellmäßige Preisabsprache, oder die verdammte Sexgöttin hat auch den Wikinger-Krieger vom Fahrradverleih um den Finger gewickelt. Na ja – latschen will ich die 20 Kilometer ins Tal jedenfalls auch nicht.

Immerhin ist ein Helm im Ausleihpreis inklusive, aber ich lehne dankend ab. Schließlich will ich ja nicht Motorradfahren, sondern nur mit dem ollen Hightech-Drahtesel den Hang runter. Der Wikinger lächelt, dreht sich um, und Henny und ich machen uns auf den Weg. 400 Meter später bleibe ich wie angewurzelt stehen und starre in die Tiefe. Unter uns liegt eine mit 21 Haarnadelkurven gespickte und mit Schotter und Geröll versehene, ultimativ steile Piste. Vier Etagen unter mir erkenne ich andere irre Radfahrer – sie schieben ihre Drahtesel. Ich blicke Henny an, sie mich. Ob wir nicht lieber zurückfahren und die Helme holen sollen, will ich wissen. "Nei!", sagt Henny. „Oha!", sage ich.

Nach 20 Metern kurz vor dem freien Fall habe ich eine Technik entwickelt, die ein Überleben dieses Höllenrittes möglich erscheinen lässt: Fahrradsitz runter schrauben und die eigene Kiste maximal weit nach hinten über das Rad verlagern. Dabei die Füße parallel zum Boden und die Hinterbremse bis zum Anschlag ziehen, sodass das Rad blockiert und nur noch Rutschen möglich ist. Die Feinjustierung des Bremsvorganges – soweit überhaupt möglich – wird über die Vorderbremse geregelt. Gerade letztgenannter Punkt sorgt für immensen Stress, denn ein zu heftiges Betätigen des Mechanismus führt zum allseits beliebten „mexikanischen Abgang" über den Lenker. Trotz der Kühlschrank-Temperaturen fange ich wieder an, wie ein skandinavischer Elch in der Sahara zu schwitzen. Mit blockiertem Hinterrad, brennenden Handgelenken und Paranoia vor einem Absturz geht es weiter bergab. Henny hingegen – der attraktiven norwegischen Bergziege mit den Klettergenen – ist das anscheinend mal wieder alles völlig egal. Das erhöht meinen Stress und kratzt ehrlich gesagt auch wieder ziemlich an meinem Ego. Nach der sechsten Kurve legt Madame zum Glück eine Pause ein. Die tut auch bitter not, denn aufgrund des krassen Gefälles liegt das gesamte Körpergewicht auf den Handgelenken, die schon jetzt, unterstützt durch die Schläge des Gerölls, wie Feuer brennen. Außerdem ist der leidige Schwindel vom Preikestolen plötzlich wieder da, und mir wird an dieser Stelle bewusst, dass wir das jetzt durchziehen müssen. Denn zurück und die Steilhand hoch schaffe ich bestimmt nicht mehr.

Es dauert eine geschlagene halbe Stunde, bis wir die Sohle dieser Schlucht erreichen. Ich mache drei Kreuze, dass das irgendwie gut gegangen ist, und ärgere mich, dass ich kein Wechsel-Shirt dabei habe. Von einigen krassen Gefällen abgesehen, ist der Rest der Abfahrt nach dem freien Fall um 21 Haarnadelkurven nur noch Kinderkram …

Der schwimmende Seniorenstift

Juli in Jahr 2, oder Monat 29 nach dem Zusammenbruch

Den letzten Abend vor der Bergen-Kreuzfahrt verbringen wir auf einem netten Campingplatz direkt an einem Gebirgssee. Das Wetter ist nach wie vor super, aber das Wasser aufgrund der Speisung durch umliegende Gletscher eiskalt. Norweger, und insbesondere die weiblichen Exemplare – das stelle ich immer wieder fest –, sind deutlich kälteresistenter als ihre norddeutschen Pendants. Und weil die Damen sich dieses Sachverhaltes augenscheinlich bewusst sind, machen sie sich auch gern einen Scherz daraus, ihre Reisebegleitung unmittelbar nach dem Wachwerden zu einem „erfrischenden" Bad aufzufordern.

Wie immer, wenn es um Aktivitäten in eisiger Kälte geht, stehe ich solcherlei „Späßen" eher zurückhaltend gegenüber. Da aber Frau Henny nach der irren Hatz zum Preikestolen genau weiß, wie sie mich packen kann, werde ich nur kurz als weiche, deutsche Bratwurst bezeichnet, und schon habe ich meine Badehose an. Allerdings folgt meiner Ankündigung, der „norwegischen Bergziege erst mal einen glänzenden, germanischen Flachköpper zu zeigen", lange Zeit erst einmal – gar nichts. Der Schock über die Wassertemperatur sitzt zu tief, und nachdem meine Zehen die nicht sichtbare Eisfläche durchbrochen haben, entschließe ich mich unter umfangreichen – selbstverständlich deutschen – Flüchen über mein mangelndes Rückgrat, das Projekt Flachköpper zunächst auf das sprichwörtliche Eis zu legen. Es ist und bleibt mir ein Rätsel, warum ich mich immer wieder zu derlei Dämlichkeiten verleiten lasse, denn mein Kreislauf ist nach einer erneut zu langen Nacht ohne Dunkelheit einfach nicht für derlei Spielchen gewappnet. Erst erneute weibliche Appelle von der Wasserkante an Ehre und Männlichkeit lassen mich langsam vornüber ins Eiswasser kippen – und hernach raketengleich aus selbigem heraus ans Ufer schießen.

Unfassbar.

Henny hingegen steigt, einer Diva gleich, ruhig ins für sie anscheinend lauwarme Wasser, schwimmt ein wenig und schenkt mir zwischen einigen Brustschwimmzügen ein charmantes norwegisches Lächeln. Damit ist die Demütigung perfekt! Dennoch kann ich zu keinem Konter ansetzen – dafür ist die Angst, mir den Schädel bei einem Flachköpper an einem Eisberg aufzuschlagen oder beim Streckentauchen unter einer Scholle stecken zu bleiben, einfach zu groß. Oder anders gesagt: Ich werde wohl einfach alt.

Zum Glück gibt sich die norwegische Sonne nach dem Eisbad noch einmal richtig Mühe, und so genießen wir noch ein wenig Wärme und Aussicht und brechen zwei Stunden später als geplant auf. Das rechtzeitige Erreichen des Schiffes in Molde werden wir schon irgendwie schaffen.

Dieses „irgendwie“ entpuppt sich allerdings als elendiges Geheize über Serpentinen – durch die mit Abstand schönste Landschaft, die ich in den bis dato 7,5 Monaten sehen und bewundern konnte. Die Gegend, durch die wir rasen, sticht selbst die schönsten Ecken des landschaftlich wahnsinnig attraktiven Neuseelands aus. Einmal mehr wird mir bewusst, wie gut es mir mittlerweile wieder geht und wie viel Glück ich habe: Ich darf gerade einen echten Traum (er-)leben.

Henny hingegen hat völlig andere Emotionen. Man könnte auch sagen: Henny hat Stress. Zwei Stunden vor Abfahrt unseres Schiffes in Molde stellt sie bei einem letzten Blick auf die Tickets fest, dass sie Letztere für ein Wochenende später gebucht hat. Basisentspannt und glücksbedröhnt wie ich bin, entgegne ich nur, dass wir dann ja etwas langsamer fahren können, wenn wir noch sieben Tage Zeit haben. Ihr Gesichtsausdruck weist das eindeutig als inadäquate Antwort aus, aber letztlich gelingt es ihr doch, mit viel Geschick und einem feinen Säuseln in der Stimme, die Tickets telefonisch auf den heutigen Tag umzubuchen.

Wir erreichen Molde via Fähre genau zeitgleich mit dem Hurtigruten-Schiff, das von Weitem nicht wie eine Fähre, sondern wie ein veritables Kreuzfahrtschiff aussieht. Wie wir Julius an Bord dieses Dampfers bekommen sollen, ist mir allerdings ein Rätsel. Wir erreichen den Anleger – auf dem im Übrigen nicht ein Auto herumsteht – rund zehn Minuten vor Abfahrt, parken, laufen zur Gangway, und ich frage bescheiden nach, ob es für die Gangway eine Spurverbreiterung gibt, damit wir den Julius vor die Rezeption über die Personenrampe fahren können. Der Scherge am Eingang lächelt und weist auf ein Loch an der Bordwand, in dem sich ein Lastenaufzug befindet.

Wie jetzt? Ich soll da mit meinem LKW rein?

Der Nordmann nickt bedächtig, und so fahren Julius, Henny und ich in einem Lastenfahrstuhl in den verdammt engen Bauch des Schiffes, wo wir eine gefühlte Ewigkeit zwischen Nahrungsvorräten, Öltank und weiteren Autos in einen megaengen Stellplatz rangieren. Nach diesem Unterfangen haben wir uns einen Besuch an Deck redlich verdient.

Oben angekommen fällt uns sofort auf, dass wir das Durchschnittsalter auf dieser Tour signifikant nach unten schrauben. Mal der Jüngste zu sein ist grundsätzlich nicht schlecht, aber hier liegt das Durchschnittsalter weit über der 60, und die betuchte Kundschaft hüllt sich in teure Felle und Jacken. In meinen Shorts, den Flip-Flops (soweit kommt das noch, dass ich Schuhe anziehe!) und mit den mitgebrachten Getränken falle ich doch etwas aus dem Rahmen. Henny nimmt das Ganze zum Glück auch locker, und so machen wir uns einen Spaß daraus, auf dem Sonnendeck ein umfangreiches Abendessen aus unserem Rucksack zu zaubern. Zufällig befindet sich in Selbigem auch noch etwas Wein, und so sitzen wir nett auf dem schwimmenden Seniorenheim, genießen (mal wieder) die Tatsache, dass es nicht dunkel wird und polarisieren dabei ein wenig. Das ist nicht weiter schlimm, denn die Wahrscheinlichkeit, heute Abend mit den Silberrücken zu Andrea Berg das Tanzbein zu schwingen, erscheint uns vergleichsweise gering.

Am folgenden Tag erreichen wir Bergen und überleben die obligatorische, aber zum Glück recht kurze Stadtführung. Ich leide mittlerweile endgültig unter einem Stadt-, Denkmäler- und Sonstwas-Overflow und höre nicht wirklich zu. Lieber genieße ich die Zeit mit den Menschen vor Ort, und das klappt auch hier erneut wunderbar.

Am Wochenende zurück in Haugesund geht es erst auf ein Konzert und dann zur Besichtigung einer diesmal echten Weltneuheit: dem ersten Ironman auf skandinavischem Boden. Dieses Event bestehend aus Schwimmen, Radfahren und Laufen findet zum Glück aller Beteiligten bei Superwetter statt. Henny ist mit ihren Mädels und einem kalten Getränk bester Laune, und während die Damen sich amüsieren, tratschen und trinken, nehme ich mir 30 Minuten Zeit für meine männlichen Blogleser und halte die Vorzüge Norwegens mit der Kamera fest – auch kein schlechter Zeitvertreib.

Norge, jeg elsker deg!

Juli in Jahr 2, oder Monat 29 nach dem Zusammenbruch

Verdammt. Nach Molde geht es wirklich nur noch Richtung Heimat. Natürlich freue ich mich auf Familie, Freunde und so weiter, aber Norwegen hat mir noch einmal einen gewaltigen Schub gegeben: Vor Ort – aber das ist jetzt nicht norwegentypisch – wurde ich einige Male gefragt, wo es mir am besten gefallen hat und was mir an Norwegen gefällt oder auch nicht. Dazu gibt es eine Menge zu sagen. Das Negative zuerst: Man merkt an jeder Stelle, dass Norwegen eines der monetär reichsten Länder dieser Welt ist – an den Preisen, aber auch an den norwegischen Gehältern und dem vorbildlichen Sozialsystem. Und an meiner nunmehr fast gänzlich leeren Reisekasse. Mehr Negatives fällt mir danach nicht ein. Selbst das so oft gescholtene Wetter zeigte sich mir gegenüber wechselhaft, aber mit vielen schönen Abschnitten. Dass man in Norwegen meiner Ansicht nach selbst unter Aufbietung aller Kräfte keinen Sonnenbrand bekommen kann, ist auch nicht ernsthaft als Nachteil zu werten. Kommen wir also zu den positiven Dingen des Wikinger-Reiches oder richtiger: zu dem Problem, aus der unendlich langen Positivliste einzelne Punkte auszuwählen, ohne dabei wie ein verlängerter Arm des norwegischen Tourismus-Ministeriums zu klingen. Trotz nun fast acht Monaten auf Tour und wirklich umwerfender Erfahrungen in anderen Ländern hat mich dieses Land mit seiner natürlichen Schönheit tief berührt. Hinzu kommen die Top-Infrastruktur in wirklich jedem Bereich, das meist fließende Englisch aller Bewohner, das hervorragende Essen und beste Unterkunftsmöglichkeiten zuzüglich eines sehr guten Sport- und Freizeitangebots. Kurz: Was das Wetter hin und wieder an Kälte produziert, machen die Einwohner mit menschlicher Wärme mehr als doppelt wieder wett. In keinem Land meiner Reise wurde ich so offen, freundlich und herzlich aufgenommen. Dabei erschien mir die mir überall entgegengebrachte Gastfreundschaft nie als Pflicht, sondern vielmehr als wirkliche und ehrliche Integration in das (Familien-)Leben. Und so verabschiede ich mich aus diesem Land mit wirklich schwerem Herzen und sage „tusen takk" an all die wunderbaren Menschen für die schönen und unvergesslichen Momente in diesem traumhaften Land.

Hade, Norge!

Kann man besser wohnen?

Anfang Juli - Norwegen - Ist klar!

Fast Mitternacht!

Zurück nach Hause: Von Dänemark nach Deutschland

Ein Klops auf Wellensuche

Juli in Jahr 2, oder Monat 29 nach dem Zusammenbruch

Weil die Fähre nach Dänemark gegen Mittag geht und die Fahrt zum Fährterminal in Kristiansand gut sechs Stunden dauern soll, will ich am letzten Abend in Haugesund zeitig ins Bett und spätestens um 5 Uhr in der Nacht hinterm Steuer sitzen. Soweit der Plan. Aber wie das so ist mit letzten Abenden: Es gibt so viel zu tun und noch mehr, was dazwischenkommt, und so bin ich mit dem Packen erst gegen 1 Uhr in der Früh fertig. Kurz vor dem Schlafengehen checke ich noch einmal mein Ticket und erlebe ein Déjà-vu. Fassungslos wie Henny vor der Bergen-Kreuzfahrt starre ich auf die dort abgedruckten Informationen und lese zwar das richtige Buchungsdatum, habe aber allen Ernstes die falsche Richtung gebucht – also von Dänemark nach Norwegen und nicht umgekehrt. Ich weiß nicht, ob ich mich freuen oder mich gewaltig grämen soll, aber eines weiß ich mit Sicherheit: Hätte ich Henny eine Szene wegen ihrer Fehlbuchung der Hurtigruten-Cruise gemacht, hätte ich das jetzt zigfach zurückbekommen. Dabei habe ich mir noch am Vorabend gedacht, wie stolz ich doch auf mich sein kann, dass ich bei den gefühlten Tausend Buchungen von Flügen, Zügen und sonstigen Transfers nie einen Fehler gemacht habe – und mit der wirklich letzten

Buchung geht es jetzt daneben. Naja, ändern kann ich es eh nicht, und da ich kein Ticket mehr für meinen gewünschten Abfahrttag bekommen kann, frage ich bescheiden bei Henny an, ob ich noch einen Tag bleiben kann. Wer die Norweger kennt, der weiß, dass solche Anfragen nur positiv beantwortet werden können.

Am Mittwoch schaffe ich es in der Tat zum Fähranleger und sehe mich einer neuen Herausforderung gegenüber: Julius ist laut Fahrzeugschein exakt 1.946 mm hoch, was ihn bei allen Fährgesellschaften Skandinaviens zu einem normalen Kfz und mir damit die Reise „günstiger" macht – wenn man diesen Terminus in Norwegen überhaupt benutzen darf. Die Dame beim Check-in fragt auch noch einmal explizit nach, ob ich bestätigen kann, dass mein Gefährt kleiner als 1,95 Meter ist. Als ich wahrheitsgemäß nicke, weist die Dame mich trotzdem darauf hin, dass ich für etwaige Schäden an Auto und Schiff aufgrund einer falschen Höhenangabe haften muss. So so, es scheint also eng zu werden in dem Kahn. Aber wie eng es wirklich wird, ist mir dann doch nicht klar.

Wie in einem Treppenhaus werden wir im Rumpf des Riesen-Katamarans zusammengepfercht. Es geht drei Stockwerke nach oben, und permanent habe ich Sorge, irgendwo hängen zu bleiben. Zwischen Julius und der Decke bleiben in der Tat teilweise nur die besagten 4 Millimeter Spielraum, aber zum Glück geht trotzdem alles gut. Als ich Julius allerdings verlassen muss, komme ich kaum aus ihm heraus, so eng stehen die Autos im Bauch der Fähre. Die Überfahrt läuft, wie Überfahrten mit Skandinaviern immer so laufen: Sobald die Tore des zollfreien Einkaufs geöffnet werden, kennen die Wikinger und ihre Damen kein Halten mehr und sind keine halbe Stunde später betrunken und glücklich. Ansonsten passiert nicht viel.

Vom dänischen Fährterminal in Hirtshals geht es auf direktem Weg nach Aalborg, wo ich erneut Ela abhole, die die dänischen Surf- und Windsurfspots wie ihre Westentasche kennt. Da es schon Mitternacht ist, reisen wir zunächst an unseren Lieblingsspot nach Agger, erreichen ihn gegen 2 Uhr in der Früh, feiern unser Wiedersehen in den Dünen mit etwas Surferbrause, genießen den noch immer sehr frühen Sonnenaufgang, und weil alles so schön ist, gibt es später noch Discofox-Unterricht auf dem Parkplatz.

Am nächsten Tag weht ein feiner Wind, und wir machen uns auf zum Windsurfen nach Krik. Die folgenden fünf Tage jedoch sind geprägt vom Wellenreiten beziehungsweise von der Suche nach Wellen – von Agger nach Krik, nach Fjaltring, nach Hvide Sande, nach Sankt Peter-Ording und wieder nach Hvide, und dann – endlich oder leider – Richtung Heimat.

Abgesehen von zahlreichen und spannenden (Wind-)Surfstorys, permanent aufgeritzten Füßen und Wildcampen beschäftigt mich in Dänemark im Wesentlichen ein Thema: mein Gewicht. Acht Monate habe ich nicht darauf geachtet. Dafür war mir die Reisezeit einfach zu schade, und ehrlich gesagt finde ich es auch gar nicht so schlimm, etwas mehr als Idealfigur zu sein: Ich bin schließlich über 30, und da ist das legitim – oder, um in den Worten eines Freundes zu sprechen – gesellschaftlich so akzeptiert, wenn nicht gar gewünscht. Außerdem sorgen unterschiedliche Klimazonen, die regionalen Küchen und die eigene Freizeitgestaltung auf Reisen ohnedies für ein permanentes Auf und Ab auf der Waage. Auf Letztere habe ich mich zwar seit Beginn der Tour nicht mehr gestellt, aber die Boardshorts-Größe bildet die Kilo-Pendelei dennoch perfekt ab. Nach Indonesien und Malaysia musste ich mir neue Shorts kaufen, weil mir die alten beim Wellenreiten trotz engster Schnürung Richtung Knie rutschten – das anschließende Gejohle der Surfdudes und des Strandvolks hängt mir heute noch in den Ohren. In Neuseeland war der Schlitz der neuen Hose allerdings trotz maximaler Kraftanstrengung an der Schnürkordel nicht mehr davon zu überzeugen, sein „V" in ein schlankes „I" zu ändern, und so tauschte ich diesmal Neu gegen Alt. So ging es in den letzten Monaten immer wieder rauf und runter mit den Kilos, und das war soweit auch nie ein Problem – zumindest nicht für mich. Nun sitze ich aber in Hvide in wunderbarem Nordseewasser auf meinem Board, genieße die untergehende Sonne und rutsche in froher Erwartungshaltung bezüglich der nächsten Wellen auf meinem Surfboard hin und her. Das Brett ist im Verhältnis zu meiner Körpergröße und damit auch dem Gewicht – zumindest an diesem Tag und in Relation zu den anderen Surfkameraden – relativ klein. Wenn ich mich genau in die Mitte setzte, ist es für andere gar nicht mehr zu sehen. Und während ich entspannt und rundum zufrieden warte und den Gesprächen der anderen Surfer lausche, weht plötzlich Elas Stimme über das abendliche Wasser: „Ey Jan! Du bist ja echt ein ganz schöner Klops!" Sofort ersterben die anderen Unterhaltungen, und die Sportskameraden blicken mich an – oder nur meinen Bauch? Eisige Stille. Ich rutsche von meinem Board und lege mich flach auf selbiges. „Aua", sage ich, „der hat gesessen."

Nebenan bekommt sich ein anderer Surfer nicht mehr ein, hält sich seinen –vermutlich flachen – Bauch vor Lachen, und Ela ist das Ganze sichtlich peinlich. Sie wirkt, als ob sie etwas gesagt hat, was sie eigentlich nur denken wollte. Egal! Die oder auch ihre Wahrheit ist raus, und ich bin erstaunlicherweise geschockt. Ist es sooooo schlimm? Hat Skandinavien meine Körperfülle dermaßen ausgedehnt? Warum habe ich selbst nichts davon gemerkt? Das sind nur einige Gedanken, die mir durch den Kopf jagen. Neben mir taucht auf einmal Ela auf und versucht es mit wortreichem Einlenken: „Also, ich hab' das nicht so gemeint. Ich hab' das eher auf das Verhältnis Board zu Körpergröße und in …"

„Quatsch!", unterbreche ich sie. Heute gibt es jedenfalls für mich weder Abendessen noch Surferbrause, und mir wird erstmals schmerzlich bewusst, dass es im Julius keinen Ganzkörperspiegel gibt, mit dem ich Elas Aussage auf ihren Wahrheitsgehalt hin hätte überprüfen können. Was, wenn mich daheim niemand mehr erkennt? Vor mehr als 15 Jahren war ich mal für vier Monate in Kanada – damals bin ich wirklich mit „fett" Übergewicht zurückgekommen, und da ich seinerzeit noch bei meinen Eltern wohnte, bekam ich wochenlang nur Salat, während alle anderen Currywurst schnabulierten. Darauf habe ich nun wirklich keine Lust. Na ja, so kurz vor Feierabend kann ich es ohnedies nicht mehr ändern, eine Anti-Klops-Blitzdiät ist noch nicht erfunden, und ich ziehe das jetzt einfach durch und halte unerschütterlich an meiner „Egalhaltung" gegenüber meinem Körpergewicht fest. Aber Strafe muss trotzdem sein: „Ela, du kochst heute!"

Letzte Gedanken eines Reisenden

Nach einer knappen Woche voller Wassersport in Dänemark geht es unwiderrufbar Richtung Heimat. Erstaunlicherweise belastet mich dieser Umstand zunächst weniger als gedacht. Ich freue mich auf Familie und Freunde und stelle zudem nicht ohne Stolz fest, dass ich alles, was ich auf meiner Reise für mich erreichen wollte, in irgendeiner Art und Weise erreicht, erlebt oder als nicht mehr relevant erachtet habe.

Die letzten Wochen der Reise waren für mich immer mehr mit glücklichen Momenten und echten, spürbaren Emotionen angereichert, doch die Erkenntnis, dass Glück beziehungsweise Erspüren desselben wieder möglich war, traf mich dennoch unerwartet. Im Nachgang war es wie ein dumpfer, wohltuender Gongschlag, dessen Schallwellen sich in den folgenden Wochen in mir ausbreiteten und so vieles an dieser Tour änderten. Auf Koh Tao in Thailand lag ich nach einem „anstrengenden" Tauchtag im lauwarmen Wasser der angrenzenden Bucht und schaute in die tropische Abendsonne. Wie so oft dachte ich nach: über die Reise, die letzten beiden Jahre und die zahlreichen Tiefpunkte dieser Zeit, über meine Gedanken an Abschied und Ende und den langen Weg bis hin zu diesem jetzigen Moment – und dann traf mich die Erkenntnis mit so unfassbarer Wucht, dass ich fast 30 Minuten im seichten Wasser saß, wie ein kleines Kind heulte und endlich verstand: Ich bin glücklich! „Ich bin wieder gesund!", schoss es mir gleich im Anschluss durch den Kopf, und es störte mich in diesem Augenblick nicht im Geringsten, dass das etwas zu euphorisch war. Wichtig ist nur: Nach gerade einmal fünf Monaten auf Weltreise hatte ich das Ziel meiner Reise erreicht: Ich wollte wieder spüren! Glück, Erfüllung und dadurch den eigentlichen Sinn des Lebens. Letzterer war in diesem Moment für mich förmlich greifbar, und heute kann ich sagen, dass alles, was nach diesem Abend geschah, für mich einen anderen Stellenwert gewann:

Ich „musste" nichts mehr für mich erreichen – nicht dass ich mir mit dem Reiseziel ab dem zweiten Monat Stress gemacht hätte, denn dann hätte ich ohnedies nichts erreicht – aber ab diesem Zeitpunkt war das Reisen für mich nur noch Genuss und einfach Lebensfreude pur. Für den, der den Zustand einer Depression nicht kennt, ist die Glückseligkeit dieses Gefühls nicht zu beschreiben. Aber vielleicht ist das auch gar nicht so wichtig. Wichtig ist allein, dass man aus Depression, Melancholie und Niedergeschlagenheit wieder herausfinden kann. Heute kann ich sagen, dass ich selten so intensiv gespürt, gefühlt und gelebt habe wie in den Wochen und Monaten nach diesem Abend mit dem sanften „Gongschlag" im lauwarmen Wasser am Sairee Beach.

Und so überwiegen Gefühle wie Dankbarkeit, Zufriedenheit oder auch simples Glück, und die Melancholie ob des Endes dieser wunderbaren Zeit hält sich in Grenzen. Außerdem erwartet mich daheim ein ganzer Berg voll Arbeit: Meine während der Reise untervermiete Wohnung will wieder eingeräumt, gefühlte 500 Briefe wollen geöffnet und manchmal auch beantwortet und der treue Julius will ausgeräumt und das gesamte Innenleben und Gepäck gereinigt oder gewaschen werden. Dazu kommen die üblichen Antrittsbesuche und Festivitäten – der eigene Geburtstag etwa, und außerdem – und darauf freue ich mich schon besonders – steht mein Comeback beim Hockey an. Doch so sehr ich mich seit Monaten wieder auf das Training und die Jungs freue, so sehr bin ich auch nervös und angespannt: Halte ich spielerisch und konditionell mit? Ist die Atmosphäre noch so nett und kameradschaftlich, wie ich es im Kopf habe? Passt die Ausrüstung noch, und was sagen meine nun freiheitsliebenden Füße wohl zu Hockeyskates? Tschja – da hilft nur das, was ich auf Reisen wirklich gut zu ertragen gelernt habe: Ich hoffe das Beste und lasse mich einfach überraschen.

Aber ich habe in den letzten Monaten nicht nur gelernt, die Dinge mehr auf mich zukommen zu lassen, ich hatte auch viel Zeit zum

Nachdenken. Genau dafür bin ich aufgebrochen. Beim entspannten Blick auf das Meer, in den tropischen Sternenhimmel oder auch auf ferne, schneebedeckte Berge habe ich oft versucht, mich den Fragen des Lebens zu nähern. Es ist nicht das Suchen nach den Antworten, sondern das Herantasten an die Fragen, die mir zunächst neue Horizonte öffneten: Wer bin ich, was bestimmt mich, und wo will ich mit diesem, meinem Leben hin? Ich bin wirklich dankbar, dass ich nach den Depressionen und meinem körperlichen Zusammenbruch vor gut drei Jahren überhaupt wieder irgendwo hin will, aber was bedeutet das konkret? Wie soll mein Leben nach den gemachten Erfahrungen aussehen, und wo soll es stattfinden? Viele der oben angerissenen Fragen konnte ich für mich in den letzten Monaten beantworten, manche bleiben für mich, zumindest im Moment, noch offen, und das ist auch in Ordnung so. Letzteres gibt mir im Zweifel in Bälde wieder die Möglichkeit und eine gute Begründung, meine Sachen für eine neue, nächste Tour zu packen.

„Wo willst du hin im Leben?" Diese Frage machte nicht nur mir Angst. Auch Mitreisende, die ich mit genau diesem Satz konfrontierte, reagierten oft ähnlich, denn die Antwort kann nicht ein singulärer Ort sein. Sie geht tiefer. Oftmals in unserem Leben haben wir eine Hand an einem imaginären Geländer, das uns vermeintliche Sicherheit gibt. Gewohnheiten begleiten uns durch unsere Tage, die sich mitunter über Wochen, Jahre oder gar ein ganzes Leben hindurch nur in den Grautönen unterscheiden – weil wir nicht wagen, eben dieses Geländer loszulassen. Den Griff zu lösen, erfordert viel Kraft und den Mut, sich Zweifeln auszusetzen und Vertrauen in eigene Stärke und Unterstützung durch andere zu erfahren. Ich bin dankbar für diese Unterstützung in den letzten Monaten, denn sie hat mich die Freude am Leben wiederfinden lassen.

Reisezeit, das war für mich eine Zeit für große Fragen, persönliche Einkehr – aber eben auch für viel Lebensglück und Lebensfreude. Ich hoffe, in diesen Zeilen ein wenig davon zurück- und weitergegeben haben zu können und rufe all jenen ein lautes Dankeschön zu, die mich in den letzten Monaten auf so unterschiedliche Weise unterstützt und getragen haben: mit aufmunternden Mails, netten Gesprächen sonstwo auf diesem wunderbaren Planeten oder warmen Worten bei der Ankunft daheim – das alles oder besser: Ihr habt mir gut getan. Danke.

In meinem Reisetagebuch, welches mittlerweile zu einem meiner kostbarsten Besitztümer geworden ist, gibt es viele schöne, erheiternde, Mut machende und nachdenkliche Sprüche zum Thema Reisen. Der, der mich am meisten bewegt und begleitet hat, soll nun den Abschluss bilden:

„Siehe, ich sende einen Engel vor dir her,
der dich behütet auf dem Wege
und dich bringt an den Ort,
den ich bestimmt habe."

Was bleibt

Ein Blick zurück in Jahr 5 nach dem Zusammenbruch

Wie konserviert man Gefühle? Wie bewahrt man Reiseerlebnisse? Und wie lebe ich jetzt, nach all den bei dieser Reise gewonnenen, bereichernden Erkenntnissen?

Fragen über Fragen nach einer Weltreise, die vor ziemlich genau drei Jahren zu Ende ging. Vieles habe ich mir danach leichter vorgestellt. Fernweh und Sehnsucht nach (m)einem selbstbestimmten Leben wechselten sich mit Dankbarkeit für das Erlebte und einer Spur Trauer ab, und die Integration in den Alltag war ein hartes Geschäft. Die Integrationsprobleme waren teilweise profan: So hätte ich beispielsweise nie gedacht, wie sehr mir meine Arbeitslackschuhe nach acht Monaten Flip-Flops auf den Zeiger gehen können. Täglich in den Anzug zu steigen, war vor meiner Reise nie ein Problem gewesen – aber jetzt! Bis heute ziehe ich unter dem Schreibtisch heimlich meine Schuhe aus, sobald ich an meinem Arbeitsplatz sitze, und so schütteln die Kollegen und Mitarbeiter des Öfteren verständnislos Kopf, wenn ich auf Socken durch die Gänge unserer Hauptverwaltung in Richtung Kopierer oder Kaffeeautomat pirsche. Nächstes Problem, gerade in den ersten Wochen und Monaten: der Tagesrhythmus. In den Monaten meiner Reise bin ich in der Regel nicht um 6 Uhr aufgestanden, sondern um diese Uhrzeit ins Bett gegangen. Und so schlurfe ich in meinen brutal engen Schuhen pünktlich wie ein Beamter um 11:45 Uhr in die Firmenkantine, habe permanent ein furchtbar spießiges „Mahlzeit" auf den Lippen – und vor meinem geistigen Auge schäle ich mich gerade erst aus meinem Bett im Bulli, lande mit den Füßen im Sand und öffne vielleicht ein kühles Konterbier im warmen Sonnenlicht, während mir im realen Leben die Küchenhilfe lieblos für 4,20 Euro eine Bratwurst mit Sauerkraut auf den Teller klatscht. Außenstehende würden unterstellen, dass sich hier und für mich nach meiner Reise nichts geändert hat. Aber das stimmt nicht. Genau in diesen Momenten in der Kantine oder bei vergleichbaren anderen Begebenheiten im ach so öden Alltag kann ich mir vor Augen führen, wie gut es mir und uns allen doch eigentlich geht. Manchmal stelle ich mir in diesen Momenten auch nur vor, wie die Bratwurst wohl auf Aitutaki ankäme oder welche nächste Reise mich wieder von der Sauerkraut-Kantine entfernt – das Wissen, dass man einen Traum nicht nur träumen, sondern auch leben kann, dass nach Regen immer die Sonne kommt und dass es ein Glück und kein Fluch ist, dass in diesem Leben nichts sicher ist, habe ich mir in den letzten Jahren und mit der Reise erarbeitet. Oder um es mit Pippi Langstrumpf zu sagen: „Ich mach mir die Welt, widde widde wie sie mir gefällt ..."

Natürlich gab es nach der Reise auch Tage, an denen ich fast dankbar war, nicht länger unterwegs zu sein. Ich war und bin froh, wieder die Familie in der Nähe zu haben und mit ihnen am Freitagnachmittag gemeinsam Brötchen mit Mett zu essen (Mett habe ich wirklich sehr vermisst). Gleiches gilt für meine Freunde. Es war und ist schön, wieder mit den Jungs um die Häuser zu ziehen und festzustellen, dass sich nichts geändert hat und die Typen genauso geil sind, wie sie ehedem waren. Nach wie vor liebte und liebe ich es, mich in regelmäßigen Abständen beim Hockey richtig auszutoben, und es ist auch nicht zu verachten, regelmäßig duschen zu können (und das sogar warm!), viel Platz im Bett oder einfach ein Sofa zu haben, auf dem es sich hervorragend chillen und schreiben lässt. Doch nicht nur die Lust am Schreiben, auch manches andere ist mir aus dieser Zeit geblieben. So „verschwende" ich beispielsweise wirklich keinen Urlaubstag mehr für profane Themen des Alltags. Nach einem brettharten Festival beiße ich am Folgemontag halt kräftig auf die Zähne und bringe diesen professionell über die Bühne. Ich möchte meinen Urlaub nicht darauf ver(sch)wenden, zu regenerieren – ich möchte das Meer und die Berge sehen! Und so plane ich Urlaube heute intensiver, um mehr von der Vorfreude zu haben. Wobei es einige Zeit lang diesbezüglich nicht so viel zu planen gab, denn zu Beginn funktionierten Pauschalreisen einfach besser für mich und meine kleine Familie. Familie? Ja! Heute muss ich sagen, dass ich auch diese Familie meiner Reise verdanke. Nicht, dass ich meine Madame auf meiner Weltreise kennengelernt hätte – vielmehr ist es so, dass aus meiner deutlich offeneren Haltung gegenüber dem Leben und seinen Wendungen aus einem verunfallten und erweiterten One-Night-Stand mein Sohn, eine besondere Beziehung und bald eine weitere Tochter entstanden. Sicherlich war es nicht ganz einfach, die Mutter meiner Kinder davon zu überzeugen, dass schon alles gut werden wird und dass man auch mal was riskieren muss im Leben – auch wenn es um ein Kind von einem Kerl mit üblem Leumund und bis dato augenscheinlich unstetem Lebenswandel und Zukunftsaussichten geht. Und natürlich gab es auch hier anfänglich Widerstände und Vorbehalte gegenüber der Art und Weise, wie diese Beziehung und unser Sohn entstand. Aber es ist alles gut geworden, sehr gut sogar.

Auch dieser Abschnitt war und ist für mich eine Art von Reise: aufregend, inspirierend und wunderschön und wie immer im Leben mit ungewissem Ausgang. Das klingt zu unromantisch? Zu „wenig nachhaltig"? Das finde ich nicht. Ich glaube nämlich mittlerweile, dass genau das Akzeptieren eines ungewissen Ausganges und ein gewisses Maß an Unsicherheit viel Lebensfreude bescheren: Der einzelne Moment im Hier und Jetzt wird dadurch kostbarer, wertvoller und intensiver. Und an meinem Bestreben, möglichst lange in und mit meiner Familie zu leben, ändert es jedenfalls nichts.

Aber zurück zum Reisen und den Urlauben nach der Weltreise: Natürlich kommen solche Kurz-Auszeiten mit Kleinfamilie nicht im Ansatz an das Freiheitsgefühl einer „echten Reise" heran. Müssen sie aber auch nicht, solange man die Weltreise als einmaliges Event und mit maximaler Dankbarkeit betrachtet. Das tue ich, aber weil ich gelernt habe, dass Träume nur wahr werden, wenn man sie möglich macht, suche ich nach Alternativen. Und so freue ich mich umso mehr, dass Vater Staat die Elternzeit erfunden hat. Und weil nirgends geschrieben steht, dass diese wertvolle gemeinsame Zeit mit dem Nachwuchs daheim stattfinden muss, verbinde ich das Großartige mit dem Perfekten, und wir brechen gemeinsam auf: Mama, Papa, Sohnemann und Julius. In den Süden Europas, an sonnige Strände, unter Schatten spendende Palmen und – der Papa hat ja so seine Präferenzen – in die rauschenden Wellen. Gemeinsames Reisen, Entdecken und Erleben, Tetris mit 150 Kilogramm Windeln und Feuchttüchern, fünf Boards und Babykarre, wohin mit dem Kleiderschrank der Madame – all das sind Fragen, mit denen man sich beschäftigen will! Und so tausche ich den geliebten Beifahrer-Pilotensitz gegen eine profane Doppelbank, schreinere ein klappbares Zusatzbett für den Nachwuchs, schneide eine Matratze, beschaffe Dachgepäckträger, Transportboxen, weiteres Geschirr und sogar Campingmöbel und schwinge mich mit doppeltem Gewicht erneut auf die Bahn. Wohin es uns danach führt? Man weiß es nicht. Und es ist auch nicht so wichtig. Das Ziel ist der Weg.

Meine Weltreise hat mir (wieder) gezeigt, wie das Leben ist – bunt und farbenfroh. Und ich habe gelernt, dass ich es wie jeder Mensch selbst in der Hand habe, dass das auch so bleibt. Wir sehen das Leben nicht, wie es ist – wir sehen es, wie wir es sehen wollen. So lebe nicht nur ich, so will ich auch meinem Sohn und meiner Tochter das Leben zeigen – und selbst nie vergessen, dass auch der vermeintliche Alltag seine Sternstunden hat, die es wert sind, gefunden, geliebt und gelebt zu werden.

In diesem Sinne: Es geht nicht nur wieder los; es hat auch nie aufgehört. Und so strecke ich meinem Sohn die Hand zum High Five entgegen, rufe ihm ein augenzwinkerndes „Hang loose, Digga!" zu, und dann – reiten wir mit Julius und der schönsten Frau dieser Welt los, direkt hinein in den spektakulär kitschigen Sonnenuntergang.

Ganz so, wie sie eben beginnen, die wirklich guten Zeiten nach einem großen Abenteuer.

ZDF

Zahlen, Daten und Fakten der ursprünglichen Weltreise-Monate

Tage unterwegs: 232

Dabei absolvierte Flüge: 20

Anzahl verschiedener Unterkünfte: nicht zählbar

Besuchte Länder: 17

Besuchte Strände: circa 150 (offenbar ein Schwerpunkt)

Verwendete Währungen: 13

Kilometer in Julius: 16.093

Zeit auf der Straße mit Julius: 255,01 Stunden

Höchstgeschwindigkeit mit Julius: 147 Stundenkilometer (Danke, Ela. Julius' eigentlicher Besitzer fuhr nie über 130 Stundenkilometer.)

Durchschnittsgeschwindigkeit in Europa: 63 Stundenkilometer

Maximale Distanz zwischen Heimat und Weltreise-Aufenthaltsort: circa 19.000 Kilometer (Cook Islands)

Aktive (Fahrer-)Tage im Linksverkehr: 45

Transfers in abgewrackten Karren in Asien: circa 36

Zeitintensive Transfers auf Schiffen in Tagen: 18 (zuzüglich 25 Fährfahrten in Skandinavien)

Heißester Tag: 44 °C (in Yogyakarta, Java, Indonesien)Kältester Tag: 3 °C (auf dem Mount Bromo, Java, Indonesien)

Wärmste Wassertemperatur: 31 °C (Cook Islands, südlicher Pazifik – abgesehen von den heißen Seen und Pfützen in Neuseeland)

Kälteste Wassertemperatur: 14 °C (Norwegen)

Windsurf-Sessions: 22

Wellenreit-Sessions: 40

SUP-Sessions: 8

Kite-Versuche: 7

Tage mit akuten Magenproblemen in Asien: 9

Unumgehbare Krankenhausaufenthalte im Ausland: 3

Verbrauchte Aspirin-Tabletten: 12

Besuchte Gottesdienste: 20

Maximale Bartlänge: 1,5 cm

Verbrauchtes Basisgetränk „Surferbrause" in Europa: 12 Liter

Gewichtszunahme: -0,5 kg (final gemessen am 01.08.2012, liebe Ela!)

Verlustig gegangenes Gepäck: abgebranntes T-Shirt (1), Socken (1 Paar), Satz Kopfhörer (1) und die geliebten Flip-Flops (gleich nach der Ankunft in Deutschland)

Partys: unzählige

Kürzeste Nacht: 0 Stunden Schlaf (Phi Phi Islands, Süd-Thailand und zwei weitere Stationen)

Längste Nacht: 14 Stunden Schlaf (Haugesund, Norwegen)

Härteste Zeit: Zuparken-Festival (Kägsdorf bei Rostock, Deutschland)

Freundlichste Menschen: Cook Islands (südlicher Pazifik), Norwegen, Bali

Teuerstes Bier: Norwegen (15 Euro für einen Halben im Restaurant)

Billigstes Bier: Indonesien (0,60 Euro für einen Liter im Restaurant)

Hübscheste Frauen: Schweden, Norwegen

Unvergessliche Momente: 14

Andere wunderbare Momente: unfassbar viele

Blogeinträge: 94

Geschossene Fotos: circa 14.000

Neue Facebook-Freunde: 55

Bester Platz auf Erden: bei netten Menschen

Weitere Bilder? Hier entlang:
https://jansweg.wordpress.com/2012/08/07/momente/#more-2903

Weitere Informationen und Kontakt:
www.jansweg.wordpress.com

Die Route

05. Februar, Tag 0, körperlicher Zusammenbruch	Wildschönau, Österreich
14. Juli im Jahr 0 nach dem Zusammenbruch	Schön Klinik Bad-Bramstedt
...670 Tage nach Tag 0...	
07. Dezember in Jahr 1 n. d. Zusammenbruch	Colombo, Sri Lanka
08. Dezember in Jahr 1 n. d. Zusammenbruch	Kuala Lumpur, Malaysia
16. Dezember in Jahr 1 n. d. Zusammenbruch	Singapur
19. Dezember in Jahr 1 n. d. Zusammenbruch	Kuala Lumpur, Malaysia
25. Dezember in Jahr 1 n. d. Zusammenbruch	Bali, Indonesien
29. Dezember in Jahr 1 n. d. Zusammenbruch	Lombok bis Flores, div. Inseln, Indonesien
11. Januar in Jahr 2 nach dem Zusammenbruch	Bali, Indonesien
16. Januar in Jahr 2 nach dem Zusammenbruch	Java, Indonesien
30. Januar in Jahr 2 nach dem Zusammenbruch	Bali, Indonesien
10. Februar in Jahr 2 nach dem Zusammenbruch	Kuala Lumpur, Malaysia
14. Februar in Jahr 2 nach dem Zusammenbruch	Langkawi, Malaysia
17. Februar in Jahr 2 nach dem Zusammenbruch	Nordinsel, Neuseeland
02. März in Jahr 2 nach dem Zusammenbruch	Südinsel, Neuseeland
23. März in Jahr 2 nach dem Zusammenbruch	Rarotonga, Cook Islands
29. März in Jahr 2 nach dem Zusammenbruch	Aitutaki, Cook Islands
05. April in Jahr 2 nach dem Zusammenbruch	Rarotonga, Cook Islands
06. April in Jahr 2 nach dem Zusammenbruch	Auckland, Neuseeland
07. April in Jahr 2 nach dem Zusammenbruch	Melbourne, Australien

09. **April in Jahr 2** nach dem Zusammenbruch	Singapur
10. **April in Jahr 2** nach dem Zusammenbruch	Bangkok, Thailand
12. **April in Jahr 2** nach dem Zusammenbruch	Süd-Thailand
27. **April in Jahr 2** nach dem Zusammenbruch	Frankfurt
01. **Mai in Jahr 2** nach dem Zusammenbruch Tanz in den Mai	Gailhof, Deutschland –
07. **Mai in Jahr 2** nach dem Zusammenbruch	Start Europa-Tour
09. **Mai in Jahr 2** nach dem Zusammenbruch	Taizé, Frankreich
16. **Mai in Jahr 2** nach dem Zusammenbruch	Provence, Côte d'Azur, Marseille, Montpellier, Défi Wind
24. **Mai in Jahr 2** nach dem Zusammenbruch	Spanien
08. **Juni in Jahr 2** nach dem Zusammenbruch	Belgien, Holland
14. **Juni in Jahr 2** nach dem Zusammenbruch	Zuparken-Festival, Kägsdorf
20. **Juni in Jahr 2** nach dem Zusammenbruch	Dänemark
25. **Juni in Jahr 2** nach dem Zusammenbruch	Schweden
29. **Juni in Jahr 2** nach dem Zusammenbruch	Norwegen
11. **Juli in Jahr 2** nach dem Zusammenbruch	Dänemark
20. **Juli in Jahr 2** nach dem Zusammenbruch	Heimat
01. **August in Jahr 2** nach dem Zusammenbruch	ENDE / Arbeitsbeginn
04. **September im Jahr 3** n. d. Zusammenbruch	Geburt meines Sohnes

Ein Dankeschön!

Nicht nur, weil es sich einfach für ein echtes Buch gehört, sondern vielmehr, weil es mir eine Herzensangelegenheit ist, nutze ich diese Stelle, um mich ausdrücklich für die Unterstützung in fünf Jahren Krankheit und Genesung, das schließt die Weltreise also mit ein, zu bedanken.

Aus der Depression kämpft man sich immer allein, jeder Schritt muss selbstständig gegangen werden, das nimmt einem leider niemand ab. Aber es gibt Menschen, die reichen dir eine Hand, stärken dir den Rücken, begleiten dich ein Stück weit oder schieben dir ein Kissen unter den Popo, wenn du mal wieder umfällst. Da seien zum einen die Profis genannt: die Ärzte in der Medizinischen Hochschule in Hannover und dem Anna-Stift, ganz besonders aber meine Therapeuten Frau Ketelhut und Herr Fink („... nachvollziehbar, Jan?") im Schön-Klinikum Bad Bramstedt. Die wesentliche Stütze auf meinem Weg durch Medikation und seelische Tiefen bis hin zur Reise war Frau Doktor Herdiekerhof, die sich wohl sehr an mich gewöhnen musste und irgendwann einsah, dass ich und die rote Couch vermutlich nie Freunde werden. Nach meiner Weltreise übernahm dann Dr. Seidler-Brandler aus Hannover – wie ich finde, eine echte Koryphäe auf seinem Gebiet und einer der besten Therapeuten, die ich kennenlernen durfte. „USB", wie er sich selbst abkürzt, trifft mit 80 Prozent seiner Einschätzungen und Handlungsansätze – eine meiner Einschätzung nach meisterliche Quote!

Abseits der „Psycho-Profis" gilt mein besonderer Dank auch meinen Begleitern im allgemeinen Zeitvertreib: Meinem Top-Arbeitgeber Konica Minolta aus Langenhagen, den Kollegen in meiner Region und ganz, ganz besonders meinem

Chef Axel möchte ich danken, dass er in den letzten Jahren nicht nur ein offenes Ohr, sondern auch immer eigene Ideen und vor allem in den ersten Monaten meiner Krankheit viel Geduld hatte und mit anderen Kollegen zusammen meinen Ausfall kompensiert hat. Danke, Axel, dass du dabei immer auch Mensch und nicht nur Profi warst. Natürlich sei auch meinem Hockeyverein, den Bissendorfer Panthern, gedankt: Hier gilt mein Dank neben meinen Mitspielern, die nie über meinen immer mehr gedrosselten Einsatz gemurrt haben (außer den üblichen, gegenseitigen Pöbeleien natürlich), auch meinen beiden Trainern der letzten Jahre, Jürgen und Darian: Danke für euer aller Verständnis und Rückhalt.

Wo wir gerade beim Sport sind: Auch meinen Surf-Buddys Arne und Benny sei gedankt – ich denke, gerade durch die letzten Jahre haben wir nicht nur unser Hobby- und die Party- bzw. Festivalkondition perfektioniert, sondern auch mehr „Tiefe“ in unser Leben bekommen: Hang loose, Dudes!

Natürlich will ich auch nicht all die anderen Freunde und Bekanntschaften – ob nun Gegenstand und Akteur/in in diesem Buch oder nicht – vergessen. Jede/r war und ist für viel Gutes verantwortlich. Danke dafür.

Ganz entscheidend war und ist auch meine Familie in den letzten Jahren gewesen. Ich glaube, kaum jemand hat so viel unter meiner Erkrankung leiden müssen wie ihr. Heute glaube ich, dass ihr am wenigsten mit der Situation umgehen konntet und die Krankheit kaum verstanden habt – wie auch? Ich habe es ja selbst nicht verstanden. Ihr wart jedenfalls immer für mich da – und genau das ist es, was Familie ist und auszeichnet. Dafür sage ich an dieser Stelle herzlich Danke. Ich liebe euch.

Wenn ich im letzten Absatz schreibe, dass kaum jemand in der Hochphase der Krankheit so viel erdulden und ertragen musste wie meine Familie, dann gilt das nicht für meine Ex, die mit mir tapfer in jedes tiefe Loch hinabgestiegen ist. Liebe Sina: Sorry, dass du nach den zahlreichen guten Jahren so viel Schlimmes mit mir durchmachen musstest. Du hast dein Bestes und mehr gegeben. Das kann und werde ich dir nicht vergessen. Ich finde es großartig, dass wir es bis heute geschafft haben, Freunde zu bleiben!

Das beziehungsweise die Wichtigste zum Schluss: Liebe Sandra, du hast mich zwar „erst" auf dem Weg aus dem Tal der Tränen heraus kennengelernt, aber wenn es jemanden gibt, der dafür sorgt, dass es seitdem eigentlich nur bergauf geht, dann bist du es! Du hältst mir den Rücken frei, wenn ich mich nicht an meine eigenen erlernten Prinzipien halte und mal wieder zu viel arbeite. Ich danke dir für dein Verständnis, dass ich trotz der Verantwortung, für euch da zu sein, auch meinem Hobby nachgehen kann, weil das „ja so wichtig für mein Seelenheil ist". Dass du mich stützt und hältst, wenn ich mal in ein kleines Depri-Loch falle, ist für dich selbstverständlich – und für mich einfach nur großartig! Das Wichtigste ist aber, dass du mir die mit Abstand beste Medizin und ultimative Prophylaxe gegen weitere schwere Rückfälle und Depressionen geschenkt hast: unsere gemeinsamen Kinder und somit den größten Segen unseres Lebens! Für all das und noch viel mehr liebe ich dich, Süße.